Convergenze

a cura di
F. Arzarello, L. Giacardi, B. Lazzari

AF006531

Rosetta Zan

Difficoltà in matematica

Osservare, interpretare, intervenire

Springer

Rosetta Zan
Dipartimento di Matematica
Università di Pisa

ISBN 978-88-470-0583-9

Quest'opera è protetta dalla legge sul diritto d'autore. Tutti i diritti, in particolare quelli relativi alla traduzione, alla ristampa, all'uso di illustrazioni e tabelle, alla citazione orale, alla trasmissione radiofonica o televisiva, alla registrazione su microfilm o in database, o alla riproduzione in qualsiasi altra forma (stampata o elettronica) rimangono riservati anche nel caso di utilizzo parziale. La riproduzione di quest'opera, anche se parziale, è ammessa solo ed esclusivamente nei limiti stabiliti dalla legge sul diritto d'autore, ed è soggetta all'autorizzazione dell'editore. La violazione delle norme comporta le sanzioni previste dalla legge.

Springer fa parte di Springer Science+Business Media
springer.com
© Springer-Verlag Italia 2007
Stampato in Italia

L'utilizzo in questa pubblicazione di denominazioni generiche, nomi commerciali, marchi registrati, ecc. anche se non specificatamente identificati, non implica che tali denominazioni o marchi non siano protetti dalle relative leggi e regolamenti.

Progetto grafico della copertina: Valentina Greco, Milano
Fotocomposizione e impaginazione: Valentina Greco, Milano
Stampa: Arti Grafiche Nidasio, Milano

Immagine di copertina:
Fondazione Tancredi di Barolo - Museo della Scuola e del Libro per l'Infanzia, Torino

Prefazione

> *Come può succedere che ci siano tante menti che si rifiutano di capire la matematica? Non c'è qualcosa di paradossale in questo fatto? Ma come: ecco una scienza che fa appello solo ai principi fondamentali della logica, per esempio al principio di contraddizione, a ciò che per così dire costituisce lo scheletro della nostra intelligenza, a ciò che non potremmo abbandonare senza smettere di pensare; e ci sono persone che la trovano oscura! [...]*
>
> *E tuttavia non bisogna avere una grande esperienza in fatto di esami per sapere che questi ciechi non sono affatto delle eccezioni.*
>
> *È questo un problema non facile da risolvere, ma che deve preoccupare tutti coloro che vogliono votarsi all'insegnamento.*
>
> Henri Poincaré

Questo libro è rivolto a chi insegna matematica - dalle elementari all'università - e si preoccupa delle difficoltà dei suoi allievi.

E' il frutto del mio lavoro di ricerca di tanti anni su questo tema, o meglio su questo *problema*. Quello delle difficoltà in matematica è stato infatti per me innanzitutto un problema didattico, nato in modo prepotente dalla mia pratica di insegnante a studenti del primo anno di università nei corsi di matematica di base: studenti a volte poco motivati e comunque convinti di non potercela fare, già rassegnati ai ripetuti fallimenti che puntualmente si verificavano. Nel diventare problema di ricerca poi si è allargato, ed il mio interesse si è esteso a situazioni più generali che abbracciano tutti gli ordini di scuola.

Come ricercatore ho avuto opportunità che in genere non ha l'insegnante: tempo e risorse per cercare soluzioni al mio problema. Le risposte che ho trovato all'inizio delle mie ricerche nell'ambito dell'educazione matematica mi sono apparse però insoddisfacenti: anche se esistevano ed esistono molti studi che indagano su difficoltà specifiche di certi settori (aritmetica, algebra, analisi, geometria, probabilità...) o relative a certe abilità trasversali (dimostrazione, problem solving, ...), mancavano però a mio parere approcci in grado di render conto *contemporaneamente* di una varietà di fenomeni. In particolare queste ricerche appaiono in genere poco interessate a spiegare alcuni comportamenti degli allievi - peraltro diffusi - quali rispondere a caso o rinunciare a rispondere, considerati poco significativi dal punto di vista della matematica. Invece è proprio davanti a questi comportamenti che l'insegnante si sente maggiormente disarmato e frustrato.

Questa insoddisfazione mi ha spinto a cercare anche in altri campi strumenti per affrontare il problema delle difficoltà e comprenderne l'origine. Mi sono stati d'aiuto modelli, teorie, costrutti tratti da discipline diverse: il modello di apprendimento come attività costruttiva, l'importanza del contesto, l'approccio pragmatico al linguaggio, la distinzione fra pensiero logico scientifico e pensiero narrativo, e poi il problem solving, la metacognizione, le convinzioni, le teorie del successo, le attribuzioni di fallimento, le emozioni, gli atteggiamenti.

Quello che ho cercato di fare in questo lavoro è di riorganizzare in un unico discorso - fortemente ancorato alla pratica dell'insegnamento della matematica - le risposte che ho trovato o costruito nel mio percorso personale di ricerca, così da poter condividere con altri idee e strumenti che nella mia esperienza ho trovato efficaci.

Certamente è comunque un punto di vista parziale, e d'altra parte non intende essere altro: può quindi completare, e non sostituire, altri punti di vista. Quello delle difficoltà in matematica - e più in generale dell'apprendimento - è infatti un problema complesso: non ha come oggetto di studio un fenomeno fisico circoscritto, ma persone (allievi, insegnante) che interagiscono in un contesto. Davanti a questa complessità non è possibile pretendere di spiegare 'tutto in un solo colpo', come dice George Groddeck, fondatore della medicina psicosomatica, in *Il libro dell'Es* (1923), illustrando le proprie posizioni in una corrispondenza immaginaria con un'amica:

> Ha torto, mia cara amica. Non è colpa mia se la vita è così complicata, e se vuol capire tutto in un solo colpo, Le consiglio ancora una volta di servirsi dei trattati: lì troverà le cose già ordinate e chiaramente spiegate; lì non esistono punti oscuri e nebulosi, e, se proprio ve ne sono, il bravo trattatista passa oltre con l'osservazione: «Qui c'è un punto oscuro».
> La scienza accademica è come un negozio di mercerie: vi si trovano, l'uno accanto all'altro, i gomitoli di cotone, di seta, di lana, in tutti i colori possibili e accuratamente arrotolati: prendendo il capo di un filo, lo si può svolgere presto e facilmente fino alla fine. Mi ricordo ancora che tragedia quando, da piccoli, toccavamo il cestino da lavoro della mamma, imbrogliando i fili e le matasse; era poi un'impresa separare nuovamente i fili tutti aggrovigliati, annodati, mescolati. A volte non rimaneva altra via di scampo che le forbici, le quali facilmente scioglievano tutti quei nodi. E ora cerchi d'immaginare che il mondo sia tutto percorso da questi fili intricati: se ha abbastanza fantasia per farlo, e abbastanza tenacia per non gridar subito, spossata: «No, non posso neppure pensare a un garbuglio del genere!», avrà un'idea di quel che per il ricercatore è il suo campo di lavoro. Esso non è visibile, si trova nel retrobottega, e nessuno si reca in questo stanzino, se proprio non vi è costretto; lì tutti sono affaccendati a sgarbugliare qualche po' di filo dall'intrico generale. Si lotta e ci si accapiglia, ci si aiuta e ci si dispera, e mai nessuno, nessuno, giunge al bandolo definitivo. E ora dal negozio sopraggiunge un giovanottino a chiedere un po' di seta rossa o di lana nera perché una signora, forse Lei, vuole fare un bel lavoretto. Allora

un uomo stanco, cui proprio in quel momento, scoraggiato, eran cadute le braccia, indica quei pochi metri di filo che egli ha faticosamente districato, nel corso di decenni, da quel folle groviglio, e il commesso con le forbici taglia il suo bel pezzetto, pulito pulito, e, tornando in bottega, lo arrotola in un delizioso gomitolino. Lei lo compra e crede di conoscere qualcosa dell'umanità, povera illusa!
Ora, il negozio in cui io faccio il commesso (poiché non sono una di quelle persone pazienti che si arrabattano per tutta la vita a sgrovigliare le matasse, ma mi limito a vendere i gomitoli), è uno stanzone poco illuminato, e il filo, malamente filato, è già strappato e consumato in molti punti. Me ne danno sempre dei pezzetti molto piccoli, che io devo annodare insieme, e devo anche usare a volte le forbici, e poi, quando si tratta di venderlo, mi accorgo che il filo si rompe tutti i momenti, o che il rosso è mescolato al nero, la lana alla seta, insomma che è una merce invendibile. Io non ci posso far niente, lo strano è che vi sono pur sempre persone che lo comprano [...] [Groddeck, 1923, tr. it. pp. 103-105].

Ecco, quello che ho fatto in fondo è stato proprio tagliare ed annodare in un unico gomitolo irregolare e variopinto *metri di filo* che altri hanno *faticosamente districato*. So che altri fili si potevano annodare, forse altrettanto utili per il problema che qui affronto, ma questo è il gomitolo che ho arrotolato e che posso offrire.

Prima di cominciare

Come ho già detto questo libro è rivolto soprattutto agli insegnanti di matematica, di qualsiasi ordine di scuola, perché sono loro - insieme agli allievi - che maggiormente sentono il problema delle difficoltà in matematica, e soprattutto perché più di altri possono intervenire per modificare la realtà.
Il tema trattato può interessare più in generale chiunque abbia a che fare con l'insegnamento e l'apprendimento della matematica, come ricercatori e formatori; il modo in cui viene trattato poi può dare spunti di riflessione anche ad insegnanti o formatori di discipline diverse. Il percorso proposto può costituire ad esempio una traccia per un'attività di formazione insegnanti sul tema delle difficoltà, attività che ho personalmente sperimentato più volte nell'ambito delle Scuole di Specializzazione per l'insegnamento della matematica, ma anche in corsi di aggiornamento rivolti ad insegnanti di altre discipline.
A coloro che si accingono alla lettura non posso nascondere che si tratterà di un viaggio impegnativo. Per affrontarlo con l'atteggiamento giusto e per evitare delusioni è meglio sapere fin dall'inizio cosa è il caso di aspettarsi e soprattutto di *non* aspettarsi.
Questo libro *non* pretende di dare una panoramica completa del campo dell'educazione matematica, dato che i riferimenti che vi si trovano sono sempre scelti in funzione del problema delle difficoltà; i temi trattati ed il modo di affron-

tarli possono però costituire un'occasione per riflettere su questioni di portata più generale rilevanti per l'insegnamento e apprendimento della matematica.

Soprattutto questo libro *non* è un manuale dove si trovano certezze, indicazioni precise su cosa va fatto e cosa non va fatto; a volte anche le domande sollecitate dal testo sembrano rimanere sospese perché non viene data subito una risposta. Questa continua problematizzazione può disorientare o deludere nell'immediato, ma si risolve - si vuole risolvere - nei tempi lunghi dell'intera lettura. Le risposte che il lettore avrà alla fine del percorso non si possono però ridurre a qualche soluzione ai problemi posti: nasceranno piuttosto da una maggiore consapevolezza della complessità del problema delle difficoltà, unita a qualche strumento in più per affrontarla, soprattutto per capire meglio i comportamenti degli allievi e poter *quindi* intervenire in modo mirato.

Dicevo che sarà un viaggio impegnativo: alcune indicazioni sul percorso che faremo e su come sarà organizzato possono aiutare ad affrontarlo nel modo migliore.

Innanzitutto indicazioni su quelle che saranno le tappe più significative, cioè sull'articolazione dei contenuti.

Il libro è diviso in due parti, ognuna di 4 capitoli.

Nel primo capitolo (*Difficoltà in matematica*) cercheremo di definire con più precisione il problema che intendiamo affrontare, in particolare di chiarire il senso che daremo in questo lavoro all'espressione 'difficoltà in matematica'. Ci aiuteremo con alcuni esempi - le 12 scene della nostra Galleria - che hanno per protagonisti allievi di diversi livelli scolari, dalle elementari all'università. Questi esempi verranno ripresi più volte nei capitoli successivi, e l'esigenza di capire i comportamenti dei protagonisti delle scene sarà un filo conduttore di tutto il lavoro. Analizzeremo poi i processi di osservazione ed interpretazione che ispirano l'intervento standard di recupero e che spesso rimangono impliciti, evidenziando il ruolo riconosciuto all'errore nell'approccio tradizionale alle difficoltà.

Il secondo capitolo (*L'errore*) è dedicato interamente all'*errore*. Con l'aiuto delle testimonianze di filosofi della scienza, matematici, psicologi, ma anche di insegnanti in formazione e di allievi, metteremo in discussione la scelta di assumere l'errore come indicatore oggettivo di difficoltà.

Il terzo capitolo (*L'apprendimento come attività costruttiva*) presenta alcune 'idee' tratte da discipline diverse, che ci permetteranno di iniziare a costruire un repertorio di interpretazioni possibili per l'errore, ma più in generale ci daranno alcuni strumenti per capire i comportamenti degli allievi: l'apprendimento come attività costruttiva, l'importanza del contesto, l'approccio pragmatico al linguaggio, la distinzione fra pensiero logico scientifico e pensiero narrativo.

Nel quarto capitolo (*L'interpretazione degli errori: prime osservazioni*) vedremo alcune implicazioni delle teorie presentate nel capitolo precedente, fra cui l'idea di *misconcetto*, ed useremo il nostro nuovo repertorio di interpretazioni possibili ritornando all'analisi di alcune delle scene della Galleria.

Con il quinto capitolo (*I comportamenti fallimentari*) si apre la seconda parte, e si introduce una delle idee centrali di questo libro: quella di *compor-

tamento fallimentare, contrapposta a quella di *errore*. Parleremo di *problema*, di *fallimento*, e soprattutto di problemi *eteroposti*; tutto questo ci permetterà di mettere in luce un elemento di complessità intrinseca all'approccio alle difficoltà, che può spiegare l'insuccesso di certe azioni di recupero: il fatto che è l'insegnante a riconoscere la necessità di un cambiamento e a mettere in atto strategie per realizzarlo, ma è però all'allievo che si chiede di cambiare. L'idea di *comportamento fallimentare*, a differenza di quella di errore, ci permetterà proprio di tener conto di questa complessità, legata alla presenza di due soggetti distinti - allievo e insegnante - nel processo di recupero.

Ripeteremo quindi per i comportamenti fallimentari il percorso seguito nella prima parte per l'errore: nel sesto capitolo (*Problem solving*) presenteremo altre 'idee' - il problem solving e la ricerca sui fattori che influiscono sui processi risolutivi - che ci permetteranno di costruire un repertorio di interpretazioni possibili per i comportamenti fallimentari.

Nel settimo capitolo (*L'interpretazione dei comportamenti fallimentari*) torneremo con questo repertorio più ricco ad interpretare le rimanenti scene della Galleria.

Infine l'ottavo ed ultimo capitolo (*Strategie per il recupero*) sarà dedicato all'*intervento*, cioè alla fase di recupero ed alla prevenzione. Verranno presentati alcuni esempi di esperienze realizzate secondo l'approccio alle difficoltà che si è andato delineando nei capitoli precedenti.

Nelle *Conclusioni* l'articolazione del volume è riproposta nello schema di pagina 286, quasi una mappa cui il lettore può fare riferimento quando sente la necessità di orientarsi.

Questa strutturazione è frutto di una lunga e faticosa serie di cambiamenti e ripensamenti, dovuti alla preoccupazione di agevolare la comprensione di un percorso così articolato e complesso: per questo motivo suggerisco di seguire nella lettura l'ordine proposto. Ho cercato inoltre di non dare niente per scontato, e quindi anche i numerosi riferimenti che farò ad altre discipline non presuppongono conoscenze particolari. Solo alcuni esempi di matematica riferiti alla scuola superiore possono risultare ostici a chi non ha una preparazione specifica, ma possono essere omessi senza che questo pregiudichi la comprensione complessiva.

Per favorire l'orientamento all'interno del percorso che si snoda lungo gli 8 capitoli, ognuno di essi prevede una breve *Introduzione*, in cui viene anticipato il contenuto del capitolo stesso, ed un paragrafo conclusivo - *Concludendo* - che ha la funzione di tirare le fila, sottolineare i problemi aperti, ed introdurre quindi al capitolo successivo.

Nel testo sono inserite alcune domande che richiedono la partecipazione attiva del lettore, ed alcune proposte di riflessione, le *Attività*, che richiamano le sue opinioni, la sua esperienza, a volte addirittura suggeriscono un suo intervento in classe: è un modo per dialogare con il mio interlocutore sconosciuto, e questo spero giustifichi il tono colloquiale. L'obiettivo di queste proposte è quello di legare la teoria che si va delineando con la pratica dell'esperienza di chi legge, ma anche di favorire - attraverso il confronto delle risposte - il confronto fra lettori diversi. Mi piace infatti pensare alla lettura di questo libro come ad un'attività condivisa fra più insegnanti: in definitiva un'esperienza di auto-formazione, che può rendere meno pesante e soprattutto più produttiva la lettura stessa, ancora più produttiva se condotta insieme da insegnanti di diversi ordini di scuola.

Infine un'ultima osservazione importante.

Mi rendo conto di aver spesso messo sotto accusa l'insegnamento della matematica, o addirittura la figura dell'insegnante. Ma se mi sono presa la libertà di criticare è perché ritengo possibile un cambiamento, e perché mi rivolgo proprio a chi questo cambiamento lo può realizzare. Non l'avrei fatto se non credessi nella possibilità di migliorare l'insegnamento della nostra disciplina, soprattutto se non credessi nel valore di tale insegnamento e nel ruolo dell'insegnante, se non sapessi quello che un insegnante è in grado di fare.

Ringraziamenti

Questo lavoro è la sintesi di un lungo percorso di ricerca, di insegnamento, di attività di formazione insegnanti: non sarebbe materialmente possibile nominare tutte quelle persone - colleghi, studenti, insegnanti - che più o meno inconsapevolmente vi hanno contribuito nel tempo dandomi stimoli, idee, motivazioni.

Un grazie collettivo a tutti.

Posso e voglio però ringraziare *personalmente* chi più di recente ed in modo più diretto è stato coinvolto nella realizzazione di questo libro: l'Unione Matematica Italiana per aver accolto il mio lavoro in questa nuova collana dedicata agli insegnanti, dandomi così la possibilità di partecipare in prima persona ad un progetto che ritengo importante; Pier Luigi Ferrari, collega ma soprattutto amico, che mi ha fatto scoprire l'importanza della pragmatica per l'educazione matematica; Mirko Maracci, che ha rimediato alle mie difficoltà tecnologiche predisponendo scrupolosamente i disegni e le figure più impegnative in vista della loro realizzazione definitiva, curata poi insieme a tutta la veste grafica da Valentina Greco, che ringrazio per la precisione e la competenza. Un altro 'grazie' a Mirko per avermi costretto ad osservare che il proverbio che io ricordavo come *"Il meglio è peggio del bene"*, e rifiutavo quindi come intrinsecamente contraddittorio, recita invece *"Il meglio è nemico del bene"*: in questa versione corretta l'ho ripetuto a me stessa tutte le volte che il mio perfezionismo rischiava di allontanare la conclusione del libro.

E a proposito di perfezionismo, ringrazio coloro che invece l'hanno assecondato, dandomi la possibilità di migliorare il testo originale: i revisori ano-

Prefazione

nimi nominati dalla Commissione Scientifica dell'Unione Matematica Italiana per le loro indicazioni puntuali e costruttive; Paola Maggi e Lucia Stelli, che con generosità e intelligenza hanno letto 'dalla parte dell'insegnante' una versione preliminare e mi hanno suggerito alcune modifiche; Maurizio Berni e Laura Maffei per le loro osservazioni.

L'immagine che compare in copertina è frutto di una piccola ricerca all'interno del Museo della Scuola e del libro per l'infanzia di Torino, resa possibile dalla disponibilità e dalla collaborazione del Presidente della Fondazione Tancredi di Barolo, Pompeo Vagliani, che ringrazio di cuore.

Un ringraziamento particolare a Pietro Di Martino, non solo per le annotazioni puntuali e analitiche fatte alle numerose versioni del testo che si sono succedute nel tempo, ma anche per aver contribuito in modo determinante alla realizzazione di questo e di tanti altri progetti condividendone il peso e l'entusiasmo.

Peso ed entusiasmo che, seppure in modo diverso, hanno coinvolto anche la mia famiglia: Alice e Francesco, i miei figli, e Giovanni, mio marito. A loro dedico questo lavoro, che a loro ha rubato tempo e attenzione: un tentativo di risarcimento per le pentole bruciate, per i vuoti desolanti del frigorifero, per i tanti momenti di assenza, accettati con semplicità e ironia.

Ad Alice e Francesco poi questo libro deve molto: le loro mature osservazioni e le loro lucide analisi sull'insegnamento sono state per me di continuo stimolo, e mi hanno impedito di affezionarmi a troppe certezze. Mi ricordo certe conversazioni a pranzo in cui si infervoravano nelle loro critiche al sistema scolastico, e mi colpiva vedere come si capivano: provavano un po' pena per me, penso, per il mio credere ancora in una scuola sensata, ed io per loro, che non ci credevano già più.

Pisa, novembre 2006   Rosetta Zan

Indice

Prologo — XVII

PRIMA PARTE
Difficoltà ed errori

1. Difficoltà in matematica — 3
1.1 Introduzione — 3
1.2 L'antinomia dell'insegnante — 3
1.3 Quali difficoltà? — 5
1.4 Una galleria di scene di scuola quotidiana — 9
1.5 L'intervento tradizionale di recupero
   delle difficoltà in matematica — 13
   1.5.1 Prima dell'intervento: l'osservazione — 14
   1.5.2 L'interpretazione — 15
1.6 Concludendo — 20

2. L'errore — 21
2.1 Introduzione — 21
2.2 A più voci — 21
2.3 L'epistemologia e la pedagogia dell'errore — 24
2.4 Il compromesso delle risposte corrette — 26
2.5 Il caso di Benny — 30
2.6 Dall'osservazione dell'errore all'intervento
   di recupero — 32
2.7 La paura di sbagliare — 39
2.8 L'errore come risorsa didattica — 41
2.9 Concludendo — 44

3. L'apprendimento come attività costruttiva — 45
3.1 Introduzione — 45
3.2 L'apprendimento come attività costruttiva — 45
3.3 Il contesto — 48
3.4 Contesti e scopi: la pragmatica — 53
3.5 Contesti, scopi e razionalità — 55
3.6 Ancora sulla razionalità: pensiero logico-scientifico
   e pensiero narrativo — 60
3.7 Raccontare il contare — 66
3.8 Concludendo — 68

4. L'interpretazione degli errori: prime osservazioni	**69**
4.1 Introduzione	69
4.2 Scena 1: Johnnie (ovvero: dietro gli errori sistematici)	69
4.3 Il problema degli studenti e dei professori	72
4.4 Misconcetti	75
4.4.1 Scena 9: Irene	78
4.4.2 Scena 6: Marco	83
4.4.3 Scena 7: Alice	84
4.5 Il curriculum nascosto	85
4.6 Come nascono i misconcetti	87
4.6.1 Modelli primitivi	87
4.6.2 Il linguaggio	91
4.7 Intervenire sul curriculum nascosto: la prevenzione	92
4.8 Come riconoscere la presenza di misconcetti	96
4.9 Intervenire sul curriculum nascosto: il recupero	98
4.10 Scena 11: Annalisa (ovvero: ancora sul linguaggio)	100
4.11 Scena 3: Luca (ovvero: ancora sull'importanza del contesto)	103
4.12 La responsabilità dell'insegnamento	110
4.13 Concludendo	111

SECONDA PARTE
Dagli errori ai comportamenti fallimentari

5. I comportamenti fallimentari	**115**
5.1 Introduzione	115
5.2 Il problem solving	115
5.3 Il problem solving nella pratica didattica	120
5.4 Che cos'è un problema?	122
5.5 Fallimento, successo, decisioni	124
5.6 L'interpretazione del fallimento: i comportamenti fallimentari	129
5.7 Problemi eteroposti	136
5.8 Dagli errori ai comportamenti fallimentari	139
5.9 Concludendo	145
6. Problem solving	**147**
6.1 Introduzione	147
6.2 Il repertorio di conoscenze	147
6.3 Il repertorio di strategie (Le euristiche)	149
6.4 Decisioni e processi di controllo	160
6.5 Consapevolezza e controllo: la metacognizione	164

6.6 I sistemi di convinzioni	168
6.6.1 Le convinzioni sul compito	173
6.6.2 Le teorie del successo	175
6.6.3 La visione della matematica	179
6.6.4 Convinzioni su di sé	181
6.7 Dalla metacognizione all'affettività	183
6.8 Processi di controllo ed emozioni	187
6.9 Concludendo	195

7. L'interpretazione dei comportamenti fallimentari — 197

7.1 Introduzione	197
7.2 Alessio (ovvero: la metacognizione)	197
7.3 Scenetra (ovvero: le convinzioni sul successo)	198
7.4 Martina, Alessandro, Nicola (ovvero: l'epistemologia distorta degli studenti con difficoltà)	200
7.5 Azzurra (ovvero: le convinzioni su di sé)	203
7.6 L'incontrollabilità della matematica	205
7.7 L'atteggiamento verso la matematica	208
7.8 La responsabilità dell'insegnamento	210
7.9 Come portare alla luce le convinzioni degli allievi	221
7.10 Concludendo	225

8. Strategie per il recupero — 227

8.1 Introduzione	227
8.2 Prima del recupero (ovvero: un esempio di osservazione)	229
8.3 Un intervento di recupero metacognitivo (ovvero: interpretare il fallimento per ri-dirigere l'impegno)	236
8.4 Un precorso sperimentale (ovvero: la dimensione temporale del processo d'apprendimento)	247
8.5 I precorsi (ovvero: studiare la matematica)	253
8.6 Generalizzando (ovvero: le potenzialità del problem solving)	256
8.7 Una proposta per la scuola di base	264
8.8 L'insegnamento come problem solving	273
8.9 Concludendo	283

Conclusioni	**285**
Epilogo	**289**
Bibliografia	**291**

Prologo

Scena: *Il dottor Gillupsie ha chiamato molti dei suoi chirurghi interni del Blear General Hospital. Essi stanno per cominciare la loro relazione settimanale sulle varie operazioni compiute negli ultimi quattro giorni...*

GILLUPSIE: E lei, Carstairs, come le vanno le cose?
CARSTAIRS: Temo di essere stato sfortunato, dottor Gillupsie. Niente operazioni questa settimana, ma solo tre pazienti morti.
GILLUPSIE: Bene; dovremmo parlarne un po', non le pare? Di che cosa sono morti?
CARSTAIRS: Non lo so con certezza, dottor Gillupsie, ma comunque ho dato a ciascuno di loro un bel po' di penicillina.
GILLUPSIE: Ah! Il sistema tradizionale della cura "buona di per se stessa", eh, Carstairs?
CARSTAIRS: Beh, non esattamente, capo. Pensavo solo che la penicillina li avrebbe fatti stare meglio.
GILLUPSIE: Per che cosa li stava curando?
CARSTAIRS: Insomma, stavano proprio male, capo, e io so che la penicillina fa star meglio gli ammalati.
GILLUPSIE: Certamente, Carstairs. Penso che lei abbia fatto bene.
CARSTAIRS: E i morti, capo?
GILLUPSIE: Cattivi, figlio mio, cattivi pazienti. E non c'è niente che possa fare un buon dottore quando si trova di fronte dei cattivi pazienti. E nessuna medicina può farci nulla, Carstairs.
CARSTAIRS: Eppure mi è rimasta ancora la seccante impressione che forse non avevano bisogno di penicillina, che servisse qualcos'altro.
GILLUPSIE: Sciocchezze! La penicillina non fa mai cilecca su dei buoni pazienti. Lo sanno tutti.
Al suo posto non mi preoccuperei troppo, Carstairs.

[Neil Postman e Charles Weingartner,
L'insegnamento come attività sovversiva, 1969
tr. it. pp. 48-49]

Parte 1
Difficoltà ed errori

1
Difficoltà in matematica

1.1 Introduzione

In questo primo capitolo cercheremo di definire con più precisione il problema che intendiamo affrontare. Come vedremo infatti l'espressione 'difficoltà in matematica' è ambigua, ed è necessario quindi chiarire meglio qual è il senso che noi le attribuiremo in questo lavoro. Per aiutarci faremo riferimento a quella che ho chiamato 'una Galleria di scene di scuola quotidiana': 12 esempi di situazioni che hanno per protagonisti allievi di diversi ordini di scuola (dalle elementari all'università) tratti dalla letteratura o dalla mia esperienza di ricerca ed insegnamento. Questi esempi saranno un continuo punto di riferimento per le riflessioni che faremo, ed i protagonisti delle scene ci accompagneranno nel nostro viaggio alla ricerca di strumenti per affrontare il problema delle difficoltà.

Una delle motivazioni forti di questa ricerca di nuovi strumenti è il fatto che l'approccio usuale alle difficoltà degli allievi è spesso percepito dall'insegnante come fallimentare: se funzionasse, non sentiremmo il bisogno di cercare alternative. Per poter delineare queste possibili alternative è importante allora analizzare criticamente le premesse su cui si basa l'intervento tradizionale di recupero: i comportamenti che assume come indicatori di difficoltà, le cause cui attribuisce tali comportamenti, cioè i processi di *osservazione* ed *interpretazione* che lo ispirano, e che in genere rimangono impliciti. Ed è con tali riflessioni che concluderemo questo primo capitolo.

1.2 L'antinomia dell'insegnante

Il brano riportato nel Prologo è tratto dal libro *L'insegnamento come attività sovversiva*, di Neil Postman e Charles Weingartner, pubblicato nel 1969. È l'ultima parte di un colloquio immaginario in cui gli autori fanno un parallelo fra la pratica medica e l'insegnamento, e attraverso varie tipologie di medici presentano in realtà varie tipologie di insegnanti. Il libro ha ormai più di 30 anni ma è ancora attuale, a partire dal titolo: l'insegnamento è attività sovversiva in quanto cambia, cioè *sovverte*, il modo di guardare il mondo dell'allievo. Questo cambiamento può essere più o meno importante, più o meno generale, ma c'è senz'altro, se l'insegnamento ha avuto successo: un insegnamento che non cambia niente nell'allievo è come se non ci fosse stato. Dicevo che il libro è molto attuale, ed aggiungo *purtroppo*: gli aspetti critici che gli autori evidenziavano nel sistema scolastico sono ancora presenti, e le strategie che essi proponevano appaiono ancora rivoluzionarie.

Ma ritorniamo alla parte riportata nel Prologo, in cui il dott. Gillupsie parla con il dott. Carstairs. La *penicillina* ed *i cattivi pazienti* sono un'efficace metafora di un tipo di intervento di recupero molto diffuso in contesto scolastico, e non solo per la matematica:

"Ho spiegato, rispiegato...ma con certi studenti non c'è niente da fare! Inutile preoccuparsi...".

D'altra parte anche gli insegnanti che 'si preoccupano troppo', per dirla col dott. Gillupsie, e che cercano in tutti i modi di superare il divario che ogni classe presenta fra i ragazzi 'bravi' e quelli con difficoltà, finiscono spesso per cedere. Perfino l'azione didattica apparentemente più riuscita ci lascia poi una vaga sensazione di disagio: sembra infatti che siano sempre i bravi a trarne vantaggio. Così anche dopo una lezione di cui ci sentiamo soddisfatti si insinua una scomoda riflessione: sì, certo, una 'bella' lezione... ma chi pare aver capito probabilmente avrebbe capito anche semplicemente leggendo un testo a casa, ed invece gli 'altri'...

È una contraddizione profonda, quasi un'antinomia:

«Riesco ad insegnare qualcosa *soltanto* a quelli che imparerebbero anche da soli. E non riesco ad incidere su quelli che *veramente* avrebbero bisogno di me».

L'antinomia dell'insegnante è una convinzione, e come tutte le convinzioni nasce dall'esperienza, o meglio dal processo di interpretazione dell'esperienza. Ha un ruolo importante nella sua formazione il ripetuto fallimento degli interventi specificatamente diretti proprio al superamento del problema che denuncia. A partire da un'azione quotidiana che divarica le differenze fra gli allievi, gli insegnanti che 'si preoccupano' tentano infatti di realizzare interventi espressamente diretti a chi ha più difficoltà. Tali azioni didattiche però non solo non producono in genere l'effetto sperato, ma paradossalmente rendono più evidente il problema originario: la ripetizione di argomenti, la correzione degli errori, la messa in guardia da errori tipici sembrano infatti aumentare, anziché diminuire, la forbice fra gli allievi con difficoltà in matematica e i 'bravi', perché spesso sono solo questi ultimi che sembrano trarne vantaggio. A meglio guardare un vantaggio locale e fittizio, destinato non solo ad esaurirsi, ma a volte addirittura a trasformarsi in danno, visto che in questo modo molti ragazzi bravi si convincono che l'apprendimento della matematica non richiede uno studio specifico: basta stare attenti in classe, la prima spiegazione è sufficiente per 'comprendere', quelle successive permettono addirittura di 'apprendere', fissando nella memoria le nozioni più importanti. Quando i 'bravi' con questa visione dell'apprendimento della matematica si iscrivono a Matematica il rischio di frustrazioni e fallimenti è molto forte.

L'antinomia dell'insegnante è una malattia tipica dell'età, o meglio dell'esperienza: non colpisce infatti gli insegnanti all'inizio della carriera, e tanto meno i futuri insegnanti.

Questi ultimi sono semmai colpiti da altre sindromi, soprattutto la mancata consapevolezza della problematicità dell'insegnamento, che viene identificato con il momento della 'spiegazione': l'ansia del futuro insegnante è quindi in genere legata alla difficoltà di padroneggiare la materia. L'attenzione circoscritta alla disciplina e la convinzione che *insegnare* significhi *spiegare* portano a sottovalutare la relazione allievo / matematica e a banalizzare il problema del recupero. Ad esempio spesso studenti delle scuole di specializzazione per futuri insegnanti alla domanda: "Ma se lo studente sbaglia, lei cosa fa?", rispondono con sicurezza: "Spiego un'altra volta, e così capisce".

Le opinioni di insegnanti esperti e quelle di insegnanti in formazione sono spesso molto diverse anche su altri temi cruciali quali la valutazione, l'importanza di risvegliare l'interesse degli allievi, il comportamento da tenere con gli allievi più problematici, ... Non è certo un caso: in un certo senso è facile avere certe convinzioni *prima* dell'esperienza di insegnamento. Ma il misurarsi con esperienze complesse e soprattutto impreviste senza gli strumenti adeguati può portare ad abbandonare traumaticamente alcune certezze: le convinzioni cresciute e 'tenute' in un contesto asettico e artificioso, e comunque protetto, si scontrano con la mancanza di strategie adeguate, e lasciano il posto ad altre certezze, quelle suggerite dalla prassi. E la prassi del recupero con il suo fallimento costituirà terreno fertile per la costruzione dell'antinomia dell'insegnante.

Come è stato detto l'obiettivo di questo lavoro è quello di dare strumenti all'insegnante per affrontare il problema dell'intervento sulle difficoltà, passando per una riflessione attenta e critica sulle caratteristiche dell'approccio tradizionale, e delineando quindi possibili alternative. Se è vero, come credo, che proprio il (ripetuto) fallimento di tale approccio ha un ruolo cruciale nella costruzione dell'antinomia dell'insegnante, il percorso qui proposto darà anche strumenti per sradicarla o prevenirla.

Ma prima di esaminare a fondo quello che ho chiamato l'approccio tradizionale al recupero, è necessario chiarire *chi* o *che cosa* o *quando* si intende recuperare: in altre parole è necessario precisare il senso che daremo al termine 'difficoltà'.

1.3 Quali difficoltà?

La parola 'difficoltà' è molto usata nel contesto d'apprendimento della matematica, ma un'analisi più approfondita permette di riconoscere che lo stesso termine evoca tante realtà diverse, o tanti modi diversi di guardare la stessa realtà.

In genere è l'espressione linguistica all'interno della quale la parola viene usata che dirige l'interpretazione.

Se si parla di *allievo con difficoltà* l'attenzione è alle difficoltà *dell'*allievo: nell'esplicitare la natura di tali difficoltà si riconoscono diverse categorie che per lo più rimandano alle loro cause, quali deficit sensoriali o psichici, deprivazione socio-culturale, ecc.

Quando si parla di *difficoltà della matematica* si fa riferimento a caratteristiche della disciplina, quali l'astrazione ed il linguaggio, o anche a specifici argomenti o concetti (ad esempio il concetto di infinito).

Le difficoltà *di un allievo in matematica* richiamano invece esplicitamente sia l'allievo che la matematica, in altre parole fanno riferimento alla relazione fra allievo e disciplina.

Sono tre punti di vista diversi da cui guardare il problema: l'allievo, la matematica, la relazione fra allievo e matematica. Ed è proprio quest'ultimo punto di vista che più sottolinea il ruolo dell'insegnante di matematica.

Allievo, matematica (ma più in generale il 'sapere da insegnare'), insegnante, sono i tre poli che costituiscono il triangolo delle situazioni di insegnamento[1]:

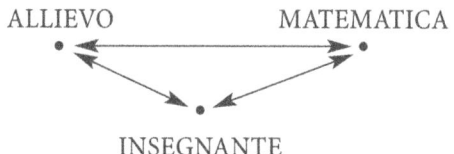

Questo triangolo mette in evidenza l'intrinseca complessità del processo di insegnamento, e suggerisce la necessità, quando si affronta un problema di natura didattica, di prendere in considerazione tutti e tre i poli e soprattutto le relazioni fra essi.

Nel caso che è al centro del nostro interesse, quello delle difficoltà in matematica, i maggiori contributi della ricerca sembrano provenire dal vertice della matematica: gli studi che appaiono più immediatamente spendibili nella didattica per le difficoltà hanno il focus su specifici argomenti, con una grande quantità e varietà di contributi su temi quali l'aritmetica, l'algebra, la probabilità, ... Si può dire che *ogni* ricerca didattica su uno di questi temi specifici considera anche se non esplicitamente il problema delle difficoltà. Altre ricerche che danno contributi interessanti sono quelle che riguardano abilità matematiche di tipo trasversale, cioè non relative ad uno specifico settore della disciplina, come quelle coinvolte nei processi di dimostrazione, nella logica, nell'uso del linguaggio, o nel problem solving.

Affrontare il problema delle difficoltà dal polo della matematica significa chiedersi: ci sono delle difficoltà intrinseche alla matematica? O anche: perché la matematica è difficile? Gli studi sulle abilità trasversali cui abbiamo fatto cenno suggeriscono alcune risposte a queste domande. L'ipotesi che propone Villani (1993) è che tra le fonti intrinseche di difficoltà vi siano i seguenti aspetti della matematica: la terminologia e il simbolismo, le tecniche di calcolo, la sequenzialità, i problemi e la loro traduzione dal linguaggio naturale a quello matematico, l'astrazione e il rigore, l'infinito. Secondo alcuni ricerca-

---

[1] Questo triangolo viene proposto in lavori di Yves Chevallard a partire dal 1982 (Chevallard e Joshua, 1982), ma secondo D'Amore (1999) la sua origine è certamente precedente.

ri (si veda ad esempio Brousseau, 1983) certe difficoltà della disciplina si possono riferire alla presenza di *ostacoli epistemologici*, ostacoli cioè che prima ancora che nel singolo individuo che apprende hanno un riscontro nella storia del pensiero matematico. È come se l'allievo nel proprio percorso d'apprendimento di un certo concetto si scontrasse con difficoltà analoghe a quelle a suo tempo incontrate dalla comunità dei matematici[2]. Ad esempio in relazione all'apprendimento del concetto di limite, un campo particolarmente indagato, sono stati individuati come ostacoli epistemologici la nozione di 'infinitamente piccolo' e l'idea che il limite non venga raggiunto (Cornu, 1991). Riprenderemo più avanti questi studi.

Ma torniamo al triangolo dell'insegnamento. Affrontare il problema delle difficoltà concentrando l'attenzione sul polo dell'allievo significa chiedersi: quali caratteristiche dell'allievo ostacolano il successo in matematica? In questo filone si collocano le ricerche che fanno riferimento alle disabilità: data l'estrema varietà di situazioni che questo termine comprende gli studi su questo aspetto sono per lo più resoconti di esperienze condotte su casi singoli[3].

Certamente dal punto di vista della pratica l'insegnante si trova a dover gestire tutte queste *difficoltà*, che d'altra parte si intrecciano e in ogni caso non sono facilmente distinguibili, ed è importante quindi che possieda strumenti a riguardo. Ma le difficoltà relative ai poli 'matematica' ed 'allievo' sono in qualche modo fissate a priori, mentre è la relazione fra questi due poli (quella che secondo la nostra classificazione fa riferimento alle *difficoltà di un allievo in matematica*) che più valorizza il ruolo dell'insegnante come mediatore tra allievo e disciplina, e ne sottolinea la responsabilità di agente decisionale. È proprio su questa relazione infatti che l'insegnante si sente chiamato in causa nella sua specificità fin dalla diagnosi stessa di difficoltà: è l'insegnante di matematica che fa tale diagnosi *a posteriori*, cioè *dopo* aver osservato i com-

---

[2] Il termine 'ostacoli epistemologici' è stato introdotto dal filosofo francese Gaston Bachelard nel suo testo *La formazione dello spirito scientifico* ad indicare alcune cause di stagnazione e di regresso della scienza. In realtà Bachelard afferma che a differenza della storia delle scienze sperimentali la storia della matematica è "una meraviglia di regolarità. Essa conosce dei periodi di stasi; essa non conosce dei periodi di errore", e conclude:"Nessuna delle tesi che sosteniamo in questo libro si rivolge quindi alla conoscenza matematica" (Bachelard, 1938, tr. it. pp. 21-22). Nonostante questo, alcuni ricercatori in educazione matematica ritengono che abbia senso parlare di ostacoli epistemologici anche in matematica, pur riconoscendo, come osserva Sierpinska (1994), che il passaggio dalle scienze naturali cui fa riferimento Bachelard alla matematica richiede alcuni adattamenti ed una riflessione filosofica sulla natura della disciplina.
[3] Si possono trovare numerosi esempi di studi di questo tipo negli Atti dei convegni Matematica e Difficoltà, editi da Pitagora (per l'indice completo degli interventi finora presentati si veda Pellegrino, Piochi e Vighi, 2005). Questi convegni sono organizzati dal GRIMED (Gruppo di Ricerca Interuniversitario Matematica e Difficoltà), che da anni affronta problematiche relative all'integrazione di alunni disabili dal punto di vista dell'educazione matematica: per una panoramica di riflessioni ed esperienze in merito rimando a Contardi e Piochi (2002).

portamenti dell'allievo in attività matematiche, e non *a priori*, a prescindere dalla matematica (come nel caso di deficit psichici o sensoriali, o situazioni familiari deprivate dal punto di vista socio-culturale), o invece a prescindere dall'allievo (come nel caso ad esempio degli ostacoli epistemologici).

In questo lavoro che si pone come obiettivo quello di dare strumenti per l'*intervento* sulle difficoltà, e che ha come interlocutore privilegiato l'insegnante, nel parlare di difficoltà in matematica sceglierò quindi di fare riferimento alla relazione allievo / disciplina.

Il profondo legame fra teoria e pratica che caratterizza questo obiettivo richiede più in generale di considerare le relazioni fra i tre poli (che sono fattori dinamici), piuttosto che i poli stessi (che sono fattori statici); non potremo quindi sottovalutare l'importanza delle altre interazioni evidenziate dal triangolo: la relazione insegnante / allievo, cui sarà dedicato ampio spazio, ma anche quella insegnante / matematica, marcata dalle convinzioni, dai gusti e dai valori dell'insegnante, oltre che dalle sue conoscenze. Avremo modo di sottolineare il ruolo di questa epistemologia implicita dell'insegnante nelle sue scelte didattiche, e soprattutto la varietà delle possibili epistemologie implicite.

> **Attività 1.1**
> A proposito della relazione insegnante / matematica e delle convinzioni dell'insegnante di matematica, qual è la tua risposta alla domanda: "Perché la matematica è difficile?"

La scelta di concentrare l'attenzione sulle difficoltà legate alla relazione allievo / matematica, che più coinvolgono l'insegnante, permette di delimitare il campo del nostro interesse, ma solo parzialmente. Le interpretazioni possibili del termine *difficoltà in matematica* continuano ad essere molteplici. D'altra parte come spesso succede per nozioni apparentemente semplici e immediate è estremamente difficile riuscire a formulare una definizione esplicita di difficoltà in matematica in grado di coglierne tutti gli aspetti, che vengono invece immediatamente evocati dall'espressione stessa.

Non ritengo quindi opportuno ma neanche necessario tentare di dare una tale definizione: preferisco precisare indirettamente il significato che attribuisco al termine attraverso una serie di esempi di riferimento. Si tratta di una Galleria, una raccolta di 'scene di scuola quotidiana' diverse per livelli scolari (dalle elementari all'università) ma accomunate dal fatto di essere assolutamente ordinarie, e di rappresentare *in qualche modo* situazioni di 'difficoltà': alcune sono tratte dalla letteratura, altre dalla mia esperienza di insegnamento e di ricerca. Queste scene, e soprattutto i loro protagonisti (Scenetra, Johnnie, Azzurra, Marco...) ci accompagneranno in tutto il nostro percorso, e saranno un continuo punto di riferimento per le riflessioni che faremo.

1.4 Una galleria di scene di scuola quotidiana

Scena 1: Johnnie[4]
Johnnie (seconda elementare) viene chiamato alla lavagna e l'insegnante gli chiede di sottrarre 284 da 437.

Johhnie esegue la sottrazione:

$$\begin{array}{r} 437\ - \\ \underline{284\ =} \\ 253 \end{array}$$

L'insegnante lo corregge: "Hai dimenticato di sottrarre 1 da 4 nella colonna delle centinaia!". Johnnie guarda l'insegnante ma non risponde. L'insegnante si avvicina alla lavagna, indica il 2 nel risultato e ripete: "Qui ti sei dimenticato che dovevi sottrarre 1 da 4 nella colonna delle centinaia...".

Johnnie non reagisce. Dopo aver inutilmente insistito con la richiesta di correzione, l'insegnante chiama al suo posto un altro bambino, che esegue correttamente l'esercizio.

Scena 2: Scenetra[5]
Scenetra è una bambina di seconda elementare. La maestra vuole riconoscere se la bambina è in grado di mettere in relazione fatti aritmetici, in particolare se sa utilizzare una somma nota per trovare una somma incognita. Alcuni suoi compagni nell'eseguire addizioni hanno dimostrato di utilizzare tale strategia addirittura in modo spontaneo.

L'insegnante scrive quindi, una sotto l'altra, le due espressioni:

$$34 + 9 = 43$$
$$34 + 11 =$$

Alla richiesta di trovare il risultato dell'ultima espressione, Scenetra riscrive in colonna i due numeri, esegue l'addizione nel modo usuale, e alla fine risponde "45".

L'insegnante allora le chiede: "Ma non potevi usare il risultato dell'addizione che è scritta sopra?". Scenetra risponde di no. La stessa scena si ripete tutte le volte che l'insegnante le propone compiti simili, invitandola esplicitamente a mettere in relazione somme note e incognite.

Scena 3: Luca
Luca, terza elementare, deve risolvere il problema:

Problema: Ogni volta che va a trovare i nipotini Elisa e Matteo, nonna Adele porta un sacchetto di caramelle di frutta e ne offre ai bambini, richiedendo però che essi prendano le caramelle senza guardare nel pacco.

---

[4] Da Brown e Burton (1978).
[5] Da Cobb (1985).

Oggi è arrivata con un sacchetto contenente 3 caramelle al gusto di arancia e 2 al gusto di limone.
Se Matteo prende la caramella per primo, è più facile che gli capiti al gusto di arancia o di limone?
Perché?
Alla prima domanda Luca risponde: *"È più facile che gli capiti all'arancia"*.
Alla seconda (Perché?): *"Se Matteo prendeva quella al limone ne rimaneva una sola e invece è meglio prenderla all'arancia"*.

Scena 4: Azzurra
Azzurra, terza media, deve trovare il perimetro di un rettangolo che ha i lati di 12 cm e 8 cm. La ragazza moltiplica 12 per 8. L'insegnante le dice: "Ma perché moltiplichi? Devi trovare il perimetro...". E Azzurra: "Divido?".

Scena 5: Alessandro
Alessandro, seconda liceo pedagogico, deve trovare l'area di un rettangolo, sapendo che il perimetro è 126 cm, e l'altezza è i 3/4 della base.
Fa correttamente un disegno:

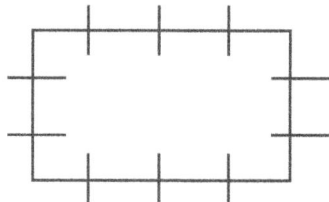

ma poi non conclude. Alla richiesta dell'insegnante risponde: "Non mi riusciva più andare avanti". L'insegnante insiste: "Ma avevi fatto il disegno bene... a quel punto era facilissimo!". Alessandro la guarda e risponde: "Ma non mi riusciva".

Scena 6: Marco
Marco, quarta liceo scientifico, deve moltiplicare $x + 1$ per $x + 2$.
Scrive così:
$$x + 1 \, (x+2)$$
Ma esegue così:
$$x + 1 \, (x+2) = x^2 + 2x + x + 2 = x^2 + 3x + 2$$

Scena 7: Alice
Alice, quarta ginnasio, è alle prese con la distinzione fra ipotesi e tesi. Deve riconoscere in alcuni enunciati di teoremi qual è l'ipotesi e qual è la tesi, ma, *regolarmente*, chiama ipotesi la tesi. L'insegnante le spiega ripetutamente cosa si intende per ipotesi e tesi. Alice ascolta attentamente la spiegazione, ma davanti alla richiesta di riconoscere ipotesi e tesi continua a sbagliare.

Scena 8: Martina
Martina, seconda liceo scientifico, semplifica scorrettamente:

$$\frac{\cancel{a}+b}{\cancel{a}+c}$$

L'insegnante le spiega l'errore, facendo vedere che il procedimento non vale con casi controllabili come $\frac{5+3}{5+7}$.

"Vedi? Non viene la stessa cosa... Non si può!".
Martina fa cenno di sì.
Pochi minuti dopo, davanti a $\frac{x+y}{a+y}$, semplifica: $\frac{x+\cancel{y}}{a+\cancel{y}}$

Scena 9: Irene
Irene, prima liceo classico, è alle prese con le equazioni.

$$x^2=3x-2$$

Procede così:

$$x^2+3x+2=0$$

E trova quindi correttamente le due soluzioni di quest'ultima equazione.

Scena 10: Nicola
Nicola, terza liceo scientifico, deve risolvere la disequazione:

$$-7x^2 < \sqrt{7}$$

Moltiplica ambo i membri per –1/7, ottenendo:

$$x^2 > -\frac{\sqrt{7}}{7}$$

Poi moltiplica per 7 e porta tutto al primo membro:

$$7x^2 + \sqrt{7} > 0$$

A questo punto si ferma.

Scena 11: Annalisa
Annalisa nel test d'ingresso previsto all'inizio della 1ª liceo scientifico risolve il seguente problema[6] tracciando le frecce in figura:

---

[6] Tratto da Ferrari (2003).

1 Difficoltà in matematica

Collega con un tratto di penna ciascuna frase di sinistra con la frase o le frasi di destra che hanno significato equivalente:

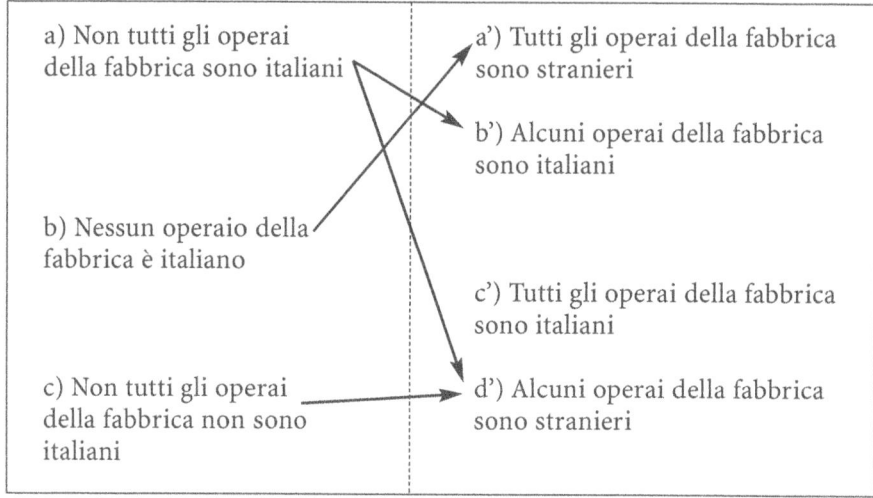

Scena 12: Alessio

Al compito scritto di Istituzioni di matematica Alessio, studente al primo anno di Biologia, affronta l'esercizio relativo allo studio di funzione. Dopo due ore e mezzo non l'ha ancora completato, e gli resta solo mezz'ora delle 3 ore disponibili per svolgere gli altri 4 esercizi.

Attività 1.2

1. Quali fra tutte le scene ti colpiscono di più in senso negativo, cioè ti sembra che descrivano comportamenti od errori più gravi?
Perché?

2. Quali fra tutte le scene ti colpiscono di meno in senso negativo, cioè ti sembra che descrivano comportamenti od errori meno *gravi*?
Perché?

3. Ci sono delle scene per le quali hai bisogno di informazioni ulteriori per rispondere alle domande precedenti?
Se sì, quali sono?
E quali sono le informazioni?

4. Anche se non tutte le scene fanno riferimento al tuo livello di scuola, riconosci alcuni comportamenti che, pur con le dovute differenziazioni, sono tipici anche dei tuoi allievi?
Quali ad esempio?

5. Analizza in particolare le scene 2 (Scenetra), 4 (Azzurra), 9 (Irene), 12 (Alessio).
Se tu fossi l'insegnante, riterresti opportuno intervenire?
Se sì, come? Se no, perché?

Attività 1.3
Costruisci la tua Galleria personale, aggiornandola nel tempo.
Annota cioè di volta in volta quei comportamenti osservati nei tuoi allievi che ti sembra segnalino loro difficoltà in matematica.

1.5 L'intervento tradizionale di recupero alle difficoltà in matematica

Le scene della Galleria ci hanno permesso di precisare ulteriormente il senso con cui useremo la parola *difficoltà*. Possiamo ora passare al punto successivo: analizzare quello che ho definito l'approccio tradizionale alle difficoltà in matematica.

L'intervento standard di recupero si concretizza in alcuni tipici comportamenti dell'insegnante.

L'insegnante corregge gli errori, spiegando in che cosa consistono ed illustrando qual era il procedimento corretto. Nel caso di processi risolutivi non conclusi o addirittura non iniziati o ritenuti inadeguati illustra qual era il procedimento adeguato. A seconda della *gravità* dell'errore eventualmente l'insegnante riprende e ripete alcuni argomenti, concetti o procedure coinvolti nel contesto in cui si è verificato l'errore o il processo risolutivo inadeguato: più precisamente gli argomenti che l'insegnante stesso ritiene necessari per svolgere correttamente l'esercizio o il problema.

Per maggior chiarezza facciamo riferimento ad alcune scene della nostra Galleria: ad esempio Johnnie (scena 1), Azzurra (scena 4), Alessandro (scena 5), che corrispondono a diversi livelli di scuola.

In un primo momento l'intervento probabilmente sarà limitato alla correzione dell'errore e al far vedere 'come si fa'. In questa fase forse l'insegnante riproporrà anche esercizi *simili* (ovviamente dal suo punto di vista di esperto) a quelli in cui si è verificato l'errore. Nel caso di Johnnie quindi assegnerà al bambino una serie di sottrazioni in cui c'è da fare il 'riporto', dopo avergli ripetuto come si fa; nel caso di Azzurra dopo aver sottolineato la differenza fra perimetro e area proporrà problemi di geometria in cui c'è da calcolare perimetro e area. Anche con Alessandro probabilmente farà vedere qual è il processo risolutivo corretto e riproporrà quindi lo stesso tipo di esercizio, senza preoccuparsi inizialmente di isolare e di affrontare separatamente i diversi contesti coinvolti (le frazioni, il perimetro e l'area di un rettangolo, ...).

Certo, se poi questi interventi non ottengono l'effetto sperato e gli errori si ripetono, allora forse l'intervento si allargherà, e quando possibile gli si dedicherà un tempo (qualche ora o qualche settimana) o addirittura uno spazio specifico (attività di recupero al di fuori dell'orario, suddivisione della classe in gruppi di livello,...): con Johnnie si riprenderanno le sottrazioni, con Azzurra la geometria. Nel caso di Alessandro l'intervento potrà essere diverso a seconda del giudizio dell'insegnante su qual è il contesto responsabile della mancata risposta corretta: l'intervento di recupero potrà riguardare un lavoro sulle frazioni, o sulle formule di geometria, o magari tutti e due, in tempi diversi.

Ma in ogni caso l'intervento dell'insegnante sarà in genere circoscritto a quegli aspetti specifici che l'insegnante stesso, in quanto esperto, riconosce come essenziali per rispondere in modo corretto.

1.5.1 Prima dell'intervento: l'osservazione

Nella loro apparente naturalezza le azioni didattiche descritte sono il frutto di una serie di decisioni spesso inconsapevoli dell'insegnante, che vedono nell'intervento solo il loro momento conclusivo. Il fatto che l'intervento di recupero tradizionale non funziona spinge allora ad analizzare in profondità i processi decisionali dell'insegnante, che hanno in realtà radici ben più lontane. Innanzitutto la decisione stessa di intervenire: perché l'insegnante ritiene di doverlo fare in alcuni casi ed in altri no? In altre parole, quand'è che l'insegnante ritiene di dover intervenire?

Le risposte a queste domande metterebbero in evidenza che ogni intervento dell'insegnante appoggia su un'osservazione preliminare dell'allievo, o meglio di alcuni suoi comportamenti. In particolare la correzione degli errori e dei processi risolutivi che caratterizza l'intervento tradizionale di recupero ha come momento iniziale l'individuazione di tali errori e di tali processi.

Approfondiamo quest'aspetto facendo riferimento alle nostre scene.

Alla richiesta dell'insegnante di eseguire una sottrazione, Johnnie ha dato una risposta scorretta. Ma anche Azzurra ed Alessandro hanno fatto lo stesso, con domande diverse. Più precisamente Alessandro non ha dato una risposta scorretta, ma non ha risposto, cioè comunque non ha dato la risposta corretta!

Possiamo dire quindi che l'intervento tradizionale di recupero si attiva a partire dalla *rilevazione di una mancata risposta corretta*, e dall'individuazione degli errori o processi risolutivi che ne sono (ritenuti) responsabili. Questi errori, o processi risolutivi inadeguati, sono considerati spesso segnale non solo del fatto che qualcosa non va, ma anche del fatto che qualcosa non va *proprio in quel contesto in cui l'errore (o il processo risolutivo inadeguato) si è verificato*. Tale contesto diventa quindi in modo naturale quello in cui ha luogo l'intervento di recupero, basato in genere sulla ripetizione degli argomenti ritenuti necessari per poter rispondere in modo corretto. Se la risposta corretta coinvolge a giudizio dell'insegnante conoscenze e abilità che appartengono a contesti diversi, allora viene selezionato fra questi il contesto ritenuto mag-

1.5 L'intervento tradizionale di recupero alle difficoltà in matematica

giormente 'responsabile' ('responsabile' nel senso che è da lì che si pensa provengano le difficoltà dell'allievo).

In definitiva potremmo dire che è la mancanza di una risposta corretta (o perché c'è un errore, o perché manca proprio la risposta) a costituire un segnale d'allarme ed a dirigere verso l'intervento[7]. L'errore in particolare viene quindi ad avere un ruolo cruciale: la sua presenza segnala che c'è qualcosa che non va. Non solo, dirige l'attenzione dell'insegnante in un determinato contesto: quello, appunto, dove l'errore è stato osservato.

L'intervento dell'insegnante varia in realtà a seconda dell'importanza che egli attribuisce all'errore stesso, ed in questa valutazione ha un ruolo cruciale la dimensione temporale: se la singola risposta scorretta è sufficiente per stimolare un intervento dell'insegnante (correzione dell'errore, illustrazione del procedimento corretto, …), è il *ripetersi* dell'errore a suggerire un intervento più importante. Inoltre nel valutare l'importanza dell'errore in genere l'insegnante considera anche *quando* l'errore è stato commesso in relazione alla sua azione didattica: all'inizio della trattazione dell'argomento? Oppure alla fine? Oppure dopo un po' di tempo che l'argomento è stato concluso? A seconda del caso la valutazione dello *stesso* errore potrà essere diversa.

1.5.2 L'interpretazione

Anche se appare automatico, il passaggio dall'osservazione all'intervento è in genere mediato da un processo di interpretazione che per lo più rimane implicito; se fossimo convinti che gli errori sono causati da particolari transiti astrologici, probabilmente il nostro intervento sarebbe diverso, o addirittura non ci sarebbe: ci limiteremmo ad aspettare transiti più favorevoli. L'intervento di recupero che abbiamo descritto è coerente con un processo di interpretazione che attribuisce la mancata risposta corretta relativa ad un certo contesto matematico a conoscenze o abilità insufficienti in tale contesto.

Per quale motivo poi le conoscenze e abilità dell'allievo siano insufficienti apre, o potrebbe aprire, un ulteriore scenario di ipotesi interpretative. In realtà le espressioni più ricorrenti nella pratica scolastica rimandano ad un numero limitato di cause: 'non ha capito', 'non riesce', 'non ha studiato'.

> **Attività 1.4**
> Guarda le risposte che hai dato alle domande sulla Galleria (Attività 1.2).
> Hai usato le espressioni 'non ha capito', 'non riesce', o espressioni simili?
> In quali casi?

---

[7] In realtà a volte alla risposta non si chiede solo di essere corretta, ma di esserlo *in un certo modo*. Anche una risposta corretta può quindi essere ritenuta non adeguata: è il caso di Scenetra (scena 2). Ma ritorneremo su questo punto più avanti.

Ma prima di procedere facciamo un gioco[8].
Immaginate la seguente situazione:

Federico entra in classe e si dirige subito al suo posto. Si siede, tira fuori dallo zainetto penne e quaderni e inizia a ripassare le lezioni. I compagni lo invitano a giocare, ma si rifiuta dicendo che deve studiare. All'arrivo dell'insegnante Federico si alza, le sorride, quindi torna a sedersi.

Attività 1.5
Secondo te, che tipo di ragazzo è Federico?
Scegli, per ognuna delle caratteristiche indicate, l'opzione che più rappresenta la tua opinione:

Federico è...
(per niente - un po' - non so - abbastanza - molto)

Responsabile	Secchione
Diligente	Socievole
Studioso	Indipendente
Furbo	Isolato

Questo piccolo esperimento condotto in un gruppo che contenga almeno una trentina di insegnanti dà risultati che sorprendono tutti i partecipanti: per ognuna delle voci indicate si trovano tutte le 5 opzioni proposte, da *per niente* a *molto*! Ad esempio si trovano insegnanti che considerano Federico *molto responsabile*, ed insegnanti che lo considerano *per niente responsabile*. Le argomentazioni portate a sostegno di queste due posizioni opposte sono spesso entrambe convincenti: *"È molto responsabile perché studia"*, *"Non è per niente responsabile perché studia all'ultimo momento"*. Quello che emerge dal confronto delle argomentazioni è che le logiche che sostengono le varie posizioni assunte sono associate al completamento, in genere inconsapevole, delle poche informazioni disponibili su Federico. Questo completamento si basa su processi di inferenza in cui hanno un ruolo cruciale le esperienze precedenti (che possono portare a riconoscere nella scarna descrizione di Federico un alunno avuto in classe, un compagno di scuola, o addirittura se stessi), le convinzioni costruite interpretando tali esperienze (*"Federico abitualmente gioca*

---

[8] È una versione leggermente modificata della scheda 'Che tipo di ragazzo è Federico?', che si trova in Franta e Colasanti (1991).

1.5 L'intervento tradizionale di recupero alle difficoltà in matematica

con i compagni, altrimenti non lo cercherebbero"), le emozioni (che in particolare dipendono dal soggetto con cui si identifica chi legge: Federico, l'insegnante, i compagni). In definitiva a partire dai comportamenti descritti, che sono pochi e soprattutto decontestualizzati, ognuno si costruisce un 'proprio' Federico: ed è a *quel* Federico che fa riferimento nel rispondere, così come è *quel* Federico che suscita reazioni emozionali al comportamento descritto (*"mi fa rabbia"*, *"mi fa pena"*, *"mi fa simpatia"*, ...).

Già questa varietà è interessante, perché ci dice quanto di personale ed implicito entra in gioco quando osserviamo e valutiamo uno studente. Ma quello che qui voglio sottolineare è lo scivolamento quasi automatico dal piano dell'osservazione dei comportamenti a quello del giudizio sull'allievo. Dalla descrizione di quello che *'Federico fa...'* passiamo senza porci problemi ed in maniera inconsapevole a rispondere alla richiesta *'Federico è...'*, senza renderci conto che quell'affermazione – *'Federico è...'* – nasconde il vero soggetto di questo processo:

> [...] noi trasferiamo i nostri sentimenti e le nostre valutazioni a oggetti al di fuori di noi. Per esempio, diciamo «John è stupido» o «Helen è vivace» come se la stupidità e la vivacità fossero delle caratteristiche di John e Helen. Una parafrasi letterale di «John è stupido» (ovvero, il suo significato più scientifico) può essere qualcosa del tipo: «Quando percepisco il comportamento di John, sono deluso, angustiato, frustrato o disgustato». La proposizione che uso per esprimere le mie percezioni e valutazioni di questi fatti è «John è stupido».
> Dicendo «John è stupido», parliamo di noi stessi molto di più che di John. Eppure, questo fatto non si riflette per nulla nell'affermazione. L'io – il segno della partecipazione di colui che percepisce – è stato rimosso mediante una peculiarità grammaticale [Postman e Weingartner, 1969, tr. it. pp. 114-115].

In questo scivolamento quasi automatico dal piano dell'osservazione (*'Federico fa...'*) a quello del giudizio (*'Federico è...'*) gioca un ruolo cruciale il processo di interpretazione che 'forza' a completare le poche informazioni disponibili ('Federico fa così *perché*...), anch'esso così immediato che ne acquistiamo consapevolezza solo se siamo esplicitamente stimolati a rifletterci. Così come è in base alle nostre precedenti esperienze che inconsapevolmente completiamo la scarna descrizione di Federico, anche l'interpretazione che diamo dei suoi comportamenti è profondamente influenzata da tali esperienze, da tali modi di completare la scena, dai nostri schemi interpretativi, e mette in gioco le nostre emozioni. Ad esempio per alcuni *'Federico inizia a ripassare le lezioni'* perché il ripasso lo tranquillizza, per altri perché si sente poco preparato in quanto non ha studiato abbastanza. Un'interpretazione può suscitare simpatia, un'altra irritazione. Ma può accadere anche che la *stessa* interpretazione susciti reazioni diverse in persone diverse, o nella stessa persona in momenti diversi.

L'aspetto che più mi preme sottolineare non è la soggettività dell'interpretazione, ma l'importanza di essere consapevoli di tale soggettività, e in particolare di essere consapevoli dei propri processi interpretativi.

I fenomeni descritti accadono anche in contesto scolastico: il fatto che in quel caso le informazioni disponibili sull'allievo siano maggiori, e soprattutto sia maggiore la possibilità di procurarsele, non evita il pericolo dello scivolamento dal piano di quello che uno 'fa' al giudizio su quello che 'è'. Quello che cambia è piuttosto il fatto che una volta che ci siamo fatti un'idea di come è l'allievo, questo giudizio guida l'interpretazione dei suoi successivi comportamenti: ad esempio se correggiamo il compito fatto male di un ragazzo 'bravo' ci viene da pensare "forse non si sentiva bene", mentre se correggiamo il compito fatto bene di un ragazzo che va male pensiamo "ha copiato".

> **Attività 1.6**
> Riprendi la tua analisi delle scene della Galleria.
> Riconosci nelle risposte che hai dato le espressioni che fanno riferimento:
> - all'*osservazione* dei comportamenti
> - all'*interpretazione* dei comportamenti
> - ad un *giudizio* sull'allievo.

Vediamo ad esempio alcuni commenti fatti da insegnanti in attività di formazione ai comportamenti di Johnnie, Azzurra ed Alessandro:
   Johnnie: "non sa fare le sottrazioni: non tiene conto del riporto"
   Azzurra: "non ha capito la differenza fra perimetro e area"
   Alessandro: "non sa fare i problemi con le frazioni", oppure "non ha capito il perimetro e l'area del rettangolo".

Le espressioni 'non ha capito', 'non riesce', 'non è capace', nella pratica scolastica sono spesso utilizzate per *descrivere* il comportamento dell'allievo, come se facessero riferimento al processo d'osservazione. In realtà rispondono alla domanda 'Perché si comporta così?', e sono quindi risultato di un processo di *interpretazione*, anche se inconsapevole.

Anche in questo caso perciò, come nel gioco di Federico, il processo di interpretazione oltre che rimanere implicito viene spesso sovrapposto a quello d'osservazione. Ma non basta. Anche qui come nel caso di Federico il salto è ancora più audace e pericoloso: più che dall'osservazione all'intervento, è un salto dall'osservazione alla valutazione *dell'allievo* e delle sue capacità, e non della sua prestazione. Se queste capacità sono considerate una 'dote' dell'allievo che l'insegnante non può modificare, questo tipo di interpretazione implicita può frenare l'intervento, anziché dirigerlo.

Il caso di Scenetra, la bambina di seconda elementare protagonista della scena 2 della nostra Galleria, è esemplare in questo senso.

Ricordo brevemente la scena. Per riconoscere se la bambina è in grado di mettere in relazione fatti aritmetici, in particolare se sa utilizzare una somma

1.5 L'intervento tradizionale di recupero alle difficoltà in matematica

nota per trovare una somma incognita, l'insegnante scrive una sotto l'altra le due espressioni:

$$34 + 9 = 43$$
$$34 + 11 =$$

Alla richiesta di trovare il risultato dell'ultima espressione Scenetra riscrive in colonna i due numeri, esegue l'addizione nel modo usuale, ed alla fine risponde "45". Alla domanda dell'insegnante: "Ma non potevi usare il risultato dell'addizione che è scritta sopra?" Scenetra risponde di no. La scena si ripete più volte nello stesso modo.

Il commento più frequente a questo comportamento è:
"Scenetra conosce bene la procedura per eseguire l'addizione, ma *non è in grado* di mettere in relazione un'espressione con l'altra".

L'interpretazione 'non è in grado' è un giudizio su Scenetra, nel senso che pretende di descrivere la bambina, addirittura le sue potenzialità, e non il suo comportamento. L'osservazione del suo comportamento ci permette solo di dire che Scenetra *non ha messo in relazione* un'espressione con l'altra. *Perché* non l'ha fatto ci porta nel campo dell'interpretazione. Se poi l'interpretazione 'non è in grado' fa riferimento a capacità di Scenetra su cui l'insegnante ritiene di non avere controllo, tale interpretazione frena, anziché dirigere, l'intervento.

Si potrebbe dedurre dalle osservazioni fatte che per evitare il rischio di sbagliare l'insegnante debba astenersi dall'interpretare. Non è così.

L'interpretazione dell'insegnante è necessaria come ipotesi di lavoro per l'intervento di recupero: ne suggerisce infatti la direzione. Ma è importante che l'insegnante sia consapevole che la sua interpretazione è solo una delle tante possibili, e risente delle sue esperienze, dei suoi schemi interpretativi, delle sue convinzioni: solo così sarà pronto a metterla in discussione in caso di fallimento della strategia didattica adottata. Se poi l'intervento di recupero funziona, tanto meglio!

Una precisazione: ho detto all'inizio che l'intervento tradizionale è compatibile o coerente con l'interpretazione 'non ha le conoscenze o le abilità necessarie'. Questo non significa che il processo di interpretazione sia esplicito o consapevole. Nello stesso modo il fatto che l'intervento tradizionale rimandi ad una visione semplicistica dell'apprendimento (per far capire le cose basta spiegarle) non significa che chi lo mette in atto condivida *consapevolmente* tale visione. Nel colloquio fra medici del prologo la scelta del dott. Carstairs di utilizzare la penicillina *non* è frutto di una diagnosi, eventualmente sbagliata (dato che i pazienti sono morti). È frutto invece di una prassi non sostenuta da consapevolezza e senso critico.

La metafora della medicina con cui Postman e Weingartner attaccano certe pratiche didattiche ci permette di cogliere altri due punti importanti.

Il primo è che ad una cura si chiede innanzitutto di funzionare, non di essere 'giusta'. Così la critica che muovo all'intervento standard di recupero non è una critica di principio, ma è legata al fatto che in genere non funziona.

Il secondo punto è che il fallimento di una cura può essere imputabile all'inadeguatezza della cura stessa rispetto alla malattia (ad esempio si prescrivono antibiotici per un problema riconosciuto come virale), oppure all'inadeguatezza della diagnosi (ad esempio si diagnostica un'infezione e *quindi* si prescrivono antibiotici, mentre è un problema virale). La debolezza della diagnosi a sua volta può essere legata ad un processo d'osservazione superficiale: visita incompleta, analisi insufficienti, scarsa attenzione ai sintomi segnalati. Naturalmente alle responsabilità del medico possono aggiungersi responsabilità del paziente: il fallimento della cura può dipendere ad esempio (anche) dalla scarsa accuratezza o costanza con cui la cura stessa è seguita.

Nel nostro caso, limitandoci alle responsabilità dell'insegnante, il fallimento di un intervento di recupero può essere imputabile all'inefficacia della strategia adottata, ma anche all'inadeguatezza dell'interpretazione che dirige tale strategia o dell'osservazione che la precede.

La distinzione fra questi processi è naturalmente più teorica che reale, dato che già l'osservazione risente degli schemi interpretativi della realtà di chi osserva. Ad esempio se è vero che l'uso di particolari strumenti di osservazione (quali il diario o le domande aperte) suggerisce certe interpretazioni e quindi ne mette in crisi altre, è vero anche che il fatto stesso di usare tali strumenti rimanda ad una particolare interpretazione della realtà da parte di chi li usa. Inoltre c'è un continuo andare e venire fra osservazione e interpretazione; l'osservazione non è data una volta per tutte: una particolare interpretazione può richiedere conferme da rimandare ad osservazioni più fini. Ad esempio nel caso della scena 9, in cui Irene trasforma l'equazione $x^2=3x-2$ nell'equazione $x^2+3x+2=0$, l'interpretazione che si tratti di una semplice svista spingerà ad ulteriori osservazioni, e da queste potrà eventualmente essere smentita.

1.6 Concludendo

In questo capitolo abbiamo presentato il tema di questo lavoro, le difficoltà in matematica in contesto scolastico, ed abbiamo cercato di chiarire il senso che daremo a questa espressione.

Per far questo abbiamo fatto riferimento ad una serie di esempi, la Galleria di scene di scuola quotidiana, che ci faranno da filo conduttore in tutto il percorso successivo.

A partire da queste scene abbiamo anche fatto alcune riflessioni sull'approccio tradizionale alle difficoltà, mettendo in evidenza, con il gioco di Federico, che nella pratica didattica c'è spesso uno scivolamento continuo e soprattutto inconsapevole dal piano dell'osservazione a quello dell'interpretazione e quindi del giudizio.

Nei capitoli che seguono cercherò di spiegare il fallimento a cui spesso va incontro l'intervento tradizionale di recupero, attraverso una critica dei processi di osservazione e di interpretazione che lo ispirano.

2
L'errore

2.1 Introduzione

Protagonista indiscusso di questo capitolo è l'*errore*, o meglio, la scelta di assumere l'errore come indicatore privilegiato di difficoltà: dato che questa scelta ha un ruolo importante nell'approccio standard alle difficoltà in matematica, cercheremo di capire quali possono essere i vantaggi ed i limiti che essa comporta.

Per far questo ascolteremo alcune riflessioni sul ruolo dell'errore nella scienza ma anche nell'esperienza di apprendimento dalle voci di filosofi, matematici, psicologi, educatori.

Dopo aver evidenziato alcune implicazioni didattiche di tali testimonianze, passeremo ad analizzare quello che accade in contesto scolastico nel processo che porta dall'individuazione dell'errore alla decisione di intervenire con azioni didattiche mirate. Per far questo riprenderemo le scene della Galleria e l'analisi proposta nell'attività 1.2, discutendo le risposte date da un gruppo di insegnanti in formazione.

Dopo aver sentito sull'errore le testimonianze di filosofi, matematici, psicologi, e quindi quelle di insegnanti in formazione, sentiremo anche le voci degli allievi, che ci racconteranno della paura di sbagliare, e quella di Raffaella Borasi, una ricercatrice italo-americana che propone un uso dell'errore come 'trampolino' per attività matematiche significative.

2.2 A più voci

L'errore è da sempre oggetto di interesse in molti campi, soprattutto in filosofia e pedagogia: sono quindi molte e diversificate le analisi che è possibile trovare su questo tema (si veda ad esempio Baldini, 1986; Zanato Orlandini, 1995; Antiseri, 1996). La selezione che qui propongo per aprire le nostre riflessioni raccoglie le voci di sei autorevoli testimoni di questo interesse: Karl Popper (1902-1994) e Gaston Bachelard (1884 - 1962), importanti filosofi della scienza del '900, austriaco il primo, francese il secondo; Federico Enriques (1871-1946), grande matematico e filosofo della scienza italiano, autore insieme ad Ugo Amaldi di importanti testi di Geometria e Analisi per la scuola secondaria; Alan Turing (1912-1954), uno dei pionieri nello studio della logica dei computer e dell'intelligenza artificiale; Zofia Krygowska (1904-1988), ricercatrice polacca nel campo dell'educazione matematica; Howard Gardner, psicologo americano autore di diversi saggi, conosciuto in particolare per la sua teoria delle intelligenze multiple.

Conclude il coro di queste voci autorevoli una mia variazione personale del Colloquio dei medici di Neil Postman e Charles Weingartner riportato nel prologo: è un omaggio ai due autori, in particolare a Neil Postman, scomparso nel 2003.

Voce 1, Karl Popper (1972):
"[...] evitare errori è un ideale meschino: se non osiamo affrontare problemi che siano così difficili da rendere l'errore quasi inevitabile, non vi sarà allora sviluppo della conoscenza. In effetti, è dalle nostre teorie più ardite, *incluse quelle che sono erronee*, che noi impariamo di più. Nessuno può evitare di fare errori; la cosa più grande è imparare da essi" [Popper, 1972, tr. it. p. 242].

Voce 2, Gaston Bachelard (1938):
"Quando si ricercano le condizioni psicologiche dei progressi della scienza, ci si convince ben presto che *è in termini di ostacoli che bisogna porre il problema della conoscenza scientifica*. E non si tratta di considerare ostacoli esterni, come la complessità e la fugacità dei fenomeni, oppure d'incolpare la debolezza dei sensi e dello spirito umano, perché è all'interno dell'atto stesso del conoscere che, per una specie di necessità funzionale, appaiono lentezze e confusioni. È qui che mostreremo alcune cause di stagnazione e persino di regresso della scienza; qui ne rileveremo le cause di inerzia; e tutte queste cause le chiameremo ostacoli epistemologici. [...] Il pensiero empirico è chiaro a posteriori, quando il meccanismo delle ragioni è già stato messo a punto. Tornando su un passato di errori, la verità la si trova in un vero e proprio pentimento intellettuale. Si conosce, infatti, *contro* una conoscenza anteriore, distruggendo conoscenze mal fatte, superando quello che nello spirito stesso fa da ostacolo alla spiritualizzazione" [Bachelard, 1938, tr. it. p. 11].

Voce 3, Federico Enriques (1936):
"Il maestro sa che la comprensione degli errori dei suoi allievi è la cosa più importante della sua arte didattica. Egli impara presto a distinguere gli errori significativi da quelli, che non sono propriamente errori - affermazioni gratuite di sfacciati che cercano di indovinare - dove manca lo sforzo del pensiero, della cui adeguatezza si vorrebbe giudicare.

E degli errori propriamente detti, che talora sono in rapporto con manchevolezze delle singole menti, ma nei casi più caratteristici si presentano come tappe del pensiero nella ricerca delle verità, il maestro sa valutare il significato educativo: sono esperienze didattiche che egli persegue, incoraggiando l'allievo a scoprire da sé la difficoltà che si oppone al retto giudizio, e perciò anche ad errare per imparare a correggersi. Tante specie di errori possibili sono altrettante occasioni di apprendere" [Enriques, 1936, p. 12].

Voce 4, Alan Turing (1947):
"Anche il matematico umano prende qualche cantonata quando sperimenta nuove tecniche. È facile per noi considerare queste sviste come non rilevanti e dare al ricercatore un'altra possibilità, ma alla macchina non viene riservata alcuna pietà.

2.2 A più voci

In altre parole, se si aspetta che la macchina sia infallibile, allora essa non può anche essere intelligente" [Turing, 1947, tr. it. pp. 86-87].

Voce 5, Zofia Krygowska (1957):
"Questa accortezza didattica [*n.d.r.: il blocco delle occasioni di errore*] consiste nella scelta, da parte del professore abile, delle difficoltà che l'allievo incontrerà sulle vie del ragionamento in modo che l' occasione di commettere errori sia minima. Certi manuali e certe raccolte ci offrono esempi al riguardo. Gli esercizi sono raggruppati sistematicamente, dopo che alcuni sono presentati come esempio, le istruzioni sono talmente suggestive che è difficile, anche a un alunno che capisca poco, di commettere un errore. Un simile blocco degli errori non dà risultati positivi che apparentemente. Quello che è oscuro nel cervello dell'alunno rimane oscuro benché il segnale «errore» non si accenda. Questo modo di procedere dà delle illusioni ai professori e agli alunni e il primo passo sulla via del verbalismo è compiuto, l'abolizione delle difficoltà non essendo equivalente alla vittoria riportata sopra di esse" [Krygowska, 1957, p. 176].

Voce 6, Howard Gardner (1991):
"Insegnanti e studenti [...] non sono disposti ad assumersi i rischi del comprendere e si accontentano dei più sicuri «compromessi delle risposte corrette». In virtù di tali compromessi, insegnanti e studenti considerano che l'educazione abbia avuto successo quando gli studenti sono in grado di fornire le risposte accettate come corrette" [Gardner, 1991, tr. it. p. 160].

Voce 7, alla maniera di Postman e Weingartner:
GILLUPSIE: E lei, dottor Bluffing, cosa mi racconta?
BLUFFING: Tutto a posto, dottor Gillupsie. I miei pazienti sono stati dimessi.
GILLUPSIE: Ottimo, Bluffing. Anche quel paziente della 302 che aveva quel febbrone inspiegabile?
BLUFFING: Anche lui, dottor Gillupsie: ora è a casa.
GILLUPSIE: E come ha fatto a fargli calare la temperatura? Ci abbiamo provato in tutti i modi e non eravamo riusciti a farla andare sotto i 38°! Quale metodo ha trovato? Cosa gli ha dato?
BLUFFING: Beh, dottor Gillupsie, la temperatura *in sé* non è calata... ma abbiamo stabilito, naturalmente dopo aver consultato diversi articoli scientifici, che d'ora in poi la febbre è sopra i 39°. Ufficialmente quindi possiamo dichiarare che il paziente 302 non è proprio malato! E quindi l'abbiamo rassicurato e dimesso.
GILLUPSIE: Geniale, dottor Bluffing! [*rivolto agli altri dottori*] Imparate da Bluffing, ragazzi! [*di nuovo rivolto a Bluffing*] E mi dica, John, quel paziente che aveva le analisi del sangue così sballate? Quei valori così alti di insulina?
BLUFFING: Anche quello dimesso, capo. Guarito!
GILLUPSIE: Eccezionale, Bluffing! Fossero tutti così al Blear Hospital, le nostre azioni salirebbero alle stelle! Ma mi dica, quale cura ha funzionato per abbassare l'insulina?

BLUFFING: In realtà le abbiamo provate tutte senza successo, capo.
GILLUPSIE: E allora, Bluffing? Come mai l'ha dimesso?
BLUFFING: Beh, capo, ho pensato che visto che con l'insulina non se ne veniva a capo, era meglio fargli l'analisi dei globuli bianchi. E quella era proprio perfetta, capo! Da dimissione immediata. E avesse visto come era contento anche il paziente!
GILLUPSIE: [*serio*] Lo so, Bluffing... La serenità dei pazienti è davvero importante! E fortunatamente qui al Blear ci sono medici come lei che se ne preoccupano...

Attività 2.1
1. Quale voce ti colpisce di più?
Perché?

2. Ti sembra che ci sia affinità fra alcune voci?
Quali?

3. Ci sono delle voci che ti fanno venire in mente tue esperienze personali?
Quali?
Quali esperienze?

4. Aggiungeresti altre voci che conosci?
Quali?

2.3 L'epistemologia e la pedagogia dell'errore

Le voci dell'introduzione sostengono unanimi quella che alcuni definiscono l'*epistemologia dell'errore*, caratterizzata dalla visione del ruolo positivo dell'errore nello sviluppo della scienza, e condivisa da molti autorevoli filosofi e scienziati.

In particolare i brani di Popper, Bachelard ed Enriques testimoniano un rifiuto della connotazione dell'errore come esperienza negativa, e in quanto tale da evitare. In realtà, sottolinea Baldini, "presso i pedagogisti e gli insegnanti l'errore non gode, salvo rare e per questo lodevoli eccezioni, di una buona reputazione" (Baldini, 1986, p. 12). Si potrebbe obiettare che il contesto scolastico è ben diverso da quello della ricerca scientifica, che coinvolge l'esperienza creativa di pochi individui. Ma le testimonianze a favore dell'epistemologia dell'errore che provengono dall'ambito della filosofia della scienza offrono spunti di riflessione importanti ed a volte espliciti, come nel caso di Enriques, anche per il contesto dell'apprendimento.

Fra i filosofi della scienza Popper è forse quello che più di ogni altro ha fatto dell'errore un elemento chiave non solo per lo sviluppo della scienza, ma

2.3 L'epistemologia e la pedagogia dell'errore

anche per la sua stessa definizione. Richiama l'errore infatti il criterio che Popper propone per distinguere le teorie scientifiche da quelle non scientifiche: la *falsificabilità*, cioè il poterle riconoscere come false. Le teorie scientifiche secondo il filosofo non possono essere verificate, dato che le osservazioni empiriche sono necessariamente in numero finito, ma possono invece essere falsificate anche da una sola osservazione negativa.

Il brano di Popper riportato nell'introduzione sottolinea in particolare che l'errore può essere non solo un'occasione (e quindi *causa*) di apprendimento, ma anche una *conseguenza* dell'aver accettato una sfida significativa.

La voce di Bachelard enfatizza la dimensione temporale dell'errore, un aspetto a mio parere cruciale anche in ambito didattico. Da una parte l'errore avviene in un certo momento ed in un certo contesto storico, dall'altra il progresso di oggi si può vedere come il superamento dell'errore di ieri. In ambito didattico la storia cui facciamo riferimento è la storia della classe, ma anche del singolo allievo. Il progresso dell'allievo, ogni suo apprendimento, è il superamento di idee o conoscenze precedenti, che può essere percepito quindi proprio attraverso il confronto con tali idee e conoscenze. Ma le idee e conoscenze di ieri sono in particolare quelle che hanno portato a commettere errori. In questo modo l'errore commesso ieri e che oggi viene riconosciuto come tale assume una valenza molto forte sul piano psicologico: sta infatti a testimoniare concretamente un cambiamento, un progresso. Naturalmente quell'*ieri* o *oggi* rimandano semplicemente ad una dimensione temporale, ad un confronto fra un *prima* ed un *dopo*. Questo sottolinea l'importanza didattica di lasciare le tracce dell'errore come in un diario che accompagna la storia di crescita individuale. Porta anche ad interrogarsi sulle possibili conseguenze, in termini di occasioni mancate, della cancellazione frenetica degli errori testimoniata dai compiti scritti di molti allievi, bambini e ragazzi: c'è chi passa più volte sopra una stessa parola o espressione il 'bianchetto', o chi più prudente scrive con il lapis in modo da poter eliminare senza lasciarne traccia tutti i passi che precedono la versione ritenuta corretta.

La dimensione temporale dell'errore sottolineata da Bachelard richiama anche considerazioni legate più propriamente alla storia della disciplina, che hanno anch'esse implicazioni interessanti dal punto di vista didattico.

Da un lato ci ricorda che la storia della matematica, come quella di ogni altra scienza, comprende anche errori. Dal punto di vista didattico la consapevolezza di questa fallibilità, in una disciplina percepita in genere come immutabile e fuori dal tempo, può favorire nell'allievo e nell'insegnante un approccio più positivo rispettivamente all'apprendimento ed all'insegnamento: nell'allievo può favorire una visione della matematica come disciplina più viva e più umana, nell'insegnante una maggiore tolleranza sia per gli errori dell'allievo che per i propri.

D'altra parte è anche vero che gli errori commessi nella disciplina vanno contestualizzati storicamente. Non ha senso valutare la *gravità* di un errore commesso nel passato utilizzando criteri e valori di oggi, senza tener conto dell'evoluzione che questi criteri e valori hanno subito, in particolare senza tener conto dei criteri e valori del momento storico in cui l'errore è stato commesso. Un esempio significativo dal punto di vista didattico è quello del rigore in matematica, punto d'arrivo e non punto di partenza nell'evoluzione della disciplina, come sottolinea Bottazzini: "alla formulazione di nuovi standard di rigore si perviene quando i vecchi criteri non permettono una risposta adeguata alle domande che vengono dalla pratica matematica" (Bottazzini, 1981, p. 13).

La testimonianza forse più autorevole delle profonde implicazioni didattiche che hanno aspetti epistemologici e storici è quella di Federico Enriques, matematico e storico della matematica.

Sostenendo l'importanza dell'imparare a riconoscere e quindi a correggere i propri errori, Enriques arriva a dire che il maestro incoraggia l'allievo "anche ad errare per imparare a correggersi".

Dal punto di vista didattico è molto interessante la distinzione che fa Enriques fra gli errori "propriamente detti", e "le affermazioni gratuite di sfacciati", ed è anche interessante il fatto che a suo parere la capacità di operare nella pratica tale distinzione è tipica di chi conosce il mestiere di insegnante: il 'maestro'. Viene sottolineato in questo modo il ruolo dell'insegnante nell'osservare ma anche nell'interpretare gli errori e più in generale i comportamenti degli allievi, e nel valutarne la gravità.

A dir la verità a mio parere un limite didattico nell'epistemologia ma anche nella pedagogia dell'errore è che alla distinzione più o meno implicita fra le possibili cause di errori ("affermazioni gratuite di sfacciati che cercano di indovinare - dove manca lo sforzo del pensiero") segue quella fra errori 'buoni' e errori 'cattivi': solo i primi sono considerati degni di attenzione. Rispetto al problema che qui affrontiamo, cioè il recupero delle difficoltà in matematica, il fenomeno degli errori 'cattivi', quali ad esempio quelli che seguono da risposte date a caso, è invece un fenomeno significativo, che non possiamo ignorare. Inoltre è forse il fenomeno in cui l'approccio tradizionale all'errore e al recupero mostra più chiaramente ed immediatamente i propri limiti.

2.4 Il compromesso delle risposte corrette

Se le voci di Popper, Bachelard ed Enriques sottolineano la necessità e l'importanza dell'esperienza di errare nello sviluppo della conoscenza e contestano quindi la connotazione negativa dell'errore, altre voci, più recenti e più legate al contesto scolastico, sostenendo l'epistemologia dell'errore mettono in discussione un'altra idea: che l'assenza di errori garantisca che tutto vada bene, in particolare che ci sia stata comprensione.

La critica di Popper all'ideale di evitare errori si ritrova nella critica di Krygowska (voce 5) agli sforzi di insegnanti o libri di testo di cercare di eliminare le occasioni di errore. A livello didattico l'*ideale meschino* di *evitare errori* evoca più in generale la scelta di abbassare le richieste per poter avere risposte corrette. A quasi 50 anni di distanza dalle riflessioni della studiosa polacca non si può certo dire che la situazione sia migliorata! La valutazione del siste-

2.4 Il compromesso delle risposte corrette

ma universitario che poggia sul numero dei promossi, senza coniugare questo dato con quello della preparazione raggiunta, rischia di fare dei danni enormi proprio sulla qualità dell'insegnamento impartito. Ma danni importanti sono già stati fatti alle scuole elementari o medie: molti degli esercizi che si propongono agli allievi sono organizzati in 'schede', per lo più fotocopie di pagine di libri, ricche di illustrazioni e di parole, ma estremamente povere nelle richieste, che si limitano al completamento di frasi, al riempimento di caselle, a quesiti a scelta multipla, con cui si cerca di minimizzare le occasioni di errore.

Ricordo a questo proposito un'esperienza che ho vissuto durante un corso d'aggiornamento ad una scuola media.

Gli insegnanti stanno programmando un percorso di recupero sulla circonferenza, e mi mostrano le schede che hanno costruito per la fase finale di valutazione. Una di queste schede è fatta più o meno così:

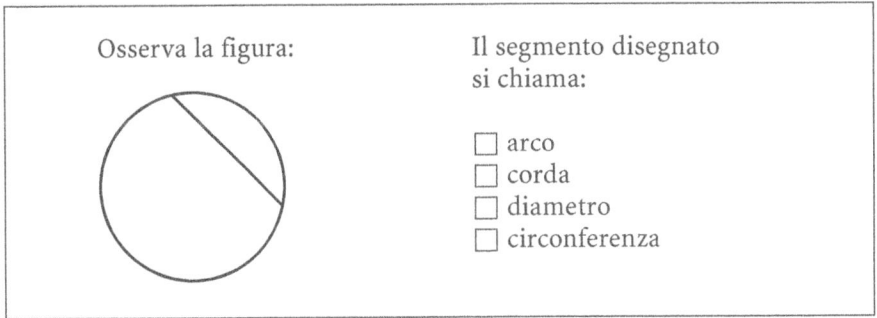

Chiedo allora perché non formulare la domanda in modo aperto, domandando direttamente: "Cos'è secondo te una corda?".

Gli insegnanti presenti si scambiano occhiate complici, finché uno mi risponde per tutti: "Ma è troppo difficile!".

Chiedo cosa vuol dire quel "troppo difficile". Troppo difficile *per cosa*? Interviene paziente un'altra insegnante: "È troppo difficile! Poi sbagliano... Non lo saprebbero fare...". Questa preoccupazione riflette l'identificazione del successo con la risposta corretta, anche se a questa risposta corretta non corrisponde necessariamente la comprensione del concetto in gioco, e soprattutto anche se la risposta non richiede di mettere in atto processi di pensiero significativi. Pensiamo alla quantità e qualità dei processi messi in atto per articolare una risposta alla domanda aperta, *indipendentemente dalla correttezza della risposta stessa*, in confronto ai processi necessari per riconoscere fra le opzioni proposte quella più verosimile, e per fare una crocetta dentro al quadratino!

In definitiva implicita nella preoccupazione di evitare domande 'troppo difficili' c'è spesso la valorizzazione della correttezza dei prodotti, che viene considerata più importante dell'attivazione di processi di pensiero significativi, anche se, come già detto, tale correttezza si può ottenere banalizzando le richieste e di per sé non garantisce un effettivo apprendimento.

È il *compromesso delle risposte corrette*, denunciato dallo psicologo americano Howard Gardner (voce 6): un comodo patto fra insegnanti e studenti, che si accordano sul fingere che la risposta corretta garantisca comprensione[1].

Fra i ricercatori che si occupano di educazione, e non solo di educazione matematica, sono molti a criticare questa assunzione ed a sottolineare in particolare che dietro una risposta corretta ci può essere una varietà di processi di pensiero.

Ad esempio Peck, Jenks e Connell (1989) descrivono i risultati di uno studio in cui allievi di alcune classi vengono intervistati dopo una prova 'oggettiva' standard in una classe corrispondente alla nostra prima media.

I ricercatori intendono sostenere l'opportunità di utilizzare in classe come strategia didattica brevi interviste, in grado di evidenziare i processi risolutivi messi in atto dagli allievi in un test (che, evidentemente, non viene messo in discussione). Ma i risultati ottenuti hanno a mio parere implicazioni ben più forti e generali.

Particolarmente interessante il confronto di due interviste - la prima fatta ad un allievo che aveva risposto correttamente, la seconda ad un'allieva la cui risposta era stata segnata come scorretta - sulla seguente domanda:

$$3\frac{1}{3} - 2\frac{5}{6} =$$

(dove la scrittura $3\frac{1}{3}$ sta ad indicare $3 + \frac{1}{3}$, sia nel test dato agli allievi che nelle loro produzioni).

Durante l'intervista il primo studente risolve così:

$$3\frac{1}{3} - 2\frac{5}{6} = \frac{10}{3} - \frac{17}{6} = \frac{20}{6} - \frac{17}{6} = \frac{3}{6} = \frac{1}{2}$$

Gli viene quindi chiesto quale numero è più grande, 1/2 o 3/6. Lo studente risponde che è più grande 1/2 perché *"il denominatore [di 1/2] è più piccolo, così le parti sono più grandi e una di queste parti grandi [i mezzi] è più di tre parti piccole [i sesti]"*.

---

[1] La contrapposizione fra processi e prodotti è legata al dibattito sulle 'prove oggettive' che è attualmente molto forte nel sistema scolastico occidentale. Qualche anno fa Gardner ha scritto sul Los Angeles Times un articolo divulgativo molto polemico sulla valutazione dell'apprendimento attraverso i test (Gardner, 2000). In particolare egli pone la domanda: *"Qual è la relazione fra i risultati ai test e un'educazione di qualità?".* Fra le conclusioni quella che il prezzo più alto che si paga in un sistema completamente basato su voti a test è che non si sente mai una discussione pubblica su "cosa vuol dire usare bene la mente, comprendere, apprezzare, creare conoscenza, essere una persona istruita. E così gli studenti possono legittimamente trarre la conclusione che questi valori non ci interessano".

2.4 Il compromesso delle risposte corrette

La risposta della seconda allieva invece, 9/18, era stata segnata scorretta in quanto diversa dalla risposta considerata corretta, cioè 1/2.

Nell'intervista l'allieva spiega così tale risposta:

"Qui ho disegnato tre torte ed un terzo. Devo tirar via due interi [ci fa sopra una x come in figura]. Quindi rimane un intero ed un terzo di torta."

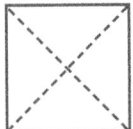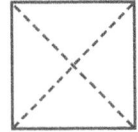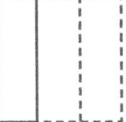

"Il terzo non è abbastanza grande per levarci i cinque sesti, così lo divido in terzi e sesti."

Divide i disegni in tre strisce verticali per mostrare i terzi, e in 6 strisce orizzontali per mostrare i sesti:

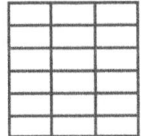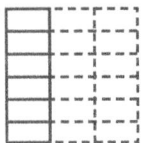

"Ora cinque sesti è quindici pezzi."

E fa una x sui 15 pezzi:

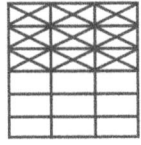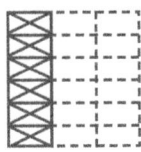

"Quindi rimangono nove pezzi, e la risposta è nove diciottesimi."

All'osservazione che la risposta da dare era 1/2, osserva:

"Se si divide in questo modo puoi vedere che è la stessa cosa."

E divide con una linea il disegno precedente:

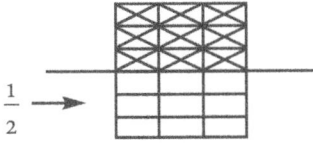

Come abbiamo detto la risposta di questa allieva era stata segnata scorretta in quanto la risposta considerata corretta era 1/2, ma l'intervista mette in evidenza una comprensione più profonda rispetto all'allievo precedente, che invece aveva risposto correttamente.

Peck, Jencks e Collins riportano questi episodi per sostenere l'opportunità di utilizzare in classe queste brevi interviste, come strategia didattica in grado di evidenziare i processi risolutivi messi in atto dagli allievi in un test. Lo scopo del loro studio è quindi chiaramente didattico, più precisamente è quello di permettere all'insegnante interventi più mirati, cioè adeguati ai bisogni effettivi dell'allievo. Ma come ho già detto il loro studio ha delle implicazioni di carattere generale molto importanti. In base alle brevi interviste realizzate infatti vengono individuati 4 gruppi di allievi:
– Gruppo A, formato dagli allievi che hanno risolto correttamente l'esercizio e che nell'intervista dimostrano una comprensione sia della procedura da applicare che dei concetti in gioco[2].
– Gruppo B, formato dagli allievi che hanno risposto correttamente al test, ma nell'intervista dimostrano una scarsa comprensione dei concetti.
– Gruppo C, formato dagli allievi che hanno risposto scorrettamente, e che nell'intervista evidenziano una scarsa comprensione dei concetti.
– Gruppo D, formato dagli allievi che hanno dato una risposta scorretta all'esercizio richiesto, ma che nell'intervista dimostrano un'adeguata comprensione dei concetti, suggerendo che l'errore nel test è dovuto a distrazione, scarsa padronanza dei calcoli, o altri problemi di questo tipo.

La cosa interessante è che nello studio riportato da Peck, Jencks e Collins gli allievi del gruppo B costituiscono il 41% del totale, e quelli del gruppo D l'11%. I ricercatori concludono che in mancanza delle informazioni supplementari ottenute con le interviste, gli allievi dei gruppi A e B sarebbero stati considerati pronti per passare ad argomenti successivi, mentre per gli allievi dei gruppi C e D sarebbe stato pianificato un intervento di recupero. In definitiva gli allievi dei gruppi B e D sarebbero stati classificati in modo 'errato', nel senso che questa classificazione avrebbe portato ad un insegnamento inefficace o a qualche studente frustrato. Questo è particolarmente inquietante, dato che i gruppi B e D insieme costituiscono il 52% del totale.

2.5 Il Caso di Benny

Nel 1973 in una rivista appena fondata, *Journal of Children's Mathematical Behavior*, viene pubblicato un articolo di Stanley Erlwanger dal titolo: 'Benny's Conceptions of Rules and Answers in IPI Mathematics'.

La sigla IPI cui fa riferimento il titolo sta per *Individually Prescribed Instruction*: si tratta di uno dei programmi in voga in quegli anni negli Stati Uniti, basato su un approccio individuale, e realizzato attraverso materiale molto strutturato, organizzato in sequenze in modo tale che il passaggio da

---

[2] La distinzione fra comprensione della procedura e comprensione dei concetti richiama quello che Skemp (1976) definisce rispettivamente *instrumental understanding* e *relational understanding*. Torneremo più avanti su questa distinzione.

2.5 Il caso di Benny

una sequenza alla successiva è vincolato al fatto che l'allievo dimostri di possedere i prerequisiti necessari.

Erlwanger è in visita ad una 6ª classe (corrispondente alla nostra attuale prima media) per aiutare gli allievi che hanno incontrato difficoltà nello svolgimento di IPI, e naturalmente per capire la natura di tali difficoltà. Benny è un allievo che non appartiene a questa categoria, dato che i suoi punteggi sono sempre stati superiori alla media ed il suo insegnante lo considera uno dei migliori della classe in matematica. Ma Benny è desideroso di parlare con Erlwanger, che lo accontenta. Nasce così un confronto fra i due che il ricercatore racconta nel suo articolo, e che costituirà un riferimento obbligato per molti studi successivi: sia per quello che mette in evidenza, sia per il modo in cui riesce a farlo, attraverso un'analisi approfondita di un singolo caso estremamente emblematico piuttosto che attraverso l'analisi statistica di molti casi. Potremmo dire che quello di Benny è uno dei primi 'case studies' in educazione matematica, ed evidenzia con forza la ricchezza di informazioni che un'analisi di tipo qualitativo può dare.

L'interazione diretta fra Benny e Erlwanger permette al ricercatore di riconoscere immediatamente che, anche se Benny somma e moltiplica frazioni correttamente nella maggior parte dei casi, in alcuni casi commette degli errori vistosi: ad esempio dice che 2/1 + 1/2 è uguale a 1, e che la rappresentazione decimale di 2/10 è 1,2.

Il confronto con Benny su alcune domande mirate porta Erlwanger a concludere che il ragazzino vede la somma di frazioni governata da molte regole diverse, a seconda dei tipi di frazioni, come suggerisce questo brano di conversazione:

B.: Nelle frazioni abbiamo 100 tipi diversi di regole...
E.: Sei capace di dirmi queste regole?
B.: Sì...forse, ma non tutte.

La successiva spiegazione di Benny suggerisce che le regole usate dal ragazzo dipendono dal denominatore delle frazioni da sommare, in questo modo:

$$\frac{a}{b} + \frac{c}{b} = \frac{a+c}{b}; \text{ ad esempio } \frac{3}{10} + \frac{4}{10} = \frac{7}{10}$$

$$\frac{a}{b} + \frac{c}{d} = \frac{a+c}{b+d}; \text{ ad esempio } \frac{4}{3} + \frac{3}{4} = 1$$

$$\frac{a}{b} + \frac{c}{c} = 1 + \frac{a}{b}; \text{ ad esempio } \frac{2}{3} + \frac{4}{4} = 1 + \frac{2}{3}$$

Ma come è possibile allora che Benny risulti essere fra i più 'bravi' nella classe, cioè fra i ragazzi che hanno ottenuto il maggior punteggio nel programma IPI? Il fatto è che il programma è organizzato in domande, e ogni volta, prima di passare alla domanda successiva, viene valutata la correttezza della risposta data: da questa correzione Benny tenta di ricostruire la procedura corretta, e in base a questa modifica quella che ha utilizzato.

2 L'errore

Erlwanger conclude sottolineando il fallimento del programma IPI nel caso di Benny, dato che nonostante la mancata comprensione di concetti fondamentali, ma addirittura nonostante la mancata conoscenza degli algoritmi, il ragazzo ha ottenuto invece un successo nella prestazione.

Lo studioso individua fra le responsabilità di questo fallimento la struttura del programma, centrata sui prodotti piuttosto che sui processi, ed il fatto che la rigidità del programma forza Benny nel ruolo passivo di chi produce risposte con l'obiettivo che siano riconosciute come corrette.

2.6 Dall'osservazione dell'errore all'intervento di recupero

Sintetizzando, le osservazioni fatte finora contestano il ruolo degli errori come indicatori di difficoltà, mettendo in discussione due assunti: che la presenza di errori segnali difficoltà, e anche che l'assenza di errori garantisca mancanza di difficoltà.

Da queste critiche emerge quindi che l'identificazione errori / difficoltà è frutto di una scelta, spesso inconsapevole, e comunque discutibile.

Ma quali possono essere le motivazioni di questa scelta? Perché all'errore è riconosciuto questo ruolo così significativo? E perché questo sembra accadere soprattutto in matematica[3]?

> **Attività 2.2**
> È vero a tuo parere che l'errore in matematica ha un ruolo più importante che in altre materie?
> Perché?

La mia opinione è che in questa scelta giochi un ruolo importante il mito dell'oggettività dell'errore in matematica, portato come garanzia dei processi di valutazione dell'insegnante, spesso in contrapposizione con quello che accade in altre discipline[4]. Si sente dire, anche da parte di adulti: *"In matematica non è come in un tema di italiano, dove la valutazione cambia a seconda di come la pensa chi te lo corregge!"*.

---

[3] Come sostiene Arianna (2ª media) svolgendo il tema 'Io e la matematica': *"Sbagliando la matematica vuol dire che non abbiamo capito quasi niente e sbagliando invece una parola di inglese, è solo un piccolo sbaglio".*

[4] Un altro elemento considerato importante è la struttura sequenziale della conoscenza matematica, e quindi il fatto che una carenza in un certo contesto ha conseguenze che investono anche altri contesti. In realtà tale elemento è presente anche in altre discipline: quello che cambia rispetto alla matematica è piuttosto l'importanza data alla sequenzialità nell'insegnamento e nella valutazione.

2.6 Dall'osservazione dell'errore all'intervento di recupero

Se gli errori in matematica sono oggettivi, l'identificazione delle difficoltà con gli errori dovrebbe ridurre il margine di discrezionalità dell'insegnante: quale migliore garanzia di oggettività per una diagnosi di difficoltà che ancorarla ad indicatori oggettivi?

In realtà qui c'è a mio parere un passaggio delicato e pericoloso. Il fatto che l'errore sia oggettivo, nel senso che testimonia l'infrazione di norme esplicitate, non significa necessariamente che sia un *indicatore* oggettivo di difficoltà: viene scelto come indicatore, ed in questa scelta sono ovviamente presenti notevoli elementi di soggettività, sia a livello di *osservazione* che di *interpretazione*.

A livello d'osservazione: gli errori che osserviamo - anche se prove oggettive di un'infrazione - in quale contesto sono stati commessi? Se, come spesso succede, l'osservazione è stata fatta in un compito scritto, in una verifica, *chi* ha scelto, programmato tale verifica? Chi ha deciso di mettere quell'esercizio e non un altro? Chi ha stabilito che proprio quell'esercizio permettesse di riconoscere il raggiungimento dell'obiettivo didattico in oggetto? E chi ha stabilito che fosse significativo porsi proprio quell'obiettivo didattico? Al di là della presunta oggettività dei programmi (che peraltro lasciano ampi spazi decisionali), la programmazione di un compito finalizzato a verificare il raggiungimento di certi obiettivi didattici mette in gioco non solo le conoscenze dell'insegnante, ma anche la sua visione della matematica, del processo di apprendimento ed insegnamento, ed i suoi valori. Basti pensare al fatto che alcuni insegnanti fanno usare calcolatrici o consultare libri e appunti, mentre altri considerano tali pratiche assolutamente da evitare. Cosa c'è in definitiva di oggettivo in questo processo?

Inoltre, come abbiamo già osservato, la diagnosi di difficoltà, o meglio il riconoscimento da parte dell'insegnante della necessità di un lavoro di recupero specifico, non è una conseguenza immediata del processo d'*osservazione*, cioè dell'individuazione dell'errore. A tale osservazione seguono in modo quasi automatico alcune azioni didattiche quali correggere l'errore e far vedere il procedimento corretto, ma l'importanza dell'intervento di recupero in termini di spazio e tempo che ad esso vengono dedicati dipende dalla *valutazione* dell'errore, a sua volta fortemente influenzata dal processo di *interpretazione*, e non solo dalla sua osservazione. In questa valutazione come abbiamo detto ha un ruolo importante la dimensione temporale: la percezione della gravità di un errore da parte dell'insegnante dipende dal momento in cui l'errore stesso è stato commesso (all'inizio dell'argomento? oppure alla fine? oppure dopo un po' di tempo che l'argomento è stato concluso?), ma anche dalla sua frequenza.

In fondo anche la citazione di Enriques sottolinea che nell'osservazione degli errori ad ogni errore viene riconosciuto un certo peso; questo processo di attribuzione di peso è strettamente legato a quello di interpretazione: l'affermazione di Enriques "affermazioni gratuite…" è il risultato di tale processo interpretativo.

Cosa c'è in definitiva di oggettivo in tutto questo processo?

La scelta dell'errore come indicatore di difficoltà è quindi frutto di processi decisionali dell'insegnante; in particolare la valutazione dell'errore è associata alla sua interpretazione, ed in questa interpretazione entrano in gioco le conoscenze dell'insegnante, ma anche le sue convinzioni, i suoi valori, le sue esperienze.

Per convincercene riprendiamo alcune delle domande poste nel capitolo precedente alla fine della Galleria:

> **Attività 1.2**
> 1. *Quali fra tutte le scene ti colpiscono di più in senso negativo, cioè ti sembra che descrivano comportamenti od errori più gravi?*
> *Perché?*
> 2. *Quali fra tutte le scene ti colpiscono di meno in senso negativo, cioè ti sembra che descrivano comportamenti od errori meno gravi?*
> *Perché?*

Come avevate risposto?

> **Attività 2.3**
> Se altri tuoi colleghi hanno svolto l'Attività 1.2, è molto istruttivo ed interessante confrontare le risposte date, soprattutto se il loro numero è sufficientemente alto.
> Questo confronto può articolarsi nelle seguenti fasi:
> a) Viene scritto alla lavagna l'elenco dei protagonisti delle scene ritenute più gravi da almeno una persona (su una colonna), e quello delle scene ritenute meno gravi da almeno una persona (su un'altra colonna).
> Si osserva quali nomi compaiono in entrambe le colonne e per ognuno di questi casi si confrontano le argomentazioni di chi ha scelto 'più grave' con quelle di chi ha scelto 'meno grave'.
> b) Viene scritto poi un elenco delle motivazioni portate per ogni scena valutata 'più grave'. Anche in questo caso si discute sulle diverse posizioni.
> c) Analogamente per le motivazioni portate per ogni scena valutata 'meno grave'.

Vediamo un esempio di questo confronto condotto in una classe di insegnanti in formazione. I 35 allievi lavorano da soli, o a gruppi di 2 o 3, per un totale di 21 gruppi.

In realtà le scene non erano esattamente quelle proposte nella Galleria: le scene di Luca e Annalisa non c'erano, ed invece c'erano due scene che nella Galleria mancano. Riporto quindi il confronto che fa riferimento alle 10 scene

2.6 Dall'osservazione dell'errore all'intervento di recupero

comuni: Johnnie, Scenetra, Azzurra, Alessandro, Marco, Alice, Martina, Irene, Nicola, Alessio.

Ecco i due elenchi a confronto (per facilitare la lettura l'ordine è quello delle scene della Galleria):

Scene ritenute più gravi da almeno un gruppo	Scene ritenute meno gravi da almeno un gruppo
Johnnie	Johnnie
Scenetra	Scenetra
Azzurra	Azzurra
Alessandro	Alessandro
Marco	Marco
Alice	Irene
Martina	Nicola
Irene	Alessio
Nicola	
Alessio	

Colpisce l'attenzione il fatto che, esclusi i casi di Alice e Martina che non compaiono nella colonna di destra, *ogni nome* si trova sia nella colonna di sinistra che in quella di destra. In altre parole per ogni scena, escluse quelle di Alice e Martina, c'è qualcuno che la considera 'più grave' e qualcun altro che la considera 'meno grave'.

In realtà se confrontassimo direttamente le risposte date dai gruppi potremmo riconoscere una certa omogeneità di valutazione osservando che alcuni nomi ricorrono più spesso in ognuna delle due colonne: Azzurra nella prima (più grave), Irene nella seconda (meno grave). Ma se teniamo conto che abbiamo confrontato le posizioni estreme (più grave / meno grave) possiamo concludere che l'accordo sulla valutazione delle 10 scene proposte è davvero minimo.

Questo confronto ci conferma quindi che anche se l'errore è oggettivo, tale non è la valutazione della sua gravità. E d'altra parte come abbiamo più volte osservato è proprio a questa valutazione che è legata la diagnosi di difficoltà da parte dell'insegnante, e quindi la scelta di attivare o meno un intervento specifico di recupero.

Ma le informazioni più interessanti provengono dal confronto delle argomentazioni del giudizio di gravità, che mette in evidenza un'estrema varietà di risposte. L'analisi di questa varietà porta ad alcune osservazioni. La prima è che quando c'è una differenza nella valutazione dell'errore (addirittura una contrapposizione, per come erano state formulate le domande: più grave / meno grave), questa può rimandare a valori diversi: valori che possono far riferimento alla matematica, ma che possono essere anche di carattere più generale.

Ad esempio il comportamento di Marco è considerato:
- "Grave perché non padroneggia il linguaggio"
- "Non grave perché è solo un problema di linguaggio".

Questa differenza di valore attribuito alla 'forma' dipende evidentemente dalla visione della matematica di chi risponde.

Oppure il comportamento di Azzurra è considerato:
- "Grave perché dimostra chiaramente di non aver studiato"
- "Meno grave perché forse semplicemente non ha studiato".

Ricordo la discussione che ha avuto luogo dal confronto su queste due posizioni. Richiesta di spiegare meglio perché considerava così grave l'errore causato da mancanza di studio, l'allieva che aveva dato la prima risposta si è sempre più accalorata, concludendo: *"Insomma, io come insegnante faccio un sacco di fatica a spiegare, a cercare di farmi capire. E lei [Azzurra] chi si crede di essere, che fa a meno di impegnarsi, di studiare? È anche una mancanza di rispetto per il mio lavoro"*.

Questo episodio mette in evidenza il fatto che l'insegnante in queste valutazioni non fa riferimento solo a valori astratti: vengono messe in gioco le sue convinzioni più profonde, le sue esperienze, ed anche le emozioni che a queste esperienze sono associate. Ad esempio in alcuni casi emerge una visione del processo d'apprendimento il cui protagonista indiscusso è l'insegnante stesso, piuttosto che l'allievo o la matematica, tanto che l'errore è visto non come infrazione a regole interne alla matematica, ma quasi come un 'reato' commesso nei suoi confronti:

[Il comportamento di Scenetra è più grave] "Perché non coglie la semplicità del concetto *suggerito dall'insegnante* più volte".

Oppure perché "applica in maniera meccanicistica l'algoritmo risolutivo *senza preoccuparsi* di individuare eventuali procedimenti più rapidi *che dimostrino* l'assimilazione del concetto".

La seconda osservazione suggerita dal confronto delle risposte è che la stessa valutazione (più grave / meno grave) può far riferimento ad argomentazioni completamente diverse.

Ad esempio i motivi per cui il comportamento di Azzurra è considerato 'più grave' comprendono:
- "Studio mnemonico non ragionato"
- "Mancanza di concetto di perimetro"
- "Dimostra che non sta ragionando ma sta rispondendo a caso"
- "Dimostra chiaramente di non aver studiato".

Ma l'osservazione più importante, e che rimanda a considerazioni già fatte nel primo capitolo, è che in genere il giudizio di gravità di un errore fa riferimento, seppure in modo implicito, all'*interpretazione* dell'errore stesso e più in generale della scena descritta:

2.6 Dall'osservazione dell'errore all'intervento di recupero

- "Grave perché l'alunna ha imparato meccanicamente il procedimento di soluzione ma non ne ha compreso il significato" [Scenetra]
- "Grave perché non riesce ad astrarre" [Alessandro]
- "Grave perché non ha la più pallida idea di cosa sta facendo" [Nicola]
- "Non grave perché potrebbe essere una svista" [Irene]
- "Non grave perché può essere un errore di forma che si può eliminare facendogli notare la cosa" [Marco].

Quindi la differenza di valutazione può essere anche legata ad una differenza di interpretazione, piuttosto che ad una differenza di valori o di concezioni (com'era invece nel caso di Azzurra che abbiamo visto prima, dove la *stessa* interpretazione 'non ha studiato' veniva valutata da un soggetto 'più grave', e da un altro 'meno grave').

Ad esempio il comportamento di Irene è giudicato:
- più grave "perché non riconosce la corrispondenza fra operazioni e formalismo matematico, scrive espressioni senza sapere che descrivono fatti reali e non capisce come manipolare queste scritture";
- meno grave "perché è solo un errore di distrazione".

Ormai ho proposto diverse volte ed in diversi contesti quest'attività, con insegnanti in formazione e con insegnanti in servizio. Quello che mi colpisce sempre, nelle risposte scritte ma soprattutto nella discussione che segue, è che l'interpretazione viene presentata in genere come se fosse un'oggettiva descrizione del comportamento: chi ad esempio sostiene che Alessandro "non riesce ad astrarre" è davvero convinto di *descrivere* il comportamento di Alessandro, tanto che rimane disorientato davanti a 'descrizioni' differenti.

È lo stesso fenomeno di cui abbiamo parlato nel primo capitolo e che abbiamo discusso con il gioco di Federico. È un aspetto importante, perché l'interpretazione funziona per l'insegnante come ipotesi di lavoro, e può essere messa in discussione proprio dal fallimento dell'intervento di recupero che ad essa fa riferimento: ma se l'insegnante è convinto che si tratti di osservazione oggettiva e non di interpretazione, in presenza di un eventuale fallimento dell'intervento di recupero tenderà ad attribuire la responsabilità del fallimento stesso al paziente, piuttosto che alla medicina.

Vorrei sottolineare che nell'attività sulla valutazione della gravità dell'errore che abbiamo appena discusso non c'è a mio parere una risposta 'giusta' o 'più giusta' delle altre. I giudizi dati riflettono la visione spesso implicita della matematica e del suo insegnamento di chi risponde: in alcuni casi questi giudizi sono più motivati che in altri, o riflettono una maggiore consapevolezza della visione della matematica e dell'insegnamento cui rimandano, o fanno intuire una visione della matematica e dell'insegnamento più coerenti. Quanto poi queste visioni della matematica e dell'insegnamento siano 'giuste' apre altri problemi, che affronteremo più avanti: ma lo faremo in altri termini, parlando piuttosto di una visione della matematica condivisa o meno dagli esperti, della adeguatezza o meno rispetto a tale visione degli obiettivi che l'insegnante si pone e delle azioni che mette in atto, e di un modello di insegnamento che funziona o meno rispetto a tali obiettivi.

Ma torniamo al punto che qui ci interessa: l'oggettività dell'errore come indicatore di difficoltà.

Già dalle poche risposte riportate si può riconoscere la varietà dei criteri di valutazione che implicitamente vengono utilizzati. Pur senza pretesa di un'analisi approfondita e sistematica possiamo distinguere in modo grossolano fra criteri che fanno riferimento alle *conseguenze* dell'errore ("Il comportamento di Alessio è grave perché così non riesce a raggiungere il suo scopo"), e quelli che fanno riferimento alle *cause* ("Il comportamento di Alessio è grave perché non ha capacità di organizzazione"). Soprattutto in questo ultimo caso evidentemente ha un ruolo cruciale l'interpretazione, anche se spesso la ricerca delle cause è condotta in vista di conseguenze più generali: ad esempio in genere il fatto che l'errore sia stato commesso perché l'allievo 'non ragiona' fa pensare a cause più generali e quindi *anche* a conseguenze più gravi rispetto al fatto che l'errore sia stato commesso perché l'allievo non aveva studiato. Entra in gioco anche la percezione di controllabilità dell'errore da parte dell'insegnante: in generale l'errore è considerato tanto più grave quanto più si immagina difficile il suo superamento.

Se in definitiva combiniamo la varietà delle interpretazioni possibili con la varietà di valori e dei criteri di valutazione cui gli insegnanti fanno riferimento, ed aggiungiamo a tutto questo l'importanza riconosciuta al contesto ed alla dimensione temporale (quando è stato fatto l'errore, quante volte...), possiamo avere un'idea della molteplicità di valutazioni possibili per uno stesso errore, ed in definitiva concludere che l'oggettività nella valutazione di un errore in matematica è solo un mito.

Un mito per di più pericoloso, perché tende a sollevare l'insegnante dalle sue responsabilità[5]. Ma quello della valutazione oggettiva a mio parere è anche in definitiva un obiettivo poco significativo per l'insegnante e gli allievi: è invece necessario e possibile che il processo di valutazione sia *trasparente* e

---

[5] Mi riferisco ad esempio all'uso in contesto scolastico di certe pratiche statistiche, quali l'item analysis, per analizzare i voti presi dagli allievi in una singola verifica, in particolare per giudicare la 'difficoltà' di un esercizio attraverso lo studio della distribuzione delle risposte corrette. La valutazione della difficoltà di un esercizio a mio parere non può prescindere dal contesto in cui è stato assegnato; in particolare il giudizio sull'*adeguatezza* di tale difficoltà ("troppo" difficile / "troppo" facile) non può prescindere dagli obiettivi che l'insegnante si è posto nel costruirlo e nel proporlo ai suoi allievi. Se l'esercizio compare in una verifica, non possiamo ignorare che la verifica è fatta dopo una specifica azione didattica dell'insegnante, e vuole proprio valutare l'efficacia di tale intervento. Un esercizio che sia stato risolto correttamente da tutti gli allievi non è allora necessariamente un esercizio "troppo facile", ma un esercizio che suggerisce che certe abilità e conoscenze sono state acquisite da tutti gli allievi, e quindi che l'azione didattica ha avuto successo. Viceversa un esercizio "troppo difficile" è per l'insegnante un segnale di allarme che può suggerirgli nuove azioni didattiche, ed anche mettere in discussione quelle già messe in atto.

coerente, e, a monte, che l'insegnante sia consapevole dei propri processi interpretativi e se ne assuma la responsabilità.

2.7 La paura di sbagliare

Se l'insegnante per primo ha paura degli errori, tanto dal volerli prevenire con l'abbassamento di richieste e l'eliminazione di domande 'troppo difficili', non c'è da stupirsi del fatto che il rapporto con la matematica di molti studenti sia caratterizzato dalla paura di sbagliare.

Un approccio didattico che si pone l'ideale di 'evitare errori' porta infatti l'allievo ad associare all'errore sentimenti negativi: paura o addirittura panico quando l'esperienza di errore viene anticipata con l'immaginazione, frustrazione o vergogna una volta che l'errore è stato commesso.

La paura di sbagliare è presente in molte testimonianze di allievi, dalle elementari all'università[6]:

"Durante le verifiche ho così paura di sbagliare che metto i portafortuna sul banco. Della matematica a volte non capisco niente, ma con un compagno di banco come Giacomo alla fine mi torna quasi sempre tutto. "[Francesco, 3ª elementare]

"In 1a elementare avevo paura della matematica perché avevo paura di sbagliare. Già all'inizio della terza cominciò a non piacermi più. A me le operazioni in colonna non riescono tanto bene. Infatti quando c'è matematica vorrei tornare a casa." [Giada, 4ª el.]

"Quando vengo interrogata, o viene annunciato un compito in classe entro in uno stato d'ansia, le mani iniziano a tremare e vengo avvolta dalla paura di sbagliare." [Erika, 2ª media]

"Alle elementari odiavo la matematica: il sussidiario aveva dei colori, la matematica era celeste, odiavo quel colore. Quando la maestra mi faceva delle domande avevo paura e non rispondevo mai. Anche quando c'è il compito di matematica ho sempre paura. A differenza di quando ci sono gli altri compiti." [Giacomo, 3ª media]

---

[6] Questi come altri brani di allievi che userò in seguito sono stralci del tema 'Io e la matematica: il mio rapporto con la matematica [dalle elementari ad oggi]': la raccolta di questi temi è inserita in una ricerca sull'atteggiamento nei confronti della matematica cominciata molto tempo fa e che tuttora continua (si veda ad esempio Di Martino e Zan, 2005), tanto che abbiamo raggiunto il migliaio di composizioni. Ogni tema è riportato nella sua versione originaria, senza correzioni ortografiche, grammaticali o sintattiche.

> *"Il mio problema non è il non saperli svolgere, ma è la paura di sbagliare, infatti tutt'ora, anche nelle interrogazioni ho sempre paura di fare errori, di rispondere male, anche se le cose le so."* [Danilo, 2ª superiore]

E non sono solo gli allievi che hanno un rendimento più basso ad aver paura. Anche negli allievi 'bravi' e consapevoli delle proprie capacità l'ansia è spesso presente, anche se non accompagnata da senso di inadeguatezza:

> *"Già dalla 2ª elementare ho iniziato a subire il peso del 'dover far bene', io ero bravo e dovevo rimanerlo, altrimenti sarei stato messo celermente al rogo come le streghe del medioevo. Ho chiaramente esagerato, ma la tensione la sentivo proprio tanto, specialmente quando c'era competizione. Mi ricordo bene il primo evento cruciale a proposito della mia 'emozione': una mattina, in seconda elementare stavamo facendo, guidati dalla maestra, una specie di gara di tabelline, non ricordo esattamente come funzionava, fatto sta che mi ritrovai a fare la finale con un'altra bimba. Ora, al momento di rispondere, nell'attimo cruciale, successe qualcosa che mi spaventò: iniziò a battermi il cuore forte forte, sentivo pulsare fin dentro lo stomaco e mi bloccai.*
> *Ovviamente, quando dissi alla maestra 'Non vale perché mi batteva lo stomaco' non fui preso in considerazione.*
> *Bene, io non lo sapevo, ma avevo appena avuto il mio primo incontro con l'ansia, quell'ansia che avrebbe poi caratterizzato tutta la mia vita scolastica, e spesso anche extrascolastica."* [Michele, 3° anno di Matematica]

Questa testimonianza mi sembra che spinga a riflettere sugli effetti di certe scelte didattiche che incentivano comportamenti competitivi. Può darsi che le prestazioni risultino migliori, ma a quale prezzo?

Così come sentimenti quali la paura di sbagliare o addirittura l'angoscia ed il panico precedono l'esperienza, anticipando in qualche senso l'errore, sentimenti quali la frustrazione, la vergogna, ma anche la rabbia e la noia seguono invece l'esperienza di errore:

> *"Se sono da sola non mi preoccupo e mi correggo tranquillamente, mentre se sono alla lavagna o correggo un esercizio ad alta voce in classe e sbaglio mi sento come un'incapace perché tutti mi guardano e capisco che tutti l'hanno saputo fare fuor che io."* [Patrizia, 1ª media]

> *"In terza elementare mi piaceva la matematica perché riuscivo a capirla, ma poi sono diventato una frana e vedendo che tutto quello che faccio è sbagliato, non mi piace più e mi fa annoiare."* [Matteo, 3ª media]

Voglio sottolineare che tutte queste emozioni negative, ansia prima e frustrazione e rabbia poi, non sono associate *direttamente* all'esperienza d'errore, ma a come l'allievo interpreta tale esperienza[7]. È chiaro quindi che è il clima della classe, a sua volta determinato dalle scelte didattiche dell'insegnante, a favorire l'insorgere di un certo tipo di emozioni. Un ambiente collaborativo, in cui l'attività matematica è centrata sui processi anziché sui prodotti, in cui il senso di abilità è associato alla consapevolezza di pensare piuttosto che alla correttezza del risultato, permette di vivere positivamente anche l'esperienza di errore.

2.8 L'errore come risorsa didattica

L'ultima affermazione può apparire retorica, o comunque suonare come un'utopistica affermazione di principio difficile da realizzare.

In realtà in educazione matematica si trovano suggerimenti concreti per un approccio alternativo all'errore. Uno degli esempi più sistematici e interessanti è quello dei lavori di Raffaella Borasi. La ricercatrice italo-americana ha dedicato a questo tema un intero libro (Borasi, 1996), ma anche alcuni articoli pubblicati su riviste italiane (Borasi, 1989; Borasi e Siegel, 1994).

Borasi suggerisce un uso degli errori come 'trampolini' per un lavoro basato sul metodo dell'inchiesta ('springboards for inquiry'), facendo riferimento esplicito all'epistemologia dell'errore di cui abbiamo parlato nei paragrafi precedenti. La studiosa dedica infatti un capitolo intero del suo libro al ruolo degli errori nella storia della matematica, discutendo alcuni esempi significativi: la mancanza di rigore nel primo periodo dell'analisi e gli effetti positivi dei conflitti che questo problema ha creato; le conseguenze dell'insuccesso nel dimostrare il postulato delle parallele; le iniziali contraddizioni nel gestire il concetto di infinito ed i modi in cui sono state sciolte; le successive sistemazioni del teorema di Eulero sulla caratteristica dei poliedri[8].

Aderendo completamente all'epistemologia dell'errore, Borasi sottolinea i limiti dei diversi approcci agli errori nel contesto didattico, osservando che anche gli approcci più innovativi, quelli cioè che si pongono nella prospettiva dell'allievo per comprenderne i comportamenti, non sfruttano le enormi opportunità di apprendimento che gli errori stessi danno: sono infatti solo i ricercatori e gli insegnanti che si cimentano nell'attività creativa di analisi ed interpretazione, ma il ruolo dell'allievo rimane marginale e soprattutto non attivo. Per illustrare un approccio all'errore alternativo e realmente coerente con l'epistemologia dell'errore, Borasi mette in discussione le metafore più utilizzate in educazione matematica, e ne propone una diversa. La metafora più

---

[7] Nelle testimonianze dei ragazzi più grandi è più facile che le stesse emozioni negative siano associate ai voti che derivano dagli errori, più che agli errori stessi. Ma questa presa di distanza emotiva dall'esperienza di errore non è confortante: suggerisce infatti una totale estraneità alla propria attività, e la delega all'insegnante del riconoscimento del proprio successo.

[8] Su questi temi la ricercatrice suggerisce come riferimenti: *Matematica: La perdita della certezza*, di Kline (1980), *Dimostrazioni e confutazioni* di Lakatos (1976), e *Appunti di storia dell'analisi infinitesimale* di Dupont (1982).

usata è sicuramente quella della medicina: gli errori sono visti come sintomo di un disagio, e l'intervento dell'insegnante è visto come l'intervento di cura, preceduto dalla diagnosi. È la metafora utilizzata da Postman e Weingartner nel colloquio riportato nel prologo e anche quella cui più volte ho fatto e farò riferimento. Borasi riconosce alcuni aspetti positivi in questo modo di rappresentare l'errore, ma critica il fatto che in ogni caso l'errore è connotato negativamente e visto come qualcosa da eliminare (la malattia). Inoltre il superamento dell'errore inteso come guarigione da una malattia attribuisce un ruolo cruciale più che al soggetto all'esperto: il medico, l'insegnante, o il ricercatore[9].

La studiosa propone quindi una metafora diversa per superare questi aspetti critici: quella di perdersi in una città. Fra l'altro, osserva, dato che questa esperienza è piuttosto comune tale metafora evoca facilmente le sensazioni ed emozioni ad essa associate, richiamando quindi gli aspetti affettivi coinvolti nel commettere errori a scuola.

Scenario 1
Se uno deve raggiungere velocemente una certa destinazione, ad esempio perché ha un appuntamento importante o perché deve raggiungere l'ospedale più vicino per un'emergenza, ovviamente il fatto di perdersi verrà percepito come un problema, ed i suoi sforzi saranno indirizzati a raggiungere la destinazione voluta senza ritardi. Possiamo immaginare che in questo scenario il protagonista si sentirà ansioso, frustrato, e non avrà nessuna voglia di rischiare di perdere altro tempo.

Scenario 2
Le reazioni saranno invece molto diverse se la stessa persona si perde tornando a casa dopo il lavoro, essendosi trasferito in un nuovo quartiere o città da poco tempo. Dato che questo tragitto sarà quello da percorrere quasi quotidianamente, magari con qualche variazione per passare a prendere un amico o per fare qualche commissione lungo la strada, in questo caso la persona non si porrà come obiettivo quello di arrivare il più presto possibile a casa. Piuttosto potrebbe essere motivato ad esplorare la zona, a cercare di fissare dei punti di riferimento utili in futuro, e più in generale ad usare questa occasione per conoscere meglio la zona in cui si è trasferito.

Scenario 3
Supponiamo ora che la stessa persona sia in vacanza e stia visitando una città per la prima volta. Anche se magari aveva in mente una destinazione precisa (un museo, una chiesa da visitare) probabilmente abbandonerà volentieri il programma previsto, soprattutto se si imbatte in qualcosa che lo incuriosisce o lo attrae. Potremmo dire addirittura che per un turista il fatto di perdersi è

---

[9] E proprio per questa insistenza sulle responsabilità dell'insegnante e del ricercatore è la metafora cui continuamente faccio riferimento in questo lavoro.

2.8 L'errore come risorsa didattica

un'avventura piacevole, perché offre opportunità per esplorare posti inaspettati, non segnalati dalle guide, e che invece permettono di capire meglio com'è davvero la realtà di una città nuova.

Gli ultimi due scenari, conclude Borasi, suggeriscono la possibilità che anche commettere errori a scuola non sia percepito come qualcosa di negativo, un'esperienza da evitare, ma come un'opportunità per imparare. Le emozioni diverse che nei tre diversi scenari sono associate alla stessa esperienza sottolineano poi il ruolo del contesto in cui l'errore viene commesso nella nascita delle emozioni.

La ricercatrice osserva che finché gli studenti percepiscono l'errore come manifestazione di fallimento scolastico e come causa di voti bassi, e continuano a lavorare sotto la pressione di obiettivi rigidamente fissati attraverso programmi altrettanto rigidi, non c'è da stupirsi se la maggior parte di loro reagisce agli errori con frustrazione, e vuole solo che qualcuno dica qual è la risposta corretta. È anche improbabile che gli studenti abbiano voglia di investire del tempo nell'analizzare questi errori, a meno che a questa attività non venga attribuito realmente un valore dall'insegnante.

Ma come proporre scenari diversi nella pratica didattica? Il libro di Borasi è pieno di suggerimenti in questa direzione. Qui ci limitiamo a sintetizzare un esempio, rimandando per approfondimenti al libro stesso o agli articoli in italiano già citati (in particolare a Borasi 1989, sulla definizione scorretta di cerchio).

Consideriamo un errore piuttosto tipico:

$$\frac{a}{c} + \frac{b}{d} = \frac{a+b}{c+d}$$

Ad esempio:

$$\frac{3}{4} + \frac{6}{7} = \frac{9}{11} \qquad \frac{2}{3} + \frac{5}{7} = \frac{7}{10}$$

Borasi sostiene che se per un attimo riusciamo a mettere in secondo piano l'obiettivo di correggere l'errore ci rendiamo conto che questo errore può stimolare una serie di domande interessanti[10].

Ad esempio:
- Ci sono altre operazioni fra frazioni in cui numeratore e denominatore sono combinati separatamente?
- Ci sono dei casi (cioè scelte particolari degli interi a, b, c, d) in cui l'algoritmo corretto e quello descritto sopra portano allo stesso risultato?
- Ci sono delle situazioni di vita reale che possono essere descritte da quel modo di sommare, piuttosto che dall'algoritmo corretto per la somma di frazioni?

---

[10] In realtà, a mio parere, il punto non è se mettiamo quell'obiettivo in secondo piano, ma se come insegnanti riusciamo a concedere a noi ed ai nostri allievi tutto il tempo necessario per raggiungerlo.

La prima domanda può motivare un ripasso ed un confronto fra le operazioni fra frazioni, e quindi portare ad una maggiore comprensione di questi algoritmi e delle loro relazioni. La seconda domanda può portare a cercare di risolvere un'equazione 'non usuale' in più variabili:

$$\frac{ad+bc}{cd} = \frac{a+b}{c+d}$$

o a cercare delle regolarità nei risultati ottenuti provando i due algoritmi su diversi esempi numerici. La terza domanda può portare alla sorprendente scoperta che effettivamente ci sono situazioni di vita reale che portano a sommare nel modo descritto: ad esempio se ieri ho vinto 2 partite su 3, e oggi 5 su 7, in tutto ho vinto 7 partite su 10.

Borasi suggerisce altri modi in cui questa attività può continuare. Ma quello su cui vorrei concludere è che in questo tipo di approccio, che l'autrice definisce *inquiry* ma che potremmo anche chiamare *problem posing*, l'attività di esplorazione può continuare senza limiti, e permettere esperienze di apprendimento davvero significative.

2.9 Concludendo

In questo capitolo abbiamo messo in discussione la scelta, frequente nell'approccio tradizionale al recupero, di assumere l'errore come indicatore privilegiato di difficoltà. Abbiamo letto e discusso testimonianze di filosofi della scienza e di matematici che vedono nell'errore una tappa inevitabile e proficua di un progresso significativo della conoscenza, quindi testimonianze di educatori che mettono in discussione il fatto che la mancanza di errori garantisca un'effettiva comprensione.

Dato che in realtà la diagnosi di difficoltà non si identifica con l'individuazione di errori, ma passa attraverso il giudizio sulla loro gravità, abbiamo anche analizzato il processo che porta l'insegnante a formulare questo giudizio. La discussione dei risultati di un'attività condotta con insegnanti in formazione ha messo in evidenza il fatto che la valutazione di 'gravità' di un errore è estremamente soggettiva, e rimanda ad una varietà di criteri e valori, a volte addirittura opposti. Ma soprattutto rimanda ad una varietà di interpretazioni, influenzate dalle esperienze e dalle convinzioni dell'insegnante.

Abbiamo quindi visto le conseguenze che può avere un insegnamento della matematica che si pone come obiettivo prioritario quello di evitare errori, attraverso le testimonianze di allievi di varie età sulla 'paura di sbagliare'. Infine abbiamo riportato alcune indicazioni di Raffaella Borasi, ricercatrice italo-americana, sull'uso dell'errore come risorsa didattica.

Prima di arrivare alla proposta di un'*osservazione* alternativa a quella che abbiamo contestato, un'osservazione cioè che assume l'errore come indicatore privilegiato di difficoltà, concludiamo la critica all'approccio tradizionale alle difficoltà approfondendo anche il processo di *interpretazione* dell'errore.

3
L'apprendimento come attività costruttiva

3.1 Introduzione

Come abbiamo visto alla fine del primo capitolo, e come hanno confermato le risposte degli insegnanti in formazione riportate, l'intervento tradizionale di recupero è coerente con un'interpretazione dell'errore che spesso rimane implicita: l'errore è per lo più attribuito a mancanza di conoscenze o abilità relative al contesto in cui si è verificato.

Abbiamo più volte sottolineato che un'interpretazione non è *giusta* o *sbagliata*: è un'ipotesi di lavoro, ed in quanto tale funziona o non funziona. Non contesto quindi a priori l'interpretazione standard, ma sottolineo l'importanza per l'insegnante di avere *un repertorio di interpretazioni possibili* per i comportamenti degli allievi, che suggerisca possibili ipotesi di lavoro su cui fondare eventuali interventi di recupero.

In questo capitolo verranno quindi presentati sinteticamente alcuni contributi teorici che da un lato ci porteranno ad evidenziare i limiti di un'interpretazione che riduce l'errore sempre e solo alla mancanza di conoscenze, e dall'altro ci suggeriranno modalità alternative di interpretazione ma anche di osservazione. Sono teorie e modelli tratti da discipline diverse (psicologia, psicologia sociale, linguistica, oltre che educazione matematica): la cornice è il modello di apprendimento come attività costruttiva - che dà il titolo al capitolo - e poi, a partire da tale modello di apprendimento, l'importanza del contesto, l'approccio pragmatico al linguaggio, la distinzione fra pensiero logico scientifico e pensiero narrativo.

Si tratta di 'opinioni non di lusso', per riprendere un'espressione di George Groddeck, il medico fondatore della medicina psicosomatica che abbiamo conosciuto nella prefazione di questo libro: non sono cioè opinioni "che s'intrattengono per proprio diletto", ma opinioni che useremo "come strumenti, cioè [...] ipotesi di lavoro" (Groddeck, 1923, tr. it. p. 190).

3.2 L'apprendimento come attività costruttiva

L'insegnamento (non solo della matematica) ha risentito per lungo tempo dell'influenza di un modello di apprendimento secondo il quale la conoscenza poteva essere semplicemente trasferita da un soggetto (l'insegnante) ad un altro (l'allievo): l'unica domanda significativa in questo tipo di approccio era quale fosse il modo migliore per realizzare questo trasferimento. Il ruolo cruciale della comunicazione in questo processo di 'trasferimento' era peraltro sottovalutato: c'era una fiducia ingenua nel linguaggio e nella sua efficacia, in particolare nel campo dell'insegnamento della matematica, la disciplina che sembra vantare più di ogni altra un linguaggio specifico, *rigoroso* e *non ambiguo*. Negli ultimi decenni questo modello è stato superato da teorie dell'apprendimento diverse (influenzate fra gli altri dai lavori di Piaget e Vygotskij) e dalle ricerche nel campo dell'intelligenza artificiale. In particolare nel contesto dell'educazione matematica si fa usualmente riferimento alla teoria *costruttivista*, secondo la quale la conoscenza è in gran parte costruita dal discente, che non si limita ad aggiungere nuove informazioni al suo magazzino di conoscenze, ma invece crea collegamenti e costruisce nuove relazioni fra queste informazioni. Secondo questo modello davanti alla 'realtà' l'individuo fin dai primi anni di vita è soggetto attivo che costruisce interpretazioni dell'esperienza, nel tentativo di *dare senso* al mondo e di anticipare così le esperienze future. La conoscenza in quest'ottica non rappresenta una riproduzione del mondo reale, ma piuttosto fornisce struttura ed organizzazione all'esperienza.

Come conseguenza di questo continuo processo di interpretazione della realtà già all'età di cinque o sei anni i bambini hanno sviluppato delle vere e proprie *teorie* riguardo i tre ambiti che costituiscono il reale: quello degli oggetti fisici, quello degli organismi viventi, quello degli esseri umani (Gardner, 1991). Tali teorie (rispettivamente della *materia*, della *vita*, della *mente*) si accompagnano a competenze, interessi, valori e tutto questo influisce notevolmente sul modo in cui il bambino e poi lo studente apprende le nozioni nuove che incontra:

> Queste teorie o visioni del mondo sono utili e potenti. Esse consentono ai bambini di dare un senso almeno provvisorio alla maggior parte delle cose che incontrano nel mondo. In parte questo loro potere è insidioso. Poiché né i bambini stessi né gli adulti sono stati consapevoli di queste teorie, una volta che incominci la scolarizzazione formale, esse tendono a venire ignorate. Tuttavia, anziché dissolversi come avrebbero desiderato Piaget e certi altri educatori, le teorie intuitive restano potenti mezzi di conoscenza e possono benissimo riemergere con tutta la loro forza una volta che la persona lasci l'ambiente scolastico [Gardner, 1991, tr. it. p. 95].

In effetti ricerche nel campo della fisica, della probabilità, dei processi decisionali, hanno messo in evidenza che le intuizioni ingenue che un individuo sviluppa riguardo ad alcuni aspetti della realtà possono coesistere con la conoscenza formale acquisita in merito, anche se tale conoscenza è in manifesta contraddizione con esse.

Nel campo della fisica Schoenfeld (1985a) riporta i risultati di uno studio di McCloskey (1983) condotto con un gruppo di studenti, alcuni dei quali avevano seguito corsi superiori di fisica. Agli studenti fu chiesto di prevedere il moto di una pallina di metallo spinta ad alta velocità in un tubo avente la forma rappresentata in figura 3.1.

Figura 3.1

Un gran numero di studenti (fra cui anche molti di quelli che avevano avuto un'istruzione specifica nel campo della fisica) dettero risposte scorrette; fra queste le più frequenti furono analoghe a quella riportata in figura 3.2.

Figura 3.2

Questi studi suggeriscono l'ipotesi che le intuizioni ingenue possano sopravvivere alla conoscenza formale impartita dal sistema scolastico.

Altri studi classici e portati spesso a sostegno di questa ipotesi sono quelli condotti dai ricercatori Kahneman e Tversky sulle intuizioni probabilistiche nell'ambito dei processi decisionali. Ad esempio in un lavoro del 1982 essi riportano un esperimento in cui a due gruppi di soggetti (un gruppo composto da studenti senza esperienze nel campo della statistica, un altro composto da laureati in psicologia che invece avevano seguito corsi specifici) vengono date alcune informazioni sulla personalità di Linda:

Linda ha 31 anni, non è sposata, è schietta e molto vivace. È laureata in filosofia. Quando era studentessa, si interessava molto ai temi della discriminazione e della giustizia sociale, e prendeva parte a manifestazioni antinucleari.

Viene chiesto ai soggetti che partecipano all'esperimento quale di questi due affermazioni su Linda sia più probabile:
[A] Linda è un'impiegata di banca.
[B] Linda è un'impiegata di banca attiva nel movimento femminista.

> Secondo te quale di queste affermazioni su Linda è più probabile? Perché?

In un campione piuttosto numeroso di studenti che non avevano seguito corsi di statistica, l'86% dei soggetti giudica più probabile la seconda affermazione. Invece in un campione composto da laureati in psicologia solo il 50% commette tale errore.

Però la differenza fra studenti senza una preparazione a livello statistico e laureati sparisce quando le due affermazioni vengono presentate in una lista di otto affermazioni riguardanti Linda. In questo caso più dell'80% di entrambi i gruppi valuta l'opzione [B] più probabile dell'opzione [A].

Altrettanto significative le ricerche condotte nell'ambito degli studi sociali da James Voss e al. (1989). In questo caso si confrontano le risposte di soggetti che hanno seguito corsi di economia con quelle di soggetti che non li hanno seguiti: i problemi proposti sono relativi a situazioni della vita quotidiana ma coinvolgono valutazioni di tipo economico. I risultati mettono in evidenza la presenza di concezioni sbagliate e stereotipi in entrambi i gruppi.

Piattelli Palmerini (1993) commenta così i risultati di tali ricerche:

> Dati e nozioni che ci sono teoricamente accessibili, che possiamo dimostrare di possedere in un qualche 'angolo' della mente, e che dovremmo ben riconoscere come pertinenti, ci restano di fatto inaccessibili. È come se una qualche barriera mentale naturale ci impedisse di accedere ai contenuti di altre 'zone' della mente [Piattelli Palmerini, 1993, p. 53].

Gardner sostiene che le carenze del sistema scolastico occidentale, messe in evidenza da rapporti periodici sempre più allarmanti, sono dovute proprio al fatto che

> [...] coloro che si sono occupati di educazione non hanno dato il giusto peso nè alla forza delle concezioni, degli stereotipi e dei 'copioni iniziali' che gli studenti portano con sé quando affrontano la scuola nè alla difficoltà di riplasmarli o di sradicarli. Non ci siamo resi conto che *in quasi tutti gli studenti c'è la mente 'non scolarizzata' di un bambino di cinque anni che lotta per emergere e per esprimersi*. Nè ci siamo accorti di quanto sia arduo inserire in essa informazioni nuove facendo sì che le loro implicazioni siano colte da bambini che hanno concettualizzato lungamente informazioni analoghe in modi decisamente diversi e profondamente radicati [Gardner, 1991, tr. it. p. 14, corsivo nel testo].

3.3 Il contesto

Commentando gli esiti disastrosi del test riportato da McCloskey, Schoenfeld (1985a) suggerisce che probabilmente le risposte sarebbero state diverse se il problema fosse stato inserito nel contesto tipico dei problemi di fisica, come è descritto in figura 3.3.

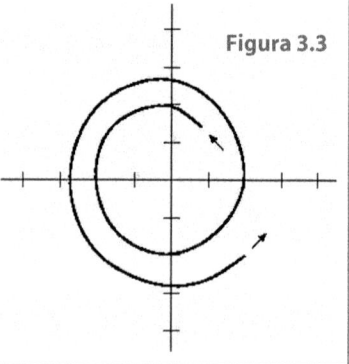

Figura 3.3

Problema: La figura mostra un tubo metallico curvo visto dall'alto.
Una sfera metallica è inserita alla fine del tubo indicato dalla freccia ed è spinta dall'altra parte del tubo ad alta velocità. Il punto in cui fuoriesce la sfera ha coordinate (2,-2) (la misura è in metri). La sfera esce nella direzione del vettore $3\mathbf{i} + 4\mathbf{j}$ con una velocità iniziale di 500 m/sec. Dare le coordinate della sfera un secondo dopo l'uscita dal tubo.

3.3 Il contesto

Le informazioni date dal contesto del problema – l'uso di un sistema di coordinate, di vettori, e del termine 'velocità iniziale' – richiamano gli schemi della conoscenza formale della fisica. Probabilmente allora molti studenti risolveranno il problema senza nemmeno pensare ad una possibile traiettoria curvilinea. In altre parole "la stessa persona può ricorrere alla fisica formale per una versione del problema eppure dare un'interpretazione qualitativa del fenomeno contraddittoria in un'altra versione" [Schoenfeld, 1985a, p. 150].

Del resto anche negli esempi di Kahneman e Tversky il contesto in cui il problema è proposto sembra guidare il soggetto a far ricorso ad un tipo di conoscenza oppure ad un altro.

Il riconoscimento del ruolo del contesto ha segnato una svolta nella ricerca sui processi cognitivi a partire dagli anni '70, mettendo in evidenza che la nostra mente funziona in modi molto diversi da quelli che si erano ipotizzati. Nel suo testo *Come funziona la mente* (1998) Paolo Legrenzi discute i risultati di una serie di studi che portano ad escludere che la mente funzioni esclusivamente sulla base di regole, applicando cioè una sorta di 'logica mentale': in realtà "la nostra mente si mostra sensibile ai contenuti su cui si trova a dover ragionare" (Legrenzi, 1998, p. 27).

Legrenzi definisce 'sogno' il ritenere che i nostri modi di pensare siano riconducibili alla capacità di padroneggiare l'applicazione di un numero ristretto di regole logiche: un sogno in cui hanno creduto fra gli altri Leibniz e Piaget. E proprio alcune posizioni di Piaget vengono messe in discussione da esperimenti che nella letteratura sono ormai dei classici: le modifiche da parte di Donaldson e McGarrigle alle prove di conservazione, ed il test delle carte di Wason e gli studi ad esso ispirati.

Gli studi di McGarrigle e Donaldson (1974) mettono in evidenza che è possibile far aumentare in modo significativo la percentuale di risposte corrette ai test classici di Piaget modificando solo alcuni elementi del contesto, senza alterare la struttura del compito.

Ricordiamo la struttura di una tipica prova di Piaget: l'uguaglianza iniziale dell'attributo principale è combinata con una somiglianza percettiva. Supponiamo ad esempio che l'attributo in esame sia la 'quantità numerica' (Piaget e Szeminska, 1941). Si propone al bambino una situazione in cui una fila con un certo numero di gettoni è messa sotto una fila contenente lo *stesso numero* (attributo principale) di gettoni. In questo caso la somiglianza percettiva è costituita dal fatto che ogni gettone della seconda fila è messo proprio sotto un gettone della prima fila:

Il bambino viene interrogato sull'uguaglianza iniziale. Se l'accetta (in caso contrario naturalmente l'esperimento termina) lo sperimentatore provoca una trasformazione che distrugge la somiglianza percettiva, senza intaccare l'attributo principale:

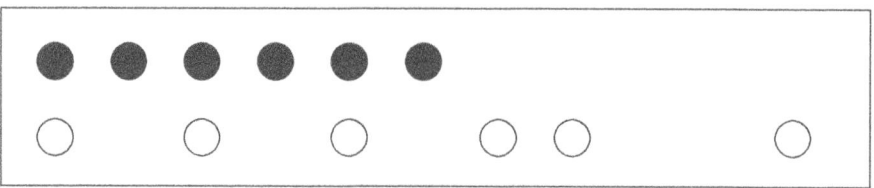

A questo punto il bambino viene di nuovo interrogato sull'attributo principale.

Se il bambino risponde correttamente si dice che 'conserva' l'attributo principale. Altrimenti, si dice che 'non conserva'.

Alcune obiezioni ormai classiche mosse a questo tipo di procedura riguardano il fatto che l'attenzione del bambino non è concentrata sul *significato* della domanda dello sperimentatore: il bambino dà un *senso* a questa domanda, senso che è fortemente influenzato dalle informazioni del contesto (il cambiamento avvenuto, il fatto che l'interlocutore è un adulto, lo *stesso* adulto che ha causato il cambiamento…)[1]. Margaret Donaldson (1978) porta esempi molto belli di studi in cui la situazione sperimentale descritta viene alterata in certi aspetti contestuali. Questi studi evidenziano che se il cambiamento nella disposizione della seconda fila di gettoni viene provocato accidentalmente da un personaggio diverso dall'interlocutore adulto (ad esempio un orsetto che scombina la disposizione iniziale dei gettoni) i risultati sono molto diversi: sono molto più numerosi i bambini che rispondono 'correttamente', cioè che dimostrano di conservare. In definitiva viene confermata in questo modo l'ipotesi che molti bambini rispondono scorrettamente perché risolvono un problema che è diverso da quello posto dallo sperimentatore.

Potremmo anche dire che il contesto nel quale è dato il problema nella versione originaria spinge l'interpretazione del bambino in una direzione che ostacola la risposta corretta. La modifica del contesto (ottenuta ad esempio con l'intervento dell'orsetto) spinge invece l'interpretazione del bambino in una direzione che è in accordo con la risposta corretta. In questo caso il contesto quindi 'aiuta' la risposta corretta perché favorisce il processo di comprensione del problema.

---

[1] D'altra parte anche la comunicazione fra adulti è governata più dal *senso* che dal *significato*, e quindi fortemente influenzata dal contesto. Basti pensare a come suona assurda (priva di senso, appunto) l'interazione: "Scusi, sa l'ora?"
"Sì".
Eppure la risposta "Sì" (o "No") è del tutto adeguata al significato 'legale' della domanda, a differenza delle risposte che consideriamo 'sensate' (ad esempio: "Mezzogiorno").

3.3 Il contesto

Il test delle carte di Wason (1966) invece mette in evidenza come il ragionamento sia fortemente ancorato ai contenuti, e quindi al contesto cui fa riferimento il problema[2].

Nel test ci sono 4 carte: in ogni carta da una parte c'è un numero, dall'altra una lettera.

Le carte sono presentate così:

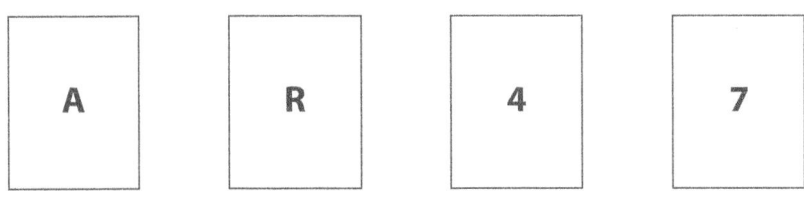

Il soggetto deve scegliere quali carte girare per verificare se per queste 4 carte vale la regola:
'Se da una parte c'è una vocale, dall'altra c'è un numero pari'.

Tu quali gireresti?
☐ quella con la A
☐ quella con la R
☐ quella con il 4
☐ quella con il 7

Le risposte corrette a questo test, studiatissimo in tutto il mondo, sono dell'ordine del 10%.

Gli errori più frequenti sono di due tipi: girare la carta con il numero 4 per controllare se dall'altra parte c'è una vocale, e girare la carta con la lettera R per controllare se dall'altra parte c'è un numero dispari. Entrambi questi controlli sono inutili, in quanto la regola dice solo cosa deve accadere se da una parte c'è una vocale, ma non dice niente su cosa deve accadere se invece c'è una consonante. In altre parole l'unica combinazione in grado di contraddire la regola è 'vocale / numero dispari', e quindi va girata la prima carta (per controllare che dietro la A ci sia un numero pari), e la quarta (per controllare che dietro il 7 non ci sia una vocale).

I risultati molto bassi di questo test sembrano mettere in discussione le teorie di Piaget secondo le quali un individuo adulto, avendo ormai raggiunto lo

---

[2] Nel caso dei problemi espressi in forma verbale il termine 'contesto' viene usato in una duplice accezione: come contesto in cui il problema è assegnato (ad esempio: nell'ambito di una lezione, di un'intervista, di una conversazione informale,...), e come contesto cui fa riferimento la situazione descritta nel problema. Nel caso del test di Wason si fa riferimento a questa seconda accezione.

stadio delle operazioni formali, dovrebbe essere in grado di padroneggiare situazioni di questo tipo.

Una modifica del test di Wason è stata proposta da Griggs e Cox (1982), ed è citata da Legrenzi (1998), che a sua volta nel 1972 aveva condotto degli studi su una versione alternativa. Nella versione di Legrenzi le 4 carte sono sostituite da altrettante buste da lettera. Le buste sul retro possono essere aperte o chiuse, e possono essere affrancate con un francobollo da 750 £ o da 500 £. Viene data la regola: *'Se una busta è chiusa, deve essere affrancata con un francobollo da 750 £'*. Le 4 buste sono presentate così: due dalla parte dove c'è l'affrancatura (la prima con francobollo da 750 £, la seconda con francobollo da 500 £), due dalla parte opposta (una aperta, l'altra chiusa). La domanda diventa: "Quali buste gireresti, fra le 4 riportate sotto, per controllare se la regola è soddisfatta?". In questo caso cresce notevolmente la percentuale di chi risponde correttamente: il contesto quindi sembra favorire i processi risolutivi.

Nella versione di Griggs e Cox si chiede ai soggetti (alcuni studenti della Florida) di immedesimarsi nel poliziotto protagonista della storia. Il poliziotto deve controllare una regola che è effettivamente vigente in Florida (e quindi è presumibilmente nota agli studenti): *'Se una persona beve birra deve avere più di 16 anni'*.

Su un tavolo vengono quindi messe 4 carte: da un lato c'è l'età della persona da controllare (sotto / sopra i 16 anni), dall'altro il tipo di bibita consumata al bar. Le 4 carte sono girate in questo modo:

| Beve birra | Beve acqua | Sopra i 16 anni | Sotto i 16 anni |

Analogamente al test di Wason si chiede ai soggetti quali carte dovrebbe girare il poliziotto per controllare che sia rispettata la regola.

E tu quali carte gireresti per controllare se la regola è rispettata?
☐ quella con 'Beve birra'
☐ quella con 'Beve acqua'
☐ quella con 'Sopra i 16 anni'
☐ quella con 'Sotto i 16 anni'

Anche in questo caso (come nella versione delle buste di Legrenzi) il controllo della regola risulta facile, ed i soggetti indicano correttamente come carte da girare 'beve birra' e 'sotto i 16 anni'.

3.4 Contesti e scopi: la pragmatica

In realtà i risultati delle modifiche al test di Wason si possono interpretare facendo riferimento ad alcune caratteristiche del linguaggio utilizzato, in particolare al modo di usare l'implicazione 'se...allora' che compare nella regola da verificare.

Lo studio degli errori tipici nell'ambito del ragionamento condizionale ha costituito un filone di ricerca molto popolare, all'interno del quale il test delle carte di Wason ha avuto un ruolo significativo. Tale ambito è molto interessante per l'educazione matematica, in cui è ben nota ad esempio la facilità con cui gli studenti confondono ipotesi e tesi. Per spiegare questo comportamento per lungo tempo si è sostenuto che i soggetti interpretano il 'se...allora' come un 'se e solo se'.

In realtà a partire dagli anni '80 questa interpretazione è stata messa in discussione a favore di un nuovo approccio, che attribuisce le anomalie nell'interpretazione delle frasi condizionali all'applicazione di schemi tipici della conversazione, cioè corrispondenti agli usi dell'implicazione nel linguaggio quotidiano. Ferrari (2005) cita la ricerca di Rumain, Connell e Braine (1983), che attraverso un dispositivo sperimentale confrontano tale teoria con quella classica, in cui come detto le anomalie nell'interpretazione delle frasi condizionali vengono attribuite invece all'identificazione del 'se...allora' con 'se e solo se'.

Un esempio di questo approccio alternativo è dato dal lavoro di Cheng e Holyoak (1985, 1989), che individuano tre schemi di ragionamento per l'implicazione: lo schema di permesso (*permissions*), quello di obbligo (*obligations*), e quello di causa-effetto (*causations*).

Questi schemi consistono di un insieme di regole generalizzate, sensibili al contesto, che a differenza delle regole puramente sintattiche sono definite in termini di 'scopi'. Le regole relative agli schemi di permesso ed obbligo sono tipicamente imposte da un'autorità con scopi di tipo sociale; invece le regole relative allo schema di causa-effetto non sono imposte da un'autorità, e permettono di generare previsioni (ad esempio: "se scoppia la bomba, moriranno tutti") [3].

Lo schema di obbligo è molto simile a quello di permesso, tranne per il fatto che la dimensione temporale è rovesciata: in uno schema di permesso per intraprendere un'azione (ad esempio: bere alcolici) deve essere verificata una condizione, detta precondizione (avere più di 16 anni); invece nel caso dell'obbligo una certa situazione (ad esempio essere docenti di matematica e fisica) richiede che sia eseguita un'azione successiva (ad esempio fare 18 ore settimanali di lezione).

Lo schema relativo al 'permesso' è particolarmente interessante perchè ha una struttura che lo rende simile all'implicazione logica.

---

[3] In realtà all'interno dello schema di causa-effetto si possono individuare differenti tipologie di schemi di ragionamento, che dipendono da vari fattori: ad esempio il fatto che l'effetto si ritenga prodotto da una singola causa o da molteplici.

Tale schema può infatti essere descritto da 4 regole:
Regola 1: Per intraprendere l'azione, dev'essere soddisfatta la precondizione.
Regola 2: Se l'azione non va intrapresa, non c'è bisogno di soddisfare la precondizione.
Regola 3: Se la precondizione è soddisfatta, allora si può intraprendere l'azione.
Regola 4: Se la precondizione non è soddisfatta, l'azione non può essere intrapresa.

Un esempio di formulazione della regola 1 è proprio "Se uno beve alcolici, deve avere almeno 16 anni'. Se questa affermazione richiama nel soggetto lo schema di permesso, verranno richiamate in modo naturale le altre tre regole che caratterizzano tale schema:
– Se uno non beve alcolici, non c'è bisogno che abbia più di 16 anni.
– Se uno ha più di 16 anni, può bere alcolici.
– Se uno ha meno di 16 anni, non può bere alcolici.

Queste tre regole, sostengono Cheng e Holyoak, sono proprio quelle che suggeriscono di girare le carte giuste nella versione modificata del test di Wason che abbiamo visto prima, in cui un poliziotto deve controllare il rispetto della legge vigente in Florida. Quindi la facilitazione in questo caso non sarebbe dovuta al fatto di fare riferimento ad un contesto, ma al fatto che *quel* contesto specifico richiama uno schema di permesso. In altre parole il contesto scelto (il poliziotto che deve controllare il rispetto della legge vigente in Florida) spinge verso una particolare interpretazione dell'implicazione tipica del linguaggio quotidiano che facilita la risposta corretta, ma modifica strutturalmente il compito di partenza (quello delle carte con il numero e la lettera) che era invece 'neutrale'.

L'approccio di Cheng e Holyoak è tipico della *pragmatica*, disciplina che mette al centro dell'attenzione il contesto e gli scopi, e che studia il modo in cui la lingua è usata per comunicare. Levinson (1983) nell'introduzione al suo testo *La Pragmatica* ne propone diverse possibili definizioni, che singolarmente mette in discussione e rifiuta perché a suo parere insoddisfacenti dal punto di vista teorico, ma che nel complesso rendono a suo parere "uno schema soddisfacente della topografia generale della disciplina" (tr. it., p. 22). In particolare rendono bene l'idea della centralità del contesto e degli scopi nella pragmatica, alcune in modo suggestivo.

Ad esempio Levinson sottolinea l'importanza del contesto evidenziando l'anomalia di frasi come:
– I figli di Carlo sono hippies e lui ha figli.
– Con questo, io canto.
– Come tutti sanno, la terra per favore gira intorno al sole.

Per spiegare in che senso queste frasi sono anomale potremmo dire "che non ci sono contesti (almeno, non contesti comuni) in cui il loro uso sarebbe appropriato". Allora, dice Levinson, si potrebbe definire la pragmatica proprio come *"lo studio di quei principi che spiegano perché certe frasi sono anomale o non sono enunciati possibili"* (*ibidem*, p.22).

3.5 Contesti, scopi e razionalità

Una fra le nozioni più importanti delle pragmatica e che qui più ci interessa è quella di *implicatura conversazionale*. Tale idea, dovuta a Grice (1975, 1978), è legata al *principio di cooperazione* da lui enunciato, che esprime le regole secondo le quali dovrebbe essere condotta una conversazione: brevità, adeguatezza dell'informazione agli scopi del discorso (né troppo poco informativo, né troppo), chiarezza, pertinenza, verità.

Naturalmente non è vero che la conversazione segue sempre queste regole, ma anche quando il discorso se ne scosta, spesso inconsapevolmente l'ascoltatore tende ad interpretare il messaggio *assumendo* il principio di cooperazione.

Un classico esempio è il seguente (Levinson, 1983):
A. Dov'è Carlo?
B. C'è una Volkswagen gialla davanti a casa di Anna.

Apparentemente la risposta di B non è pertinente, e violerebbe quindi le regole di cooperazione. Ma in realtà cerchiamo di interpretare l'enunciato di B come risposta cooperativa, e siamo portati quindi a fare una serie di inferenze: che B sappia che Carlo ha una Volkswagen gialla, e che ci voglia dire che probabilmente Carlo è a casa di Anna.

Queste inferenze fatte dall'ascoltatore per mantenere l'assunto di cooperazione vengono dette da Grice *implicature conversazionali*. A differenza dell'implicazione logica, che è un'inferenza che deriva dal contenuto semantico o logico, le implicature sono quindi inferenze fondate non solo sul contenuto di ciò che è stato detto, ma anche sull' assunto che quello che è stato detto segua le regole della cooperazione comunicativa.

Se ad esempio dico:
"Carlo ha quattordici figli."
anche se l'enunciato è compatibile con il fatto che Carlo abbia venti figli, l'interpretazione che ne abbia *esattamente* quattordici è l'unica compatibile con il principio di cooperazione; si tratta quindi di un'implicatura.

Le potenzialità di questa e di altre nozioni (ad esempio quelle di *atto linguistico* e di *deissi*) ed in generale di un approccio di tipo pragmatico per l'educazione matematica sono illustrate nel testo di Ferrari (2005) a cui rimando.

3.5 Contesti, scopi e razionalità

L'approccio pragmatico allo studio del linguaggio mette in discussione le interpretazioni più standard di alcune delle prove che abbiamo riportato: tali interpretazioni sottolineano l'inadeguatezza dei comportamenti dei soggetti che rispondono scorrettamente pur possedendo le conoscenze necessarie, ed in definitiva li connotano come 'irrazionali'[4].

---

[4] Ad esempio Piattelli Palmerini (1993) nel fornire una spiegazione di tali comportamenti mette il termine *spiegazione* tra virgolette " in quanto non ha niente di razionale" (p.102).

Più in generale questa posizione è criticata da quei ricercatori, che, pur appartenendo ad ambiti disciplinari diversi, condividono il modello costruttivista dell'individuo come soggetto attivo che tenta di dare un senso alla realtà, e sottolineano quindi i legami fra i tipi di razionalità attivata ed il contesto e gli scopi in cui si muove un soggetto.

La posizione che accomuna questi ricercatori[5] è che le decisioni prese da un soggetto, e quindi anche la razionalità dei suoi comportamenti, vanno lette alla luce del *contesto* in cui un soggetto si pone, e degli scopi che caratterizzano tale contesto. Ne segue che i comportamenti dei soggetti che sbagliano possono apparire consistenti se consideriamo contesti e scopi alternativi rispetto a quelli in base ai quali li valutiamo irrazionali.

Com'è ragionevole aspettarsi gli studi che vengono rivisitati alla luce di questo approccio sono soprattutto quelli di Kahneman e Tversky.

Nell'ambito dell'educazione matematica Cobb (1986) discute l'esperimento di Linda distinguendo due tipi di contesto e di scopi: il contesto del 'gioco statistico', e quello della 'modellizzazione'. Se un soggetto si pone nel contesto del 'gioco statistico' deve vedere l'individuo (in questo caso Linda) come membro di una classe, e quindi prescindere da tutte le caratteristiche dell'individuo che non riguardano questa proprietà. Ma se uno non si mette nel contesto statistico, può porsi invece un altro scopo, cioè quello di fornire una rappresentazione dettagliata di Linda: è lo scopo caratteristico del 'contesto di modellizzazione', sia che il processo di modellizzazione abbia come prodotto una teoria scientifica o una rappresentazione di un'altra persona. In fondo è una posizione vicina a quella di Gardner (1991): lo psicologo infatti nel caso di Linda interpreta le risposte scorrette come dovute a stereotipi e immagini dominanti, che fanno sì che le conoscenze formali acquisite vengano, almeno momentaneamente, abbandonate.

Cobb conclude:

> Questa analisi indica che dire semplicemente che il comportamento dei soggetti non è completamente razionale non prende in considerazione un punto importante. All'interno dei vincoli del 'modeling context' il loro comportamento era perfettamente razionale – essi sanno dall'esperienza che funziona. È il processo in base al quale costruiamo rappresentazioni degli altri. [...] comportamenti che possono essere inizialmente liquidati come irrazionali cominciano ad avere senso quando si prendono in considerazione i contesti all'interno dei quali i soggetti hanno operato e gli obiettivi che essi hanno tentato di raggiungere [Cobb, 1986, p. 3].

---

[5] Oltre agli autori già citati nell'ambito della linguistica si veda ad esempio Nelson Goodman (1978) per la filosofia; Jerome Bruner (1986) e Howard Gardner (1983) per la psicologia; Clifford Geertz (1983) per l'antropologia; Paul Cobb (1986) per l'educazione matematica.

3.5 Contesti, scopi e razionalità

Questo modo di usare il termine *contesto* rimanda al concetto di *mondo possibile* di Goodman (1978), ampiamente discusso da Bruner (1986) e da Smorti (1994): per l'uomo non esiste un unico mondo, ma esistono diversi mondi, o diverse versioni di mondo, in relazione ai suoi scopi ed ai mondi creati dagli altri.

> Goodman [...] è un filosofo della mente convinto che scienza e arte scaturiscano da certe comuni attività costruttive, vincolate, caso per caso, a condizioni diverse di definizione della correttezza e guidate da convenzioni altrettanto diverse derivanti dal loro «radicamento». Secondo lui, la differenza non consiste nel fatto che le arti sono «soggettive», mentre la scienza è «oggettiva», ma, invece, proprio nel fatto che sono diversi i modi in cui esse costruiscono il proprio mondo [Bruner, 1986, tr. it. p. 125].

Ad essere in questione allora non è la distinzione tra oggettività e soggettività, ma piuttosto le differenze tra le attività costruttive delle varie arti e quelle delle scienze, ed in particolare le differenze nell'uso di quelli che Goodman chiama «sistemi simbolici».

Il *mondo possibile*, così come il contesto cui fa riferimento Cobb, non va quindi inteso tanto come "situazione esterna all'individuo, quanto come quadro di riferimento mentale per comprendere gli eventi" (Smorti, 1994, p.86). Smorti riporta come esempio le ricerche condotte da Zukier e Pepitone (1984) e da Zukier (1986) sulla falsariga delle prove classiche di Kahneman e Tversky. Come nel caso di Linda, si comincia leggendo la descrizione di una persona (ad esempio: *'Mario non mostra molto interesse per i problemi sociali e politici, passa molto tempo libero a fare lavori di falegnameria o a risolvere rompicapo matematici'*). Questo breve ritratto viene presentato al soggetto dell'esperimento fingendo di averlo preso a caso da un mucchio di 100 altri ritratti, 70 dei quali sono di avvocati e 30 di ingegneri. Per ogni descrizione proposta si chiede quindi al soggetto la probabilità che la descrizione si riferisca ad un avvocato o ad un ingegnere. Le prove mettono in evidenza la tendenza dei soggetti a rispondere contraddicendo o ignorando le informazioni di tipo probabilistico date. La posizione di Zukier (1986) a riguardo è che i comportamenti criticati sono da considerare "non come delle deviazioni involontarie dalla strada maestra della razionalità, ma come delle procedure intenzionali, dirette ad uno scopo e plausibili in rapporto al contesto e al mondo possibile nel quale l'individuo si trova a pensare e a decidere" (Smorti, 1994, p. 121).

Uno degli esempi con cui Smorti illustra questa ipotesi è un esperimento tratto da Piattelli Palmerini (1993). Si chiede a 80 studenti di un college di Londra di immaginarsi questa situazione: sei persone si sfidano alla roulette russa usando una pistola con un tamburo a sei colpi. La pistola ha un solo proiettile: ciascuno a turno preme il grilletto e, se è fortunato, passa la pistola al compagno accanto. Circa il 50% degli studenti dichiara che la prima posizione è quella *oggettivamente* più sicura, mentre solo il 23% afferma che tutte e sei le posizioni hanno la stessa probabilità di essere mortali. Fino a questo punto l'esperimento si limita a evidenziare una nozione di probabilità 'bizzarra'. Ma la cosa più interessante (discussa da Smorti) è la seconda parte di quest'esperimento. Si chiede agli stessi soggetti in quale posizione preferirebbero trovarsi: in questo caso il 40% indica la prima, ed il 40% l'ultima! Quelli che hanno optato per l'ultima posizione argomentano la propria scelta dicendo che in questo modo avrebbero potuto vivere di più ed avere la possibilità di fare qualche gesto disperato, o che avrebbero preferito schiacciare il grilletto sicuri di morire piuttosto che rimanere nell'incertezza. Smorti commenta così la contraddizione apparente fra le risposte alle due domande:

> Le due domande («qual è più sicura» e «in quale posizione vorresti essere») prefiguravano così due diversi mondi possibili in base ai quali i soggetti formulavano un loro giudizio [Smorti, 1994, p. 113].

Queste osservazioni sottolineano il legame profondo fra razionalità, contesti, scopi, suggerendo quindi un'estrema cautela nel giudicare irrazionale il comportamento di un altro soggetto.

Contesti diversi sono caratterizzati da scopi e da razionalità diversi: a volte, come nel caso di Linda, il fatto di immaginare contesti diversi porta a rivedere il giudizio di irrazionalità su una risposta dato inizialmente. La stessa cosa può accadere se si prospettano scopi alternativi rispetto a quelli ipotizzati inizialmente. È il caso della situazione descritta nel seguente aneddoto (Ankeny, 1982, in Nicholls[6], 1984), che ha come protagonista il matematico John Von Neumann, fondatore della teoria dei giochi:

> Von Neumann, a cui si devono importanti teoremi sull'esistenza di strategie ottimali in certi tipi di giochi, venne insistentemente sfidato a poker da un gruppo di giovani matematici.
> Accettò finalmente di giocare, ma fra lo sconcerto dei presenti nel giro di mezz'ora aveva perso tutto il suo denaro, puntando come se non guardasse nemmeno le carte.
> Finita così rapidamente la partita, si allontanò scusandosi. Gli altri giocatori rimasero a discutere il suo comportamento, senza riuscire a comprendere quali strategie avesse adottato.
> Finalmente uno di essi trovò la soluzione: «Ecco! Lui non ha cercato di massimizzare il suo denaro, ma di minimizzare il suo tempo!» [Ankeny, 1982, *cit.* in Nicholls, 1984, p. 39].

Il comportamento di Von Neumann appare irrazionale rispetto all'obiettivo 'massimizzare il denaro', ma non lo è rispetto all'obiettivo 'minimizzare il tempo di gioco': una valutazione sulla razionalità rimanda, anche se implicitamente, ad un obiettivo cui fare riferimento. Per dirla con Cobb, rimanda ad un *contesto*; con Goodman, ad un *mondo possibile*.

---

[6] Non a caso si tratta di una raccolta di articoli sulla motivazione.

3.5 Contesti, scopi e razionalità

L'esistenza di diversi contesti, di diversi mondi possibili, ha naturalmente importanti conseguenze a livello di comunicazione. La seguente storiella, tratta da Latouche (2000), ne fornisce un esempio[7]:

> A Città del Messico, una ventina di anni fa, un turista americano adocchia in una bottega una sedia fatta a mano dai colori assai vivaci e poiché gli piace ne chiede il prezzo all'artigiano indiano. «Dieci pesos».
> «Se ne ordino sei, del medesimo modello, che prezzo mi faresti?» «Settantacinque pesos», risponde l'indiano. «Ma come!» esclama sconcertato lo yankee che si aspettava un prezzo forfettario e si stupisce di un comportamento tanto poco commerciale e chiaramente antieconomico. Si tratterà di un malinteso: per una sedia dieci pesos e per sei settantacinque! «Volevi dire cinquantacinque pesos?» «No, settantacinque pesos per sei sedie».
> Dopo lunga discussione l'indiano finalmente dà la seguente spiegazione: «Che risarcimento avrò per l'incredibile fastidio di un lavoro che mi costringe a rifare per cinque volte esattamente la stessa cosa?» [Latouche, 2000, p. 20].

Qualcuno potrebbe obiettare che una strategia che tenta di raggiungere un obiettivo irrazionale è comunque da considerarsi irrazionale: ma la valutazione di razionalità a mio parere non può essere relativa all'obiettivo, che ha per sua natura una connotazione soggettiva e spesso fortemente emozionale[8]. Negli esempi fatti questa posizione porterebbe a giudicare *comunque* irrazionali la strategia di von Neumann o dell'artigiano indiano, in quanto si considera irrazionale un qualsiasi obiettivo diverso da quello di massimizzare il denaro!

Tutte queste considerazioni mettono in evidenza che uno stesso compito può richiamare *contesti* diversi in soggetti diversi o in situazioni diverse: in altre parole può richiamare scopi diversi e razionalità diverse. Ne discende che uno stesso comportamento può essere valutato in modi diversi a seconda delle convinzioni che chi valuta ha riguardo all'obiettivo che il soggetto osservato si pone: o, per dirla con Goodman, a seconda del 'mondo possibile' in cui si muove chi valuta[9].

---

[7] Latouche commenta che tale storia è pressoché universale, dato che oltre alla versione ambientata in Messico, raccontata da Raimundo Panikkar, esiste una versione sostanzialmente identica che Jean Malaurie ambienta in Groenlandia, e lui stesso ne ha raccolto una versione a Kinshasa, nel Congo.
[8] Mi sembrano molto interessanti, a proposito del legame obiettivi / emozioni, gli studi di Damasio (1994) sul legame fra la capacità di prendere decisioni e quella di provare emozioni: ne parleremo più avanti.
[9] In generale le convinzioni che un soggetto ha riguardo ad un altro soggetto hanno un ruolo cruciale nella comunicazione. Divertenti a questo proposito sono le riflessioni di Legrenzi (1998) sui termini 'promessa' e 'minaccia'. Egli osserva che "la forma superficiale delle proposte non permette di distinguere le minacce dalle promesse. Ciò che le differenzia è invece un'attribuzione mentale, e cioè l'ipotesi circa quello che è il piacere altrui" (p. 63). Legrenzi traduce con *promaccia* il termine originario *throffer* (*threat-offer*) per rendere questo intreccio tra minacce e promesse. Il messaggio, dice Legrenzi, è di per sé neutro: può servire a trasmettere una minaccia, una promessa o una *promaccia*.

3 L'apprendimento come attività costruttiva

Come approfondiremo più avanti questo può creare problemi notevoli quando, come accade in ambito scolastico, un soggetto – l'insegnante - osserva e valuta il comportamento di un altro soggetto – l'allievo. Se l'insegnante assume come scontato che l'allievo si è posto un certo obiettivo (quello che l'insegnante vorrebbe che si ponesse), tenderà a giudicare irrazionali strategie che viceversa apparirebbero consistenti alla luce di obiettivi e contesti alternativi. Ad esempio il comportamento di dare una risposta a caso appare tutto sommato razionale se assumiamo che l'obiettivo che si pone l'allievo è quello di dare una risposta all'insegnante. Tanto più razionale se l'allievo ritiene di non avere le abilità o conoscenze necessarie per produrre una risposta corretta secondo altre vie.

Ma lo stesso problema può venirsi a creare nel caso dello sperimentatore che osserva un soggetto. Bruner (1986) a questo proposito critica (in realtà attraverso un'autocritica) il modo in cui molti sperimentatori nel campo della psicologia interpretano i comportamenti dei soggetti, e cioè alla luce del quadro concettuale che essi hanno: egli osserva che in questo modo lo sperimentatore tenderà ad interpretare come manifestazioni di inadeguatezza risposte che si discostano da quelle attese.

3.6 Ancora sulla razionalità: pensiero logico-scientifico e pensiero narrativo

L'idea di razionalità diverse associate a contesti e obiettivi diversi è particolarmente interessante dal punto di vista didattico. Da un lato apre uno scenario di interpretazioni possibili per i comportamenti dell'allievo, dall'altro pone il problema della scelta del contesto più adeguato per attivare un certo tipo di razionalità.

Fra le varie interpretazioni dei risultati messi in luce dagli studi di Kahneman e Tversky mi sembra significativa nel contesto delle difficoltà in matematica quella proposta da Zukier (1986) e ampiamente ripresa e discussa nei lavori che abbiamo citato di Bruner (1986) e di Smorti (1994): gli apparenti fallimenti nel ragionamento di tipo logico sono considerati come un'espressione di una forma particolare di razionalità, quella tipica del *pensiero narrativo*. Nel commentare i comportamenti dei soggetti nelle ricerche condotte sulla falsariga delle prove classiche di Kahneman e Tversky, Zukier conclude che in mancanza di informazioni sufficienti a chiarire l'identità del personaggio, i soggetti si affidano ad un procedimento che procede dall'alto verso il basso: "dato quello che so sulla frequenza della categoria generale, qual è la probabilità che un dato caso appartenga a questa categoria?". Ma quando ci sono sufficienti informazioni per costruire una *storia* del personaggio (ed è esattamente quello che accadeva nel caso di Linda, o nel caso di Mario) le persone si affidano ad un pensiero che procede dal basso verso l'alto: un pensiero che produce racconti plausibili e ragionevoli, anche se non necessariamente veri. In definitiva quanto più la descrizione di una persona è informativa sulle sue caratteristiche

3.6 Ancora sulla razionalità: pensiero logico-scientifico e pensiero narrativo

e si avvicina ad uno stereotipo, tanto meno verranno seguiti i principi logici della probabilità. Del resto gli stessi Kahneman e Tversky (Tversky e Kahneman, 1983) avevano sottolineato che le euristiche basate sulla rappresentatività, tipicamente usate nel test di Linda, favoriscono la creazione di buone storie. E Piattelli Palmerini, insistendo sull'irrazionalità delle risposte che ignorano le leggi probabilistiche, commenta: "Qui si esce dalla statistica, e (si direbbe) perfino dalla scienza, per entrare in pieno nel romanzo" (1993, p. 142).

Si delineano quindi due tipi di pensiero, che Bruner (1986, 1990) definisce fra loro irriducibili e complementari: il pensiero *logico-scientifico* e quello *narrativo*. Il primo si occupa di categorizzare la realtà, di ricercare cause di ordine generale, applicando argomentazioni dimostrative, ma appare inadeguato a mettere in relazione azioni e intenzioni, desideri, convinzioni e sentimenti, a coglierne il significato. L'interpretazione dei fatti umani è invece resa praticabile da un tipo differente di pensiero, che caratterizza una differente modalità di approccio al mondo: il *pensiero narrativo*. Esso produce racconti plausibili e ragionevoli, la cui funzione è "quella di trovare uno stato intenzionale che mitighi o almeno renda comprensibile una deviazione rispetto al modello di cultura canonico" (Bruner, 1990, tr. it. p. 59).

La nozione di *causalità*, che Bruner riconosce come primitiva[10] è diversa nei due tipi di pensiero:

> La struttura di un'argomentazione logica ben costruita è radicalmente diversa da quella di un racconto efficacemente impostato. L'una cosa e l'altra, forse, rappresentano una versione più specializzata ed evoluta dell'esposizione pura e semplice, quella versione, cioè, per la quale i giudizi di fatto si convertono in giudizi implicanti la causalità. Ma i tipi di causalità impliciti in tali giudizi sono molto diversi nei due casi. Il termine «allora» riveste funzioni molto diverse nell'enunciato logico "se X, allora Y" e nel testo narrativo "il re morì e allora morì anche la regina". Nel primo caso esso allude a una ricerca delle condizioni universali di verità, nel secondo a probabili rapporti particolari fra due eventi: un dolore mortale, il suicidio o un delitto [Bruner, 1986, tr. it. p.16].

La distinzione fra pensiero logico e pensiero narrativo suggerisce due ipotesi interessanti, diverse e non incompatibili, per spiegare quelle che possono apparire carenze del pensiero logico-scientifico.

---

[10] Bruner (1986) fa riferimento anche ad una sorta di primitività dell'idea di *intenzionalità*: "ci troveremo a dover concludere che l'«intenzione e le sue vicissitudini» costituiscono un sistema categoriale primitivo mediante il quale organizziamo l'esperienza, un sistema primitivo almeno quanto quello della categoria di causalità. Dico 'almeno', perché di fatto l'ormai comprovato animismo infantile fa pensare che la categoria più primitiva dei bambini sia quella di intenzione. Come ha dimostrato Piaget, con quegli esperimenti che per la prima volta gli permisero di imporsi all'attenzione di tutto il mondo, gli eventi che hanno una causa fisica il bambino li intende in un'ottica psicologica" (*ibidem*, tr.it. pp. 24-25).

La prima in realtà è una precisazione dell'ipotesi emersa nei paragrafi precedenti, che sottolineava l'importanza del contesto nel dirigere verso un tipo di razionalità oppure un altro: cioè che il contesto abbia un ruolo importante nel guidare il ricorso ad un tipo di pensiero logico oppure narrativo.

La seconda è che per alcuni soggetti l'approccio *naturale* alla realtà sia di tipo narrativo, mentre per altri di tipo logico.

La prima di questa ipotesi è confermata dallo studio già citato di Zukier e Pepitone (1984): i ricercatori mostrano come dando istruzioni di tipo diverso, in altre parole proponendo il test in contesti diversi, si riescono ad indirizzare i soggetti verso un pensiero di tipo logico o invece di tipo narrativo.

Il ruolo del contesto nel dirigere verso un tipo di pensiero o l'altro è confermato anche da una ricerca di Macchi (1992) riportata da Smorti (1994), in cui si mostra come un'opportuna manipolazione linguistica dei quesiti di Kahneman e Tversky (fatta in modo da valorizzare il problema generale della probabilità piuttosto che la percezione che il singolo individuo ha di essa) modifica sensibilmente il tipo di pensiero cui il soggetto fa ricorso nel rispondere.

Smorti conclude che "l'uso di un pensiero logico o narrativo dipende da un meccanismo molto delicato, altamente sensibile al fatto che il testo o il contesto suggerisca aspetti più estensionali o più intensionali del significato" (*ibidem*, p. 120).

Negli esempi fatti finora la distinzione fra pensiero narrativo e pensiero logico è chiamata in causa per spiegare la differenza fra risposte date ad una stessa domanda. Ma pensiero narrativo e pensiero logico non sono necessariamente in contrapposizione. In particolare il pensiero narrativo può essere attivato a partire da un problema, nel tentativo di attribuire un senso ad una situazione che apparentemente non ne ha: in questo caso il soggetto quasi invariabilmente descriverà un mondo ipotetico in cui l'eccezione incontrata ha senso. Ad esempio, dice Bruner:

> Se qualcuno entra nell'ufficio postale, apre la bandiera a stelle e strisce e comincia a sventolarla, il nostro interlocutore [...] ci spiegherà, in risposta alla nostra perplessità, che oggi probabilmente ricorre qualche festa nazionale che egli stesso aveva dimenticato, che la locale Associazione Combattenti e reduci ha evidentemente dei sostenitori accesi o, più semplicemente, che l'individuo con la bandiera è un esaltato nazionalista la cui immaginazione è stata colpita da qualcosa che ha letto sul giornale di questa mattina [Bruner, 1990, tr. it. p. 59].

È interessante notare che in questo modo di procedere il soggetto fa ricorso alla propria *conoscenza enciclopedica*, cioè l'insieme generale delle conoscenze che ha sul mondo[11].

---

[11] Spesso contrapposta all'insieme circoscritto delle conoscenze linguistiche che fanno riferimento al significato: il cosiddetto *dizionario*.

3.6 Ancora sulla razionalità: pensiero logico-scientifico e pensiero narrativo

Attraverso la conoscenza enciclopedica quindi il pensiero narrativo può cooperare nel trovare elementi di razionalità là dove il pensiero puramente logico fallirebbe. Mi sembra questo il caso della risposta ad un 'problema assurdo' data da un bambino di una terza elementare. Nella sua classe faceva tirocinio un'insegnante che aveva seguito un corso sui problemi da me tenuto. Avevo parlato fra l'altro del problema noto come 'L'età del capitano', che in Francia ha dato vita ad un filone di ricerca molto ricco sul ruolo che hanno le dinamiche allievi-insegnante nel contesto scolastico (Baruk, 1985):

"Su una nave ci sono 26 montoni e 10 capre; quanti anni ha il capitano?"

Avevo raccontato come la maggior parte dei bambini 'risolve' in qualche modo questo problema, scegliendo in genere fra le operazioni note quelle la cui applicazione porta a risultati verosimili.

L'insegnante, scettica ma incuriosita, aveva voluto dare un problema analogo:

Problema: In un prato ci sono 20 pecore, 7 capre, e 2 cani. Quanti anni ha il pastore?

Dei 14 allievi, 12 combinano i dati arrivando ad una risposta (la più comune è "29 anni", ottenuta sommando tutti i numeri), uno risponde che non ci sono dati sufficienti, e un altro risponde così:

"Ho fatto un ragionamento particolare: il pastore se ha due cani per così poche bestie uno dei due cani forse gli serve perché è non vedente. Quindi deduco che abbia sui 70-76 anni".

Queste considerazioni pongono il problema didattico di come utilizzare il pensiero narrativo *in sintonia* e non *contro* il pensiero di tipo logico: in fondo è esattamente il problema che ha affrontato e risolto la Donaldson, modificando opportunamente il contesto nel caso della prova di Piaget sulla conservazione della quantità.

La distinzione fra pensiero logico e pensiero narrativo suggerisce in modo naturale anche la seconda ipotesi che abbiamo formulato all'inizio: che, pur senza discutere l'importanza del contesto nel dirigere verso un tipo di pensiero o un altro, alcune persone tendano ad affrontare la realtà in modo logico ed altre in modo narrativo. In altre parole che sia possibile distinguere fra soggetti *logici* e soggetti *narrativi*.

In effetti alcune ricerche di Smorti (1994) condotte con bambini fra i 5 e gli 11 anni evidenziano che nel procedere a classificazioni spontanee di materiale ludico alcuni bambini fanno uso più di criteri logici ed altri più di criteri narrativi. Queste tendenze sembrano essere stabili nel tempo, tanto da far pensare ad una sorta di *stile* personale.

La distinzione fra narrativi e logici mi sembra una categorizzazione utile per comprendere alcune differenze nei comportamenti degli allievi. A questo proposito ricordo un episodio raccontato da Bruno D'Amore ad un convegno per

3 L'apprendimento come attività costruttiva

insegnanti. È il resoconto di una visita ad una scuola dell'infanzia (D'Amore, 1996): i bambini avevano dedicato la mattina a colorare dei fogli di carta appesi alle pareti facendo uso di lunghi pennelli da intingere in piattini pieni di colori; i risultati di questa esperienza creativa erano tanti fogli colorati appesi al muro. D'Amore si avvicina ad una bambina che contempla orgogliosa il proprio lavoro, una macchia del tutto indecifrabile, e le chiede: *"Cosa hai disegnato?"*. La bambina spiega: *"Un lione che mangia la gente nella foresta"*. Incoraggiata dai cenni di consenso di D'Amore, la bambina si lancia con foga a decifrare ogni macchia, continuando ad aggiungere dettagli alla storia: *"Qui c'è un signore che è scappato per la paura. Allora il lione si è arrabbiato…"*.

Dopo aver ascoltato diligentemente la spiegazione, D'Amore si rivolge ad un bambino che è stato attento ad ascoltare il fiume di parole della compagna. Si rivolge a lui ed al suo disegno, e gli chiede con la stessa affabilità che ha avuto tanto successo con la bambina: *"E tu? Cosa hai disegnato?"*.

Ed il bambino, semplicemente:

"Una riga."

La contrapposizione fra approccio logico e narrativo ai problemi di matematica è resa in modo poetico da Philip Roth, nel suo libro autobiografico *La mia vita di uomo*[12]:

> Quand'ero io il paziente, malaticcio e febbricitante, lui tante volte mi disorientava, invece: mi pareva che fosse una specie di giocattolo elettrico parlante che veniva a giocare con me, puntualmente, ogni sera alle sei. Per divertirmi non sapeva escogitare di meglio che propormi certi problemi d'aritmetica, per i quali lui stesso era un mago. "Lo sconto", esordiva, alla maniera d'uno studente che annuncia il titolo della poesia mandata a memoria. "Un negoziante, per cercar di dar via un cappotto passato di moda, ne abbassa il prezzo da trenta a ventiquattro dollari. Non riuscendo ancora a venderlo, lo ribassa ulteriormente a diciannove dollari e venti cents. Non trova nessun acquirente. Allora riduce ancora il prezzo e stavolta lo vende". Qui faceva una pausa. Se volevo, potevo chiedergli che ripetesse questo o quel dettaglio. Sennò, procedeva. "Ebbene, Nathan, per quanto l'ha venduto, posto che l'ultimo sconto era in proporzione con i due precedenti?" Oppure: " 'Per fare una catena'. Un boscaiolo ha sei pezzi di catena ognuno di quattro anelli. Se il costo per aprire un anello è…" e così via. Il giorno dopo, mentre la mamma canticchiava un motivo di Gerschwin facendo il bucato, io, a letto, sognavo a occhi aperti il negoziante e il boscaiolo. A chi avrà finito per vendere quel cappotto, il bottegaio? Si sarà reso conto, l'acquirente, ch'era passato di moda?

---

[12] Ho scoperto questo brano nel libro di Sheila Tobias *Come vincere la paura della matematica* (1978). Pur non facendo riferimento alla distinzione fra pensiero logico e pensiero narrativo, l'autrice osserva che definire Roth 'mente non matematica' significa non cogliere quello che rappresenta, cioè uno dei modi possibili (un 'faro') in cui si esprime la curiosità umana "alla ricerca di un significato" (tr. it. p. 129).

3.6 Ancora sulla razionalità: pensiero logico-scientifico e pensiero narrativo

Se l'indossava per andare al ristorante, avranno riso di lui? E come si capiva che la moda era diversa, da un anno all'altro? "Non trova nessun acquirente" ripetevo fra me, e quelle parole mi mettevano malinconia. Ricordo ancora come era carico, per me, il termine "acquirente". Sarà stato il boscaiolo coi sei pezzi di catena quello che, nella sua rustica innocenza, aveva finito per comprare il cappotto tagliato secondo la moda dell'anno scorso? e perché, tutt'a un tratto, avrà avuto bisogno d'un cappotto? Sarà stato invitato a un ballo in costume? E da chi? Mia madre trovava "acute" le domande che io sollevavo a proposito di quei problemi, ed era lieta che mi dessero qualcosa cui pensare mentre lei era occupata con le faccende e non poteva giocare con me all'oca o a dama. Mio padre invece si sentiva cascare le braccia, a vedermi intrigato così da fantastici e irrilevanti dettagli storici o geografici o psicologici anziché dalla semplice e nuda bellezza della soluzione aritmetica. Non riteneva che dessi prova d'intelligenza; e aveva ragione [Roth, 1974, tr. it. pp. 46-47].

L'esistenza di due modalità naturali di approccio ad un problema, di due stili personali, ricorda la teoria di Gardner sulle intelligenze multiple (1983): in particolare le tipologie logico-scientifico e narrativa rimandano rispettivamente a quelle che lo psicologo chiama intelligenza logico-matematica ed intelligenza sociale. Howard Gardner è senza dubbio lo studioso che più ha contribuito non solo a teorizzare la posizione ormai consolidata che preferisce parlare di *qualità* dell'intelligenza piuttosto che di *quantità*, ma anche a studiarne le implicazioni per il sistema scolastico.

Questo tipo di studi sottolinea la diversità degli individui ed in particolare degli allievi, così come fanno i contributi sugli stili cognitivi[13], con cui condivide il punto di vista che non esista in assoluto una modalità migliore di altre: piuttosto modalità diverse sono adeguate a tipologie di compiti diverse, a problemi diversi. Da un punto di vista didattico questo suggerisce l'importanza che ogni allievo (ma anche ogni insegnante) sia consapevole del proprio stile, e l'opportunità di sviluppare in ogni individuo gli stili più deboli; ma sottolinea anche la necessità di rispettare modalità di pensiero e di approccio ai problemi diverse da quelle che ci sono più congeniali. Del resto già nel 1909 Poincarè scriveva a proposito dei possibili modi di affrontare la matematica:

Quante tendenze diverse! Bisogna combatterle? O servirsene? E se volessimo combatterle, quale dovremmo favorire? A quelli che si accontentano della logica pura, bisognerà mostrare che non hanno visto che un aspetto delle cose? [...] In altri termini, dobbiamo obbligare i giovani a modificare la natura della loro mente? Un tentativo del genere sarebbe vano; non possediamo, infatti, la pietra filosofale che ci permetterebbe di trasmutare gli

---

[13] Si veda ad esempio Cornoldi (1991), De la Garanderie (1991), Cornoldi, De Beni e Gruppo MT (2001), Sternberg (1998). Nel contesto della matematica si trovano interessanti riferimenti in Krutetskii (1976).

uni negli altri i metalli che ci sono stati affidati; tutto ciò che possiamo fare è di lavorarli adattandoci alle loro proprietà.
[...] gli stessi matematici non sono tutti fusi nello stesso stampo. Basta leggere le loro opere per distinguere tra di loro due tipi di menti, i logici, come Weierstrass ad esempio, e gli intuitivi, come Riemann.
Stessa differenza tra i nostri studenti. Alcuni preferiscono trattare i loro problemi 'con l'analisi', come dicono loro, gli altri 'con la geometria'.
Inutile cercare di cambiare qualcosa in questa situazione, e d'altra parte non sarebbe nemmeno desiderabile. Bene che ci siano dei logici e degli intuitivi; chi oserebbe dire se preferirebbe che Weierstrass non avesse mai scritto, o che Riemann non fosse mai esistito? Dobbiamo dunque rassegnarci alla differenza delle menti, o meglio, dobbiamo rallegrarcene [Poincaré, 1909, tr. it. pp. 84-85].

3.7 Raccontare il contare

Come abbiamo già osservato pensiero narrativo e pensiero logico non sono necessariamente in contrapposizione.

Esempi affascinanti di integrazione sono le storie raccontate da Alexander Luria e più recentemente da Oliver Sacks nel campo della neurologia. Luria ha descritto in forma romanzata due casi clinici rimasti famosi: 'l'uomo che non dimenticava mai nulla' (1968), e 'l'uomo che aveva dimenticato tutto' (1975). Un anno prima di morire, ricordando questi lavori Luria si rammarica di non avere ormai più tempo per intraprendere un altro studio. Il metodo di ricerca centrato sull'individuo, sulla sua storia, è infatti un metodo che richiede tempo, legato all'ideale di quella che Luria chiamava 'scienza romantica', in contrapposizione alla 'scienza classica' (v. Smorti, 1994):

Gli studiosi di tipo classico [...] si rivolgevano all'analisi differenziata delle singole componenti degli eventi, essi evidenziavano in modo sistematico le singole unità, i singoli elementi, includendoli negli eventi, giungendo così ad una formulazione astratta delle leggi generali che governano il campo del loro sapere. Come conseguenza la Realtà vivente e tutta la ricchezza degli eventi veniva ridotta ad un complesso di schemi aridi e astratti per cui l'unità vitale andava perduta [...]. Il secondo tipo di scienziati, e anche di scienza, è esattamente l'inverso. Gli studiosi che appartengono a questo tipo non si rivolgono al riduzionismo che rappresenta la filosofia madre del primo gruppo che abbiamo nominato. Gli studiosi romantici non aspirano affatto a frammentare la realtà vivente in componenti elementari, né a passare dalla complessa ricchezza degli eventi ad aridi schemi, né a concetti formali privi di impressioni reali. Essi ritengono di importanza fondamentale preservare inalterata tutta la ricchezza della realtà vivente ed aspirano perciò ad una scienza che sia in grado di non disperdere affatto tale ricchezza della Realtà concreta. Naturalmente anche questo tipo di studiosi, così come questo tipo di scienza, hanno i propri limiti: il loro lavoro non era così logico e sistematico come quello dei classici; essi non pervenivano così facilmente alla definizione di formule e leggi. Talvolta trascuravano le analisi sistematiche, sostituendole con elaborazioni artistiche e intuizioni; talvolta le descrizioni venivano sostituite alle spiegazioni, ma chi può dire quale approccio ci porti più vicini alla comprensione della realtà vivente? [Luria, 1968, *cit.* in Smorti, 1994, p. 75].

All'ideale di scienza romantica di Luria fa esplicito riferimento il neurologo Oliver Sacks: le vite dei suoi pazienti neurologici hanno per lui, dice, "qualcosa di fiabesco, ecco perché [...] sento di dover parlare di storie e fiabe non meno che di casi. In questi campi, lo scientifico e il romantico, il romanzesco, chiedono a gran voce d'incontrarsi" (Sacks, 1985, tr. it. pp. 13-14).

In tutti i suoi libri Sacks racconta storie di pazienti piuttosto che di malattie, sottolineando soprattutto la capacità delle persone di imparare a convivere con la malattia stessa[14]:

> Non vi è «soggetto» nella scarna storia di un caso clinico; le anamnesi moderne accennano al soggetto con formule sbrigative («albino femmina trisomico di 21 anni») che potrebbero riferirsi a un essere umano come a un ratto. Per riportare il soggetto - il soggetto umano che soffre, si avvilisce, lotta - al centro del quadro, dobbiamo approfondire la storia di un caso sino a farne una vera storia, un racconto: solo allora avremo un «chi» oltre a un «che cosa», avremo una persona reale, un paziente, in relazione alla malattia - in relazione alla sfera fisica [Sacks, 1985, tr. it. p. 12].

La scelta di Luria e di Sacks di non sacrificare la complessità tipica del reale alla formulazione di leggi generali è quella che caratterizza il cosiddetto approccio *interpretativo* nelle scienze dell'educazione (ma non solo). Abbiamo avuto un esempio della potenza dell'analisi dei comportamenti di un singolo allievo ('case study') nella descrizione di Benny fatta da Stanley Erlwanger, ed a mio parere soprattutto nel campo che ci interessa, quello delle difficoltà in matematica, le osservazioni più significative vengono proprio dalle *storie*: sono le storie che riescono a rendere la complessità della realtà, la ricchezza del contesto, le relazioni di cui è intessuta l'esperienza dell'individuo.

Mi sembra allora sempre di più che l'educazione matematica si debba far carico di *narrare* l'allievo nella sua esperienza con la matematica, di narrare perciò anche il pensiero logico scientifico, di *raccontare il contare*[15].

Ma questa, almeno ora, è un'opinione quasi di lusso...

---

[14] Dai suoi romanzi sono stati tratti anche film: *Risvegli*, con Robert De Niro e Robin Williams, è la versione cinematografica del suo libro *Awakenings* (1973), in cui il neurologo racconta la storia di un gruppo di pazienti che ha vissuto per anni in uno stato letargico, da lui 'risvegliati' con un farmaco sperimentale, la L-dopa.
[15] L'espressione riprende il titolo di un volumetto di Carlo Bernardini e Tullio De Mauro (2003) - *Contare e raccontare* - in cui lo scienziato e il letterato dialogano sulle due culture.

3.8 Concludendo

In questo capitolo abbiamo visto un modello d'apprendimento, quello costruttivista, che mette in discussione la vecchia metafora dell'insegnamento come semplice travaso o trasferimento di conoscenze. Abbiamo visto anche alcuni contributi provenienti da diversi campi di ricerca coerenti con tale modello, che concordano nel sottolineare l'importanza del contesto nell'apprendimento, nei processi risolutivi, nella comunicazione: in particolare l'approccio pragmatico al linguaggio e la distinzione fra pensiero logico e pensiero narrativo. Già alcuni degli esempi proposti per illustrare queste posizioni suggeriscono interpretazioni dell'errore alternative rispetto a quella che vede l'errore unicamente come prodotto di conoscenze o abilità insufficienti: è il caso della prova di Piaget con i gettoni, o delle risposte errate all'esperimento di Linda ma anche al 'problema del pastore'. Più avanti vedremo che le implicazioni delle teorie sinteticamente presentate in questo capitolo non si limitano al processo di interpretazione degli errori: danno anche importanti indicazioni per il processo di osservazione, suggerendo approcci alternativi a quello tradizionale che avevamo messo in discussione nel capitolo precedente.

Ma il prossimo capitolo sarà dedicato ancora all'*interpretazione*: vedremo come le 'opinioni' qui proposte ed illustrate siano effettivamente 'non di lusso', in quanto forniscono strumenti che ci permettono di spiegare, o meglio di capire, alcune tipologie di errori in matematica, suggerendo quindi possibili direzioni per il recupero.

Attività 3.1
Rileggi le scene presentate nel capitolo 1.
Le osservazioni fatte in questo capitolo ti suggeriscono nuove interpretazioni dei comportamenti descritti?
Se sì, quali?
Rileggi le tue risposte alle domande proposte nell'Attività 1.2. Cambieresti qualcosa?

Attività 3.2
Ritorna alla tua Galleria personale (Attività 2.2).
Le osservazioni fatte in questo capitolo ti suggeriscono nuove interpretazioni dei comportamenti descritti?
Se sì, quali?

4
L'interpretazione degli errori: prime osservazioni

4.1 Introduzione

Il modello costruttivista presentato nel capitolo precedente vede nell'allievo un soggetto attivo che costruisce la propria conoscenza e che interpreta l'esperienza. Questo punto di vista permette di spiegare molti errori in matematica in modi alternativi rispetto a quello tradizionale, secondo il quale l'errore è semplicemente frutto di mancanza di conoscenze o abilità. Le teorie coerenti con tale modello e sinteticamente presentate nel capitolo precedente su contesto, razionalità, linguaggio, forniscono infatti nuovi strumenti per interpretare i comportamenti degli allievi, ed aprono quindi uno scenario di possibilità cui far riferimento quando cerchiamo di capirne le risposte per poi intervenire con maggiore efficacia.

Seguendo la traccia di tale quadro teorico, in questo capitolo vedremo prima alcune implicazioni generali del modello costruttivista riguardo all'interpretazione di errori sistematici, che ci porteranno a parlare di *misconceptions*, o *misconcetti*; vedremo quindi degli esempi di possibili interpretazioni suggerite dalle considerazioni fatte sul linguaggio e su contesti e razionalità. Ci accompagneranno in questo percorso i protagonisti di alcune scene della nostra Galleria iniziale: Johnnie, Irene, Marco, Alice, Annalisa e Luca.

4.2 Scena 1: Johnnie (ovvero: dietro gli errori sistematici)

Ricordate Benny, il ragazzino protagonista di un lavoro di Stanley Erlwanger di cui abbiamo parlato nel secondo capitolo? Erlwanger era in visita ad una classe (corrispondente alla nostra attuale prima media) per aiutare gli allievi che avevano incontrato difficoltà nello svolgimento di un programma basato su un approccio individuale e molto strutturato (IPI: *Individually Prescribed Instruction*), e naturalmente per capire la natura di tali difficoltà. Benny, segnalato come uno degli allievi più bravi della classe, chiede comunque di incontrare il ricercatore: da questo primo incontro nasce un'interazione fra i due che permette a Erlwanger di ricostruire il processo di pensiero che porta Benny a dare certe risposte. In particolare il confronto con Benny su alcune domande mirate - di cui abbiamo riportato uno stralcio - porta Erlwanger a concludere che il ragazzo vede la somma di frazioni governata da molte regole diverse, a seconda dei tipi di frazioni.

La descrizione di Erlwanger dell'approccio di Benny alle frazioni colpisce molto per più di un motivo: il fatto che il successo di Benny sembra più legato alla sua capacità di adattarsi alle richieste del test che ad un'effettiva comprensione degli argomenti; il fatto che il bambino consideri legittime risposte contraddittorie ad una stessa domanda; i limiti in definitiva di test che non permettono di riconoscere i processi di pensiero che stanno dietro una risposta corretta.

Ma quello che qui mi interessa sottolineare è ancora un altro aspetto: la descrizione quasi clinica dei comportamenti di Benny davanti ad un compito permette di riconoscere che alla base delle risposte scorrette da lui date ad un certo tipo di domande c'è una *stessa* procedura, motivata da uno *stesso* processo di pensiero. È come se Benny avesse interpretato in modo personale, e scorretto, le spiegazioni dell'insegnante, e poi seguisse fedelmente la propria interpretazione.

Ad esempio Benny ha una regola tutta sua per trasformare frazioni in numeri decimali, come emerge dal seguente stralcio di conversazione:

E.: Come scriveresti $\frac{2}{10}$ come numero decimale?

B.: 1,2.

E.: E $\frac{5}{10}$?

B.: 1,5.

Benny è in grado di spiegare la procedura che ha utilizzato.

Ad esempio per $\frac{5}{10}$ dice:

"*L'1 sta per 10; poi c'è la virgola; e poi 5, che fa vedere quanti.*"

In un altro caso, $\frac{400}{400}$, dice che è uguale a 8, perché

"*il numero* [di cifre] *è lo stesso, come 4000 su 5000. Quello che devi fare è semplicemente sommarli* [800]; *quindi metti la virgola nel posto giusto... dove c'è l'ultimo dei tre numeri* [8,00]".

Benny sembra sommare numeratore e denominatore, e poi scegliere dove mettere la virgola: la sua spiegazione di *come* fa questa scelta è tanto strana quanto oscura.

Ecco alcune delle sue risposte:

$$\frac{429}{100} = 5{,}29; \quad \frac{3}{1000} = 1{,}003; \quad \frac{27}{15} = 4{,}2; \quad \frac{1}{9} = 1{,}0; \quad \frac{4}{6} = 1{,}0.$$

Benny sembra consapevole del fatto che questa procedura può dare lo stesso risultato per frazioni diverse (come nelle ultime due risposte sopra), ma sembra pensare che in tutto questo non ci sia niente di sbagliato, come dimostra il seguente stralcio di conversazione:

E.: E $\frac{4}{11}$?

B.: 1,5.

E.: E se cambiamo $\frac{4}{11}$ in $\frac{11}{4}$?

B.: Non cambia niente, è sempre la stessa cosa...1,5.

E.: E come può essere? $\frac{4}{11}$ è la stessa cosa di $\frac{11}{4}$?

B.: Sì... perché sopra c'è una decina. Quindi devi abbassare il 10 e metterlo sotto [fa vedere che $\frac{11}{4}$ diventa $\frac{1}{14}$]. Quindi c'è un 1 e un 4. Così diventa $\frac{1}{14}$.

Così devi sommare questi numeri che fa 5; quindi 10... e quindi 1,5.

L'ipotesi che gli allievi interpretino in modo personale le procedure trova ulteriori conferme in un altro lavoro molto citato a sostegno della tesi costruttivista: quello di Brown e Burton (1978) sugli errori sistematici nella sottrazione. Dall'analisi di tali errori gli autori concludono che gli allievi *interpretano* gli algoritmi spiegati dall'insegnante. In particolare essi suggeriscono che molti bambini sbagliano non perché applicano in modo scorretto algoritmi corretti, ma perché *applicano in modo corretto algoritmi scorretti*.

Un errore (*bug*) piuttosto tipico si può riscontrare nello svolgimento delle seguenti operazioni:

```
 278 -    352 -    406 -    543 -    510 -   1023 -
 135 =    146 =    219 =    367 =    238 =    835 =
 ―――      ―――      ―――      ―――      ―――     ――――
 143      214      213      224      328     1812
```

L'errore è sistematico, e pare essere frutto di una *modificazione plausibile della procedura standard*: 'in ogni colonna si sottrae *sempre* la cifra più bassa da quella più alta, indipendentemente dalla posizione'.

Spesso il tipo di comportamento descritto deriva dal bisogno del bambino di controllare situazioni percepite come nuove: egli comincia con i casi che già conosce, facendone modifiche plausibili. In questo senso il bambino si comporta come uno scienziato, anche se a differenza dello scienziato non è consapevole di generalizzare, ma soprattutto generalizza in base a caratteristiche superficiali e non ai significati.

Brown e Burton sottolineano come è importante che l'insegnante sia consapevole della presenza di *bugs* in certi comportamenti. Se questo non avviene, essi osservano, l'insegnante tenderà ad interpretare il fallimento come negligenza o come ignoranza completa dell'algoritmo: nel primo caso assegnerà al bambino numerosi esercizi, nel secondo rispiegherà probabilmente l'intero algoritmo.

4 L'interpretazione degli errori: prime osservazioni

L'esempio particolarmente suggestivo con cui gli autori sostengono la propria posizione ci riporta alla prima scena della nostra Galleria: quella di Johnnie. Ma vediamo la descrizione originale di Brown e Burton, che i ricercatori fanno mettendosi nei panni del bambino:

> Egli sta seguendo quello che ritiene essere l'algoritmo corretto e che, apparentemente a caso, viene segnato come errato. Ad esempio, Johnnie sottrae 284 da 437 e ottiene 253:
>
> $$\begin{array}{r} 437\ - \\ \underline{284\ =} \\ 253 \end{array}$$
>
> L'insegnante commenta: 'Hai dimenticato di sottrarre 1 da 4 nella colonna delle centinaia'. Disgraziatamente, l'algoritmo di Johnnie consisteva nel sottrarre la cifra più bassa da quella più alta in ogni colonna. Johnnie non ha la minima idea di quello che intende l'insegnante e si sente molto stupido per il fatto che non capisce. L'insegnante è d'accordo con questa affermazione dato che nessuno dei suoi rimedi ha avuto effetto sulla performance di Johnnie [Brown e Burton, 1978, pp. 167-168].

Il disorientamento di Johnnie fa pensare a quello che succede quando cerchiamo di dare un suggerimento ad un allievo che, interrogato, si dimostra in difficoltà, quasi bloccato: spesso il nostro suggerimento, invece di aiutarlo, sembra confonderlo ancora di più. Evidentemente la nostra indicazione costituisce un suggerimento per chi è già sul nostro percorso risolutivo, ma diventa motivo di disorientamento per chi invece sta riflettendo su un percorso alternativo.

> L'errore di Johnnie si prestava effettivamente ad almeno due interpretazioni.
> Prova a fare altri esempi numerici in cui l'errore dovuto a mancato riporto e quello dovuto alla procedura scorretta vista prima producono lo stesso risultato.
> E generalizzando?

4.3 Il problema degli studenti e dei professori

I lavori di Erlwangen e di Brown e Burton hanno entrambi come oggetto procedure aritmetiche, e coinvolgono allievi delle scuole elementari o medie.

Più o meno negli stessi anni Clement, Lochead e Monk (1981) riportano i risultati di alcuni studi relativi all'uso delle lettere nella traduzione matematica di una situazione problematica. Il primo test che utilizzano, diventato poi famoso come 'il problema degli studenti e dei professori', è il seguente:

Scrivi un'equazione usando le variabili S e P per rappresentare il seguente enunciato: 'In questa università gli studenti sono 6 volte i professori'. Usa S per il numero degli studenti, e P per il numero dei professori.

In un gruppo di 150 matricole di Ingegneria il 37% non scrive l'equazione corretta S=6P. L'errore più comune è: 6S=P. La percentuale di errore cresce al 73% in una versione del problema in cui il rapporto professori / studenti è 4:5 invece che 1:6.

L'ipotesi formulata dai ricercatori dopo numerose interviste è che molti degli studenti che scrivono 6S=P interpretano S come un'etichetta che sta per *studenti*, e non una variabile che indica *il numero degli studenti*. Infatti a voce leggono l'equazione 6S=P come *"ci sono 6 studenti per ogni professore"*, indicando la S quando dicono 'studenti', e la P quando dicono 'professori'.

Questa ipotesi trova conferma in uno studio successivo in cui viene utilizzata una versione modificata del test originario (Rosnick, 1981). Tale versione viene data ad un gruppo di 33 studenti che seguono un corso di statistica e a 119 studenti di scienze sociali in un corso di calcolo al secondo semestre:

In questa università gli studenti sono 6 volte i professori. Questo fatto è rappresentato dall'equazione: S=6P.
a) In questa equazione, cosa sta ad indicare la lettera P?
  I) Professori
  II) Professore
  III) Numero dei professori
  IV) Nessuna delle risposte precedenti
  V) Più di una fra le risposte precedenti (se sì, indica quali)
  VI) Non so
b) Cosa sta ad indicare la lettera S?
  I) Professore
  II) Studente
  III) Studenti
  IV) Numero degli studenti
  V) Nessuna delle risposte precedenti
  VI) Più di una fra le risposte precedenti (se sì, indica quali)
  VII) Non so

I risultati furono sorprendenti. Più del 40% degli studenti non riconobbe nella risposta 'Il numero dei professori' la risposta corretta alla domanda *a*. Ma ancora più sorprendente il fatto che più del 22% degli studenti scelse come risposta alla domanda *b*: 'S sta per professore'!

Schoenfeld (1985a) suggerisce che un motivo di difficoltà può essere il modo in cui un soggetto si rappresenta le informazioni date. Se uno si rappresenta 6 studenti per ogni professore come in una tipica situazione in classe, il risultato è la seguente figura:

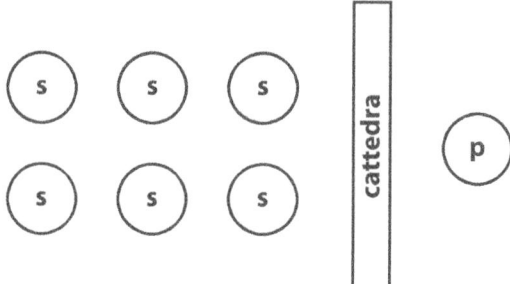

Questa rappresentazione alimenta la difficoltà di leggere S come il numero degli studenti, e può spingere a scrivere: 6S = P.

Anche gli studi di Wagner (1981, 1983) mettono in evidenza nell'uso delle lettere per rappresentare numeri alcuni errori che suggeriscono un'interpretazione scorretta da parte degli allievi.

Wagner (1983) riporta ad esempio un episodio in cui un insegnante sta cercando di preparare gli studenti alle scritture: $x, x+1,\ldots$ L'insegnante comincia quindi con un esempio numerico:

I: Qual è l'intero successivo di 17?
S: 18.
I: Cosa bisogna fare per ottenere 18 da 17?
S: Aggiungere 1.
I: Bene. Ora supponiamo di chiamare x un intero che non conosciamo. Come possiamo scrivere l'intero successivo di x? Cioè, come possiamo rappresentare il numero che si ottiene da x aggiungendo 1?
S: y.

È come se nel momento in cui vengono usate lettere per rappresentare dei numeri, l'ordinamento alfabetico che è ad esse naturale venisse trasportato nel contesto numerico (nell'alfabeto della lingua inglese y è la lettera che viene dopo x).

Una conferma di questa ipotesi si ha da alcune risposte al seguente test (Wagner, 1981), in cui si dice che W e N sono numeri che rendono vere le uguaglianze:

$$7 \times W + 22 = 109$$
$$7 \times N + 22 = 109$$

e poi si chiede: "Secondo te, qual è più grande, fra W e N? Perché?"
Alcuni studenti rispondono:
"W, perché viene dopo nell'alfabeto".

4.4 Misconcetti

Questa risposta, oltre ad essere coerente con l'ipotesi detta sopra sull'ordinamento, suggerisce anche che per alcuni studenti lettere diverse indicano necessariamente numeri diversi[1].

4.4 Misconcetti

Nei lavori che abbiamo preso in considerazione compare un termine – *misconception* - che negli anni successivi diventerà estremamente popolare in educazione matematica[2]. In questi primi studi l'uso che ne fanno i ricercatori non è ancora quello 'tecnico' che si trova oggi in letteratura, anche se con un senso vicino a quello del linguaggio naturale la parola 'misconception' sta già ad indicare un fraintendimento od una concezione errata che ha però una sua logica interna. Ad esempio nel lavoro di Rosnick del 1981 la presenza di questa logica è confermata dal fatto che chi risponde "S sta per professore" alla domanda "Cosa sta ad indicare la lettera S?", coerentemente sceglie "nessuna delle precedenti" alla domanda "Cosa sta ad indicare la lettera P?"[3].

A partire dagli anni '80, anche sotto l'influenza degli studi sulla fisica ingenua e sui processi decisionali citati nel capitolo precedente, il termine *misconception* verrà usato sistematicamente in educazione matematica, assumendo sempre più la connotazione di un nuovo costrutto. In italiano viene tradotto in più modi: concezioni errate, misconcezioni, e soprattutto misconcetti (si veda Zan, 2000a; D'Amore e Sbaragli, 2005).

Nel 1985 in un libro sul problem solving curato da Edward Silver - *Teaching and Learning Mathematical Problem Solving: Multiple Research Perspectives* - compaiono ben tre articoli (di Silver, Schoenfeld e Shaughnessy) in cui la parola 'misconception' viene usata ad indicare un costrutto specifico del problem solving e più in generale dell'educazione matematica: le *misconceptions* vengono viste come caso particolare dei *beliefs* (convinzioni o credenze), altro costrutto che comincia ad emergere in quegli anni nel contesto del problem solving e su cui torneremo ampiamente. In particolare l'articolo di Silver (*Research on Teaching Mathematical Problem Solving: Some Underrepresented Themes and Needed Directions*) individua nelle convinzioni e nelle concezioni errate una direzione di ricerca che è necessario sviluppare.

A partire dagli stessi anni vengono anche organizzati Convegni internazionali sul tema dei misconcetti nelle scienze ed in matematica, che vedono numerosi contributi provenienti da molti campi di ricerca (nel primo, svoltosi alla Cornell University di Ithaca nel 1983, dei 55 lavori presentati 5 sono di

---

[1] Altri rispondono: *"Non si può sapere se non si fanno i conti".*
[2] In realtà la parola 'misconceptions' appare già nel titolo di un articolo di Stephen Brown del 1969: *Signed numbers: a "product" of misconceptions.*
[3] L'opzione "P sta per studente" non era presente nelle risposte.

matematica). Su questo stesso tema vengono anche programmati percorsi di formazione insegnanti: un esempio particolarmente interessante è il lavoro di Graeber e Johnson (1991), in cui viene proposta una categorizzazione dei misconcetti, e per ogni categoria vengono presentati numerosi esempi tratti dalla letteratura.

L'uso sempre più frequente del termine negli anni successivi testimonia la crescente adesione al modello costruttivista dell'apprendimento ed al nuovo approccio all'interpretazione degli errori che tale modello comporta. Gli studi sui misconcetti riflettono anche il cambiamento di metodologia tipico di quegli anni: le interviste cliniche a pochi soggetti sostituiscono le analisi statistiche condotte con campioni numerosi. D'altra parte nel caso dei misconcetti la fonte privilegiata di informazioni sono gli allievi stessi, soprattutto nella fase in cui i ricercatori cercano di ricostruire i processi (di pensiero, o risolutivi, o di apprendimento) che hanno portato ad un dato errore.

Come spesso accade con le nuove idee, a questo primo periodo di entusiasmo e popolarità segue un momento di riflessione e di approfondimento, e quindi anche di critica.

Del resto già il lavoro di Michael Shaughnessy che compare nel volume prima citato -*Problem Solving Derailers: The Influence of Misconceptions on Problem Solving Performance* - muove alcune contestazioni all'uso indiscriminato del termine da parte di ricercatori ed insegnanti. Shaughnessy sottolinea il rischio che la parola 'misconcetto' faccia da ombrello per una miriade di fenomeni che non si lasciano interpretare semplicemente in termini di mancanza di conoscenze. Questo uso può portare a sostituire la tradizionale diagnosi del fallimento degli studenti "Non hanno abbastanza conoscenze" con una diagnosi più moderna, che rischia però di rimanere altrettanto improduttiva: "Hanno troppi misconcetti".

Le contestazioni più recenti all'uso del termine 'misconcetto' sono basate sul rifiuto della connotazione negativa considerata implicita nel prefisso 'mis', ma anche sulla messa in discussione della possibilità di parlare di 'correttezza' (e quindi di scorrettezza) in termini assoluti[4]. Secondo un punto di vista condiviso da molti ricercatori, e che d'altronde riflette l'epistemologia dell'errore che abbiamo presentato nel secondo capitolo, i misconcetti sono infatti considerati un momento necessario nel passaggio da un certo livello di conoscenza

---

[4] Ad esempio Colette Laborde, citata da D'Amore e Sbaragli (2005), osserva: "Il termine misconcezione che ha origine negli Stati Uniti potrebbe non essere il termine più appropriato se ci si riferisce alla conoscenza degli studenti 'non corretta'. La nozione di 'correttezza' non è assoluta e si riferisce sempre ad un dato sapere; il sapere di riferimento può anche evolversi. I criteri di rigore in Matematica sono cambiati considerevolmente nel tempo. Ogni concezione ha un suo dominio di validità e funziona per quel preciso dominio. Se questo non avviene, la concezione non sopravvive. Ogni concezione è in parte corretta e in parte non corretta. Quindi sembrerebbe più conveniente parlare di concezioni rispetto ad un dominio di validità e cercare di stabilire a che dominio queste appartengono" (D'Amore e Sbaragli, 2005, pp. 145-146).

4.4 Misconcetti

ad uno superiore, in quanto l'apprendimento richiede continuamente una ricostruzione cognitiva che implica un periodo di conflitto e confusione.

Queste contestazioni portano a preferire termini quali 'preconcezioni', 'concezioni alternative', 'teorie ingenue'. Come osserva Cavallini (1995) facendo riferimento al campo delle scienze sperimentali, "la qualifica di alternative [...] segna una svolta fondamentale nell'interpretarle. L'attenzione è attratta non più tanto sulla loro presunta immaturità e erroneità, quanto piuttosto sulla loro legittimità nei contesti adeguati" (Cavallini, 1995, p. 158).

Una contestazione che invece fa riferimento in modo specifico all'uso del termine in educazione matematica è fatta da Gardner (1991):

> Quando si parla dei problemi che gli studenti incontrano sul terreno dell'aritmetica, l'espressione "concezione errata" non è la più felice e potrebbe perfino non essere corretta. Nella sfera delle scienze naturali gli studenti possiedono teorie abbastanza sviluppate della materia e della vita, teorie che a volte risultano essere in contrasto con i principi della fisica e della biologia. Relativamente alla matematica, invece, non è esatto dire che gli studenti hanno concezioni errate in contrasto con le conoscenze disciplinari formali. L'idea da me proposta è, più precisamente, che molti studenti accantonano le proprie conoscenze intuitive sui numeri e sulle cose (per esempio sul tempo, sul denaro e sui pezzi di pizza) e cercano invece di seguire rigidamente certe regole di soluzione dei problemi. Solo quando il problema, così come viene effettivamente posto, ricalca l'algoritmo di cui gli studenti si sono impadroniti, questi riusciranno a dare la risposta giusta; al contrario, in presenza di qualche alterazione nella formulazione del quesito, gli studenti probabilmente perderanno completamente la strada.
> Quanto più ci si allontana dalla sfera delle scienze naturali, tanto più la nozione di "concezione errata" si rivela inadeguata. Qui sarà meglio parlare di "stereotipi" o di "copioni", ossia di visioni molto radicate e rigide sul modo corretto di affrontare le questioni umane [Gardner, 1991, tr. it. pp. 175-176].

Ed in effetti bisogna riconoscere che fra gli ambiti di studi in cui il termine *misconception* è stato introdotto (fisica e processi decisionali) e la matematica ci sono differenze significative. Nel caso della fisica e dei processi decisionali sono molti i misconcetti che derivano dalle prime interazioni che il bambino ha con la realtà, nel tentativo di interpretarla. Il ruolo della matematica formale invece in questo stadio è decisamente marginale: se problemi significativi di fisica o di scelta si presentano nell'esperienza del bambino fin dai primi anni di vita, le prime esperienze con la matematica la vedono per lo più strumento in attività di manipolazione di oggetti. Certamente tali attività sono di importanza fondamentale e permettono al bambino ancora piccolo l'acquisizione di competenze aritmetiche (cfr. Gelman e Gallistel, 1978), ma 'fare matematica' in modo significativo presuppone una riflessione sugli oggetti dell'esperienza, che a sua volta è legata alla possibilità di utilizzare un linguaggio specifico. In questo senso per molti bambini il primo vero contatto con la matematica avviene a scuola, ed è proprio a scuola che essi costruiscono eventualmente le prime *concezioni errate*, interpretando i messaggi dell'insegnante.

Tutte queste critiche al termine 'misconcetti' hanno un fondamento teorico, e sono il risultato di un progressivo affinamento della ricerca in educazione matematica. In particolare è vero che l'etichetta 'misconcetti' è usata ormai con tale facilità da comprendere una varietà di fenomeni, come è vero che per descrivere alcuni di questi fenomeni possono essere altrettanto adeguati, o addirittura più adeguati, altri termini, altri costrutti, altri quadri teorici[5]. Ma non si può ignorare o sottovalutare la svolta radicale che l'idea di misconcetto e l'approccio all'errore che essa veicola ha rappresentato nel momento e nel contesto in cui è nata, con il suo mettere l'allievo ed i suoi processi di pensiero al centro dell'attenzione del ricercatore e dell'insegnante. È questo spostamento di punto di vista che qui mi interessa, spostamento coerente con un modello d'apprendimento che riconosce al discente il ruolo di interprete dell'esperienza, e di soggetto attivo che costruisce la propria conoscenza. Più precisamente mi interessa sottolineare come questo modello metta in crisi l'interpretazione tradizionale degli errori, che li vede semplicemente prodotto di conoscenze insufficienti. L'allievo infatti *interpreta* l'esperienza con la matematica, in particolare i messaggi che l'insegnante continuamente manda: messaggi che hanno come oggetto algoritmi, termini, simboli, proprietà, concetti. L'allievo dà un *senso* a questi messaggi, senso che dipende naturalmente dalle conoscenze che egli ha ma anche da tanti altri elementi meno ovvi. Quell'algoritmo, quel termine, quel simbolo, quella proprietà, quel concetto, verranno interiorizzati secondo il senso attribuito dall'allievo, e può accadere che tale senso non coincida con quello che l'insegnante intendeva comunicare. È con questa accezione che in seguito continuerò ad usare indifferentemente i termini *concezioni errate*, *concezioni alternative*, *misconcetti*, *misconceptions*, pur consapevole dei limiti che alcune di queste espressioni possono avere e che ho riportato prima.

Ma vediamo ora come l'idea di misconcetto può fornirci interpretazioni convincenti dei comportamenti descritti in alcune scene della nostra Galleria iniziale.

4.4.1 Scena 9: Irene

Nell'insegnamento della matematica l'allievo entra continuamente in contatto con nuovi simboli, che poi l'accompagneranno per tutto il suo percorso scolastico: uno dei primi segni incontrati è quello di '='. Sul significato attribuito dagli allievi a questo simbolo ci sono numerosi studi: tali studi suggeriscono che il segno '=' viene per lo più interpretato (anche da molti ragazzi di scuola superiore) come 'comando' di esecuzione di operazioni (Kieran, 1981).

---

[5] Si veda ad esempio il concetto di *ostacolo* in Brousseau (1983), sistemato successivamente da Perrin-Glorian (1994), e quello di *concept image* introdotto in Vinner e Hershkowitz (1980) e poi ripreso in Tall e Vinner (1981) e in Vinner (1983).

4.4 Misconcetti

Kieran riporta fra l'altro i risultati di uno studio di Behr, Erlwanger e Nichols (1976) in cui bambini di 11 anni interrogati sul significato della scrittura '3 = 3' rispondono *"Può voler dire 6 - 3 = 3 o 7 - 4 = 3"*. Davanti ad espressioni quali '4 + 5 = 3 + 6' bambini più piccoli reagiscono dicendo: *"Dopo il segno '=' ci deve essere la risposta, e non un altro problema!"* e quindi trasformano l'espressione iniziale nelle due espressioni "4 + 5 = 9" e "3 + 6 = 9".

Kieran cita anche uno studio di Vergnaud, Benhadj e Dussouet (1979), in cui si riportano i testi scritti da ragazzi di 13 anni per risolvere il problema:
In un bosco vengono piantati 425 alberi nuovi. Qualche anno dopo, vengono abbattuti i 217 alberi più vecchi. Nel bosco ci sono quindi 1063 alberi. Quanti alberi c'erano prima che venissero piantati quelli nuovi?
Molti studenti scrivono:

$$1063 + 217 = 1280 - 425 = 1063$$

L'uguaglianza:

$$1063 + 217 = 1280 - 425$$

riflette l'idea di uguale come comando per eseguire un'operazione, confermando l'ipotesi suggerita prima. L'ultima uguaglianza, 1280 - 425 = 1063, sembra indicare il bisogno dell'allievo di collegare in qualche modo i suoi calcoli con i dati iniziali.

Qualche anno fa un'insegnante di scuola elementare, Rosa Santarelli, mi ha mandato la registrazione di una discussione in classe sull'uso del segno '=' in matematica, da cui emerge con chiarezza l'interpretazione di 'comando' che ne danno molti bambini.

L'insegnante decide di proporre questa discussione in due terze dopo l'osservazione dei testi scritti da molti bambini di una classe parallela per risolvere il seguente problema, assegnato nei primi giorni di scuola:
Quanti sono stati i giorni di vacanza quest'estate?
Molti bambini risolvono così:

$$30 - 10 = 20 + 31 = 51 + 31 = 82 + 15 = 97$$

Per portare l'attenzione dei bambini sull'uso scorretto dell'uguale in questa scrittura l'insegnante chiede:
"Secondo voi questo calcolo fatto da due bambini di terza è giusto?"
La discussione che segue mette in evidenza che i bambini concentrano l'attenzione sul processo risolutivo e sul risultato, ignorando la forma. Riporto solo alcuni stralci particolarmente significativi:

STE: Secondo me i due bambini hanno fatto giusto, perché loro hanno pensato a tutti i mesi che sono stati in vacanza. Allora loro hanno detto: que-

sto mese ha questo tot di giorni, allora hanno messo quel mese, solo che quando eravamo a giugno siamo stati dieci giorni a scuola e hanno messo 30 - 10. I dieci vuol dire che i dieci sono i dieci giorni che sono stati a scuola. Poi hanno messo l'uguale e hanno messo venti e da quei venti hanno iniziato a contare tutti i giorni che non sono stati a scuola. Poi hanno fatto più 31 e hanno fatto 51, più 31 uguale 82 più 15, cioè i giorni di settembre uguale 97. Allora dopo loro hanno capito qual era il risultato, l'hanno scritto e hanno scritto il risultato, secondo me è giusto quello che hanno fatto.
ILA: Anche per me è giusto perché hanno fatto anche con i mesi, come ha detto Stefano e poi il risultato è sempre 97 e quindi anche per me è giusto.
[…]
SAM: Questa operazione è giusta e hanno fatto bene a farla così perché potevano metterci anche più tempo a farla normale, perché non avevano già il calcolo dei mesi. Hanno fatto bene, quindi gli è venuta giusta. Cioè hanno impiegato anche poco tempo perché hanno fatto… prendevano i numeri e facevano già il risultato e poi aggiungevano e facevano il risultato. Per me hanno fatto giusto.
ELI: Anche secondo me è tutto giusto, anche se c'era un modo per farlo più semplicemente, forse hanno voluto appunto far vedere i vari pezzi di calcolo messi insieme. Il modo di farlo più semplice era scrivere il calcolo: 30-10 a mente e scrivere 20+31+31+15 e fare il risultato. [Elisa scrive alla lavagna il suo calcolo 20+31+31+15 = 97]
[…]
ILA: I bambini che hanno fatto questa operazione qua l'hanno fatta giusta, solo che l'hanno fatta più lunga, invece la Elisa le è venuto in mente che l'avevano fatta troppo lunga e quindi bisognava un pochino più accorciarla, però hanno fatto una cosa giusta, però bisognerebbe fare una cosa più semplice.

Come si intuisce da questi stralci l'attenzione dei bambini è concentrata sul processo risolutivo e sul prodotto finale, *non* sulla scrittura.
L'insegnante allora porta l'attenzione esplicitamente sull'aspetto che le interessa, aprendo una seconda discussione con la domanda:
"Che cosa significa il segno «=» in matematica?"
Anche in questo caso riporto solo alcuni stralci:

GIO: Secondo me uguale vuol dire che se te hai 20+30 per esempio tu metti l'uguale e ti viene il risultato. L'uguale ti dice il risultato di un'operazione. Oppure fai 10-5, così, ti viene cinque. Fai l'operazione e dopo devi mettere l'uguale.
CAR: Se vuoi usare quel segno in un'operazione, per esempio in una sottrazione, lo devi mettere sempre alla fine, perché, non so, fai 5+5= e devi mettere 10.
STE: Secondo me questo uguale, quando fai delle operazioni e devi scrivere il risultato devi sempre prima di mettere il risultato mettere questo = e dopo sempre così. Ogni volta che fai un'operazione devi fare sempre l'u-

guale prima del risultato in ogni caso, anche se fai la per, se fai il diviso, prima di mettere il risultato devi mettere =.
[…]
INS: Cosa vuol dire 'essere uguale a', quel segno lì in matematica che significa?
ILA: Vuol dire che viene il risultato.
[…]
SAM: Uguale, se lo usi in matematica, di solito lo trovi sulle operazioni. Quello sulle operazioni serve solo a far venire il risultato sulle operazioni.
[…]
LUI: Tu per fare l'uguale devi fare prima l'operazione e poi devi fare l'uguale, così ti viene fuori il risultato.
[…]
INS: E se io scrivo 8 = 8 va bene?
GIO: No, devi anche metterci +0 perché se no non si capisce, devi metterci anche qualcosa.
INS: Ma allora io sbaglio se scrivo che 8 = 8.
GIO: Sì, sbagli, se vuoi scrivere 8 e il risultato vuoi che sia 8 devi scrivere 8+0 = 8 oppure 8-0 = 8.

La stessa discussione viene proposta anche in un'altra terza:

DEB: Secondo me il segno = in matematica è come l'operazione, come la più, solo che è l'ultima che dopo c'è il numero. Secondo me è un segno di matematica che ci appare in ultimo, che dopo c'è il numero che viene fuori.
[…]
FED: Secondo me l'= è come un operaio, come un uomo che fa tutte le azioni della matematica perché lui dà il risultato. La cosa che dovrebbe dare l'= è dare il risultato ad una somma.
[…]
SPO: Per me l'=, quando tu fai tipo 30-20 che fa 10, l'uguale quando c'è la più le somma e quando c'è la meno dà il risultato di quello che viene, che toglie, toglie il 20 dal 30 e viene fuori 10 e lui le somma.
BAR: Secondo me l'uguale è un segno che si mette alla fine di tutto il lavoro delle più e delle meno.
[…]
JAC: Quando si è finita un'operazione si fa l'uguale e si dice il risultato. Secondo me quando si è finito un calcolo si mette l'uguale e si dice il risultato. Non in mezzo, da tutte le parti, solo alla fine, finito il calcolo.
AKR: Per esempio come 5+5 fa 10, poi mettiamo uguale e scriviamo 10. E 5… che adesso c'è 5, poi c'è 5, un altro, fa 10 e metti l'uguale e l'uguale conta.
ALB: Secondo me l'uguale serve a dire la fine di un'operazione perché tu non puoi mettere in mezzo a quell'operazione uguale perché se lo metti, allora tu fai conto 30-10=20, ma ti devi fermare là. È tutta un'operazione quella, però la devi dividere dalle altre perché quella è proprio la fine del-

l'operazione.
[...]
GIAN: Uguale! Uguale vuol dire... quando fai un'operazione alla fine per fare una somma devi mettere l'uguale e viene il risultato.
[...]
MAU: Allora secondo me l'uguale quando rinchiude come dentro una scatola i numeri, gli dice come "guarda che devi dare il risultato!" e poi esce ed esce il risultato.
[...]
MAU: Volevo dire che uguale si chiama uguale e l'hanno chiamato anche uguale, [ride] mi fa ridere..., l'hanno chiamato uguale come uguale [...] perché il suo segno sono due striscette uguali.

Come detto all'inizio, questo errore nell'uso del segno '=' è molto diffuso, e non solo fra i bambini. Molti insegnanti ritengono che comunque non si tratti di un errore *grave*, perché ha a che fare solo con la forma, e non riguarda il ragionamento.

In realtà questa interpretazione del segno uguale crea non poche difficoltà in contesto algebrico, dove è richiesta invece la comprensione della valenza relazionale del simbolo. In mancanza di tale interpretazione, il fatto che aggiungendo ai due membri di un'equazione la stessa quantità si ottiene un'equazione equivalente può apparire incomprensibile, perché l'attenzione del soggetto è centrata sul primo membro dell'equazione, che in effetti *cambia* dopo l'aggiunta di tale quantità. In presenza di questo misconcetto allora le proprietà delle equazioni diventeranno regole prive di senso da memorizzare: lo studente può solo accettarle e adeguarsi.

Proprio come Alice, mia figlia.

Un giorno, in prima liceo, è alle prese con le equazioni. Vista la sua scarsa disinvoltura nel 'portare' numeri da una parte all'altra di un'equazione le spiego cosa c'è sotto: è come se si aggiungesse la stessa quantità a sinistra e a destra, quindi...

Quindi, dice Alice: *"Io mi adeguo. Non sarò certo io a contestare queste regole, visto che ci sono da tanto tempo. Ma nessuno mi potrà mai convincere che se si aggiunge una stessa quantità a sinistra e a destra non cambia niente!"*.

Queste osservazioni ci riportano ad una delle scene della nostra Galleria iniziale, quella che ha come protagonista Irene.

La ragazza, prima liceo classico, deve risolvere l'equazione:

$$x^2 = 3x - 2$$

Procede così:

$$x^2 + 3x + 2 = 0$$

E trova quindi correttamente le due soluzioni di quest'ultima equazione.

4.4 Misconcetti

Certamente può darsi che si tratti di una svista: un solo errore non ci dà informazioni sufficienti. Ma supponiamo di verificare che questa 'svista' in realtà si ripete, come se Irene spostasse addendi da una parte all'altra... adeguandosi alla regola che le è stata insegnata. Se la ragazza non ha maturato un'interpretazione relazionale del simbolo '=', come Alice, non si convincerà mai *"che se si aggiunge una stessa quantità a sinistra e a destra non cambia niente!"*.

Dal punto di vista dell'intervento di recupero queste considerazioni hanno implicazioni importanti. Evidenziano i limiti di un'interpretazione fondata sull'osservazione di un singolo episodio, e quindi la necessità di raccogliere informazioni sufficienti per formulare un'ipotesi interpretativa. Suggeriscono inoltre che un errore può avere radici lontane dal contesto in cui si è verificato: lontane sia dal punto di vista temporale (un misconcetto nato tanti anni prima), sia dal punto di vista del contesto matematico.

Se questo è vero, non c'è da stupirsi allora se l'intervento tradizionale di recupero – basato com'è su un lavoro ripetitivo fatto nello stesso contesto in cui l'errore si è verificato – non dà i risultati sperati.

4.4.2 Scena 6: Marco

Un altro segno il cui uso improprio suggerisce la presenza di misconcetti è quello delle parentesi.

Uno degli errori più diffusi nell'uso delle parentesi è proprio quello di Marco, protagonista della sesta scena della nostra Galleria.

Marco deve moltiplicare il numero x+1 per x+2, e scrive:

$$x + 1 \cdot (x + 2)$$

poi però risolve:

$$x + 1 \cdot (x + 2) = x^2 + 2x + x + 2$$

cioè opera *come se* la parentesi ci fosse.

Mi ricordo a questo proposito il commento di un'insegnante in un incontro di aggiornamento: "Sì, è vero! Anche i miei lo fanno, e io in questi casi tolgo due punti, perché ci sono due errori". Il comportamento di quest'insegnante, pur se per sua stessa ammissione privo di risultati (gli studenti insistevano nell'errore nonostante la doppia penalizzazione) è coerente con l'approccio che vede negli errori gli indicatori privilegiati di carenze a livello di conoscenze.

Ma proviamo a cambiare punto di vista, e a metterci nei panni di Marco.

Supponiamo che lo studente usi le parentesi come una stenografia personale, da utilizzare in passaggi provvisori (sono ragionamenti scritti, o meglio appuntati, per non perdere il filo del discorso...) che verranno cancellati o comunque perderanno di senso quando avrà raggiunto il risultato. La finalità di questi segni è allora di rimarcare *a lui stesso* un ordine: è chiaro che in tale ottica le parentesi sono inutili se l'ordine delle operazioni da eseguire è percepito come naturale!

È forse quello che succede in questo caso: Marco non *sente* il bisogno della prima parentesi perchè *vede* il numero x+1 come 'un solo' numero.

Se i passaggi non sono molti, e più che altro se le difficoltà di calcolo non sono tali da offuscare il significato della scrittura iniziale, tale scrittura viene risolta *come se* la parentesi ci fosse. La mancanza di errori conferma che l'uso della stenografia è stato efficace: non c'era proprio bisogno di segnalare quella precedenza, visto che Marco l'ha rispettata anche senza parentesi!

Se Marco ha ragionato in questo modo, in altre parole se ha costruito una concezione dell'uso delle parentesi come una stenografia personale, sarà impossibile convincere Marco che ha fatto o scritto qualcosa di sbagliato: la (naturale) correzione assumerà solo il sapore di un'inutile e ingiusta pignoleria[6].

Questa interpretazione, pur riconoscendo il comportamento di Marco come razionale e coerente, non implica una rinuncia all'intervento. Per intervenire in modo efficace è però necessario recuperare la funzione di comunicazione che le parentesi hanno, non limitandola alla relazione allievo-insegnante (l'allievo è convinto che l'insegnante sia in grado di capire quello che lui vuole dire: se l'insegnante non lo fa, è per cattiva volontà), ma inserendola in un'attività fra pari. Ad esempio si può pensare ad un lavoro a gruppi, in cui un gruppo scrive un'espressione, ed un altro la calcola: è chiaro che un'interpretazione diversa delle parentesi può portare a risultati diversi, quindi ad un conflitto, ed alla consapevolezza che per superare tale conflitto è necessario sciogliere l'ambiguità della scrittura accordandosi sulle regole di precedenza delle operazioni.

4.4.3 Scena 7: Alice

Gli errori causati dall'interpretazione distorta dei messaggi dell'insegnante sono caratterizzati dal fatto di essere sistematici, ma non necessariamente tipici. In alcuni casi l'interpretazione è estremamente personale, e quindi ancora più difficile da riconoscere.

Alice, quarta ginnasio, deve riconoscere in alcuni enunciati di teoremi qual è l'ipotesi e qual è la tesi, ma, *regolarmente*, chiama ipotesi la tesi. È l'episodio descritto nella scena 7 della nostra Galleria, anche se in realtà Alice non interagisce con l'insegnante, ma con sua madre[7]. Come descritto nella scena le spiego ripetutamente ed inutilmente cosa si intende per ipotesi e tesi, ma fortunatamente l'episodio non si conclude così. Finalmente smetto di spiegare e

---

[6] L'uso delle parentesi come una stenografia personale porta anche a mettere parentesi là dove non servirebbero. Nello stesso esempio di prima, Marco, dovendo moltiplicare il *suo* x+1 con il numero x+1+k (cioè il *suo* x+1 sommato a k) scrive così:
x+1 · [(x+1) + k]
stando molto attento a utilizzare parentesi quadre fuori dalle tonde.

[7] Alice, mia figlia, è stata una fonte inesauribile di informazioni preziose per la mia ricerca. Questo episodio, come il precedente, testimonia il rapporto complesso fra Alice, la sua matematica, ed il mio lavoro di ricercatrice: a questo rapporto è dedicato l'articolo *Alice: dal nino all'ornitorinco* (Zan, 2004).

cerco di capire, attraverso alcune domande, come sta ragionando[8]. La sua argomentazione, una volta esplicitata, è perfino convincente: *"Quando in un discorso normale, o anche nelle scienze, diciamo 'faccio un'ipotesi' poi però dobbiamo far vedere che è vera...cioè la dobbiamo dimostrare"*.

Osserviamo che anche come insegnanti di matematica ci capita di usare la parola 'ipotesi' nel senso indicato da Alice: ad esempio quando analizziamo gli errori o i comportamenti fallimentari dei nostri studenti, sottolineiamo l'importanza di fare 'ipotesi' interpretative, ipotesi che poi vanno *verificate* alla luce del feedback che riceviamo dagli allievi. Non useremo lo stesso termine nel contesto della matematica: parleremo invece di *congettura*. Ma questo uso di termini diversi per indicare la stessa cosa in contesti diversi ci risulta così naturale, che non riusciamo nemmeno ad immaginare che per persone 'non esperte' possa invece costituire un problema!

4.5 Il curriculum nascosto

Le interpretazioni dei messaggi dell'insegnante che l'allievo costruisce vanno a costituire quello che Silver (1985) chiama *il curriculum nascosto*, in contrapposizione al curriculum trasparente dell'insegnante. In una classe quindi si costruiscono 20, 25… curricula nascosti, uno per ogni allievo, frutto delle loro interpretazioni del curriculum trasparente. Purtroppo, osserva Silver, l'insegnante in genere pone l'attenzione solo sul curriculum trasparente, e trascura invece i curricula nascosti.

D'altra parte non è facile rendere trasparenti i curricula nascosti. La ricerca viene in aiuto, in quanto suggerisce le interpretazioni più tipiche e più diffuse.

Ad esempio è piuttosto tipico l'uso delle parentesi che fa Marco, o l'interpretazione che abbiamo descritto del segno '=' come di comando ad eseguire operazioni. Altri esempi piuttosto tipici riguardano l'idea di altezza di un triangolo: uno studio di Hershkowitz (1987) mostra che per molti studenti di 14 anni l'altezza di un triangolo deve essere interna al triangolo stesso. Ecco le risposte date da questi allievi alla richiesta di disegnare l'altezza ad una data base *a*:

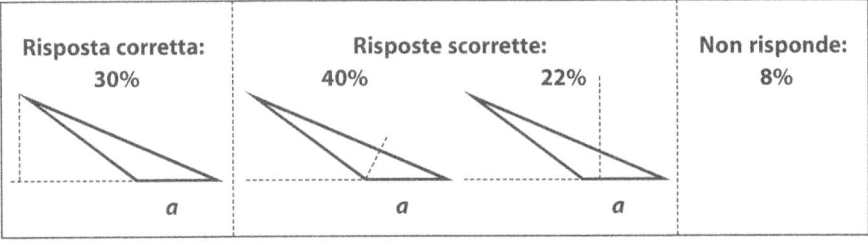

---

[8] Il fatto che l'errore sia frutto di un ragionamento - e non di una risposta data a caso - è già un'interpretazione dell'insegnante, cioè un'ipotesi di lavoro, suggerita del resto dalla sistematicità dell'errore.

4 L'interpretazione degli errori: prime osservazioni

Uno dei misconcetti più citati in letteratura riguarda la moltiplicazione, e più precisamente l'idea che moltiplicando due numeri si ottenga un numero maggiore di entrambi. Analogamente per la divisione è diffusa l'idea che dividendo due numeri si ottenga un numero minore di entrambi.

Secondo un altro misconcetto molto diffuso un numero è negativo se e solo se nella sua rappresentazione compare esplicitamente il segno "-". Quindi $-a$ è considerato negativo (a prescindere dal valore di a), mentre a è considerato positivo. Si possono ricondurre a questo misconcetto alcuni errori piuttosto tipici. Ad esempio molti studenti anche universitari fanno spesso confusione fra area ed integrale definito.

Così alla domanda "È vero o falso che $\int_{-2}^{2} \arctan x \, dx = 0$ Perché?"

uno studente risponde:

"È falso perché arctanx ha un grafico del tipo:

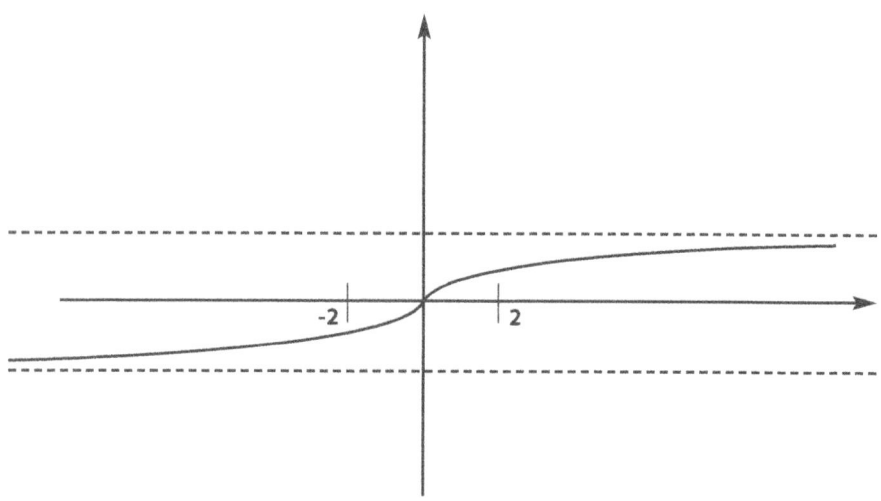

e devo calcolare:

$$\int_{-2}^{2} \arctan x \, dx = -\int_{-2}^{0} \arctan x \, dx + \int_{0}^{2} \arctan x \, dx$$

che è sempre >0."

Un altro errore ricorrente è quello che viene commesso nell'individuare il dominio della funzione $f(x) = \log |x|$.

Molti studenti procedono così:

$$\log |x| = \begin{cases} \log x & \text{se } x > 0 \\ \log(-x) & \text{se } x < 0 \end{cases}$$

"Ma log (-x) non è mai definito perché –x è negativo.
Quindi log |x| è definito solo per x>0."

Un altro misconcetto piuttosto diffuso, purtroppo anche fra insegnanti e libri di testo, riguarda il concetto di insieme, e precisamente l'idea che gli elementi di un insieme devono avere una caratteristica comune percettibile: così non avrebbe senso parlare dell'*insieme* costituito dalla torre di Pisa, da Lewis Carroll, e dal numero 7, *a meno che* uno non riesca a trovare *prima* una proprietà che caratterizzi questi elementi, che cioè li accomuni ma non sia comune ad altri.

> **Attività 4.1**
> Quando sarai in classe, fissa l'attenzione su alcuni errori che osservi.
> Cerca di riconoscere se si tratta di errori sistematici.

> **Attività 4.2**
> Considera uno degli errori sistematici osservati in classe.
> Cerca di ricostruire il processo che porta l'allievo a fare tale errore.

4.6 Come nascono i misconcetti

La necessità di preoccuparsi del curriculum nascosto degli allievi porta in modo naturale ad alcune domande: come nascono i misconcetti? Più in generale, quali fattori dirigono l'interpretazione che l'allievo fa dei messaggi dell'insegnante?

Anche se i misconcetti possono essere frutto di interpretazioni estremamente personali, possiamo riconoscere nel processo che porta alla loro costruzione il ruolo di due elementi importanti, che giocano a livelli diversi e non incompatibili: i cosiddetti *modelli primitivi*, ed il linguaggio.

4.6.1 Modelli primitivi

Un'analisi approfondita sull'origine dei misconcetti mette in luce che in alcuni casi il soggetto fa riferimento ad un *modello primitivo tacito* del fenomeno o del concetto in questione, cioè ad un'interpretazione significativa di quella nozione matematica, che si sviluppa ad uno stadio iniziale del processo d'apprendimento (spesso suggerita in modo esplicito dall'insegnante) e che continua ad "influenzare, tacitamente, le interpretazioni e le decisioni risolutive dell'allievo. Il termine *tacito* significa semplicemente che l'individuo non è consapevole di questa influenza, oppure, per lo meno, della sua estensione" (Fischbein, 1989, tr. it. p. 26).

4 L'interpretazione degli errori: prime osservazioni

Fischbein suggerisce ad esempio che la convinzione errata che il prodotto di due numeri sia maggiore di ogni fattore può derivare dal modello primitivo di moltiplicazione come addizione ripetuta. Questo modello impone un numero di restrizioni: si deve distinguere fra *operando*, che può essere un numero positivo qualsiasi, e *operatore*, che deve invece essere un numero intero (si può dire 3 volte 0,65; ma 0,65 volte 3 non ha senso). Una conseguenza del modello dell'addizione ripetuta è appunto la proprietà che la moltiplicazione 'fa ingrandire'[9].

Questa ipotesi è stata confermata dai risultati di una ricerca in cui si proponevano a studenti di vari ordini di scuola i due problemi:

Problema 1
Da un quintale di grano si ottengono 0,75 quintali di farina. Quanta farina si ricava da 15 quintali di grano?

Problema 2
Un chilo di detergente viene usato per produrre 15 chili di sapone. Quanto sapone può essere fatto con 0,75 chili di detergente?

I due problemi hanno la stessa struttura, gli stessi dati numerici, e richiedono le stesse operazioni.

Ma se li analizziamo alla luce di quanto detto in precedenza, riconosciamo che nel primo problema il ruolo di operatore (cioè quel numero che indica 'quante volte' si deve sommare il primo numero) è svolto da 15, un numero intero, mentre nel secondo è svolto da 0,75. Se l'ipotesi di Fischbein è corretta, quindi, ci aspettiamo che il secondo problema presenti maggiori difficoltà per gli studenti che fanno riferimento al modello primitivo descritto sopra.

In effetti alla richiesta di scegliere l'operazione risolvente appropriata, si sono avute (a livello di scuola superiore) il 76% delle risposte corrette per il primo problema, e il 35% per il secondo (Fischbein, 1989).

Fra gli esempi di modelli primitivi discussi da Fischbein c'è anche quello relativo al concetto di insieme. Fischbein riporta i misconcetti più diffusi analizzati da Linchevski e Vinner (1988), fra i quali:
– gli elementi di un insieme devono avere a priori una caratteristica in comune;

---

[9] Osserva spiritosamente Sheila Tobias nel suo *Come vincere la paura della matematica* che anche nella Bibbia c'è scritto: "Crescete e moltiplicatevi!".

4.6 Come nascono i misconcetti

– un insieme deve avere più di un elemento;
– elementi che si ripetono sono considerati distinti.

Secondo il ricercatore c'è un'interpretazione molto semplice per questi misconcetti, ed è la presenza del modello tacito di insieme come collezione di oggetti. In effetti tale modello presenta tutti i vincoli elencati sopra. Fischbein conclude osservando che il modello intuitivo "manipola da dietro le quinte il significato, l'uso, le proprietà del concetto formalmente stabilito" (Fischbein, 1989, tr. it. p. 27).

Si possono ricondurre all'idea di modello primitivo anche esempi e fenomeni nati e studiati in altri contesti.

Uno di questi riguarda l'idea di tangente ad una curva che hanno molti studenti di scuola superiore, e che Tall (1987) e Vinner (1991) indagano nel quadro teorico di 'concept image'[10].

Vinner (1991) osserva che il primo incontro col concetto di tangente avviene per lo più nel contesto del cerchio. Lo studioso sostiene che in questo caso la definizione di tangente è facile, e la sua rappresentazione è mostrata in figura **A**.

Il disegno può portare a costruire un'immagine per il concetto di tangente (il *concept image*, appunto) in altri casi, come mostra la figura **B**.

Quando gli studenti seguono un corso di analisi ricevono in genere una definizione formale di tangente in un punto al grafico di una funzione derivabile come retta passante per quel punto con pendenza uguale alla derivata della funzione nel punto. Nonostante questo, il loro modello di tangente, costruito attraverso esperienze che hanno coinvolto figure come le precedenti, può contenere elementi 'parassiti': ad esempio il vincolo che una tangente può incontrare una curva in un punto solo e non può attraversare la curva in quel punto.

Questo modello (o per usare le parole di Vinner: *concept image*) è confermato dalle risposte date alle seguenti domande da 278 studenti che seguivano un corso di analisi al primo anno di università:

---

[10] Come abbiamo già osservato nel quarto paragrafo la definizione di *concept image* è stata introdotta da Vinner e Hershkowitz (1980) – ma l'idea è già presente in un lavoro di Vinner del 1975 – e poi ripresa e perfezionata in lavori successivi di Tall e Vinner (Tall e Vinner, 1981; Vinner, 1983): il *concept image* relativo ad un certo concetto consiste di tutte le immagini e proprietà associate al concetto, e può quindi differire dalla definizione formale del concetto stesso (*concept definition*).

4 L'interpretazione degli errori: prime osservazioni

Di seguito sono disegnate tre curve. Su ognuna di esse è scelto un punto P.

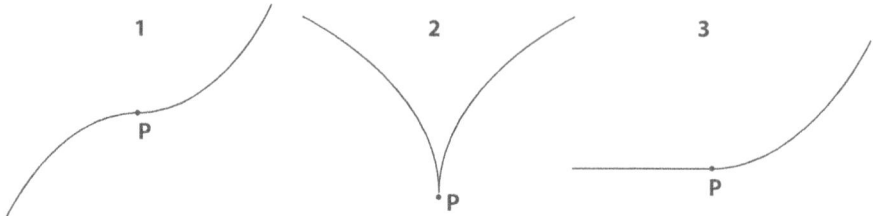

Per ognuno dei tre casi scegli l'affermazione che ti sembra corretta fra le tre elencate sotto, e segui le istruzioni fra parentesi.
A. Per P è possibile condurre esattamente una tangente alla curva (disegnala).
B. Per P è possibile condurre più di una tangente (specifica quante: due, tre, infinite. Disegnale tutte se sono in numero finito, ed alcune se sono infinite).
C. Per P è impossibile condurre tangenti alla curva.

Ecco le risposte per il primo grafico:

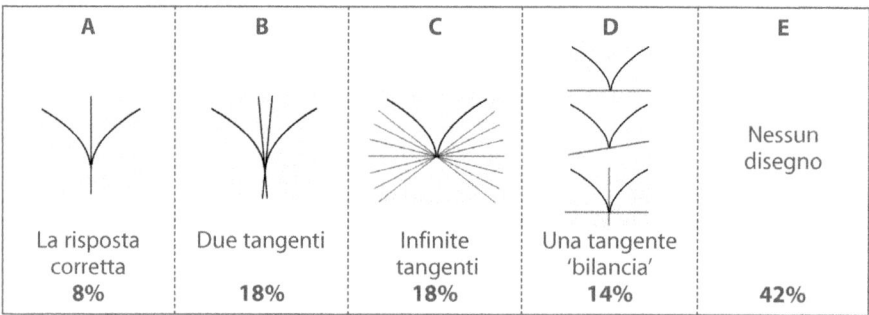

Per il secondo grafico:

A	B	C	D	E
La risposta corretta	Due tangenti	Infinite tangenti	Una tangente 'bilancia'	Nessun disegno
8%	18%	18%	14%	42%

Per il terzo grafico:

A	B	C	D	E	F
La risposta corretta	Una tangente generica	Due tangenti	Infinite tangenti	Un altro disegno	Nessun disegno
12%	33%	16%	7%	4%	27%

4.6.2 Il linguaggio

Come abbiamo visto nel capitolo precedente, il punto di vista costruttivista riconosce al linguaggio un ruolo cruciale. Questo ruolo è particolarmente evidente nel caso dei misconcetti: è chiaro infatti che il processo di interpretazione che l'allievo mette in atto quando fa matematica è fortemente influenzato dai messaggi verbali mandati dall'insegnante, dai testi che legge e che produce, dall'interazione verbale in classe.

Negli esempi fatti emerge chiaramente l'importanza di questi fattori, ed insieme la problematicità intrinseca alla mescolanza di due linguaggi, quello quotidiano e quello specifico della matematica, mescolanza inevitabile nella comunicazione in classe.

Abbiamo visto un esempio nel caso delle parole 'ipotesi' e 'tesi' descritto nella scena 7. L'errore sistematico commesso da Alice appare quasi legittimo alla luce della sua spiegazione: *"Quando in un discorso normale, o anche nelle scienze, diciamo 'faccio un'ipotesi' poi però dobbiamo far vedere che è vera... cioè la dobbiamo dimostrare"*.

In generale il fatto che un termine venga usato anche nel linguaggio quotidiano con significati diversi è motivo frequente di confusione: accade così ad esempio per termini quali 'angolo', 'spigolo', 'quadrato / rombo' (cfr. Villani, 1993).

Ad esempio la figura A è riconosciuta come quadrato, mentre la figura B (cioè la stessa ruotata) come un rombo.

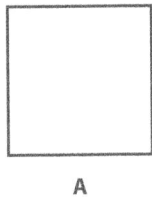
A

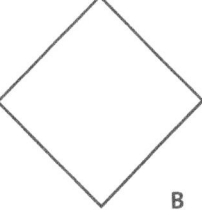
B

Un esempio a livello scolare più avanzato è quello del concetto di limite. Cornu (1991) osserva a proposito che prima di incontrare l'argomento nel contesto dell'insegnamento della matematica, gli allievi costruiscono delle concezioni spontanee, cioè idee, intuizioni, immagini, conoscenze, che hanno a che fare anche con l'uso del termine nel linguaggio quotidiano. Nel caso specifico del concetto di limite, osserva Cornu, le espressioni 'tende a' e 'limite' hanno già un significato per gli studenti, ed a questo significato essi continuano a far riferimento anche dopo che è stata data una definizione formale di limite nel contesto della matematica. Studi precedenti (Cornu, 1981; Tall e Vinner, 1981; Davis e Vinner, 1986; Sierpinska, 1987; Williams, 1990) mettono in evidenza che l'espressione 'tende a' viene interpretata dagli studenti in tanti modi diversi, in particolare come 'si avvicina a... senza raggiungerlo'. Il limite in definitiva viene considerato da molti studenti come un processo, piuttosto che come un numero: il processo di 'avvicinarsi sempre di più...', dove il valore cui la funzione 'si avvicina sempre di più' non viene mai raggiunto, né può essere superato.

4.7 Intervenire sul curriculum nascosto: la prevenzione

Le considerazioni fatte suggeriscono in modo naturale modalità di prevenzione di carattere generale. Ma è importante a mio parere chiedersi: *cosa* e *perché* vogliamo prevenire?
Coerentemente con l'approccio all'errore che abbiamo descritto nel secondo capitolo, non sono gli errori di per sé che è significativo prevenire. Per usare le parole di Popper, 'evitare errori è un ideale meschino': per di più, è un ideale che si può ottenere con un opportuno calo delle richieste! Finalità della prevenzione è piuttosto favorire l'educazione al comprendere, ed alcune scelte didattiche che incoraggiano la nascita di misconcetti sono nello stesso tempo d'ostacolo a questa comprensione.
Le modalità di prevenzione possono essere specifiche, finalizzate cioè alla prevenzione di misconcetti in un certo ambito matematico (ad esempio l'uso delle lettere, la moltiplicazione, il concetto di insieme...), oppure trasversali, nel qual caso prescindono dall'argomento matematico in gioco.
Un esempio di lavoro preventivo specifico è quello suggerito da Hershkowitz e Kieran (1980) e da Kieran (1981) nell'ambito dell'uso delle lettere.
Il percorso, sperimentato con allievi di 12-14 anni, prende avvio dalla domanda: "Cosa significa per te il segno «=»?", seguita quindi dalla richiesta di un esempio in cui questo segno viene usato. Nella maggior parte degli esempi prodotti il segno «=» collega un'operazione (a sinistra) con il suo risultato (a destra). Vengono proposte quindi delle attività per *estendere* l'uso del segno, includendo operazioni sia a sinistra che a destra dello stesso. Si comincia con la costruzione di 'uguaglianze aritmetiche', all'inizio con una sola operazione da ogni parte:

$$2 \times 6 = 4 \times 3 \text{ (la stessa operazione)}$$

quindi:

$$2 \times 6 = 10 + 2 \text{ (operazioni diverse)}$$

Una volta che gli allievi hanno accettato questa forma, si passa a costruire uguaglianze prima con due, poi con più operazioni da ogni parte:

$$7 \times 2 + 3 - 2 = 5 \times 2 - 1 + 6$$

4.7 Intervenire sul curriculum nascosto: la prevenzione

Queste vengono chiamate 'identità aritmetiche' per distinguerle dalle 'equazioni'.

Il concetto di equazione è introdotto successivamente a partire da identità aritmetiche costruite dagli allievi, ad esempio:

$$7 \times 2 - 3 = 5 \times 2 + 1$$

e quindi nascondendo un numero, all'inizio con un dito, poi con un quadratino, ed alla fine con una lettera.

Ad esempio:

E poi:

$$7 \times \text{\textcircled{?}} - 3 = 5 \times 2 + 1$$
$$7 \times \square - 3 = 5 \times 2 + 1$$
$$7 \times a - 3 = 5 \times 2 + 1$$

Questo è uno degli esempi riportati nel già citato libretto di Graeber e Johnson (1991) sui misconcetti destinato alla formazione insegnanti: il percorso di formazione proposto prevede infatti per ogni particolare categoria individuata una descrizione del misconcetto, un'analisi delle possibili cause, suggerimenti riguardo alle modalità di diagnosi, ed infine la proposta di strategie didattiche per la prevenzione ed il superamento. Analogamente a quanto descritto nel caso delle variabili, si possono quindi trovare suggerimenti specifici anche per altri contesti.

Il problema dell'uso delle lettere e del significato relazionale del segno uguale (ma non solo) è affrontato anche da un Progetto italiano molto articolato che si pone l'obiettivo più generale di prevenire le difficoltà tipicamente associate all'introduzione dell'algebra attraverso una precoce 'algebrizzazione' dell'aritmetica: il progetto ArAl (Malara e Navarra, 2003).

L'ipotesi del progetto ArAl è che vi sia una analogia fra le modalità dell'apprendimento del linguaggio naturale e del linguaggio algebrico. Per spiegare questo punto di vista Malara e Navarra (2002a) ricorrono alla metafora del *balbettio*: il bambino, nell'apprendimento del linguaggio, si appropria poco alla volta dei suoi *significati* e delle regole che lo supportano, che sviluppa gradualmente attraverso imitazioni e aggiustamenti sino agli approfondimenti dell'età scolare, quando impara a leggere e a riflettere sugli aspetti *grammaticali* e *sintattici* della lingua. Nella didattica tradizionale del linguaggio algebrico si comincia invece privilegiando lo studio delle regole, come se la manipolazione formale fosse precedente alla comprensione dei significati: si tende quindi ad insegnare la sintassi dell'algebra trascurando la sua semantica. Malara e Navarra osservano che i modelli mentali propri del pensiero algebrico dovrebbero essere costruiti invece in un ambiente aritmetico – dai primi anni della scuola elementare - attraverso forme iniziali di *balbettio algebrico*, insegnando a *pensare l'aritmetica algebricamente*; costruendo cioè il pensiero algebrico progressivamente come strumento e oggetto di pensiero, in un *intreccio con l'aritmetica*, partendo dai suoi significati. A questo scopo è necessario costruire un ambiente che stimoli l'elaborazione autonoma del balbettio algebrico e assecondi quindi l'appropriazione sperimentale di un nuovo linguaggio in cui le regole possano trovare la loro collocazione gradualmente, tollerando momenti iniziali sintatticamente 'promiscui'.

All'interno del progetto ArAl (Aritmetica / Algebra) sono state elaborate, dopo un'attenta sperimentazione preliminare, una serie di proposte - le Unità - a partire addirittura dalla scuola dell'infanzia (AA.VV., 2003-2006). In queste Unità si insiste molto sull'importanza di offrire molteplici rappresentazioni di uno stesso numero, per favorire lo sviluppo di un approccio di tipo relazionale (in particolare l'Unità 3 è dedicata proprio a questo aspetto): così il numero 12 può essere scritto come 3x4, come 2^2x3, e così via; ogni scrittura evidenzia proprietà del numero (ad esempio 12 = 3x4 dice che 12 che è un multiplo sia di 3 che di 4), e l'uso flessibile delle varie rappresentazioni porta a considerare 'naturali' scritture come 3x4 = 2^2x3. Inoltre per dare senso alla necessità di rispettare le regole dell'uso del linguaggio aritmetico e algebrico è stato ideato un personaggio metaforico - Brioshi - alunno giapponese virtuale la cui età varia a seconda dell'età dei suoi interlocutori, ed a cui l'insegnante può far ricorso tutte le volte che si affrontano situazioni legate alla rappresentazione ed alla traduzione (Malara e Navarra, 2002b).

Nel progetto ArAl le strategie didattiche finalizzate alla prevenzione di misconcetti e difficoltà tipiche del contesto algebrico sono profondamente intrecciate con strategie più generali, che mirano a sviluppare negli allievi abilità linguistiche, metacognitive e di soluzione di problemi, con l'obiettivo di promuovere gradatamente anche l'assunzione della responsabilità dell'apprendimento.

D'altra parte a mio parere se l'insegnante si pone il problema di prevenire misconcetti non può limitarsi ad interventi specifici, inseguendo per ogni argomento la strategia più adatta a risolvere *quel* particolare problema: è importante invece che metta in atto anche strategie di carattere più trasversale.

Le osservazioni fatte sui modelli primitivi suggeriscono ad esempio l'importanza di un insegnamento flessibile, attento a presentare uno stesso concetto o fenomeno in più contesti. Premesso questo, tali considerazioni non implicano però, a mio parere, che l'insegnante si debba sentire schiacciato dalla responsabilità di favorire misconcetti. I ricercatori infatti per lo più concordano sull'impossibilità di evitare la costruzione di stereotipi, di convinzioni errate, di modelli primitivi. Del resto abbiamo già osservato che i misconcetti possono essere un momento necessario nell'evoluzione da un certo livello di conoscenza ad uno superiore.

Fischbein sottolinea piuttosto la necessità di "dedicare molti più esperimenti alle tecniche di sviluppo che permettono agli studenti di diventare consapevoli dell'influenza delle loro restrizioni intuitive, tacite, e [...] aiutare gli studenti a costruire efficienti sistemi di controllo concettuale che avrebbero il compito di controllare l'impatto di questi modelli" (Fischbein 1989, tr. it. p. 35).

4.7 Intervenire sul curriculum nascosto: la prevenzione

Gli obiettivi della prevenzione si spostano quindi dall'evitare misconcetti a sviluppare consapevolezza e processi di controllo in relazione a misconcetti eventualmente costruiti.

Riprenderemo più avanti la riflessione sui processi di controllo, la cui importanza è ben nota a chi fa matematica. Qui ci limitiamo ad alcune considerazioni.

Anche in ambito scolastico probabilmente i 'bravi' in matematica non sono tanto gli allievi che non commettono errori, o che sono completamente insensibili alla tentazione dei misconcetti: sono piuttosto quelli che mettono in atto processi di controllo efficienti.

Ad esempio nel contesto delle disequazioni errori e comportamenti automatici sono molto frequenti. Così per molti studenti:
$x \leq x^2$ è sempre vera, perché un numero è sempre minore del suo quadrato!

Gioca in questa convinzione la tendenza a vedere i numeri come numeri naturali, cioè interi positivi o nulli: ed in effetti nell'insieme dei naturali la disequazione è sempre verificata.

Se l'allievo si limita a controllare la validità della sua congettura (la disequazione è sempre verificata) su alcuni casi particolari, probabilmente la sua congettura verrà rinforzata, in quanto per lo stesso motivo che ha generato la sua congettura tenderà a fare controlli con numeri naturali.

Ma se l'allievo è consapevole della tendenza 'naturale' a pensare i numeri come interi positivi, questa consapevolezza può spingerlo a cercare esempi adeguati per mettere alla prova la validità dei passaggi effettuati automaticamente: nel caso precedente, uno studente consapevole e ben abituato ad esercitare processi di controllo potrà 'provare'[11] la disequazione con il numero 1/2, anziché con il numero 2! Emerge chiaramente in questo caso l'intreccio profondo fra aspetti cognitivi, consapevolezza e processi di controllo su cui torneremo ampiamente.

Un altro esempio riguarda un episodio accaduto nel corso di specializzazione per futuri insegnanti di matematica e scienze per la scuola media. Gli allievi si stavano letteralmente accapigliando sulla domanda che avevo posto: "Ha senso parlare dell'*insieme* costituito dalla torre di Pisa, dalla mia borsa che vedete qui appoggiata, e dal numero 7?". La maggior parte degli studenti rispondeva semplicemente "no", altri tentavano di trovare una proprietà comune ai tre oggetti; in particolare fra due allieve è nata una discussione accesissima. La prima sosteneva che quello era un insieme, la seconda: *"Non riuscirai mai a convincermi. Sarà anche vero, ma non lo potrò mai accettare"*. Dopo 10 minuti di questo confronto, la seconda comincia a ragionare a voce alta: *"Però la torre di Pisa da sola costituisce un insieme. Lo stesso la borsa. E anche il numero 7. Ma io posso fare l'unione di insiemi, e viene ancora un insieme. È vero...DEVE essere un insieme!"*.

---

[11] La stessa parola 'provare' è usata qui con significati diversi: nel primo caso sta a significare 'verificare'; nel secondo, invece, è un 'mettere alla prova'.

4 L'interpretazione degli errori: prime osservazioni

Questa allieva ha attivato processi di controllo *interni* alla matematica (esterni potevano essere quelli di tipo autoritario: l'ha detto la professoressa!) potremmo dire quasi per crearsi un conflitto cognitivo sufficientemente forte da spingere verso un cambiamento ed un aggiustamento del suo punto di vista.

4.8 Come riconoscere la presenza di misconcetti

Nella prevenzione basata sullo sviluppo della consapevolezza e dei processi di controllo l'insegnante assume un ruolo cruciale: in particolare quello di organizzare situazioni adeguate per portare alla luce eventuali misconcetti.

In alcuni casi questo lavoro tipicamente didattico può trarre suggerimenti dalla conoscenza di misconcetti tipici, quali sono molti degli esempi presentati, per lo più presi dalla letteratura.

Questo tipo di conoscenza dell'insegnante fa parte di quella che alcuni ricercatori chiamano 'conoscenza pedagogica disciplinare' (Shulman, 1986), e la sua importanza è stata sottolineata anche a livello sperimentale. Una serie di studi particolarmente significativi di Carpenter, Fennema e Peterson (v. ad esempio Carpenter et al., 1988) condotti nell'area dell'aritmetica elementare mette in evidenza che la conoscenza pedagogica disciplinare dell'insegnante influenza le sue scelte didattiche: ad esempio gli insegnanti che hanno avuto questo tipo di preparazione sono più attenti agli interventi dei bambini ed alle loro differenze individuali, e dedicano più tempo ad attività di problem solving.

Ma come abbiamo già osservato, accanto a misconcetti tipici ci sono quelli del tutto personali di un singolo allievo. Non si tratta quindi di conoscere a priori *tutti* i possibili misconcetti su un dato argomento, ma di sapere come fare a conoscerli se è necessario: anche in questo caso quindi l'attenzione si sposta dai prodotti ai processi. Per questo motivo a mio parere il contributo più importante che la ricerca porta alla pratica didattica è dato dai lavori i cui suggerimenti trascendono i casi particolari, gli errori specifici.

Gli esempi che abbiamo fatto ci hanno mostrato anche diverse modalità di portare alla luce misconcetti.

Nella ricerca lo strumento più utilizzato (in quanto facile da somministrare e da analizzare anche con campioni numerosi) è il questionario, che può essere usato sia per riconoscere errori sistematici e frequenti che per mettere alla prova ipotesi interpretative su tali errori.

Nella pratica didattica a mio parere i motivi a favore dei questionari utilizzati nella ricerca (per lo più con risposte a scelta multipla) vengono a cadere: una classe numerosa non ha più di 30 allievi, non è facile strutturare per una domanda opzioni di risposta che diano informazioni significative, ed è molto più semplice ottenere tali informazioni con domande aperte.

Il questionario può essere utile anche nella forma standard per indagare su misconcetti tipici, e per renderne gli allievi consapevoli, ad esempio quando si introduce un argomento che è già stato trattato in anni precedenti.

4.8 Come riconoscere la presenza di misconcetti

In questo caso va tenuto presente che i misconcetti in genere non sono riconoscibili attraverso domande dirette, perché il soggetto può attivare processi di controllo che gli permettono di far ricorso alla conoscenza formale acquisita. Se invece egli si trova in condizioni che non richiedono l'attivazione di processi di controllo, oppure concentra i propri processi di controllo in altre direzioni, è facile che i misconcetti vengano alla luce.

Ad esempio, se chiediamo a qualcuno (non necessariamente un allievo!) se il numero –a è negativo, probabilmente in molti casi ci sentiremo rispondere "Dipende da come è il numero a. Se a è positivo, -a è negativo; ma se a è negativo, -a è positivo".

Ben diverse sono le risposte se la stessa domanda è inserita fra tante altre domande, come nel caso illustrato in fig. 4.1.

Figura 4.1			
Negli esempi che seguono a è un numero diverso da zero[12]. Allora:			
	positivo	negativo	dipende
$a^2 + 1$ è un numero	☐	☐	☐
$a^2 - 5$ è un numero	☐	☐	☐
$a \cdot a \cdot a + 3$ è un numero	☐	☐	☐
a è un numero	☐	☐	☐
$3000 + a$ è un numero	☐	☐	☐
$-5a^2$ è un numero	☐	☐	☐
$-a$ è un numero	☐	☐	☐

In questo caso i processi di controllo diminuiscono notevolmente: come conseguenza, cresce in modo impressionante il numero dei soggetti che risponde che "-a è negativo *sempre*"[13].

Un altro strumento utilizzato nella ricerca è l'intervista, anche se ovviamente l'interazione individualizzata con l'allievo può creare problemi nella pratica didattica. Le potenzialità dell'intervista sono rese in modo efficace dalla descrizione di Benny fatta da Erlwanger: tale descrizione non è significativa tanto per gli errori commessi da Benny (piuttosto atipici) ma per l'evidenza portata al fatto che dietro gli errori di Benny c'è un processo di pensiero, e per il modo in cui l'educatore riesce ad interagire con il bambino per portare alla luce tale processo.

---

[12] La condizione è stata posta per diminuire la possibilità di risposte corrette dovute a ragionamenti scorretti: senza questa condizione probabilmente alcuni studenti nel caso di -*a* risponderebbero "dipende", perché "-*a* può essere negativo oppure anche zero, dipende se *a* è zero...".
[13] Naturalmente dal punto di vista didattico è interessante sapere a cosa fanno riferimento gli allievi che rispondono 'dipende'.

Un esempio di strategia che si può utilizzare nella pratica didattica è invece la discussione in classe[14], di cui abbiamo visto alcuni stralci a proposito del segno '='.

Una discussione ben condotta non solo permette di portare alla luce le interpretazioni degli allievi e di renderne gli allievi consapevoli; può anche metterle in crisi e creare i presupposti per modificarle, come si può cogliere già dai pochi interventi riportati qui di seguito:

BAR: Secondo me l'uguale è un segno che si mette alla fine di tutto il lavoro delle più e delle meno.
INS: Ma lì nel tuo calcolo non l'hai messo solo alla fine, l'hai messo anche in mezzo.
BAR: Da tutte le parti. A prima vista non si direbbe così, ma dopo ragionandoci sopra si cambia idea.
INS: Ma tu hai cambiato idea?
BAR: Sì.

4.9 Intervenire sul curriculum nascosto: il recupero

La consapevolezza può essere quindi un primo passo verso il cambiamento, in particolare quando si tratta di concezioni provvisorie, immature, che è necessario far evolvere verso concezioni più adeguate. Questo cambiamento rimanda ad un'idea di recupero coerente con quella di prevenzione proposta prima, in cui il superamento dell'errore non è l'obiettivo prioritario, ma eventualmente un sottoprodotto di tale cambiamento.

Certamente anche per questo lavoro di recupero la conoscenza di misconcetti tipici può essere utile all'insegnante per suggerire strategie mirate di intervento. Ma al solito appaiono più interessanti i suggerimenti di intervento che hanno un carattere trasversale.

Ad esempio nell'ambito delle scienze Nussbaum e Novick (1982) suggeriscono una sequenza in tre fasi per incoraggiare gli studenti a cambiare le loro concezioni nella direzione desiderata. Propongono l'uso di un evento 'rivelatore' (*exposing event*) per spingere gli studenti ad usare ed esplorare le proprie concezioni nello sforzo di comprenderlo. Questo è seguito da un evento 'discrepante' (*discrepant event*) che funziona come anomalia e produce un conflitto cognitivo: l'obiettivo è che questo porti gli studenti a mettere in discussione le proprie concezioni. Segue un periodo di 'risoluzione' (*resolution*) in cui sono presentate agli studenti concezioni alternative, ed in cui gli studenti sono incoraggiati a fare lo slittamento concettuale desiderato.

---

[14] Il termine *discussione matematica* è stato introdotto da Pirie e Schwarzenberger (1988). Per l'approfondimento di questa modalità di lavoro in classe rimando a Pontecorvo, Ajello, Zucchermaglio (1991), ed ai lavori di Bartolini Bussi e del suo gruppo per l'educazione matematica (ad esempio Bartolini Bussi, 1989; Bartolini Bussi, Boni e Ferri, 1995).

4.9 Intervenire sul curriculum nascosto: il recupero

Un esempio interessante di intervento basato su questo modello è quello realizzato da Williams (1990) per cercare di sradicare in un gruppo di studenti di un corso di analisi alcuni tipici misconcetti sui limiti. Gli studenti vengono scelti in base alle risposte date ad un questionario preliminare, che suggeriscono la presenza di almeno uno dei misconcetti che abbiamo citato in precedenza: l'idea che il limite non possa mai essere raggiunto; l'idea che il limite non possa essere superato; l'idea che il limite sia un processo e non un numero. L'intervento si dimostra sufficientemente efficiente per i primi due misconcetti, dove il conflitto può essere stimolato da opportuni controesempi.

> Quali controesempi proporresti, per mettere in discussione:
> – l'idea che il limite non possa essere mai raggiunto
> – l'idea che non possa mai essere superato?

Meno facile risulta il superamento del terzo misconcetto (l'idea che il limite sia un processo, e non un numero), e mi sembrano molto interessanti e generali le ipotesi suggerite da William per questo fallimento.

La prima ipotesi è che gli studenti tendono a non abbandonare il proprio modello di limite in quanto più semplice e tutto sommato sufficientemente pratico, dato che permette loro di risolvere tutti i problemi che incontrano! Inoltre i controesempi non generano necessariamente un conflitto, perché possono essere visti come eccezioni poco significative[15].

Una seconda interpretazione mette in discussione l'idea che il concetto di limite che hanno gli studenti sia effettivamente strutturato, come una teoria. William cita diSessa (1988), secondo il quale per molti studenti la conoscenza intuitiva della fisica consiste in un numero piuttosto alto di frammenti piuttosto che in un numero piccolo di strutture integrate che si possano chiamare 'teorie'. Se le cose stanno così il problema di cambiare una concezione allora non è più quello di passare da un modello ad un altro, ma piuttosto quello di costruire un modello a partire da unità scollegate di conoscenza precedente.

La terza interpretazione, che William definisce *ermeneutica* e che non è in alternativa alle precedenti, mi sembra particolarmente interessante per i nostri obiettivi. Gli *scopi* del ricercatore, osserva William, non erano quelli degli studenti, interessati a superare l'esame finale e quindi a saper risolvere gli esercizi che presumevano di trovare nel test; la loro collaborazione era perciò limitata alla disponibilità a giocare insieme ad un gioco linguistico per loro poco significativo. William sostiene che in una prospettiva ermeneutica que-

---

[15] Del resto l'assunzione della generalità dell'enunciato di un teorema anche nella matematica è una conquista relativamente recente. Lakatos (1976) osserva in proposito che prima del 1850 si ammetteva che ci potessero essere *eccezioni* ad un teorema: "La dimostrazione dimostra il teorema, ma lascia aperta la questione di quale è il dominio di validità del teorema. Possiamo determinare questo dominio stabilendo ed escludendo attentamente le «eccezioni» (questo eufemismo è caratteristico del periodo). Queste eccezioni sono poi scritte all'interno della formulazione del teorema" (Lakatos, 1976, tr. it. p.183).

sto motivo degli scopi non può essere lasciato nello sfondo e sacrificato allo studio di processi puramente cognitivi.

4.10 Scena 11: Annalisa (ovvero: ancora sul linguaggio)

Abbiamo visto nel caso di Alice e del suo scambiare l'ipotesi con la tesi il ruolo giocato dall'interazione fra linguaggio quotidiano e linguaggio matematico.

Ma gli effetti di questa interazione vanno ben al di là del significato diverso attribuito ad una parola nei due casi.

Come abbiamo sottolineato nel capitolo precedente, il modello costruttivista fa riferimento ad un approccio allo studio del linguaggio basato sui suoi usi, in cui hanno un ruolo cruciale i contesti: la pragmatica.

Questo approccio suggerisce un'interpretazione alternativa di alcuni errori tradizionalmente considerati prodotto di carenze a livello di ragionamento logico.

Esempi particolarmente significativi per la matematica sono gli errori frequenti e tipici nell'ambito dell'implicazione, dei quantificatori, delle definizioni.

Il caso più studiato è forse quello dell'implicazione, che abbiamo analizzato nel terzo capitolo. Come abbiamo visto, l'approccio pragmatico ha messo in discussione l'interpretazione classica degli errori tipici nell'ambito del ragionamento condizionale (se...allora), secondo la quale i soggetti interpretano il 'se...allora' come un 'se e solo se': l'interpretazione alternativa proposta attribuisce le anomalie nell'interpretazione delle frasi condizionali all'applicazione di *schemi conversazionali*, cioè di modelli di interpretazione verbale regolati in base al principio di cooperazione di Grice.

Ma utilizziamo questo tipo di approccio per rileggere una delle scene della nostra Galleria iniziale: la scena 11, che ha come protagonista Annalisa.

Annalisa nel test d'ingresso previsto all'inizio della prima liceo scientifico deve collegare con un tratto di penna ciascuna frase di sinistra con la frase o le frasi di destra che hanno significato equivalente.

Annalisa risolve così:

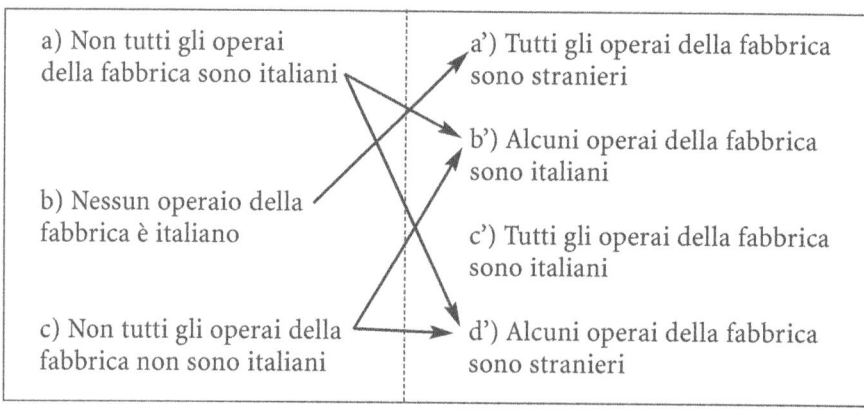

4.10 Scena 11: Annalisa (ovvero: ancora sul linguaggio)

Come osserva Ferrari (2005) commentando questa tipologia di errori, gli enunciati *b* e *a'* sono equivalenti sia dal punto di vista dell'interpretazione del linguaggio quotidiano che da quella del linguaggio matematico. Ed in effetti la corrispondenza nel caso dell'enunciato *b* è corretta.

Più delicato il caso degli enunciati *a* e *c*. Dal punto di vista matematico, l'unica frase nella colonna di destra equivalente ad *a* è la frase *d'*. Analogamente l'unica frase equivalente alla *c* è *b'* (la struttura delle frasi *a* e *c* è la stessa, anche se l'uso di 'non italiani' invece che 'stranieri' introduce un'ulteriore complicazione legata alla negazione).

Ma dal punto di vista del linguaggio quotidiano *b'* è una *implicatura conversazionale* della frase *a*. Ciò vuol dire che *b'* si deduce da *a* se accettiamo che la frase *a* soddisfi il principio di cooperazione di Grice (cioè è adeguata al contesto ed agli scopi comunicativi). In effetti se non fosse vero *b'* sarebbe stato più adeguato dire '*Nessun* operaio della fabbrica è italiano'.

Analogamente per la frase *c*, che come abbiamo osservato ha la stessa struttura di *a*.

Se assumiamo questo punto di vista l'errore di Annalisa non è necessariamente dovuto a carenze a livello di ragionamento logico, ma all'applicazione di schemi tipici del linguaggio quotidiano ad un contesto matematico, o meglio ad un contesto che l'insegnante ha stabilito essere matematico: in questo senso non si tratta nemmeno di errore. Questa interpretazione più che essere un punto di arrivo porta a considerare ulteriori domande per costruire ipotesi di lavoro adeguate: forse Annalisa non distingue i due contesti? Oppure non sa che contesti diversi sono caratterizzati da schemi di ragionamento diverso? O ancora non è consapevole del tipo di ragionamento specifico del contesto matematico?

Ferrari (2005) propone diversi esempi di errori in matematica che si possono interpretare in modo convincente facendo riferimento alla pragmatica. Oltre alla cooperazione comunicativa, un concetto centrale della pragmatica è quello di *indicale*, o *deissi*: parole quali *oggi*, *domani*, *questo*, *lui*, ...fanno riferimento al contesto in cui il testo è stato prodotto, e possono essere interpretate solo alla luce di tale contesto. E proprio l'uso degli indicali secondo Ferrari suggerisce un'interpretazione alternativa degli errori che si osservano nella soluzione del seguente problema, tratto da Bloedy-Vinner (1996) e proposto a studenti dei corsi di preparazione all'università (la richiesta era di scrivere equazioni che traducessero il problema, ma non di risolverle):

Prima della partita Tal aveva il triplo delle bilie di Gadi. Durante la partita, Tal ha perso metà delle sue bilie a favore di Gadi, e alla fine il numero delle bilie di Gadi supera di 12 il numero delle bilie di Tal.

Bloedy-Vinner osserva che in alcune risposte scorrette si nota che una lettera o un'espressione denotano il numero di bilie di un bambino, e sono pensate come se cambiassero con l'evoluzione della storia: questi errori vengono definiti dalla studiosa errori 'analgebrici'. Ferrari osserva che questo tipo di errore:

> [...] può essere spiegato anche in chiave linguistica osservando che nel linguaggio verbale, com'è ovvio, gli indicali vengono aggiornati automaticamente al variare del contesto. Quindi un'espressione come « il numero delle bilie di Tal» (che è un indicale in quanto la sua denotazione dipende dal tempo in cui è prodotta, oltre che da Tal) è adeguata a rappresentare il numero delle bilie possedute da Tal sia prima della partita (36) sia dopo la partita (18). L'espressione rimane invariata, ma la sua denotazione cambia [Ferrari, 2005, pp. 26-27].

In definitiva Ferrari osserva che mentre il linguaggio quotidiano gode dell'aggiornamento automatico degli indicali (se dico "questo è bello, questo no" chi è presente capisce benissimo che 'questo' assume significati diversi nella stessa frase, con l'aiuto di gesti, ecc), le variabili matematiche, che spesso sono usate per rappresentare quantità determinate in un preciso contesto spazio-temporale, non si aggiornano automaticamente ma bisogna aggiornarle 'a mano', sia usando variabili diverse quando è necessario ("x è bello, y no"), sia modificando le espressioni (se adesso 'la mia età' è n anni, fra dieci anni 'la mia età' è n+10 anni).

Il punto di vista pragmatico permette anche di comprendere alcuni tipici comportamenti degli allievi nell'ambito delle definizioni in matematica. Mentre per l'esperto la definizione deve essere il più essenziale possibile, gli allievi in genere aggiungono elementi non necessari. Ad esempio il quadrato è spesso definito come un quadrilatero che ha i lati uguali, a due a due paralleli, gli angoli uguali e retti. Questo elenco di caratteristiche rimanda ad una *descrizione* più che ad una definizione matematica. E d'altra parte nella vita quotidiana quando vogliamo descrivere qualcuno o qualcosa perché l'interlocutore lo ricordi e lo riconosca, cerchiamo di mettere il maggior numero di caratteristiche possibile. In fondo mi sembra la stessa differenza che Cobb suggerisce a proposito del test di Linda di Kahneman e Tverky: se un soggetto si pone nel contesto della statistica, risponde in un certo modo; se si mette nel contesto della modellizzazione, risponde in modo diverso.

Ancora una volta questo non significa che l'insegnante non debba intervenire, ma suggerisce che l'intervento debba essere di più ampio respiro rispetto alla semplice correzione di quello che l'insegnante percepisce come errore: magari mettendo in gioco esplicitamente contesti diversi e soprattutto gli *scopi* diversi che caratterizzano tali contesti. Nel caso delle definizioni ad esempio, è importante sottolineare quali conseguenze può avere il fatto di accettare una definizione data in un modo piuttosto che in un altro: dimostrare che un quadrilatero è un quadrato assumendo una definizione descrittiva, piuttosto che essenziale, è estremamente più faticoso! Ma questa osservazione naturalmente richiede un'attenzione generale al *senso* dell'attività matematica, che va realizzata nella pratica didattica quotidiana.

4.11 Scena 3: Luca (ovvero: ancora sull'importanza del contesto)

Abbiamo visto che nell'approccio pragmatico il contesto ha un ruolo cruciale per spiegare gli errori frequenti legati all'uso dell'implicazione matematica, dei quantificatori, delle definizioni.

Un altro modo in cui l'influenza del contesto può spiegare alcuni errori è legato al rapporto fra contesto e razionalità che abbiamo discusso nel capitolo precedente. Come abbiamo visto, alcuni studi distinguono due tipi di pensiero: il pensiero logico-scientifico ed il pensiero narrativo (Bruner, 1986, 1990). Questa distinzione offre un'ulteriore chiave di lettura per interpretare alcuni comportamenti degli allievi che l'insegnante riconosce come errori.

Un esempio è dato dal comportamento di Luca, descritto nella scena 3.

Il bambino, terza elementare, deve risolvere il seguente problema:

Problema: Ogni volta che va a trovare i nipotini Elisa e Matteo, nonna Adele porta un sacchetto di caramelle di frutta e ne offre ai bambini, richiedendo però che essi prendano le caramelle senza guardare nel pacco.
Oggi è arrivata con un sacchetto contenente 3 caramelle al gusto di arancia e 2 al gusto di limone.
Se Matteo prende la caramella per primo, è più facile che gli capiti al gusto di arancia o di limone?
Perché?

Il problema, presentato agli Internuclei Elementari 1990 dal Nucleo di Ricerca Didattica di Modena, era inserito in un'indagine sull'influenza del tipo di rappresentazione utilizzato nel testo di un problema sulla risposta dell'intervistato, e voleva riconoscere l'intuizione probabilistica dei bambini di scuola elementare. I criteri di valutazione adottati per considerare corretta una risposta prevedevano sia la correttezza della risposta alla prima domanda (*"è più facile che gli capiti la caramella al gusto di arancia"*) sia la correttezza dell'argomentazione portata (cioè la risposta al *"Perché?"*). Si intende 'corretta' un'argomentazione che poggi sulla valutazione e sul confronto della quantità dei due tipi di caramelle (*"All'arancia. Perché le caramelle all'arancia sono di più"*).

Alla prima domanda Luca risponde: *"È più facile che gli capiti all'arancia"*.
Alla seconda (Perché?): *"Se Matteo prendeva quella al limone ne rimaneva una sola e invece è meglio prenderla all'arancia"*.

Alla luce dei criteri di valutazione descritti precedentemente la risposta di Luca è scorretta: in altre parole Luca ha fatto un errore. Questo errore può essere liquidato come dovuto alla scarsa intuizione probabilistica di Luca (in fondo era quello l'obiettivo dell'indagine).

Ma la risposta di Luca in realtà suggerisce un'altra interpretazione. È come se il bambino avesse *completato* la storia raccontata: la storia della nonna, delle caramelle, dei suoi nipotini... Una storia incompleta, tanto che finisce con una domanda: e questa domanda finale può essere proprio intesa come la richiesta di trovare un finale adeguato.

Ma cosa vuol dire adeguato?

Il finale di Luca, che noi riconosciamo inadeguato in base a criteri logico-scientifici, soddisfa invece criteri di tipo narrativo: è una buona storia, addirittura con lieto fine, in quanto rende tutti i protagonisti soddisfatti, soprattutto la sorella di Matteo che si trova a scegliere per seconda! In fondo la costruzione di questa storia in un modo *narrativamente adeguato* può mettere in gioco processi di pensiero più raffinati e articolati di quelli richiesti per trovare la risposta *logicamente corretta*.

Lo stesso discorso potremmo farlo per altre argomentazioni prodotte dai bambini e considerate scorrette: *"Perché è il suo gusto preferito"*, *"Perché ha guardato"*. Anche questi, in fondo, possono essere modi di completare la storia: dal punto di vista narrativo diversi da quello di Luca, forse più sbrigativi e con minore preoccupazione di salvaguardare il vincolo del lieto fine.

Potremmo dire in definitiva che quello che si verifica in questi casi è un'interpretazione diversa della domanda, e più precisamente la scelta di un contesto (di un 'mondo possibile', per dirla alla Goodman) diverso da quello logico-matematico. In certi contesti alternativi allora la risposta assume una piena legittimità, tanto che a mio parere non ha nemmeno più senso parlare di errore.

La formulazione del problema ha una notevole responsabilità in questi comportamenti degli allievi: la ricchezza di informazioni non necessarie, il contesto famigliare che fa riferimento al vissuto del bambino, l'affettività sottolineata dall'uso dei nomi (nonna Adele, Matteo, ...) possono dirigere verso un approccio di tipo narrativo piuttosto che logico. Ma quello che è cruciale è che l'artificiosità della situazione descritta fa sì che il pensiero narrativo suggerisca una direzione completamente diversa da quella considerata logica[16]. Questi aspetti peraltro caratterizzano spesso la forma dei problemi verbali della scuola elementare, a causa di un'interpretazione a mio parere discutibile dell'importanza del concreto e famigliare, che enfatizza e dirige la descrizione del contesto (la nonna, i nipotini, la visita, le caramelle...) senza preoccuparsi

---

[16] E proprio sulla critica alla concretezza e logica dei problemi scolastici standard si basa un libricino molto divertente di Stefano Bordiglioni (2003), *Un problema è un bel problema*, in cui il bambino protagonista, Paolo, costruisce problemi alternativi rispetto a quelli proposti dalla maestra, che non riesce a risolvere ma che soprattutto trova privi di logica. Ecco un esempio:
Problema dell'orto sbilenco: *Un contadino deve recintare con una rete il suo orto, che ha la forma di un trapezio scaleno. La base maggiore del trapezio è lunga 63,5 km mentre la base minore misura 3 cm. Uno dei lati obliqui è i 23/12 dell'altro, mentre l'altro è davvero molto obliquo.*
Domande:
1) Quanti rotoli di rete deve comprare il contadino, tenendo conto che non ha molti soldi?
2) Come ha fatto il contadino a comprare un campo dalla forma così strana?
3) Che cosa ci coltiva, secondo te, in un campo così sbilenco?
4) Tu hai mai provato a piantare un albero e a vedere se nasce?

4.11 Scena 3: Luca (ovvero: ancora sull'importanza del contesto)

però di caratterizzarlo come problematico. Il conflitto narrativo / logico, insisto, non è necessario, ma è solo conseguenza di queste scelte infelici riguardo alle situazioni descritte.

Un esempio particolarmente espressivo dell'importanza di scegliere con attenzione il contesto è dato dal racconto di Giacomo, autore di uno dei primi temi 'Io e la matematica' raccolti:

> "Ho presente invece molto bene la mia maestra dalla terza alla quinta. Si chiama Rosa, è alta e magra ma aveva una natura pessimista, da pessimismo leopardiano: ad esempio verso Pasqua ci faceva fare dei problemi sulle uova con delle situazioni dove tanti pulcini morivano prima di nascere. Domandava: quanti nasceranno vivi? A me passava la voglia di saperlo."
> [Giacomo, 1ª media]

Si potrebbe pensare che il tipo di comportamento discusso riguardi solo la soluzione dei problemi verbali della scuola elementare. Ma non è così; vediamo un esempio di un problema dato a campioni di livello scolare variabile, dalla II media alla V liceo, tratto da Ferrari (2003):

> In una casa è stato rotto un vaso cinese. In quel momento si trovano in casa 4 ragazzi: Angelo, Bruna, Chiara e Daniele. Al ritorno, la padrona di casa vuol sapere chi ha rotto il vaso e interroga i 4, uno alla volta. Ecco le dichiarazioni di ciascuno:
> Angelo: "Non è stata Bruna"
> Bruna: "È stato un ragazzo"
> Chiara: "Non è stato Daniele"
> Daniele: "Non sono stato io"
> Sai scoprire chi è il colpevole? Attenzione, però: delle 4 testimonianze, 3 corrispondono alla verità mentre 1 è falsa.
> Chi ha rotto il vaso cinese? Spiega come hai fatto a trovare la risposta.

Chi risponde *"Angelo"* - osserva Ferrari - motiva con argomenti come *"Angelo non è discolpato da nessuno"*, che dipendono più dalle opinioni o dalle esperienze del soggetto su contesti di esperienza di quel tipo che dalle informazioni esplicitamente date. Anche qualcuno che risponde *"Chiara"* usa argomenti basati sull'esperienza (*"Chiara non è nominata da nessuno perché vogliono coprirla"*), così come qualcuno che risponde *"Daniele"* (*"Si discolpa, quindi probabilmente è stato lui"*).

Anche questo tipo di comportamento può essere visto a mio parere come esempio di pensiero narrativo che prevale sul pensiero logico-scientifico; i rapporti di causalità che sostengono le argomentazioni dei soggetti che sbagliano sono quelli tipici dell'approccio narrativo alla realtà, così come li descrive Bruner: nella motivazione "Angelo è colpevole *perché* non è discolpato da nessuno", il *perché* esprime una causalità che ha a che fare con l'interpretazione dei fatti umani, dei rapporti fra le persone. Probabilmente il fatto che la storia faccia riferimento ad un copione 'narrativo' tipico (c'è un danno, il danneggiato vuole trovare il colpevole fra più persone, queste persone hanno fra loro dei rapporti) favorisce nel soggetto un'interpretazione di tipo narrativo. In tale tipo di interpretazione la domanda naturale è *"a chi credere?"*, ignorando il vincolo artificioso e poco naturale che *"solo uno dice la verità"* (chi lo può sapere?), e cercando di trovare degli indizi nelle parole dei quattro soggetti.

Anche a livello di scuola superiore si possono trovare testi che mettono in gioco competenze di tipo narrativo in un modo che risulta d'ostacolo per la produzione di una risposta corretta.
È il caso del seguente problema:

Tizio impiega 20 minuti per andare da casa al lavoro viaggiando a 40 km/h.
Oggi è in ritardo e va a 50 km/h.
Quanto tempo impiegherà?

Pare che molti studenti si trovino in difficoltà di fronte a questo problema, e che riferiscano la percezione di non avere i dati necessari. Questa impressione è errata, perché in realtà il problema contiene dati sufficienti per rispondere alla domanda.
 Il fatto è però che la domanda "Quanto tempo impiegherà?" non ha niente a che fare con la storia raccontata con tanta attenzione. Tizio è in ritardo stamattina, ci mettiamo nei suoi panni: è naturale che vada più veloce per recuperare il ritardo… La domanda naturale dal punto di vista della storia narrata, quella cioè che conclude la storia, è: "Ce la farà Tizio ad arrivare puntuale? A recuperare il ritardo?". E per rispondere a questa domanda effettivamente sono necessari altri dati: non solo quanto tempo impiega, ma anche quanto ritardo aveva. Ecco che la formulazione del testo ammicca ad un impianto narrativo – probabilmente nella convinzione di facilitare la comprensione del problema – che poi tradisce con la domanda finale. Le conoscenze dell'allievo evocate dal contesto (ad esempio il fatto che per recuperare il ritardo è necessario aumentare la velocità) lo spingono coerentemente a cercare una risposta per 'quel mondo possibile': ma per *quella* risposta - che non è la risposta alla domanda fatta - non ci sono sufficienti informazioni.

> **Attività 4.3**
> Prova a formulare il problema in modo che la ricerca della soluzione metta in gioco le stesse competenze matematiche, ma che il contesto non sia d'ostacolo alla soluzione.

Come abbiamo già osservato nel capitolo precedente, non bisogna pensare che il pensiero narrativo ostacoli necessariamente il pensiero logico. Nella soluzione di problemi reali il pensiero narrativo ha un ruolo importante nel rico-

4.11 Scena 3: Luca (ovvero: ancora sull'importanza del contesto)

noscere una situazione problematica, in particolare nel riconoscere gli aspetti di problematicità, e può contribuire efficacemente all'individuazione di processi risolutivi.

Immaginiamo che una persona ci dica:
"Devo andare dal dentista ma ho un problema: c'è sciopero degli autobus e la macchina è dal meccanico".

Comprendiamo immediatamente il problema. Ma proviamo ad analizzare quali processi e quali conoscenze mette in gioco questa comprensione apparentemente così automatica. Da un lato dobbiamo sapere naturalmente che il fatto che la macchina è dal meccanico non è semplicemente un'informazione di tipo spaziale (il luogo in cui l'ho lasciata), ma riguarda la condizione della macchina, e la sua agibilità. In altre parole invece di dire "la macchina è dal meccanico" potevo equivalentemente dire – 'equivalentemente' dal punto di vista del problema – "non posso andare con la macchina". Lo sciopero degli autobus mette in gioco un'altra massa di informazioni: cos'è lo sciopero, cosa succede quando c'è lo sciopero. Avrei potuto dire in modo equivalente – ancora, equivalente rispetto al problema – "non mi è possibile andare in autobus". Ma non è finita qui. Il fatto che noi comprendiamo immediatamente il problema appoggia su conoscenze implicite che condividiamo: dal dentista si va spesso per appuntamento, o per emergenza, e questo ci fa capire quel "*devo* andare dal dentista", e le conseguenze che una mancata visita può avere. Si potrebbe continuare ancora, mettendo in discussione cosa si fa dal dentista, cos'è una macchina, cos'è un autobus... Appare allora chiaro che la comprensione del problema appoggia sulla condivisione di una grande quantità di conoscenze, e che la condivisione di queste conoscenze a sua volta è resa possibile dalla condivisione di contesti di esperienza, ... di *narrazioni*. Se la stessa affermazione la facessi in un contesto – ad esempio un piccolo paese - in cui le distanze sono talmente ridotte che nessuno si sposta in macchina o in autobus, l'interlocutore non capirebbe il problema.

Vorrei sottolineare che quella che è in gioco non è la comprensione linguistica dei vari vocaboli utilizzati (il cosiddetto 'dizionario'), ma piuttosto la conoscenza enciclopedica da essi evocati. Per convincersi di questo fatto basta pensare a problemi tipici di contesti specifici di esperienza, quali lo sport, la musica, un certo mestiere, ma anche situazioni più particolari che vedono un gruppo di persone condividere scopi ed esperienze.

Ad esempio in questi ultimi anni ho tenuto spesso lezioni in corsi rivolti ad insegnanti che volevano prendere l'abilitazione al sostegno ad alunni disabili. Questi corsi, oltre ad avere l'obbligo di frequenza, prevedevano anche esami finali sulle varie materie, ed il superamento di questi esami richiedeva di dedicare a casa del tempo allo studio. I corsisti erano per lo più insegnanti già maturi, e quindi già in servizio, in genere con famiglia, e si trovavano quindi a dover conciliare un impegno su diversi fronti: la scuola, la famiglia, la frequenza del corso, lo studio a casa.

Alla richiesta di fare un esempio di problema reale, molti rispondevano semplicemente: "*Studiare*". Il fatto di condividere le difficoltà dette sopra rendeva immediatamente comprensibile ai compagni in che cosa consisteva il problema, non c'era bisogno di spiegare, e soprattutto non c'era bisogno di formulare esplicitamente una domanda! Ma immaginiamo la stessa frase (anzi parola) pronunciata in un contesto diverso, non caratterizzato dalla condivisione di quelle esperienze: non riusciremmo a capire 'dove sta' il problema!

Levinson (1983) riporta un esempio tratto dai lavori di intelligenza artificiale (Charniak, 1972) che mette in rilievo l'importanza delle conoscenze presupposte nella comprensione degli enunciati:

"Giovanni voleva comprare un regalo a Carlo per il suo compleanno, perciò andò a prendere il suo maialino; lo agitò ma non udì nessun rumore; avrebbe dovuto fare un regalo a Carlo con le sue mani".

Per capire questa storiella, osserva Levinson, si devono conoscere i seguenti fatti: i regali si comprano di solito con i soldi; i salvadanai possono avere la forma di un maialino e sono fatti in genere di materiali quali la plastica o il metallo; i soldi in un contenitore fatto di tali materiali generalmente fanno un rumore metallico, ecc[17].

Attività 4.4
Fai un esempio di problema reale.
Secondo te quali conoscenze è necessario avere per riconoscerlo come problema?

Le considerazioni fatte suggeriscono a mio parere possibili interpretazioni per alcune difficoltà tipicamente incontrate da molti allievi nell'attività di risoluzione dei problemi scolastici standard; al tempo stesso indicano anche possibili azioni didattiche da mettere in atto affinché il pensiero narrativo possa collaborare con il pensiero logico anche nel produrre processi risolutivi.

Come abbiamo visto dagli esempi, nel caso del problema reale il contesto permette di evidenziare gradatamente la problematicità della situazione, e la domanda finale diventa perfino inutile, tanto è naturale:

"*Devo andare dal dentista ma ho un problema: c'è sciopero degli autobus e la macchina è dal meccanico*".

Nel caso del problema scolastico standard non c'è in genere una situazione effettivamente problematica che aiuti l'allievo a comprendere il problema: la situazione descritta ha la funzione di contenitore di dati che acquista importanza solo alla luce della particolare domanda formulata.

Prendiamo un esempio tipico:
"*Carlo compra un quaderno e due penne.
Spende 2 €. Una penna costa 0,6 €.
Quanto costa il quaderno?*"

---

[17] Nell'ambito dell'intelligenza artificiale e della psicologia cognitiva queste considerazioni portano alla nozione di 'cornice', intesa come "un *corpus* di conoscenze evocate al fine di fornire la base inferenziale per la comprensione di un enunciato" (Levinson, 1983, tr. it. p. 285).

4.11 Scena 3: Luca (ovvero: ancora sull'importanza del contesto)

La situazione descritta (quella che usualmente si chiama *contesto*) *non* è una situazione problematica: dove sta il problema nel fatto che *"Carlo compra un quaderno e due penne. Spende 2 €. Una penna costa 0,6 €"*? La domanda finale quindi non scaturisce in modo 'naturale' da tale situazione, come avviene nei problemi reali: è legata al contesto solo perché per dare una risposta bisogna utilizzare i dati (numerici) in esso presenti[18].

La presenza di un contesto ricco e famigliare allora mette in moto il pensiero narrativo permettendo sì di comprendere la situazione descritta, ma senza che questa comprensione faciliti quella della domanda finale, che è solo artificiosamente collegata a tale situazione, e aiuti quindi a risolvere il problema: addirittura come abbiamo visto la mancata coerenza fra contesto e domanda può spingere l'allievo, soprattutto nel caso di un contesto particolarmente ricco di riferimenti, a concentrarsi su aspetti non significativi, ed in definitiva a rispondere a domande diverse da quella effettivamente posta.

Perché il pensiero narrativo possa essere d'aiuto e non d'ostacolo al pensiero logico nella risoluzione di un problema scolastico espresso in forma verbale occorre quindi grande attenzione alla formulazione del testo (Zan, 1998, 2002a): non si tratta di narrare una storia, e poi *su* questa storia porre domande, ma di narrare una storia *che è* un problema. Questo tipo di preoccupazione porterebbe ad esempio a riformulare il problema del quaderno nel modo seguente:

"Andrea deve comprare un quaderno ma non può andare in cartoleria.
Chiede allora a Carlo di comprarglielo.
Carlo però oltre al quaderno per Andrea compra per sé due penne da 0,6 €
l'una. Spende in tutto 2 €.
Andrea gli chiede: 'Quanti soldi ti devo dare per il mio quaderno?'
Come fa Carlo a saperlo?"

Alcune informazioni presenti in questo testo - come il fatto che Carlo compri il quaderno per Andrea - possono apparire 'irrilevanti' per la *soluzione* del problema: ma questo non significa che siano irrilevanti per il processo di *comprensione* del problema stesso, preliminare a quello risolutivo. Come abbiamo visto nell'esempio del dentista, nella comprensione del problema, nel dargli un *senso*, il contesto gioca un ruolo cruciale nel dirigere l'interpretazione del soggetto attraverso l'attivazione delle sue conoscenze e competenze.

Qualcuno potrebbe obiettare che il secondo testo, così ricco di informazioni, può diventare dispersivo e mettere l'allievo in difficoltà. In altre parole la

---

[18] La domanda può apparire 'naturale' - anche se il termine più appropriato è 'prevedibile' - a chi è ormai abituato alla formulazione stereotipata dei problemi verbali. Ma in realtà la prevedibilità riguarda solo il fatto che ci si aspetta che per rispondere alla domanda sia necessario utilizzare i dati del contesto, tanto che altre domande ci suonerebbero altrettanto 'naturali': Quanto costano le due penne? Quanto costerebbero 2 quaderni? Quanto spenderebbe comprando 3 penne e 2 quaderni? Eccetera...

modifica che vuole eliminare una difficoltà ne introduce in realtà un'altra, forse maggiore!

Ma la domanda che dobbiamo porci è questa: in che senso la versione lunga è 'più difficile' dell'altra? In che senso invece è 'più difficile' la versione corta?

La mia opinione è che la difficoltà della versione lunga è essenzialmente legata alla comprensione del testo: ma l'obiettivo di far comprendere un testo è un obiettivo estremamente significativo, e vale quindi la pena (per insegnanti ed allievi) di investire risorse in quella direzione. Forse tale difficoltà, soprattutto in allievi abituati a testi stereotipati, diminuirà nell'immediato la probabilità di avere dagli allievi risposte corrette, ma alla lunga eviterà pericolose scorciatoie di pensiero.

Viceversa la difficoltà del testo stereotipato è da eliminare, non perché è da ostacolo a risposte corrette, ma perché è da ostacolo a processi di pensiero significativi, quali quelli che appoggiano la risoluzione del problema sulla ricostruzione della situazione problematica.

4.12 La responsabilità dell'insegnamento

Le riflessioni fatte nei paragrafi precedenti ci portano in modo naturale ad individuare alcune responsabilità dell'insegnamento nella costruzione di misconcetti da parte degli allievi o nel loro uso inadeguato del linguaggio matematico.

Per quanto riguarda i misconcetti, se riflettiamo sulle nostre abitudini di insegnanti possiamo riconoscere che molte volte gli esempi che scegliamo possono facilitare la costruzione di modelli primitivi con vincoli parassiti.

Quando in un riferimento cartesiano scegliamo un punto generico (x,y), in genere lo scegliamo nel primo quadrante. Quando disegniamo una figura geometrica, la disegniamo in posizione standard. Quando facciamo esempi numerici, privilegiamo numeri interi, o addirittura naturali. Quando introduciamo l'integrale definito, consideriamo una funzione positiva e continua. Del resto così fanno anche i libri di testo. Certamente queste scelte hanno un senso: siccome la nostra attenzione di esperti è concentrata in quel momento su altri aspetti, cerchiamo di evitare complicazioni, di calcolo o di disegno, che riteniamo accessorie, in modo da mettere in luce solo gli aspetti che riteniamo significativi. Ma nello studente non c'è – non ci può essere ancora! – questa consapevolezza. Ed ecco che la nostra scelta motivata diventa complice della nascita o del consolidamento di un misconcetto. A volte invece è la paura di creare conflitti negli allievi (seppure cognitivi) a farci privilegiare prima l'esempio e poi l'esercizio più standard, nella speranza che in mancanza di ostacoli tutto vada liscio, cioè sia possibile avere comunque una risposta corretta. Ma se la pratica acquisita su esercizi uguali a quello illustrato dall'insegnante favorisce la corretta esecuzione di tali esercizi, le risposte corrette non garantiscono però l'assenza di misconcetti: questo è emerso chiaramente da molti esempi, primo fra tutti quello di Benny. Del resto Clement, Lochead e Monk

4.13 Concludendo

(1981), commentando i risultati dei loro studi sul problema degli studenti e dei professori, sottolineano che i misconcetti evidenziati dalle risposte al test sono riusciti a sopravvivere ad anni e anni di pratica scolastica con le equazioni, per il semplice motivo che tale pratica non richiede la comprensione del significato di equazione!

Anche le riflessioni fatte sul linguaggio puntano il dito su alcune responsabilità dell'insegnante. Spesso l'insegnante non è consapevole degli effetti che può avere sugli allievi la mescolanza continua fra linguaggio quotidiano e linguaggio matematico che caratterizza la comunicazione in classe durante l'attività matematica. Ma ancora prima non è consapevole di tale mescolanza.

Pensiamo a quante volte ci capita di pronunciare frasi come:
"Se state zitti, non vi assegno compiti per casa".

Se andiamo ad analizzare il significato dell'implicazione in queste frasi, possiamo riconoscere che non è quello tipico del linguaggio matematico, ma piuttosto riflette gli schemi di conversazione che abbiamo illustrato nel capitolo precedente e poi ripreso in questo[19].

L'affermazione "Se state zitti, non vi assegno compiti per casa" manda (*vuole* mandare!) il messaggio che 'se *non* state zitti, vi assegno i compiti per casa'. E questo messaggio viene inviato dalla stessa persona che accusa di scarse capacità logiche l'allievo che da 'A → B' deduce 'non A → non B'!

Ancora una volta rimando il lettore (giustamente) interessato a queste problematiche al testo di Ferrari (2005).

Infine ho già fatto ampiamente riferimento alle responsabilità dell'insegnamento nella formulazione di testi di problemi che spingono verso un pensiero di tipo narrativo per poi tradirlo nella domanda finale, senza cioè preoccuparsi di saldare contesto e domanda, e soprattutto senza preoccuparsi di saldare il pensiero narrativo con quello logico.

4.13 Concludendo

In questo capitolo abbiamo avuto modo di vedere le implicazioni delle opinioni non di lusso presentate nel capitolo precedente, soprattutto del modello di allievo come interprete dell'esperienza. Sono quelle opinioni che ci hanno suggerito una nuova interpretazione dei comportamenti di Johnnie, Marco, Irene, Alice, Annalisa, Luca, protagonisti di alcune delle scene della nostra Galleria iniziale.

L'analisi che abbiamo condotto di vari esempi di errori per lo più tipici ci fornisce dei primi elementi per capire il fallimento dell'intervento di recupero tradizionale, e soprattutto dei processi di osservazione ed interpretazione che lo precedono.

---

[19] Un esempio analogo ma più provocatorio è: "Se nel compito fate bene l'esercizio sull'implicazione vi do tre punti in più".

4 L'interpretazione degli errori: prime osservazioni

Se l'errore è frutto di misconcetti un'azione che voglia essere efficace dovrà prima esplicitare e poi rimuovere le interpretazioni soggiacenti; in caso contrario l'errore si ripresenterà puntualmente, magari in contesti diversi.

Quando la risposta dell'allievo sembra essere dovuta all'uso di schemi di ragionamento o forme di razionalità tipiche di contesti diversi da quello matematico, è l'idea stessa di errore ad essere messa in discussione, e comunque l'intervento che questi fenomeni suggeriscono richiede tempi lunghi ed il superamento di approcci locali.

La consapevolezza di questa complessità è necessaria, ma non implica a mio parere che l'insegnante debba diventare un esperto di errori, e più in generale che capisca *quale* tipo di ragionamento sta seguendo un allievo. Piuttosto è fondamentale che si 'sbilanci' in una prima ipotesi interpretativa: l'ipotesi che l'allievo stia seguendo un processo di pensiero. L'intervento coerente con questa ipotesi di lavoro porterà l'insegnante a porre domande per aiutare l'allievo ad esplicitare il *suo* processo personale, piuttosto che a suggerire risposte per fargli percorrere un cammino prestabilito.

Questa collaborazione positiva è resa possibile da un certo tipo di comunicazione che va costruita nella pratica didattica quotidiana: se l'insegnante vuole sapere cosa ha pensato l'allievo, finalmente dovrà porgli domande *vere*, di cui non conosce a priori la risposta. Questo sottolinea da una parte l'importanza di educare gli allievi a descrivere i propri processi di pensiero, aspetto su cui torneremo. D'altra parte sottintende nella classe un clima di fiducia reciproca e di collaborazione. Questi aspetti pongono in definitiva il problema della condivisione degli *scopi*, che qui abbiamo appena accennato ma che dovremo affrontare in modo più sistematico.

Ma un'altra questione rimane aperta. Abbiamo detto che il fatto che l'allievo stia seguendo un processo di pensiero è un'ipotesi di lavoro per l'insegnante, e le considerazioni fatte in questo capitolo possono dare suggerimenti ulteriori sia per l'intervento di recupero, che per decidere se un intervento è effettivamente necessario. Ma alcuni comportamenti degli allievi sembrano piuttosto frutto della rinuncia a priori a pensare, come quando l'allievo non risponde oppure sembra rispondere a caso: sono situazioni per noi altrettanto interessanti, forse anche di più, in quanto appare più difficile in questi casi ipotizzare un intervento di recupero efficace.

Questi problemi rimasti aperti verranno affrontati nella seconda parte di questo libro, che si apre con il prossimo capitolo: torneremo a parlare del processo di *osservazione*, ed introdurremo l'idea di *comportamento fallimentare*, che sarà il filo conduttore dei capitoli successivi.

Parte 2
Dagli errori ai comportamenti fallimentari

5
I comportamenti fallimentari

5.1 Introduzione

In questo capitolo getteremo le basi per la costruzione di un processo di osservazione alternativo a quello tradizionale, che come abbiamo più volte detto è centrato sull'individuazione di errori. Dato che questa osservazione è finalizzata all'intervento, l'idea che ci guida è quella di *cambiamento*. Ma *chi* deve cambiare *cosa*? In realtà quello che l'insegnante vuole è che l'allievo non ripeta certi errori, che impari ad affrontare e risolvere in modo efficace le situazioni problematiche che gli vengono proposte: in definitiva che l'allievo modifichi i propri comportamenti inadeguati (o meglio: quelli che l'insegnante ritiene inadeguati) in matematica. Quindi è *all'allievo* che si chiede di cambiare: ma se non lo coinvolgiamo attivamente in questo progetto che richiede tempo e fatica, il cambiamento non potrà avvenire in modo efficace e profondo, ed al più riusciremo ad ottenere da lui delle risposte diverse.

Questa idea di cambiamento e di progettualità ha dei forti legami con il problem solving, cioè l'attività di soluzione di problemi (problemi in generale, e non solo problemi di matematica). In questo capitolo quindi introdurremo il problem solving come strumento teorico per costruire un'osservazione finalizzata all'intervento: dopo una breve introduzione ci soffermeremo sulla definizione stessa di problema, e sarà proprio l'analisi di tale definizione a far emergere alcuni nodi cruciali per l'approccio al recupero, in particolare a suggerire l'idea di *comportamento fallimentare* contrapposta a quella di *errore*.

Anche se un'analisi più approfondita del problem solving è rimandata al prossimo capitolo, avremo comunque modo di proporre qui alcune considerazioni sull'attività di soluzione di problemi di matematica, uno dei nodi dell'attività matematica scolastica che caratterizza soprattutto i primi livelli scolari.

5.2 Il problem solving

La scelta di utilizzare l'espressione *problem solving* anziché semplicemente *attività di soluzione di problemi* non è dovuta ad anglofilia. Il fatto è che quest'ultimo modo di dire viene automaticamente associato all'attività di soluzione di problemi di matematica tipica della pratica scolastica, ed invece preferisco a priori far riferimento all'accezione più estesa.

Il problem solving è da sempre considerato un'attività che caratterizza l'essere umano, e come tale ha avuto un ruolo importante nella psicologia. Uno degli approcci che ha dato i contributi più rilevanti è quello della Psicologia della Gestalt, a partire dagli anni '20 del secolo scorso. In realtà come osserva Kanizsa (1973) il termine *problem solving* si incontra raramente negli scritti degli psicologi della Gestalt, che preferiscono parlare piuttosto di *pensiero produttivo*, in contrapposizione col pensiero ri-produttivo. Il pensiero produttivo caratterizza i processi che producono il nuovo, che creano ciò che non c'era, che fanno scaturire l'idea originale:

> Le ricerche degli psicologi della Gestalt sono rivolte a stabilire la fenomenologia di questi processi produttivi e le caratteristiche che li distinguono da quelli meramente riproduttivi, a individuare le condizioni che li favoriscono e quelle che li ostacolano, a localizzare i momenti decisivi del processo, quando si sprigiona il lampo della comprensione [Kanizsa, 1973, p. 36].

Tipico dell'approccio della Gestalt è il ruolo riconosciuto alla *ristrutturazione* del problema, una trasformazione che non è puramente percettiva, ma consapevole e funzionale al problema stesso. L'importanza della ristrutturazione emerge chiaramente nel seguente classico esempio di problema studiato dagli psicologi della Gestalt:

Sia dato il quadrato ABCD e si prolunghino i due lati AD e BC in modo che i due segmenti AP e CQ siano tra loro uguali. Sono note la lunghezza del lato del quadrato e la lunghezza dei due prolungamenti. Problema: trovare la somma delle aree del quadrato ABCD e del parallelogramma APCQ.

La situazione è illustrata nella figura 5.1.

Poichè l'area del quadrato è nota, la difficoltà consiste nel calcolare l'area del parallelogramma, finchè non ci si accorge che il lato del quadrato è *anche* l'altezza del parallelogramma. Come osserva Kanizsa (1973), "ciò richiede che i dati originari del problema subiscano una riorganizzazione che, per un non matematico, non è troppo facile. Essa comporta infatti che un elemento che è stato dato con una certa funzione (lato) assuma una nuova funzione (altezza)" (*ibidem*, p. 46).

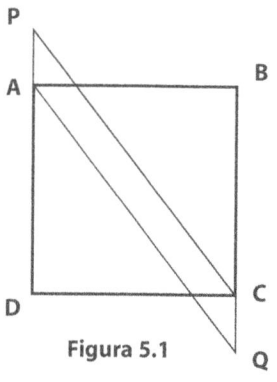

Figura 5.1

Le prime ricerche sul pensiero produttivo furono condotte da Köhler (1921) sull'intelligenza delle scimmie superiori, in aperta contestazione delle posizioni di Thorndike (1898), secondo il quale negli animali era da escludere la possibilità di un comportamento definibile come *intelligente*. Fra i rappresentanti più importanti dell'approccio della Gestalt oltre a Köhler stesso ricordiamo Wertheimer, Duncker, Luchins, Maier.

Il pensiero produttivo può essere coinvolto nella risoluzione di problemi di qualsiasi tipo, in particolare in problemi di carattere pratico[1], ma molti dei contributi di Wertheimer e Duncker sono interessanti proprio dal punto di vista matematico e didattico. Il testo di Wertheimer *Productive Thinking*, nella seconda edizione del 1959 curata dal figlio e da studiosi amici dello psicologo, dedica interi capitoli a temi quali "L'area del parallelogrammo" (cap. I), "Il problema degli angoli opposti al vertice" (cap. III), "Una storia famosa: il piccolo Gauss" (cap. IV), "Il quadrato di un binomio: imparare l'aritmetica (cap. VI), "Trovare la somma degli angoli di un poligono" (cap. VIII); inoltre una delle appendici, dedicata a "Suggerimenti per insegnare l'area", contiene una serie di riflessioni estremamente attuali e profonde dal punto di vista didattico. Anche Duncker nella sua opera *Zur Psychologie des produktiven Denken*, pubblicata per la prima volta nel 1935, analizza i processi risolutivi di problemi aritmetici e geometrici significativi, ed inoltre affronta la questione del talento matematico.

Fra le altre teorie che nell'ambito della psicologia hanno affrontato il tema del problem solving ci limitiamo a ricordare quella nata nell'ambito dell'intelligenza artificiale e che ha come fondatori riconosciuti l'economista Herbert Simon ed il matematico Allen Newell, allievo di Polya a Stanford alla fine degli anni '40. All'interno dell'intelligenza artificiale lo studio dei processi risolutivi dell'essere umano è finalizzato alla progettazione di macchine in grado di riprodurli. Tale obiettivo ha quindi portato in un primo periodo a privilegiare l'analisi di una particolare tipologia di problemi, quelli che richiedono l'organizzazione sequenziale di diverse fasi, una strategia, molte informazioni in memoria.

Tipici problemi studiati nella fase iniziale di questo approccio sono quelli di criptoaritmetica, quali ad esempio:

DONALD +
GERALD =

ROBERT

Un altro problema studiato è quello della torre di Hanoi: ci sono tre bastoncini in uno dei quali sono infilati dei dischi di legno di diametro decrescente; bisogna spostare i dischi uno per volta da quel bastoncino ad un altro, rispettando la regola che non si può mettere un disco più grande su uno più piccolo. Ma più di tutti è stato oggetto di studio il gioco degli scacchi.

Si tratta quindi per lo più di problemi di cui è possibile prevedere lo 'spazio problemico', cioè lo "spazio delle possibili situazioni da esaminare allo scopo di trovare quella situazione che corrisponde alla soluzione" (Simon e Newell, 1971,

---

[1] Uno dei problemi maggiormente studiati da Duncker è il seguente: cercare un procedimento per liberare un uomo da un tumore inoperabile allo stomaco, con l'aiuto di raggi di intensità sufficiente a distruggere tessuti organici, evitando però nello stesso tempo di danneggiare il tessuto sano che circonda il tumore.

tr. it. p. 116): dal punto di vista dei contenuti matematici questo vincolo riduce notevolmente la tipologia dei problemi che interessa considerare.

Possiamo concludere comunque che nei due approcci citati la matematica è considerata un contesto particolarmente significativo per studiare i processi tipici del problem solving. E d'altra parte il ruolo dei problemi nell'attività matematica è ampiamente riconosciuto, tanto che alcuni matematici caratterizzano la matematica come l'arte di risolvere i problemi. Questa posizione è ben descritta nel seguente brano del matematico Paul Halmos:

> In che cosa consiste veramente la matematica? Assiomi (come il postulato delle parallele)? Teoremi (come il teorema fondamentale dell'algebra)? Dimostrazioni (come la dimostrazione di Gödel dell'indecidibilità)? Definizioni (come la definizione di dimensione di Menger)? Teorie (come la teoria delle categorie)? Formule (come la formula integrale di Cauchy)? Metodi (come il metodo delle approssimazioni successive)?
> Certamente la matematica non potrebbe esistere senza questi ingredienti; essi sono tutti essenziali. Tuttavia un punto di vista sostenibile è che nessuno di essi è al centro della disciplina, che il motivo principale di esistenza per il matematico è risolvere problemi, e che, dunque, quello in cui consiste veramente la matematica sono problemi e soluzioni [Halmos, 1980, p. 519].

Ma l'importanza dei problemi nell'attività dei matematici non si limita alla loro soluzione. Nella storia della matematica il tentativo di dare una risposta a problemi aperti ha portato alla costruzione di nuove teorie e nuovi risultati, a prescindere in fondo dall'esito favorevole della soluzione del problema di partenza. L'importanza riconosciuta ai problemi è testimoniata dalla scelta del grande matematico David Hilbert di aprire il II Congresso Internazionale dei Matematici tenutosi a Parigi nel 1900 con un elenco di 23 problemi ancora irrisolti in vari campi[2].

Uno di questi è il famoso teorema di Fermat, che asserisce che se $n > 2$ non esistono tre numeri interi x, y, z tali che $x^n + y^n = z^n$. Come molti sapranno il teorema di Fermat è stato dimostrato solo recentemente, nel 1994, da Andrew Wiles, come conseguenza di un altro risultato di portata estremamente più vasta. Ma quello che è interessante osservare, e che Hilbert stesso osservava, è la fecondità del problema in quanto tale: per tentare di dimostrare quella congettura o altre, e più in generale per dare risposte a problemi aperti, nascono nuove idee, addirittura nuove teorie o nuovi campi della matematica.

Hilbert quindi sottolinea esplicitamente l'importanza e la centralità dei problemi per la matematica: una scienza vive finché ha problemi, egli dice, ed è attraverso la soluzione di problemi che il ricercatore mette alla prova la 'tempra del suo acciaio'.

---

[2] L'intervento di Hilbert, pubblicato nel 1902 sul *Bulletin of the American Mathematical Society*, si può leggere anche in un numero del 2000 della stessa rivista che raccoglie articoli di matematici famosi risalenti a cento anni prima.

5.2 Il problem solving

Un altro matematico che ha enfatizzato l'importanza dei problemi nell'attività matematica è George Polya. La cosa interessante è che da questa centralità dei problemi nel lavoro di ricerca dei matematici Polya fa discendere la necessità di proporre tale attività anche quando si insegna matematica:

> Se l'apprendimento della matematica ha qualcosa a che fare con la scoperta matematica, bisogna dare allo studente qualche opportunità di fare problemi nei quali egli prima congettura e poi dimostra alcuni fatti matematici di un livello adeguato [Polya, 1954, p.160].

Del resto già nella prefazione ad una raccolta di esercizi di analisi scritta dal matematico nel 1925 in collaborazione con Gabor Szego (tradotta in inglese nel 1972 col titolo *Problems and theorems in analysis I*), si legge:

> Questo libro non è una semplice collezione di problemi. La sua caratteristica più importante è l'organizzazione sistematica del materiale che vuole stimolare il lettore ad un lavoro indipendente e suggerirgli utili direzioni di pensiero.
> [...] Trasmettere conoscenze di fatti per noi è di secondaria importanza. Quello che soprattutto vogliamo promuovere nel lettore è un atteggiamento corretto, una certa disciplina di pensiero, che sembrerebbe di più essenziale importanza in matematica che in altre discipline scientifiche.
> [...] Piuttosto che conoscere teoricamente le corrette regole di pensiero, uno le deve aver assimilate nella propria carne e nel proprio sangue, pronte per un uso immediato e istintivo [Polya e Szego, 1925, tr. ingl. pp. VI-VII].

Queste intuizioni didattiche sono poi elaborate e organizzate in un modo più sistematico e finalizzato all'educazione in una serie di testi dedicati all'attività di soluzione di problemi: *How to solve it*, uscito per la prima volta nel 1945, *Mathematics and Plausible Reasoning*, del 1954, e *Mathematical Discovery*, del 1962.

L'interlocutore di Polya in questi testi è ogni lettore interessato all'attività di risoluzione di problemi, ma soprattutto l'insegnante di matematica. È proprio all'insegnante di matematica che egli si rivolge nelle prime pagine di *How to solve it*:

> Quindi un insegnante di matematica ha una grande possibilità. Ovviamente, se egli impiegherà le sue ore di lezione a far eseguire dei calcoli ai suoi studenti, finirà per soffocare il loro interesse, arrestare il loro sviluppo mentale e sciupare l'opportunità che gli si presenta. Invece, se risveglierà la curiosità degli alunni proponendo problemi di difficoltà proporzionate alle conoscenze della scolaresca e li aiuterà a risolvere le questioni proposte con domande opportune, egli saprà ispirare in loro il gusto di un ragionamento originale [Polya, 1945, tr. it. p. 7].

La raccomandazione di Polya pare precorrere alcune implicazioni del modello costruttivista dell'apprendimento che abbiamo visto nel terzo capitolo: tale modello, enfatizzando il ruolo del discente nella costruzione della conoscenza, sottolinea infatti l'importanza di proporre all'allievo esperienze significative e stimolanti, che non si limitino all'esecuzione di compiti ripetitivi.

A partire dagli studi di Polya si è sviluppato un filone di ricerca molto vivace nell'ambito dell'educazione matematica, che ha visto i contributi più interessanti negli anni '80-'90 (solo per citare alcuni ricercatori: Glaeser, Brousseau, Schoenfeld, Silver, Lester). Questo filone di ricerca ha preso l'avvio dall'analisi dei processi cognitivi coinvolti nella risoluzione di problemi, ma ha poi riconosciuto la necessità di allargare l'attenzione alla gestione di tali processi (cosiddetti fattori metacognitivi) ed ai fattori emozionali. Torneremo più avanti su questi aspetti.

5.3 Il problem solving nella pratica didattica

In realtà l'importanza data ai problemi nell'attività matematica e anche nella ricerca in educazione matematica non ha analogo riscontro nella pratica dell'insegnamento.

La parola *problema* nella pratica didattica assume per lo più il significato di un'etichetta che caratterizza un certo tipo di esercizio: un testo che pone una domanda finale e che richiede procedimenti che hanno a che fare con la matematica.

In questa accezione possiamo dire che il problema ha avuto da sempre un ruolo importante nell'insegnamento della matematica. In un articolo interessante sul problem solving nel curriculum di matematica scritto in prospettiva storica Stanic e Kilpatrick (1988) portano esempi di problemi che risalgono addirittura al 1650 a.C.; particolarmente attuale l'esempio tratto da un documento cinese del 1000 a.C.:

Di due piante acquatiche selvatiche il primo giorno una cresce 3 piedi e l'altra 1 piede. La crescita della prima ogni giorno dimezza rispetto al giorno precedente mentre l'altra raddoppia rispetto al giorno precedente. In quanti giorni le due piante raggiungeranno la stessa altezza?

Problemi simili a questo e tanti altri riempiono le pagine dei libri di testo fin dal 1800.

Ma se il problema, inteso come etichetta che caratterizza un testo con una domanda finale, è una presenza costante nei curricula e nei libri di testo di matematica, altrettanto non si può dire del problem solving, come l'abbiamo descritto finora. È soprattutto il modo in cui questo tipo di esercizi è utilizzato nella pratica didattica ad aver poco a che fare con il pensiero produttivo studiato dalla teoria della Gestalt, o con l'attività creativa descritta da Hilbert e Polya. In genere di fronte ad un problema nuovo l'insegnante fa vedere alla lavagna come si risolve. Solo dopo aver illustrato il processo risolutivo egli propone alla classe altri problemi dello stesso tipo, chiedendo, a volte esplici-

5.3 Il problem solving nella pratica didattica

tamente, di risolverli *nello stesso modo*. Il problema diventa così un esercizio che mette in atto un pensiero ri-produttivo. E come sono messi i problemi nei libri di esercizi? Raccolti sotto il titolo del capitolo che sta ad indicare quali conoscenze e formule andranno utilizzate: il teorema di Pitagora, l'area dei quadrilateri, il massimo comun divisore, ecc. In definitiva il pensiero produttivo tipico del problem solving lascia il posto nella realtà scolastica ad un pensiero che riproduce quello dell'insegnante.

Per di più queste scelte didattiche passano anche all'allievo il messaggio che la risposta corretta, il prodotto, sia più importante del processo che ha messo in atto: processo che nel caso di un 'vero' problema può essere comunque significativo, anche se non arriva a produrre una risposta corretta. A sua volta questa attenzione ai prodotti piuttosto che ai processi ha conseguenze estremamente negative per l'atteggiamento che l'allievo costruisce nei confronti della matematica: come abbiamo visto nel primo capitolo l'enfasi sulle risposte corrette porta alla paura di sbagliare, al rifiuto di esplorare e congetturare così tipico dell'attività dei matematici; il senso di abilità poi viene subordinato alla capacità di dare la risposta giusta in un tempo limitato.

L'attività di soluzione di problemi nella pratica scolastica quindi si riduce per lo più alla riproduzione di procedimenti illustrati dall'insegnante, che li usa per consolidare certe conoscenze o abilità, se non addirittura per verificarle. L'affinità fra i problemi di scuola ed i problemi di cui parlano Hilbert, Polya ma anche Wertheimer e Duncker è quindi esclusivamente linguistica: la stessa parola descrive in realtà cose e attività completamente diverse!

Attualmente il problem solving è oggetto di attenzione in diverse discipline: psicologia, didattica, ma anche psicoterapia, counseling, economia, gestione aziendale, ... In tutti questi casi varia il contesto in cui il problema è posto, e naturalmente le conoscenze che sono coinvolte, ma non le abilità trasversali che è importante avere, genericamente indicate come abilità di problem solving. Nonostante la differenza di approcci e di terminologia che caratterizza la ricerca dei diversi settori, c'è una discreta condivisione infatti nel riconoscere che la soluzione di un problema si articola in alcune fasi; che il processo risolutivo nel suo complesso enfatizza il ruolo delle decisioni; che tali decisioni coinvolgono aspetti cognitivi, metacognitivi, emozionali.

Non approfondiamo ora questi aspetti del problem solving, che pure sono importanti e che affronteremo più avanti. Voglio infatti prima spiegare *perché* e *come* gli studi sul problem solving ci potranno essere utili per il problema del recupero in matematica.

Questa spiegazione rende però necessario considerare preliminarmente un punto delicato e importante, che ci aiuterà anche ad interpretare la frattura cui abbiamo accennato fra problem solving e attività di soluzione di problemi come è praticata in classe, e che riguarda la definizione stessa di problema.

Gli sforzi dei ricercatori che seppure in ambiti diversi si sono occupati di problem solving si sono concentrati per lo più sui processi risolutivi, assumendo in un certo senso che il problema già ci fosse nella 'mente' del soggetto solutore, nel momento in cui andavano ad indagarne i processi di pensiero ed i comportamenti. Come osservano Mosconi e D'Urso (1974) i problemi prevalentemente studiati dagli psicologi sono i cosiddetti problemi *eteroposti*, in cui cioè chi pone il problema è persona diversa da chi tenta di risolverlo. I ricercatori aggiungono anche che non è difficile capire il perché di questa scelta: si può creare e ripetere a piacimento la situazione sperimentale; tale situazione è più facilmente controllabile; evita i rischi di appoggiarsi sull'introspezione. Nel versante dell'educazione matematica la situazione appare ancora più chiara: i problemi che gli allievi affrontano sono quelli che l'insegnante di matematica assegna, eventualmente prendendoli da un testo[3].

In definitiva gli studi sul problem solving, sia nell'ambito della psicologia che in quello dell'educazione matematica, tendono ad analizzare quello che succede *dopo* che il soggetto ha riconosciuto il problema in quanto tale, ed ha deciso di risolverlo.

A mio parere invece proprio questi due passaggi - riconoscere il problema e decidere di risolverlo - mettono in gioco processi complessi ed importanti: solo approfondendo tale complessità potremo pienamente utilizzare i risultati della ricerca sul problem solving nella pratica scolastica, in particolare nel recupero.

Questo punto per noi è allora un punto centrale, che non possiamo ignorare. Abbandoniamo quindi per il momento la riflessione sui processi risolutivi e ricominciamo dall'inizio: cerchiamo di capire che *cos'è un problema*.

5.4 Che cos'è un problema?

Attività 5.1
Come definiresti un problema?

Nel linguaggio quotidiano la parola 'problema' è usata con diverse accezioni, che potremmo sintetizzare così:

1) *Problema* come situazione in cui c'è un obiettivo da raggiungere, e delle difficoltà per raggiungerlo.

È questo il caso dell'esempio che abbiamo analizzato nel capitolo precedente:
"*Devo andare dal dentista ma ho un problema: c'è sciopero degli autobus e la macchina è dal meccanico*".

---

[3] In realtà più recentemente viene sottolineata l'importanza di valorizzare nell'insegnamento della matematica anche l'attività di porre / riconoscere problemi prima ancora che di risolverli, in linea con quella che è l'attività del matematico: ma anche se questo porta ad un'attenzione crescente per il cosiddetto *problem posing*, la ricerca sul problem solving assume che il solutore abbia un problema ed intenda risolverlo.

2) *Problema* come generica situazione di disagio:
"*Ho un problema alla gamba: quando sto seduta per tanto tempo mi vengono i crampi*".
Il disagio può precipitare in guaio, disgrazia:
"*Ho un problema: mi hanno rubato il portafoglio*".
In questi casi non si fa esplicitamente riferimento ad un obiettivo. Potremmo dire che il problema appare più che altro come la rottura di un equilibrio preesistente: in questo senso anche se non viene definito esplicitamente un obiettivo da raggiungere, si può considerare obiettivo implicito il ripristino del precedente equilibrio.

Anche se queste accezioni non sono quindi necessariamente distanti, quella cui faremo riferimento è la prima, perché è quella più utile in questo contesto. La riformuleremo però usando le parole di Karl Duncker (1935), psicologo della Gestalt:

Un problema sorge quando un essere vivente ha una meta ma non sa come raggiungerla.

Le definizioni più frequentemente adottate nell'ambito della psicologia o dell'educazione matematica sono del resto analoghe a questa. Ad esempio Polya scrive: "Abbiamo un problema. Vale a dire abbiamo una meta A che non possiamo raggiungere immediatamente e siamo alla ricerca di qualche azione atta a farcela raggiungere" (Polya, 1962, tr. it., vol. 2, p. 272).
Se guardiamo con attenzione la definizione di Duncker possiamo osservare alcune cose interessanti.
Innanzitutto per parlare di problema ci deve essere un soggetto che vive una situazione come problema. In altre parole una situazione *di per sé* non è un problema: lo è per un certo soggetto.
L'espressione "non sa come raggiungerla" suggerisce la distinzione frequente nella pratica didattica fra *esercizi* e *problemi*: nel primo caso il soggetto ha a disposizione immediata una procedura per raggiungere la meta, nel secondo caso no. Ne discende che una stessa situazione per alcuni può essere un esercizio, per altri un problema. Di più: una stessa situazione per uno stesso soggetto può essere un esercizio od un problema a seconda del momento. Ad esempio per l'insegnante alle prime armi tenere la disciplina o costruire una prova di verifica è spesso un problema: per alcuni l'esperienza trasforma questo problema in esercizio. Viceversa scendere le scale può essere un esercizio quando siamo in salute, e diventare un problema se ci siamo rotti una gamba.
Ma c'è un punto a mio parere ancora più importante nella definizione di Duncker: si parla esplicitamente di *meta*, cioè di uno scopo, di un obiettivo. Quindi non ci può essere un problema se non c'è un obiettivo, ma anche: una stessa situazione può dare origine a problemi diversi a seconda dell'obiettivo che un soggetto si pone. Ad esempio nell'aneddoto di von Neumann che abbiamo visto nel terzo capitolo, l'occasione del gioco del poker, che in genere atti-

va l'obiettivo di vincere, ha presumibilmente attivato in von Neumann l'obiettivo di finire il più presto possibile.

Riassumendo, la definizione di Duncker fa riferimento esplicito ad una persona, ad una meta, alla presenza di un ostacolo, mettendo in luce una dimensione soggettiva del problema ed una dimensione temporale.

Nei paragrafi che seguono approfondiremo in particolare l'aspetto della soggettività, sottolineandone le implicazioni per il recupero: cominciamo prendendo in considerazione alcune parole chiave.

5.5 Fallimento, successo, decisioni

A partire dalla nostra definizione di problema consideriamo il caso significativo in cui un soggetto che ha un problema tenti di raggiungere la meta, ma non la raggiunga. Parleremo in questo caso di *fallimento*, per quel soggetto, rispetto a quella meta, in quel momento. Naturalmente possiamo parlare di fallimento anche nel caso di un esercizio, ed in generale quando c'è una meta, un obiettivo, a prescindere dal fatto che si abbia o meno a disposizione una procedura per raggiungerlo. Quello che cambia nel caso del problema, potremmo dire per sua stessa definizione, è che il fallimento va messo nel conto. Il termine *fallimento* diventa così un termine tecnico, e perde il significato globale e negativo che in genere assume nel linguaggio quotidiano. Ad esempio se uno studente si era posto come obiettivo prendere 8 ad una verifica, ed invece prende 7, non avrà raggiunto il suo obiettivo, e quindi per quello studente si tratta di un fallimento. Simmetricamente se uno studente alla stessa verifica si era posto come obiettivo quello di prendere più di 4, ed effettivamente prende 5, per quello studente non c'è stato fallimento.

Analogamente possiamo parlare di *successo* quando una meta viene raggiunta. Anche in questo caso si tratta di un successo legato ad una particolare situazione, ad un particolare obiettivo, ad un momento particolare.

Non sempre siamo pienamente consapevoli dell'obiettivo che inseguiamo. Può capitare ad esempio di essere convinti di avere un certo obiettivo, ma la sensazione di disagio che accompagna il problema scompare senza che tale obiettivo sia stato raggiunto. In altre parole possiamo avere un'*impressione di successo*[4] a prescindere dal fatto di aver raggiunto un determinato obiettivo. Ed è proprio questa impressione che a posteriori ci dà informazioni su qual era realmente la nostra meta.

La stessa cosa si può dire naturalmente del fallimento: l'*impressione di fallimento* può suggerirci a posteriori quanto fosse importante per noi quel risultato che non abbiamo raggiunto.

Entrambi i casi testimoniano come nei problemi la dimensione emozionale sia fortemente intrecciata ad aspetti cognitivi e di consapevolezza.

---

[4] È un termine che mi è stato suggerito dalla lettura di Mosconi e D'Urso (1973), i quali parlano invece dell'*impressione di errore*, cioè dell'esperienza psicologica di errore.

A volte l'immaginare un certo scenario è sufficiente per evocare un'impressione di successo o di fallimento, e quindi può aiutarci a capire qual è il nostro vero obiettivo.

Facciamo un esempio: nei problemi scolastici espressi attraverso un testo l'obiettivo posto dal problema è in genere identificato con la domanda finale; ma tale domanda rappresenta davvero l'obiettivo *dell'insegnante*?

Supponiamo di aver proposto ai nostri allievi questo problema:
In un triangolo rettangolo ABC i cateti AB e AC misurano 3 cm e 4 cm. Quanto misura l'ipotenusa BC?

Ecco i protocolli di Luca e Martina:
Luca: *L'ipotenusa misura 5 cm.*

Martina: $\overline{BC} = \sqrt{\overline{AB}^2 + \overline{AC}^2} = \sqrt{3^2 + 4^2}\, cm = \sqrt{9 + 16}\, cm = \sqrt{35}\, cm = 5,9\, cm$

Attività 5.2
Se tu fossi l'insegnante, a quale compito daresti una valutazione migliore?
A quello di Luca o a quello di Martina?
Perché?

Probabilmente molti risponderanno "Martina": in effetti il protocollo dell'allieva testimonia un controllo notevole del linguaggio matematico, che non viene smentito dall'errore finale, attribuibile ad una semplice svista.

Altri forse risponderanno: "Luca. Perché magari si ricorda le terne pitagoriche, e quindi non ha bisogno di calcolare la misura dell'ipotenusa. Bisogna vedere come mai ha risposto così".

Per chi ha risposto "Martina", faccio notare che la domanda posta dal problema era molto chiara: "Quanto misura l'ipotenusa BC?". A questa domanda Martina ha risposto scorrettamente, e Luca correttamente.

Si può obiettare che la richiesta di spiegare il procedimento seguito è implicita nella domanda. Supponiamo allora di esplicitare questa richiesta, cioè di aggiungere alla domanda la precisazione:
"Quanto misura l'ipotenusa BC? Spiega quale procedimento hai seguito".
Il protocollo di Martina contiene già questa spiegazione.
Luca invece scrive:
"L'ipotenusa misura 5 cm.
Per trovare questo risultato ho chiesto al mio amico Giacomo."

L'esempio è chiaramente provocatorio, ma vuol mettere in evidenza che la domanda "Quanto misura l'ipotenusa BC?" *non* rappresenta l'obiettivo che ha in mente l'insegnante. Diciamolo francamente: all'insegnante non importa niente di quanto misura l'ipotenusa! Ma nemmeno la precisazione "Spiega quale procedimento hai seguito" rappresenta adeguatamente l'obiettivo dell'insegnante. Se così fosse, l'insegnante percepirebbe la seconda risposta di Luca come soddisfacente: e invece non è così. Dietro l'obiettivo dichiarato c'è un obiettivo diverso: in genere l'insegnante vuole che l'allievo dimostri di saper trovare la misura dell'ipotenusa utilizzando il teorema di Pitagora. E comunque che trovi la misura dell'ipotenusa utilizzando metodi che l'insegnante stesso riconosce come *interni* alla matematica.

Tra l'altro questo esempio mette in evidenza che la differenza fra *senso* e *significato* di cui abbiamo parlato nel terzo capitolo non riguarda solo l'allievo, ma anche l'insegnante, nonostante nel contesto della matematica si enfatizzi molto la mancanza di ambiguità del linguaggio.

Un altro aspetto messo in luce dalla definizione di problema è che il soggetto ha una meta, ma non sa come raggiungerla. Abbiamo visto che questo suggerisce la distinzione fra situazioni di routine, che abbiamo chiamato esercizi, e problemi. Possiamo caratterizzare questa distinzione osservando che nel caso delle situazioni di routine possiamo attivare un comportamento automatico (eventualmente lungo, faticoso, noioso); nel caso del problema dovremo prendere continuamente *decisioni*.

Abbiamo già parlato di decisioni nel terzo capitolo, a proposito degli studi sui processi decisionali condotti da Kahneman e Tversky, e qui abbiamo già detto del ruolo riconosciuto ai processi decisionali nei vari approcci al problem solving: nel linguaggio dell'intelligenza artificiale si parla di decisioni esecutive, nel business di decisioni manageriali, nel linguaggio militare di decisioni strategiche.

Nel linguaggio quotidiano si tende ad identificare le decisioni con le scelte. Ma c'è una differenza sottile, e però cruciale per comprendere la complessità dei processi decisionali: la *scelta* prevede che esistano già delle opzioni fra cui decidere, mentre la *decisione* può prevedere la costruzione di una o più opzioni.

Anche nei problemi tipicamente studiati nei primi lavori di Intelligenza Artificiale, come il gioco degli scacchi, in cui lo spazio problemico (definito, lo ricordiamo, come *"spazio delle possibili situazioni da esaminare allo scopo di trovare quella situazione che corrisponde alla soluzione"*) fa pensare al processo risolutivo come ad una successione di scelte, le dimensioni dello spazio problemico sono tali da renderne necessaria la riduzione attraverso delicati processi decisionali (Newell, Shaw e Simon, 1958).

Questa necessità di ridurre il numero delle scelte possibili attraverso processi decisionali adeguati è resa bene da Poincaré, nel descrivere l'invenzione in campo matematico:

> Ho detto che inventare significa scegliere; ma la parola non è forse del tutto esatta; fa pensare a un acquirente cui viene presentato un gran numero di campioni e che li esamina uno dopo l'altro per fare la sua scelta. Qui [*n.d.t.: nel processo di invenzione in matematica*] i campioni sarebbero così numerosi che una vita intera non sarebbe sufficiente per esaminarli. Non è così che stanno le cose [Poincaré, 1909, p. 49].

5.5 Fallimento, successo, decisioni

Molti anni fa nell'ambito delle mie ricerche sui problemi ho condotto un'indagine sui processi decisionali degli allievi, e soprattutto sulla consapevolezza che essi hanno di tali processi. L'indagine, che ha coinvolto più di 300 allievi di scuola elementare e media, era basata su un questionario costituito da sei domande aperte che miravano ad indagare sulla consapevolezza dei processi decisionali prima nel contesto extrascolastico, poi in quello scolastico, e infine nell'ambito della matematica e dei problemi di matematica (Zan, 1998).

Il testo integrale del questionario è riportato in figura 5.2.

Figura 5.2 Test sulle decisioni

1. Ti capita a volte di prendere decisioni, cioè di decidere qualcosa?
   Fai un esempio.

2. Ti piace prendere decisioni?
   Perché?

3. A scuola ti capita di prendere decisioni?
   Fai un esempio.

4. A casa quando devi fare i compiti, ti capita di prendere decisioni?
   Fai un esempio.

5. Qual è la materia in cui ti capita più spesso di prendere decisioni?
   Perché?

6. Quando devi risolvere un problema di matematica ti capita di prendere decisioni?
   Fai un esempio.

Qui mi limito a fare qualche osservazione sull'idea di decisione che hanno gli allievi. Come si può osservare, nel questionario non ci sono domande dirette su cosa vuol dire *prendere decisioni*, ma questa idea emerge indirettamente dalla seconda domanda ("Ti piace prendere decisioni?").

Nelle risposte meno articolate, che non sono necessariamente quelle date dai bambini più piccoli, prendere decisioni viene identificato col fare quello che si vuole, o addirittura comandare:

"*Sì, solo se influenzano altre persone. Perché mi piace comandare.*" [Marco, 3ª media]

"*Sì. Perché mi piace essere libero.*" [Daniele, 1ª media]

Nelle risposte più evolute è presente la consapevolezza della complessità dei processi decisionali, ed emerge la riflessione che i processi decisionali sono strettamente legati all'assunzione di responsabilità:

"*È bello essere liberi di decidere. Allo stesso tempo, però, ciò comporta delle responsabilità. A me piace poter scegliere, ma, talvolta, prima di farlo, chiedo consigli per fare la cosa più giusta.*" [Dinora, 3ª media]
"*No. A volte rimango col dubbio di aver fatto bene a prendere quella decisione anche perché poi devo assumermi la responsabilità.*" [Cristiano, 3ª media]

È evidente in molte risposte che la presa di decisioni viene identificata con la necessità di effettuare una scelta fra diverse possibilità, scelta che in alcuni casi si presenta difficile per le implicazioni di rinuncia che comporta.

Ad esempio alla domanda: "Qual è la materia in cui ti capita più spesso di prendere decisioni? Perché?"

Lucy (4ª elementare) risponde:

"*L'italiano. Perché se la maestra ci dà da decidere tre titoli di un tema te ne devi scegliere uno, magari rinunciando ad un altro titolo che ti piaceva.*"

Ed alla domanda: "Ti piace prendere decisioni? Perché?":

"*No. Perché alcune volte devi decidere su cose che ti piacciono entrambe, e alla fine devi sempre rinunciare a qualcosa che ti piace.*"

Questa identificazione decisioni / scelte si ripresenta in modo evidente alla domanda esplicita "Quando devi risolvere un problema ti capita di prendere decisioni? Fai un esempio":

"*Sono indecisa a che operazione fare.*" [Alessia, 4ª elementare]
"*Scegliere le operazioni.*" [Michael, 5ª elementare]
"*Non so se metterci un'operazione o un'altra.*" [Sara, 1ª media]

Sono pochi i bambini che forniscono una risposta più articolata:

"*Quando devo svolgerlo, come svolgerlo, come organizzarmi e quale operazione devo fare.*" [Chiara, 5ª elementare]

Attività 5.3
Proponi ai tuoi allievi il test sulle decisioni.
Leggi con attenzione le loro risposte.
C'è qualche risposta che non ti aspettavi? Perché?
Quali informazioni puoi trarre da questa indagine?

Attività 5.4
Questo test si presta anche ad un lavoro di gruppo in classe di tipo trasversale. Puoi proporre ai tuoi allievi alcune risposte tipiche o particolarmente significative (eventualmente prese da altre classi per evitare un coinvolgimento troppo diretto) chiedendo ad ogni gruppo di mettere insieme le risposte 'simili'.

Successivamente ogni gruppo presenta la propria classificazione, esplicitando i criteri utilizzati.

Il confronto e la discussione sui criteri di classificazione adottati mette in gioco capacità argomentative, logiche e linguistiche, e può portare alla luce alcune opinioni degli allievi significative ed inaspettate su vari aspetti dei loro contesti d'esperienza.

In particolare a partire da tale confronto puoi favorire la discussione su alcuni punti quali:
- la differenza fra 'scelta' e 'decisione';
- il ruolo delle decisioni in matematica (o in altre materie), in particolare nella risoluzione di problemi;
- il legame fra la presa di decisioni e l'assunzione di responsabilità.

In questo modo potrai raccogliere informazioni sul loro modo di vedere la matematica, l'attività di soluzione di problemi, e più in generale l'apprendimento in contesto scolastico. La discussione può portare inoltre gli allievi e l'insegnante a *condividere* un vocabolario ('decisioni', 'scelte', 'responsabilità',...) che poi potrà essere utilizzato nella comunicazione in classe, anche nel contesto della matematica.

5.6 L'interpretazione del fallimento: i comportamenti fallimentari

Come abbiamo accennato nell'introduzione, il recupero ha a che fare con un progetto di cambiamento. Più precisamente nel caso del recupero la motivazione al cambiamento è legata alla volontà di raggiungere quell'obiettivo che non è stato raggiunto, e quindi nasce da quello che abbiamo chiamato *fallimento*. In altre parole è dopo un fallimento, soprattutto un fallimento ripetuto, che sentiamo il bisogno di cambiare, così da evitarne la ripetizione.

Per orientare l'investimento di risorse che il processo di cambiamento richiede è importante allora che *interpretiamo* il fallimento, cioè cerchiamo di identificarne le cause. Questo processo ci può portare ad individuare come responsabili del fallimento alcuni nostri comportamenti, che chiameremo quindi *comportamenti fallimentari*.

Ad esempio se non sono arrivata puntuale ad un appuntamento importante posso identificare un mio comportamento fallimentare nel fatto di essermi mossa da casa troppo tardi, o nel non aver controllato preliminarmente il luogo esatto dell'appuntamento. Oppure se mi è andato male un esame posso identificare un comportamento fallimentare nel non aver studiato abbastanza, o nell'aver studiato in modo inadeguato, oppure nell'aver voluto sostenere la prova alla fine della giornata, quando ero troppo stanca.

Non sempre l'interpretazione del fallimento porta ad individuare comportamenti fallimentari. Può accadere infatti che il soggetto attribuisca la responsabilità del proprio fallimento a qualcos'altro o a qualcun altro. Ad esempio potrei dire che sono arrivata tardi all'appuntamento perché c'era molto traffico, o perché la persona che mi ha dato l'appuntamento non mi ha spiegato esattamente dov'era il punto di ritrovo; che il fallimento all'esame è dipeso dalla severità del professore, o dal fatto che mi ha domandato argomenti non previsti dal programma.

Come si vede dagli esempi l'identificazione di comportamenti fallimentari da parte di un soggetto è legata ad una sua assunzione di responsabilità, eventualmente parziale (ad esempio: ho studiato poco, e per di più il professore era molto severo) nei riguardi del fallimento stesso.

Queste riflessioni rientrano nel quadro più generale del processo con cui un soggetto ricerca e poi attribuisce le cause di un proprio successo o fallimento, e che in psicologia è chiamato *processo di attribuzione causale*.

A questo proposito Weiner (1974) individua tre dimensioni di causalità:
– Il *locus* di attribuzione, che può essere esterno / interno al soggetto. La fortuna o la difficoltà del compito hanno un locus esterno, a differenza dell'abilità o dell'impegno: uno studente può pensare di aver risolto un problema di matematica perché è stato aiutato (causa esterna) oppure perché si è impegnato (causa interna).
– La *stabilità* nel tempo. L'abilità è considerata relativamente stabile ("Ho fatto bene il compito perché sono bravo"), mentre non lo è la fortuna ("Ho sbagliato il compito perché sono sfortunato").
– La *controllabilità* da parte del soggetto stesso. L'impegno, a differenza dell'abilità, è considerato in genere controllabile ("Non ho fatto bene il problema perché non mi sono impegnato abbastanza").

Una quarta dimensione interessante è quella della *globalità*, introdotta da Abramson, Seligman e Teasdale (1978): la causa cui il soggetto attribuisce il proprio successo / insuccesso può essere specifica ("Ho fatto male il compito perché c'erano le disequazioni") o generale ("Ho fatto male il compito perché non valgo niente").

Nel seguente stralcio di tema tale dimensione è ben riconoscibile:

"Per me la matematica è come una palla al piede e solo che io sono la palla e sono pressato da questa materia che per me è impegnativa. Non è che i miei dubbi sono due o tre ma se mi danno mezzo problema lo risolvo per 1/4 e anche nelle espressioni per me sono difficili. Forse sono io che non capisco nulla e forse è questa la ragione, oppure è proprio difficile la materia, non lo so cos'è quando lo scoprirò sarà sempre troppo tardi." [Saverio, 1ª media]

Quel *"non lo so cos'è"* mette in evidenza che il processo di attribuzione può essere problematico. L'insegnante, in quanto esperto della materia e del suo apprendimento, ha un ruolo importante nell'orientare l'allievo in un'attribuzione costruttiva e positiva, che permetta cioè di investire risorse in modo mirato per superare il fallimento; quindi nell'evitare attribuzioni a

5.6 L'interpretazione del fallimento: i comportamenti fallimentari

cause globali e incontrollabili (come, appunto, *"sono io che non capisco nulla"*) in favore di un'attribuzione puntuale e propositiva, che può passare attraverso un'analisi degli errori, ma, a monte, deve passare attraverso la ricerca dei comportamenti responsabili di tali errori: l'allievo forse semplicemente non ha studiato a sufficienza; oppure non ha capito qualcosa, ed in tal caso, cosa?

L'insegnante può aiutare gli allievi in questo processo di attribuzione anche in modo indiretto. Ad esempio la distinzione fra problemi ed esercizi, resa esplicita dall'insegnante, può orientare la ricerca delle cause di un eventuale fallimento. Quando l'insegnante dice: "Questo è un esercizio", passa il messaggio che questo *deve* essere un esercizio, cioè che gli allievi *devono* avere a disposizione la procedura per risolverlo. Il fallimento in un esercizio va interpretato quindi in modo diverso rispetto al fallimento in un problema (non conosco la procedura, oppure ho sbagliato ad applicarla), e questa attribuzione diversa orienta il lavoro di recupero.

Come osserva Marini (1990), la stabilità è in rapporto soprattutto con le aspettative di una persona dopo un successo o un insuccesso; il locus è legato all'autostima; il controllo si riferisce all'influenza che il soggetto (o altri) può esercitare sull'evento.

In realtà però non si parla di locus, stabilità, controllabilità in senso oggettivo; quello che conta è la percezione del soggetto, tanto che in un intervento di recupero il primo obiettivo dell'insegnante può essere quello di far slittare un'attribuzione di fallimento da una causa *percepita* come incontrollabile ad una *percepita* come controllabile: può accadere allora che la causa riconosciuta rimanga la stessa, e cambi solo la percezione di controllabilità.

Ad esempio molti studenti che incontrano difficoltà in matematica nel corso degli studi universitari attribuiscono il proprio fallimento alle lacune di base, che percepiscono come immodificabili: *"mi erano sempre state presentate come un peccato originale…"*, è il commento di Paola, studentessa di Scienze Biologiche che avendo ripetuti fallimenti nell'esame di matematica partecipava ad un programma di recupero rivolto a studenti con problemi analoghi (Zan, 1996a).

Se lo studente riesce a modificare questa percezione di immodificabilità e quindi di incontrollabilità, potrà superare anche la percezione di incontrollabilità del fallimento pur senza modificare l'attribuzione.

L'attribuzione di fallimento a cause percepite come controllabili rende possibile l'investimento di risorse da parte del soggetto che ha fallito. Ma anche quando fra le cause del fallimento ci sono fattori percepiti come 'incontrollabili' (ad esempio la difficoltà intrinseca di un argomento, la severità del professore) il ruolo del soggetto può essere attivo: l'attribuzione a fattori percepiti come non controllabili può portare ad esempio ad ipotizzare che gli obiettivi erano troppo alti, e quindi a ridefinire obiettivi, in genere sottoobiettivi rispetto a quelli iniziali (come quando uno studente all'università pianifica di dare quattro esami insieme e dopo aver fallito ridimensiona i propri piani).

La dimensione di controllabilità è considerata particolarmente interessante nell'approccio alle emozioni che caratterizza gli psicologi cognitivisti (cfr. Weiner, 1983; Mandler, 1984; Ortony, Clore e Collins, 1988), secondo il quale non è l'evento in sé che genera un'emozione, ma l'interpretazione che il soggetto dà dell'evento stesso.

Weiner (1983) considera cruciale in tale interpretazione proprio il processo di *attribuzione causale*. Di particolare interesse dal punto di vista attribuzionale sono emozioni come la pietà, la rabbia ed il senso di colpa. Ad esempio all'origine della *rabbia* si riconosce una particolare interpretazione degli eventi: il soggetto attribuisce la causa di un evento percepito come sgradevole ad un altro soggetto, con la convinzione che questi avrebbe potuto far qualcosa per evitarlo. In altre parole nella rabbia si riconosce come caratterizzante la dimensione di *controllabilità* dell'evento scatenante da parte di un soggetto (*agente*). Così se per l'assenza di un collega siamo costretti ad assumerci un incarico per noi sgradevole, l'emozione che ne segue dipenderà in modo sostanziale dalla nostra interpretazione di tale assenza: se l'attribuiamo ad una volontà deliberata del collega di evitare il lavoro proveremo rabbia nei suoi confronti; ma l'emozione sarà profondamente diversa se attribuiamo la stessa assenza a cause incontrollabili o addirittura spiacevoli come una malattia grave, o problemi famigliari.

Questo legame fra emozioni quali la rabbia e la pietà e la controllabilità dell'evento scatenante ha importanti implicazioni a livello comunicativo. Nel momento in cui reagisco al comportamento di una persona con rabbia, passo il messaggio che ritengo questa persona responsabile di tale comportamento (per me sgradevole), cioè che secondo me avrebbe potuto evitarlo. Se invece reagisco con pietà, passo il messaggio che ritengo la persona non responsabile di quel comportamento, cioè che considero quel comportamento al di fuori delle sue possibilità di controllo. Questa forma di comunicazione è frequente in classe, quando l'insegnante reagisce con irritazione alla risposta incompleta o insoddisfacente data da un ragazzo che considera bravo, e invece accetta la stessa risposta data da un allievo che considera poco capace. L'irritazione nel primo caso passa il messaggio (che a volte viene addirittura esplicitato): "Da te mi aspetto di più". L'accettazione nell'altro caso passa il messaggio: "Va bene così. Tanto non saresti in grado di fare meglio". Ancora una volta questo mette in evidenza l'estrema complessità dell'insegnamento, ed in particolare i possibili danni che l'insegnante attento e motivato può fare nel tentare di andare incontro a quelle che ritiene le esigenze dei suoi allievi[5].

---

[5] Per una riflessione più approfondita sulle scelte dei 'bravi' insegnanti rimando a Zan (2001).

5.6 L'interpretazione del fallimento: i comportamenti fallimentari

Attività 5.5
Analizza le attribuzioni di fallimento che emergono nei seguenti stralci di temi alla luce delle dimensioni individuate da Weiner: locus; stabilità; controllabilità.

"...*alcune volte, anche se ce l'ho messa tutta, non riesco a raggiungere risultati molto soddisfacenti, non per svogliatezza o per difficoltà, ma solamente per cause di emotività.*" [Francesca, 1ª superiore]

"*Il fatto è che in matematica non basta l'impegno, ma ci vuole un quid che te la faccia capire, io questo quid non ce l'ho, però non voglio arrendermi, non ho grandi aspirazioni, ma al 6 penso di poterci arrivare, con un po' di fortuna.*" [Michele, 2ª superiore]

"*Per quanto mi dia da fare, non riesco ad arrivare alla sufficienza e non c'è niente da fare.*" [Giulia, 2ª superiore]

"*Negli anni precedenti (alle medie) ho incontrato insegnanti di matematica che spiegavano male, perché facevano, e fanno fino ad ora, il compito un mese dopo aver spiegato l'argomento, e per questo motivo avevo voti molto scarsi.*" [Luca, 2ª superiore]

"*Quest'anno, in quarta, purtroppo le mie lacune sono aumentate, e questo mi rende le cose un po' più difficili, resta comunque il fatto che secondo me il calo avuto negli ultimi anni è dovuto esclusivamente a me e alla mia pigrizia, soprattutto a casa, causandomi così dei problemi con la materia dati dal poco allenamento a casa.*" [Alessandro, 4ª superiore]

"*Talvolta credo che l'impegno non sia giustamente ripagato, ovvero molto impegno per ottenere poi scarsi risultati. Non so a cosa sia dovuto ciò, forse ad uno studio scorretto.*" [Irene, 2ª superiore]

Nelle attribuzioni di fallimento gioca un ruolo cruciale l'esigenza, del resto naturale, di preservare l'autostima.

Così è facile sentir dire: "I miei studenti si comportano correttamente perché so tenere la disciplina".

Ma: "I miei studenti si comportano male perché sono stati abituati così alle scuole precedenti".

Tendiamo cioè ad attribuire il successo a cause interne, e l'insuccesso a cause esterne.

In contesto scolastico la necessità di preservare l'autostima può portare l'allievo ad evitare di impegnarsi, in modo da poter attribuire un eventuale fallimento alla mancanza di impegno (Covington e Beery, 1976).

Questa strategia è descritta lucidamente nel seguente stralcio di tema:

"Alle scuole medie non studiavo neppure più, pensavo che la situazione non cambiasse più di tanto, anzi ciò mi convinceva ancora di più di essere stupida. Invece non studiando, potevo almeno illudermi che forse non arrivavo a buoni risultati per mancanza di applicazione." [Alessandra, 5ª superiore]

La mancanza di applicazione, o di impegno, figura fra le cause più frequenti di insuccesso nelle attribuzioni degli insegnanti e degli studenti. In psicologia l'impegno è classificato in genere come causa interna e controllabile, e quindi un'attribuzione di fallimento allo scarso impegno viene considerata un fatto positivo, perché il fatto che uno studente ritenga controllabile il proprio successo gli permette di investire risorse per ottenere tale successo[6].

In realtà una generica attribuzione di successo all'impegno lascia aperte molte questioni. Cos'è esattamente l'impegno? È davvero così controllabile? Soprattutto, in quali comportamenti si concretizza?

Il termine 'impegno' sta ad indicare una generica disposizione a lavorare, ma non la direzione da dare a tale lavoro: e per il successo invece tale direzione è essenziale, tanto che l'attribuzione di fallimento alla mancanza di impegno può addirittura rivelarsi negativa. Ad esempio molti studenti che alle superiori avevano difficoltà in matematica all'inizio degli studi universitari decidono di impegnarsi ed in effetti si impegnano 'molto': frequentano, prendono appunti, spesso prendono lezioni private, studiano 'tanto', fanno tanti esercizi. Ma se questo impegno non è mirato, in particolare se non rispetta le caratteristiche della disciplina e dello studente, non è detto che ci saranno risultati. In definitiva l'idea di un impegno *di per sé* risolutivo si rivela per quello che è: un miraggio, utile per mantenere la propria autostima e fiducia nelle possibilità di successo finché non viene attivato, ma un boomerang se, quando si attiva, viene diretto in modo inadeguato.

Anche l'insegnante più coinvolto ed attento può favorire negli studenti una visione scarsamente produttiva e realistica dell'impegno.

Ad esempio nella fase di recupero spesso l'insegnante non esplicita chiaramente gli obiettivi da raggiungere, e per l'allievo può rimanere quindi implicito che gli obiettivi siano gli stessi che non è riuscito a raggiungere quando aveva a disposizione molto più tempo e più strumenti (le spiegazioni dell'insegnante, ma anche il confronto con i compagni). Questi obiettivi non sono realistici, ed infatti in genere l'insegnante, rendendosene conto, si 'accontenta' di molto meno, spesso della dimostrazione di un generico impegno; ma non lo esplicita, e l'allievo, non conoscendo questi obiettivi alternativi, avverte la situazione come incontrollabile: come può ragionevolmente sperare di recuperare quello che non è riuscito a imparare prima, quando il tempo a disposizione era maggiore, e minore era la materia da studiare? E mentre cerca di

---

[6] Però da parte dell'insegnante si tratta di un'attribuzione a causa esterna ed incontrollabile, perché il fallimento dell'azione didattica dell'insegnante è attribuito completamente all'allievo.

5.6 L'interpretazione del fallimento: i comportamenti fallimentari

tamponare le falle vecchie, inevitabilmente se ne formano di nuove: la classe va avanti. È una lotta solitaria contro il tempo che genera un'alternanza di emozioni negative quali ansia, frustrazione, rabbia, e che può portare facilmente alla rinuncia. Per di più, non conoscendo gli obiettivi che deve raggiungere, l'allievo non ha strumenti per dirigere i propri comportamenti. La disponibilità dell'insegnante in questo momento è cruciale: troppo spesso però, come abbiamo già osservato, si traduce nella richiesta quasi moralistica di un impegno generico, la cui valutazione sfugge al controllo dello studente, che non ha elementi per riconoscere eventuali progressi. È importante invece aiutare lo studente ad uscire dalla confusione in cui si trova, individuando insieme a lui in modo chiaro ed esplicito alcuni obiettivi realistici, e fissando, ancora con lui, tempi e modalità per controllarne il raggiungimento. Una proposta di lavoro interessante proprio in questa direzione è contenuta nel modulo di riorientamento del progetto START (Cisem, 1994), che suggerisce interventi finalizzati alla prevenzione della dispersione nel raccordo media inferiore-biennio superiore.

Un altro aspetto interessante dal punto di vista didattico è quello dei *tempi* dell'impegno. Capita spesso che le dichiarazioni di intenti di studenti con difficoltà in matematica (*"d'ora in poi ho deciso di impegnarmi"*, *"da domani studio 8 ore al giorno"*) si scontrino con la difficoltà a sostenere la fatica per un tempo sufficientemente lungo. Questo pone il problema del rapporto fra volontà ed impegno.

In uno stimolante articolo dal titolo *Volli, sempre volli, fortissimamente volli. La rinascita della psicologia della volontà* Michele Pellerey (1993) affronta proprio il tema della *volizione*, riassumendo anche i risultati della ricerca psicologica a riguardo.

Mentre la motivazione ha un ruolo centrale nel momento pre-decisionale, osserva lo studioso, la volizione costituisce il processo post-decisionale: in altre parole mentre la motivazione è il processo attraverso il quale si formano le nostre intenzioni, la volizione è il processo in base al quale le nostre intenzioni si attuano, cioè "il concreto voler conseguire il fine espresso dalle nostre intenzioni" (*ibidem*, p. 1010).

Pellerey si chiede se al rinnovato interesse al tema della volizione in campo psicologico farà seguito anche un nuovo interesse in campo educativo.

Egli osserva:

> Tuttavia la forza per agire [...] non è un dono, ma una conquista. È un vero e proprio apprendistato. E, come ogni apprendistato, esso implica in primo luogo la possibilità di osservare direttamente o attraverso forme mediate (come storie, racconti, film) modelli di comportamento a cui ispirarsi. Modelli che sono tanto più influenti, quanto più segnati da un rapporto affettivo. I bambini, i ragazzi, gli adolescenti osservano come genitori, insegnanti, adulti perseverano nell'agire secondo quanto insegnano o affermano: essi osservano anche le conseguenze positive o negative di questa perseveranza; osservano anche le strategie messe in atto per essere fedeli agli

impegni presi, per portare a termine i compiti intrapresi. Quando essi si troveranno in situazioni analoghe, evocheranno molto probabilmente i comportamenti osservati.

In secondo luogo un vero e proprio apprendistato esige un esercizio sistematico e prolungato nel tempo, un esercizio guidato da parte di un adulto significativo, una guida che interviene prima in maniera più puntuale e insistente, poi, a poco a poco, in maniera sempre più occasionale e indiretta. E in questo cammino è importante il rinforzo che viene dalla percezione di un miglioramento, di una crescita, di una maturazione personale e da quella di una sempre maggiore autonomia di scelta e capacità di agire con fedeltà, coraggio e senso di responsabilità [Pellerey, 1993, pp. 1015- 1016].

5.7 Problemi eteroposti

Le considerazioni fatte fin qui ci danno alcuni strumenti per approfondire la riflessione sui problemi eteroposti cui abbiamo accennato all'inizio del capitolo.

Kilpatrick (1987) in un articolo dal titolo espressivo *Problem formulating: where do good problems come from?* sottolinea:

> [...] quasi tutti i problemi di matematica che uno studente incontra sono stati proposti, e formulati, da un'altra persona - l'insegnante o l'autore del libro di testo. Nella vita reale fuori dalla scuola, invece, molti problemi, se non la maggior parte, devono essere creati o scoperti dal solutore, che dà al problema una formulazione iniziale. [...] Una persona non può dare un problema ad un'altra persona: la seconda persona deve costruire il problema da sé [Kilpatrick, 1987, pp. 124-125].

Il fatto che per esserci problema ci debba essere un obiettivo pone la questione di cosa succede quando un soggetto A pone un problema (o meglio: intende porre un problema) ad un altro soggetto B.

Se ragioniamo in termini di obiettivi possiamo dire che il soggetto A intende porre un obiettivo da raggiungere al soggetto B. Ma cosa succede poi effettivamente? Può essere che il soggetto B non condivida tale obiettivo: in tal caso è possibile che se ne ponga uno diverso (è il caso dell'esempio di von Neumann), oppure che non se ne ponga affatto.

Si cominciano allora ad intuire alcune importanti implicazioni didattiche.

Quando un insegnante 'pone' ai suoi allievi un problema di matematica, cosa succede? In particolare cosa succede dell'obiettivo che l'insegnante vorrebbe che l'allievo si ponesse[7]?

---

[7] A sua volta in generale diverso, come abbiamo osservato con l'esempio del teorema di Pitagora, dall'obiettivo che si pone l'insegnante e da quello evocato da un'eventuale domanda.

5.7 Problemi eteroposti

Può capitare che tale obiettivo rimanga inerte: l'allievo non si pone nessun obiettivo, per lui non nasce nessun problema.

Oppure può accadere che l'obiettivo che l'insegnante ha in mente si trasformi nel passaggio all'allievo: in altre parole può accadere che l'allievo si ponga un obiettivo alternativo.

Quello che spesso succede è che mentre l'obiettivo dell'insegnante[8] è in genere *interno* alla matematica (trovare la spesa totale, trovare l'ipotenusa di un triangolo, calcolare un integrale,...), nel passaggio all'allievo si attiva un obiettivo esterno alla matematica: ad esempio dare la risposta corretta.

Nell'articolo che abbiamo già citato sui contesti, Cobb (1986) suggerisce l'ipotesi che i problemi che gli studenti affrontano nell'ambito dell'apprendimento della matematica sono più sociali che matematici: gli obiettivi che un soggetto si pone nei due casi sono profondamente diversi (e richiedono quindi strategie risolutive profondamente diverse).

Questa ipotesi trova conferma nelle risposte date dagli allievi in occasione di diverse ricerche che ho condotto in questi anni.

Ad esempio dall'indagine sulle decisioni che ho citato precedentemente emerge che in molti casi gli allievi che riconoscono di prendere decisioni in contesto d'apprendimento fanno riferimento a decisioni che non sono 'interne' alle discipline:

"A scuola ti capita di prendere decisioni? Fai un esempio."

"No, quasi mai. Mi succede soltanto quando faccio i compiti in classe: di fare prima un esercizio o l'altro oppure una domanda se no mi può succedere quando mi scelgono come capoclasse per scrivere una persona alla lavagna..." [Ilan, 2ª media]

"Sì. Quando a scuola ho scritto male qualcosa, strappo la pagina e riscrivo." [Valentina, 1ª media]

"A volte. Quando magari all'intervallo i miei amici mi chiedono la merenda e io devo decidere se dargliela o no, oppure quando qualcuno mi dice se vado con lui in corridoio, mentre un altro mi dice se resto in classe." [Simone, 2ª media]

"Qual è la materia in cui ti capita più spesso di prendere decisioni? Perché?"

"A Inglese quando prendo i brutti voti se dirlo prima o dopo a mia madre." [Jonatha, 3ª media]

"Sono le materie orali come la storia e la geografia perché devo decidere se devo alzare la mano o no, oppure se andare volontaria o no." [Simona, 3ª media]

---

[8] Dico 'obiettivo dell'insegnante' per non stare a ripetere 'l'obiettivo che l'insegnante vuole che l'allievo si ponga', anche se per le osservazioni precedentemente fatte l'espressione più sintetica è ambigua.

"Quando devi risolvere un problema di matematica ti capita di prendere decisioni? Fai un esempio."
"*Sì. Come se il problema non mi riesce mi metto a giocare con la penna.*" [Manuele, 1ª media]

Da una ricerca relativa all'idea di problema che hanno i bambini (Zan, 1991 e 1992, 1998), emerge che il problema di matematica costituisce un problema reale per chi non lo sa risolvere:

"Cosa ti fa venire in mente la parola problema?"
"*Mi fa venire in mente problema di una storietta corta dove finita la storia bisogna risolverla e quando non riesco a concentrarmi sul problema mi immagino sempre: ecco perché l'hanno chiamata problema.*" [Caterina, 4ª elementare]

"Fai un esempio di problema."
"*Un esempio di problema può essere quello di un problema di matematica che non mi riesce.*" [Simone, 5ª elementare]

Analoga connotazione del problema si riconosce nel seguente stralcio di tema 'Io e la matematica':
"*Il problema aritmetico è un problema con i numeri, invece il problema senza numeri è un problema senza numeri quindi un problema che succede tutti i giorni.*
Per me un problema con i numeri è: (esempio) Oggi Luca va a scuola e la maestra li chiede: "Quanto fa nove per nove?". Luca non riesce ha contare. La maestra risponde: "Fa ottantuno!!".
Invece un problema senza numeri è: (esempio) Sara deve andare a lavorare ma la gomma è forata cosa fa?
Questi sono due esempi di problemi come aritmetici e senza numeri." [Fabio, 3ª elementare]

La frattura fra problema dell'insegnante, in genere interno alla matematica, e problema dell'allievo, più spesso di natura sociale e quindi esterno alla matematica, ha naturalmente importanti implicazioni di natura didattica, ad esempio perché le strategie per risolvere i due tipi di problemi possono essere estremamente diverse, dato che sono diversi gli obiettivi.

Spesso risolvere il problema interno alla matematica (per semplificare: il problema dell'insegnante) può essere *un modo* per risolvere il problema esterno, o sociale, che l'allievo si pone. Ad esempio risolvere il problema di geometria che ha dato l'insegnante è un modo per risolvere il problema di dare una risposta corretta all'insegnante. Soprattutto con gli allievi più grandi questo ha anche degli aspetti positivi dal punto di vista didattico: significa poter far leva sul problema esterno per veicolare quello che ci interessa veicolare. Certo il fatto che per l'allievo questa non sia l'unica strategia possibile pone una sfida all'insegnante: come fare per rendere tale strategia più appetibile? È esattamente la situazione che ho dovuto affrontare all'interno del corso di recupero svolto con studenti universitari già citato (Zan, 1996a): convincere gli studenti che il modo più economico e anche gratificante per risolvere il 'loro' problema (superare l'esame) era in fondo quello di imparare un po' di matematica!

Il passaggio delicato dal problema dell'insegnante al problema dell'allievo è quello che Brousseau e più in generale la scuola francese (si veda ad esempio Bessot, 1991, 1994) indica con *devoluzione*: è il processo attraverso il quale l'allievo si fa carico del problema e condivide l'obiettivo dell'insegnante.

Quello di devoluzione è uno dei concetti chiave della *teoria delle situazioni didattiche* sviluppata dallo stesso Brousseau. Come osserva il ricercatore francese, la devoluzione è un processo complesso che porta ad evidenziare alcuni paradossi (Brousseau, 1986).

Il primo paradosso ha come protagonista l'insegnante: più esplicita chiaramente quello che vuole, più cede alle richieste dell'allievo spiegandogli esattamente cosa deve fare, più cerca di far fare all'allievo quello che vorrebbe, e più impedisce all'allievo stesso di arrivare ad un'effettiva comprensione e quindi ad un apprendimento significativo. In altre parole, se l'insegnante dice esattamente quello che vuole non può più ottenerlo.

D'altra parte anche l'allievo si trova vittima di un paradosso: se accetta che sia l'insegnante a dargli le risposte, non le matura da sé e quindi non arriva ad un apprendimento significativo della matematica. D'altro canto se rifiuta tutte le informazioni date dall'insegnante, la relazione didattica allievo/insegnante si spezza. L'allievo in definitiva dovrebbe accettare tale relazione didattica, ma considerarla provvisoria e sforzarsi addirittura di rigettarla.

Il paradosso cui fa riferimento Brousseau mi sembra in definitiva il paradosso di qualsiasi processo educativo. La responsabilità dell'educatore, non solo dell'insegnante, è in fondo proprio quella di ottenere che l'*altro* si assuma le proprie responsabilità. È in generale questa dinamica sottile fra le responsabilità dei due soggetti che genera contraddizioni, e che è alla base del disagio che molti di noi oggi sentono come genitori oltre che come insegnanti (v. Zan, 2001). Ritengo che queste contraddizioni si possano sciogliere solo nella prospettiva di tempi lunghi, o meglio, nell'articolazione attenta delle dinamiche fra tempi brevi e tempi lunghi: il progetto di *devoluzione* che in tempi brevi, ed in relazione ad un singolo problema, appare poco realistico, diventa realizzabile in prospettiva, in relazione al 'problema' dell'apprendimento.

5.8 Dagli errori ai comportamenti fallimentari

Siamo ora in grado di delineare alcune importanti implicazioni didattiche delle considerazioni fatte in precedenza sulla nozione di fallimento e sui problemi eteroposti. In particolare abbiamo ulteriori strumenti per comprendere come mai l'intervento tradizionale di recupero, che è di fatto un intervento centrato sugli errori, spesso non funziona.

Come abbiamo detto il recupero è finalizzato ad un cambiamento: ed è l'allievo in prima persona che deve cambiare i propri comportamenti fallimentari, cioè i comportamenti responsabili del suo fallimento.

Ma *quale* fallimento? Rispetto a *quali* obiettivi? E *quali* comportamenti l'allievo ritiene eventualmente responsabili di questo fallimento?

Abbiamo detto che quando un soggetto A pone ad un soggetto B un problema, in realtà pone un obiettivo. D'altra parte non è detto che nel passaggio da A a B questo obiettivo si mantenga: può essere che nel soggetto B non si attivi nessun obiettivo, o può essere che si attivi un obiettivo alternativo.

Più in generale quale senso può avere allora parlare di *fallimento del soggetto B nel risolvere il problema dato da A*? La presenza di due soggetti, e la possibile differenza di obiettivi che ne consegue (compreso il caso che per B non ci sia alcun problema) rende l'espressione estremamente ambigua. Nel caso della scuola, che è quello che ci interessa, in genere l'insegnante riconosce il fallimento dell'allievo quando l'allievo non raggiunge l'obiettivo da lui (l'insegnante) prefissato.

Ma le precisazioni fatte ci dicono immediatamente che se l'allievo si è posto un obiettivo diverso, o non si è posto alcun obiettivo, non necessariamente condivide il fallimento osservato dall'insegnante.

E se d'altra parte non riconosce un fallimento, per quali motivi dovrebbe cambiare i propri comportamenti?

Ancora: se l'allievo riconosce un fallimento, ma rispetto ad un altro obiettivo, sarà motivato a superare i comportamenti fallimentari legati a *quel* fallimento, e non altri.

Ed infine: anche se l'allievo condivide l'obiettivo fissato dall'insegnante, e riconosce il fallimento, non è detto che condivida anche l'individuazione dei comportamenti fallimentari.

In definitiva la presenza di due soggetti diversi, allievo e insegnante, suggerisce da un lato la necessità di distinguere fra l'obiettivo che si è posto l'allievo e l'obiettivo cui fa riferimento l'insegnante, dall'altro quella di distinguere fra l'individuazione dei comportamenti fallimentari da parte dell'insegnante e da parte dell'allievo.

In altre parole non solo non si potrà parlare in modo univoco di *un* obiettivo, e quindi di percezione del fallimento, ma nemmeno di individuazione di comportamenti fallimentari: l'insegnante avrà una certa percezione del fallimento e dei comportamenti fallimentari, e l'allievo potrà avere la stessa, o un'altra, o addirittura nessuna.

Ma vediamo queste diverse possibilità attraverso alcuni esempi.

Un caso in cui l'allievo, anzi gli allievi, non percepisce il fallimento sembra essere quello oggetto della discussione collettiva riportata nel quarto capitolo, a proposito del segno "=".

5.8 Dagli errori ai comportamenti fallimentari

Lo spunto della discussione era stato il modo in cui la maggior parte dei bambini (allievi di seconda e terza elementare) aveva usato il segno "=" nel risolvere il seguente problema:
Quanti sono stati i giorni di vacanza quest'estate?
Molti bambini avevano risolto così:
30-10 = 20+31 = 51+31 = 82+15 = 97
Il primo tentativo dell'insegnante di portare l'attenzione dei bambini sull'uso scorretto dell'uguale in questa scrittura non era riuscito. La discussione nata attorno alla domanda: "*Secondo voi questo calcolo fatto da due bambini di terza è giusto?*" mette in evidenza che i bambini concentrano l'attenzione sul processo risolutivo e sul risultato, ignorando la forma. Per loro quel calcolo quindi è giusto. Potremmo dire che l'errore segnato dall'insegnante non si traduce in fallimento per gli allievi.

La stessa cosa sembra accadere nel caso di Marco, protagonista della scena 6.
Marco deve moltiplicare il numero x+1 per x+2, e scrive:

$$x + 1 \cdot (x + 2)$$

poi però risolve:

$$x + 1 \cdot (x + 2) = x^2 + 2x + x + 2$$

cioè opera *come se* la parentesi ci fosse.

Nel quarto capitolo abbiamo avanzato l'ipotesi che lo studente usi le parentesi come una stenografia personale, da utilizzare in passaggi provvisori (ragionamenti scritti, o meglio appuntati, per non perdere il filo del discorso...) che verranno cancellati o comunque perderanno di senso quando avrà raggiunto il risultato. Se la finalità di questi segni è quella di rimarcare *a lui stesso* un ordine, è chiaro che in tale ottica le parentesi sono inutili se l'ordine delle operazioni da eseguire è percepito dallo stesso Marco come naturale. Ma la risposta finale corretta conferma anche che l'uso della stenografia è stato efficace: evidentemente non c'era bisogno di segnalare quella precedenza, dato che Marco l'ha rispettata anche senza parentesi!

Se Marco ha ragionato in questo modo, sarà impossibile convincere Marco che ha fatto o scritto qualcosa di sbagliato. Anche in questo caso potremmo dire che l'errore segnato dall'insegnante non si traduce per Marco in comportamento fallimentare, dato che Marco ha raggiunto l'obiettivo che si era posto e non percepisce quindi quel fallimento che invece l'insegnante riconosce e segnala.

Come osservavamo nel quarto capitolo, la correzione dell'insegnante assumerà solo il sapore di un'inutile e ingiusta pignoleria.

Il caso in cui l'allievo non percepisce il fallimento in quanto si è posto obiettivi diversi è particolarmente frequente: spesso infatti l'allievo si pone obiettivi di prestazione piuttosto che d'apprendimento, ed è alla luce di quelli che valuta un esito come fallimentare o meno.

In particolare la mancata condivisione della percezione del fallimento è frequente quando l'allievo si pone come obiettivo quello di dare la risposta corretta, ed ottiene il risultato giusto: l'allievo infatti ha raggiunto il suo obiettivo, e quindi l'eventuale errore segnalato dall'insegnante non si è tradotto per lui in comportamento fallimentare.

In mancanza di percezione del fallimento l'allievo non può riconoscere i propri comportamenti fallimentari: per lui semplicemente non ci sono, dato che non c'è stato fallimento. D'altra parte il coinvolgimento attivo dell'allievo nel lavoro finalizzato ad interrompere il fallimento è importante, perché in definitiva è l'allievo in prima persona che deve modificare i propri comportamenti. In questi casi allora il cambiamento dei comportamenti fallimentari richiede un percorso di recupero meno diretto, o eventualmente un lavoro preliminare mirato ad ottenere il riconoscimento del fallimento.

Se l'allievo si pone come obiettivo quello di arrivare ad un risultato corretto, una strategia per recuperare la percezione del fallimento può consistere nel proporre situazioni in cui il mancato raggiungimento dell'obiettivo cui fa riferimento l'insegnante abbia come conseguenza il mancato raggiungimento dell'obiettivo dell'allievo, cioè porti ad un risultato scorretto.

Ad esempio un errore molto frequente a livello di scuola superiore è il seguente:

$$\sqrt{x^2} = x \text{ invece che } \sqrt{x^2} = |x|$$

Se tale errore non ha conseguenze sul risultato dell'esercizio, l'allievo non assocerà a tale errore un fallimento: il fallimento non c'è proprio stato, se l'obiettivo prefissato era rispondere correttamente!

Supponiamo però che l'allievo debba svolgere un esercizio in cui lo stesso errore ha conseguenze determinanti (nel senso che porta ad un risultato scorretto); ad esempio:

$$\lim_{x \to -\infty} \frac{\sqrt{x^2 - 1}}{x}$$

Lo studente probabilmente procederà così:

$$\lim_{x \to -\infty} \frac{\sqrt{x^2 - 1}}{x} = \lim_{x \to -\infty} \frac{\sqrt{x^2\left(1 - \frac{1}{x^2}\right)}}{x} = \lim_{x \to -\infty} \frac{x\sqrt{1 - \frac{1}{x^2}}}{x} = 1$$

In questo caso l'errore $\sqrt{x^2} = x$ gli impedisce di trovare la risposta corretta, e viene quindi associato ad un fallimento.

In fondo è lo stesso tipo di strategia che avevamo suggerito nel caso di Marco,

5.8 Dagli errori ai comportamenti fallimentari

per convincerlo della necessità di un uso condiviso delle parentesi: quella di metterlo in una situazione di reale comunicazione. Anche in quel caso l'errore che precedentemente non si traduceva in comportamento fallimentare porterebbe invece ad un fallimento.

Recuperare la percezione del fallimento da parte dell'allievo non garantisce comunque che l'allievo condivida con l'insegnante il riconoscimento dei comportamenti fallimentari. Se infatti l'allievo continua a porsi un problema 'esterno' alla matematica (tipicamente prendere la sufficienza, od avere un buon voto) quello che succederà è che l'errore si traduce sì in fallimento, ma indirettamente: l'errore cioè porta l'insegnante a dare una valutazione negativa, ed è *questa* ad essere percepita dall'allievo come fallimento.

È la situazione schematicamente illustrata in figura 5.3.

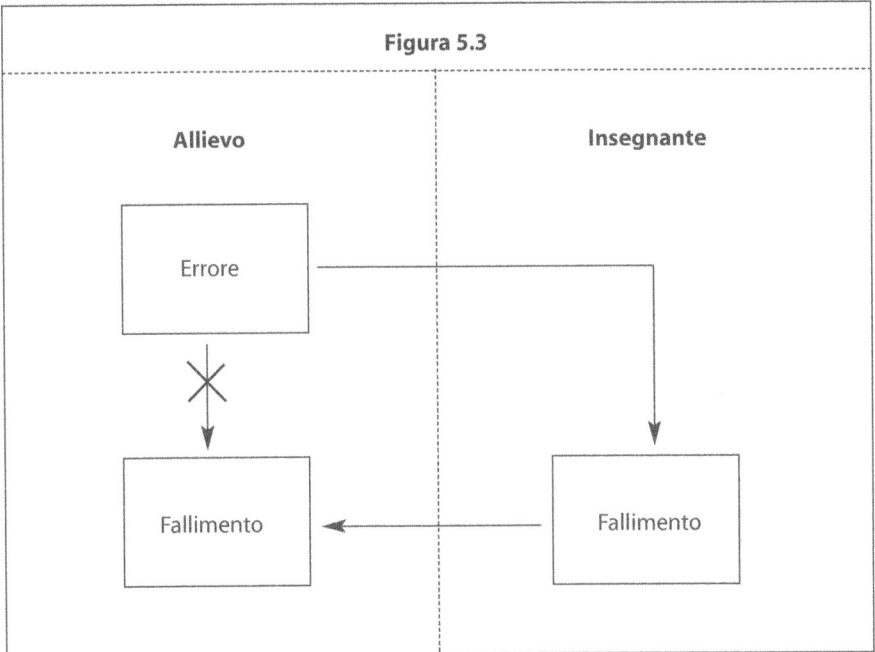

Figura 5.3

In questo caso è *l'aver fatto errori* che viene percepito come comportamento fallimentare, non il particolare errore fatto: la reazione dell'allievo nei due casi sarà diversa. Se l'allievo riconosce come comportamento fallimentare *l'aver fatto errori*, è naturale che alla consegna di una verifica scritta si limiti a guardare il voto, ed eventualmente a controllare *quanti* errori ha fatto (per vedere se il numero di errori giustifica il voto ricevuto), senza entrare nel merito degli errori stessi; o che di fronte ad un insuccesso in una prova scritta ad un esame universitario chieda *"Quand'è il prossimo appello?"*, senza preoccuparsi di guardare il compito.

A prescindere dal fatto che la percezione di fallimento sia o meno legata al mancato raggiungimento dello stesso obiettivo, può accadere che in caso di fallimento l'allievo individui comportamenti fallimentari diversi da quelli individuati dall'insegnante. Questa mancata condivisione del riconoscimento dei comportamenti fallimentari è importante, perché l'allievo cercherà di modificare i comportamenti che *lui stesso*, e non l'insegnante, ritiene fallimentari.

Supponiamo ad esempio che durante una verifica scritta un allievo abbia copiato da un compagno la soluzione, ma abbia sbagliato a copiare.

È probabile che per l'allievo il comportamento fallimentare non consista nell'aver copiato la soluzione, ma nell'averla copiata male! Se l'allievo è convinto di essere poco capace, riterrà di avere maggiori probabilità di dare una risposta corretta copiando piuttosto che lavorando da solo: la strategia di copiare di per sé quindi non è messa in discussione, quello che ha fallito in questo caso è il modo in cui è stata eseguita; per evitare la ripetizione del fallimento la prossima volta cercherà di stare più attento. Probabilmente invece se l'insegnante si accorge del fatto che l'allievo ha copiato, considererà *tale* comportamento come fallimentare, a prescindere dalla risposta.

O ancora se l'allievo per dare la risposta corretta all'insegnante risponde a caso, e sbaglia la risposta, probabilmente percepirà come fallimentare *quella* particolare risposta (tanto che se la risposta fosse giusta non ci sarebbe fallimento). Come spesso accade, dopo un primo fallimento in questo caso l'allievo modifica la risposta, ma non il fatto di averla data a caso[9]!

La differenza che emerge fra errore riconosciuto dall'allievo come comportamento fallimentare, ed errore invece non riconosciuto come comportamento fallimentare permette a mio parere di comprendere alcuni fenomeni collegati all'uso del computer nella pratica didattica. Anche le persone più scettiche su tale uso riconoscono in genere una maggiore motivazione da parte degli allievi.

L'aspetto motivazionale a mio parere non influenza solo l'interesse ed il coinvolgimento nell'attività, ma anche il ruolo che in tale attività gioca l'errore: nel rapporto diretto allievo - macchina l'errore si traduce infatti in comportamento fallimentare, in quanto impedisce all'allievo di raggiungere l'obiettivo che si era (probabilmente) posto.

---

[9] Un'interpretazione alternativa interessante del fenomeno delle risposte a caso mi è stato suggerito da un'insegnante di scuola media: probabilmente alcuni allievi rispondono immediatamente, senza riflettere, perché cercano l'attenzione dell'insegnante. Questo è un altro caso in cui l'allievo non può percepire il fallimento in quanto, pur dando risposte scorrette, raggiunge il proprio scopo di 'catturare' l'attenzione dell'insegnante. Il fatto che questo fenomeno succeda più facilmente con insegnanti che hanno un buon rapporto con gli allievi, e che sdrammatizzano l'errore, mi sembra lo configuri come un 'danno dei bravi insegnanti' (v. Zan, 2001).

È quello che osservano ad esempio Mariotti e Maffei (2006), presentando un'esperienza di recupero nel contesto dell'algebra realizzata con un particolare software didattico, il micromondo Aplusix:

> L'allievo infatti, per sottostare al vincolo del micromondo, che non permette di proseguire se si è commesso un errore, è *obbligato* a prenderne coscienza e, in mancanza di supporto immediato dell'insegnante, a farsene carico in prima persona, impegnandosi in tal modo in una ricerca autonoma del superamento della difficoltà incontrata [Mariotti e Maffei, 2006, p. 89].

5.9 Concludendo

In questo capitolo abbiamo finalmente affrontato il problema dell'osservazione che precede l'intervento di recupero. A partire dalla definizione di problema abbiamo introdotto l'idea di *fallimento* e di *comportamenti fallimentari*, cioè comportamenti che portano al fallimento.

Alla luce di queste riflessioni abbiamo considerato il caso dei problemi *eteroposti*, tipico dell'insegnamento, in cui un soggetto assegna un problema ad un altro soggetto, ed abbiamo riflettuto su quello che può accadere in questo passaggio: l'obiettivo che l'insegnante ha in mente, in genere un obiettivo interno alla matematica (ad esempio: trovare le soluzioni di un'equazione), può trasformarsi nell'allievo in un obiettivo esterno alla matematica (ad esempio: dare la risposta giusta all'insegnante), oppure rimanere inerte.

Per tener conto di questa complessità nella gestione delle difficoltà e quindi del recupero, abbiamo proposto di spostare l'attenzione dall'osservazione degli errori all'osservazione dei comportamenti fallimentari. Il processo di riconoscimento dei comportamenti fallimentari, rimandando esplicitamente all'idea di fallimento e quindi di obiettivo, rinuncia alla pretesa di oggettività che caratterizza invece il riconoscimento di errori. Affrontare le difficoltà in termini di fallimenti invece che di errori in un certo senso costringe a tener conto del fatto che la stessa situazione può richiamare in due persone diverse (l'insegnante e l'allievo) obiettivi diversi, e spiega come mai l'intervento su un errore che non sia percepito dall'allievo come comportamento fallimentare sia destinato all'insuccesso.

A questo punto viene naturale chiedersi come si possono superare i comportamenti fallimentari, o meglio come può agire l'insegnante affinché l'allievo modifichi i propri comportamenti fallimentari: è chiaro allora che l'interpretazione dei comportamenti fallimentari, come già in precedenza l'interpretazione degli errori, può indicare all'insegnante direzioni di azione e di recupero.

Prima di affrontare questo problema però dedicheremo il prossimo capitolo al problem solving, perché lo studio dei fattori che influiscono in generale sui processi risolutivi ci può dare strumenti utili per interpretare quei particolari processi decisionali che portano al fallimento.

6
Problem solving

6.1 Introduzione

Dopo aver preso in esame la definizione stessa di problema ed alcune implicazioni significative di tale definizione, in questo capitolo possiamo finalmente riprendere le riflessioni sul problem solving che avevamo lasciato in sospeso.

Ci interessa in particolare evidenziare quali elementi influiscono sui processi risolutivi di un soggetto, perché questo ci aiuterà a capire meglio i comportamenti fallimentari dei nostri allievi. Faremo quindi riferimento a risultati che provengono da ricerche svolte sia nell'ambito dell'educazione matematica che in altri campi, anche perché le osservazioni fatte nel capitolo precedente ci suggeriscono di non separare a priori problemi matematici e problemi reali. Questa raccolta di risultati non ha alcuna pretesa di completezza nel descrivere le ricerche sul problem solving, ma ancora una volta può essere vista come una selezione di 'opinioni non di lusso' nell'ottica del recupero.

6.2 Il repertorio di conoscenze

Fra i fattori che influiscono sui processi risolutivi di un soggetto mentre risolve un problema in un certo ambito è unanimemente riconosciuta l'importanza delle *conoscenze* che egli possiede in relazione a tale ambito[1].

Questo vale sia per i problemi di matematica, che per problemi interni ad altre discipline, che per problemi di carattere pratico, o di qualsiasi altro tipo[2]. Naturalmente soprattutto se il problema non è a priori categorizzabile in un ambito specifico, non è scontato prevedere quali conoscenze saranno necessarie per risolverlo. Inoltre nel contesto dell'apprendimento se il problema di matematica nel passaggio dall'insegnante all'allievo si trasforma in un altro tipo di problema, le conoscenze che potranno essere necessarie apparterranno ad altri ambiti. Ad esempio se uno studente si pone come obiettivo quello di prendere la sufficienza ad una verifica, può darsi che ritenga di dover far uso di conoscenze e abilità di tipo relazionale (come convincere un compagno bravo a passargli il compito) piuttosto che di matematica.

---

[1] In particolare il fatto che le conoscenze siano importanti è condiviso da qualsiasi approccio alle difficoltà in matematica. La nostra critica all'approccio tradizionale al recupero è incentrata piuttosto sul fatto che questo punta l'attenzione *solo* sulle conoscenze.
[2] In realtà stabilire se un problema è *di matematica* è meno semplice di quanto appare a prima vista: possiamo definire a priori (cioè prima di risolverlo) un problema come problema *di matematica*? Oppure un problema di matematica è tale se *per risolverlo* si utilizzano strumenti, metodi, conoscenze che appartengono alla matematica?

In realtà non è facile definire cosa si intende per 'conoscenza matematica', e non cercherò qui di farlo. Mi limito ad osservare che tale conoscenza è articolata, e comprende fatti, definizioni, procedure, competenze rilevanti, conoscenze delle regole del discorso (Schoenfeld, 1992).

Ma vediamo alcuni esempi, cominciando dal primo aspetto che abbiamo richiamato: quello costituito dall'insieme dei fatti rilevanti che un individuo conosce.

Consideriamo ad esempio la scena 5, in cui Alessandro, seconda liceo pedagogico, deve trovare l'area di un rettangolo sapendo che il perimetro è 126 cm, e l'altezza è i 3/4 della base. È essenziale per poter risolvere il problema sapere che l'area del rettangolo si calcola moltiplicando la base per l'altezza, e che il perimetro è la somma dei lati.

Le conoscenze essenziali, osserva Schoenfeld (1985a), possono variare nel grado di certezza con cui sono possedute: nel nostro caso l'allievo può essere sicuro che il perimetro è la somma dei lati, oppure essere abbastanza convinto, o poco, o non saperlo affatto.

Per risolvere un problema in genere è necessario anche conoscere degli algoritmi, cioè possedere quella che si chiama conoscenza procedurale: ad esempio nel caso del problema di Alessandro l'allievo deve saper eseguire una moltiplicazione ed un'addizione, e forse anche (a seconda di come affronta il problema) saper calcolare la somma di frazioni.

Quando si parla di conoscenze va naturalmente tenuto presente che le conoscenze che l'allievo ha, ed in base alle quali agisce, possono anche essere scorrette. O per meglio dire l'allievo agisce in base a quello *che ritiene che sia vero*, non necessariamente in base a quello *che è vero*. Così se l'allievo pensa che per calcolare l'area del rettangolo si debbano sommare i lati, sarà questa sua falsa conoscenza che lo guiderà nei processi risolutivi, e non quella legittima.

Un'altra classe di risorse importanti nell'ambito di quella che possiamo definire conoscenza matematica sono le procedure di routine che un individuo conosce: non si tratta di singoli algoritmi, quanto di procedure standard, quali ad esempio impostare un'equazione a partire dai dati scegliendo opportunamente l'incognita, ma anche, come nel caso di Alessandro, rappresentare con un disegno la relazione fra i lati del rettangolo. In questo caso non si tratta di conoscenze corrette o scorrette, ma piuttosto di procedure che funzionano o meno.

Soprattutto in problemi più complessi inoltre entrano in gioco anche competenze più raffinate, quali ad esempio le tecniche per dimostrare: un matematico esperto ne possiede un vasto repertorio. Infine è importante anche conoscere le regole del discorso matematico, che come abbiamo più volte sottolineato differiscono da quelle di altri tipi di discorso.

È chiaro che le conoscenze si costruiscono in tempi lunghi, e comunque non in modo lineare, ed in questo processo di costruzione è naturale che l'allievo attraversi fasi di conflitto e confusione.

A seconda delle conoscenze che un individuo ha, uno stesso compito può presentarsi come esercizio o problema. All'interno di un percorso didattico quindi una scelta cruciale dell'insegnante è *quando* (prima, durante, dopo l'introduzione di un certo concetto) presentare un certo tipo di compito. Supponiamo ad esempio che in prima elementare l'insegnante chieda di trovare il numero che sommato a 11 dà 19. Se l'insegnante ha spiegato l'algoritmo della sottrazione questo compito si configura come esercizio, altrimenti come un problema che gli allievi cercheranno di risolvere con varie strategie. In quest'ultimo caso questo problema ed altri sempre più complessi potranno costituire proprio una motivazione ad introdurre l'algoritmo della sottrazione. Un esempio a livello di scuola media è quello dei cosiddetti problemi somma / differenza (in cui si conoscono la somma e la differenza di due numeri, e si chiede di trovare i due numeri): in genere viene spiegata la strategia risolutiva e si propongono poi compiti analoghi (esercizi quindi) in cui applicare tale strategia. Se invece l'insegnante non dà la strategia risolutiva, lo stesso compito si configura come problema.

6.3 Il repertorio di strategie (Le euristiche)

Se le conoscenze entrano indubbiamente in gioco nella risoluzione di un problema, è però sui metodi risolutivi che si è concentrata l'attenzione della ricerca sul problem solving, sia in educazione matematica che in altri contesti. Del resto questo è naturale, se si pensa che è proprio attraverso il processo risolutivo che si esprime il pensiero 'produttivo' che caratterizza il problem solving.

Nell'ambito dell'educazione matematica i primi studi sistematici sui metodi risolutivi sono senz'altro quelli del matematico George Polya, di cui abbiamo già parlato nel capitolo precedente.

Anche se Polya è un matematico e non un educatore, l'obiettivo che si pone è un obiettivo didattico: insegnare a risolvere problemi. Per far questo egli assume come modello di 'bravo solutore' il matematico impegnato nell'attività di ricerca: analizza quindi i processi messi in atto da questi 'bravi solutori', tentando di evidenziare quali sono i metodi risolutivi che essi impiegano, nella convinzione di poterli insegnare.

Lo studio di tali metodi risolutivi è chiamato da Polya *euristica* (dal greco *heurískein*, che significa trovare): "Scopo dell'euristica è lo studio dei metodi e delle leggi di invenzione e di scoperta" (Polya, 1945, tr. it. p. 119).

Più frequentemente nell'ambito del problem solving il termine 'euristico' è usato come aggettivo, col significato di 'utile per la scoperta': si parla allora di ragionamenti euristici, di procedimenti di valore euristico, di metodi euristici. Alcuni studiosi, fra cui lo stesso Polya, chiamano *euristiche* i metodi euristici. Nell'ambito dell'educazione matematica i ricercatori usano come sinonimi i termini *strategie* ed *euristiche*.

Dato il legame fra euristiche e pensiero produttivo, non stupisce che le euristiche siano state oggetto di interesse anche da parte degli psicologi della

Gestalt[3]. Duncker fa una distinzione sottile ma a mio parere chiarificatrice fra *soluzione* e *metodo euristico*: "La natura di una soluzione è quella di essere una via per raggiungere l'obiettivo di un problema; la natura di un metodo euristico, invece, è quella di essere una via per raggiungere la soluzione" (Duncker, 1935, tr. it. p. 47)[4]. I metodi euristici rispondono quindi alla domanda: "Come posso trovare la soluzione?", e *non* alla domanda: "Come posso raggiungere l'obiettivo?".

I metodi euristici (o euristiche) sono in definitiva strategie di carattere generale utili nell'affrontare un problema, in quanto facilitano il raggiungimento della soluzione.

Nel suo testo già citato Duncker analizza alcune euristiche che considera particolarmente efficienti, quali l'analisi dell'obiettivo, l'analisi della situazione o del materiale, l'analisi del conflitto, facendo esempi sia di problemi di natura pratica che di problemi di tipo matematico, in particolare di dimostrazione.

L'analisi della situazione permette di variare opportunamente elementi appropriati della situazione data, in vista dell'obiettivo che si vuole raggiungere. Consiste nel chiedersi: "Perchè non va?", "Cosa devo cambiare?". In questo senso l'analisi della situazione è quindi innanzitutto analisi del conflitto.

Per illustrare tale euristica Kanizsa (1973) fa l'esempio del problema di spostare da una stanza all'altra un tavolo ingombrante, che non passa per la porta. La causa del conflitto viene identificata nello scontrarsi del tavolo con gli stipiti della porta. Per eliminare il conflitto si possono adottare soluzioni di forza (quali allargare la porta o tagliare il tavolo) oppure ruotare il tavolo in modo da sfruttare per il passaggio le sue dimensioni minori.

L'analisi della situazione può prendere anche la forma dell'esame delle proprietà del materiale che può essere utilizzato. Anche in questo caso l'euristica può essere identificata con alcune domande: "Che cosa è dato?", "Di cosa posso servirmi?".

---

[3] D'altra parte Polya in *Come risolvere i problemi di matematica* fa esplicito riferimento a Köhler e Duncker. Egli scrive: "L'autore desidera esprimere la sua gratitudine ad alcuni scienziati moderni non nominati nell'articolo *Euristica*. Si tratta del fisico e filosofo Ernst Mach, del matematico Jacques Hadamard, degli psicologi William James e Wolfgang Köhler. L'autore vuole pure nominare lo psicologo K. Duncker e il matematico F. Krauss nei cui lavori (pubblicati quando il presente volume era già ultimato e parzialmente pubblicato) ha notato qualche concordanza di esposizione" (Polya, 1945, tr. it. p.138). Nel suo lavoro successivo *La scoperta matematica* (1962) egli cita esplicitamente le ricerche di Köhler sui comportamenti intelligenti delle scimmie ed alcune osservazioni di Duncker.

[4] Come sottolinea Polya (1962) il termine *soluzione* peraltro è ambiguo: a volte viene usato ad indicare un 'oggetto' che soddisfa alle condizioni del problema, altre il procedimento con cui tale oggetto viene trovato. In altre parole a volte è inteso come prodotto, altre come processo (ad esempio nella citazione di Duncker). In contesto scolastico a volte si usa 'risoluzione' per indicare il processo, e 'soluzione' per indicare il prodotto.

6.3 Il repertorio di strategie (Le euristiche)

Al contrario l'analisi dell'obiettivo porta a chiedersi: "Che cosa voglio veramente raggiungere? Che cosa è effettivamente richiesto?". In un problema di matematica di dimostrazione l'analisi dell'obiettivo prende la forma di esplicitazione dell'enunciato: "Che cosa significa precisamente quello che devo dimostrare? Come si potrebbe formulare in modo diverso?". Naturalmente i due metodi possono essere combinati: ad esempio in un problema matematico di dimostrazione il processo risolutivo spesso è una continua trasformazione della tesi alla luce delle ipotesi, e delle ipotesi in vista della tesi[5].

Come abbiamo detto il caso dei problemi di matematica sta particolarmente a cuore agli psicologi della Gestalt. Duncker esamina a fondo il caso dei problemi di tipo dimostrativo, confrontando i procedimenti che partono dall'analisi dell'obiettivo con quelli che partono dall'analisi dei dati:

> Se voglio far capire a qualcuno una dimostrazione, posso avvalermi di procedimenti ben diversi, a seconda che prenda l'avvio soprattutto da quanto è dato o invece soprattutto da quanto è richiesto.
> I casi estremi sono:
> A – Cerco, per quanto è possibile, di far scaturire la dimostrazione dall'alto, dall'obiettivo, dall'enunciato, chiedendomi: 'Da cosa potrebbe derivare l'enunciato? Che cosa è necessario?'
> B – Oppure comincio dal basso, chiedendomi: 'Che cosa è dato?'. Cioè sviluppo dalle premesse date varie inferenze, che si congiungono in seguito in modo sorprendente nella dimostrazione dell'enunciato.
> Il primo modo lo chiamerei 'organico'. [...] Il secondo, il modo opposto, è quello 'meccanico' [Duncker, 1935, tr. it. pp. 84-85].

Lo psicologo confronta i due modi di procedere sul seguente teorema:

Teorema
Il punto di intersezione delle tre perpendicolari ai punti mediani dei lati di un triangolo è il centro del cerchio circoscritto.

---

[5] L'analisi dell'obiettivo e l'analisi della situazione richiamano rispettivamente le strategie Top Down e Bottom Up, formalizzate in ambito informatico, poi estese ad indicare due tipi di approccio alla soluzione di un problema, ed utilizzate quindi anche in altri contesti (come la psicologia e le neuroscienze). Nel modello Top Down la progettazione del sistema (la risoluzione del problema) viene affrontata in modo globale, individuando sottoproblemi che si affrontano successivamente, e così via, procedendo dall'alto verso il basso, finché il sistema non è completamente specificato (il problema completamente risolto); nel modello Bottom Up si specificano (si risolvono) le varie parti del sistema (sotto-problemi) che poi vengono messe insieme a formare componenti più complesse, e così via, procedendo dal basso verso l'alto. Nella maggior parte dei casi in realtà si usa una combinazione dei due metodi.

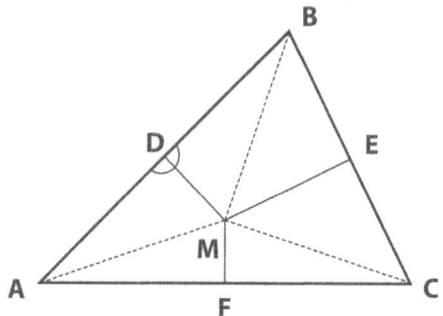

Dimostrazione 1
Che cosa significa
'centro del cerchio circoscritto'?
È evidentemente il punto in cui
la distanza dai tre vertici è uguale;
quindi:
MA = MB = MC.
Bisognerebbe dimostrarlo.
MA e MB sono lati dei triangoli
MAD e MBD. Quindi si dovrebbe
(se possibile) dimostrare che
questi triangoli sono uguali.
In effetti AD = BD, inoltre
MDA = MDB = angolo retto
(per ipotesi). Quindi i triangoli,
avendo il lato MD in comune,
sono uguali, quindi MA = MB, ecc.

Dimostrazione 2
Collego il punto di intersezione
delle tre perpendicolari, M, con
A, B, e C e considero (dapprima)
i triangoli MAD e MBD.
Qui AD = BD; inoltre
MDA = MBD = angolo retto (per
ipotesi). Quindi i due triangoli,
avendo il lato MD in comune,
sono uguali.
Quindi MA = MB, ecc.
Ciò significa allora che M
è il centro del cerchio circoscritto.

Secondo Duncker "dal punto di vista didattico è raccomandabile, sia pure a spese della brevità e della «eleganza», procedere il più possibile in modo organico e intraprendere il minor numero possibile di esplicitazioni delle premesse che l'allievo debba seguire alla cieca" (*ibidem*, p. 86).

Lo psicologo osserva anche che l'«esplicitazione dell'obiettivo» è un procedimento del tutto analogo a quello che viene raccomandato nelle scuole per i problemi di costruzione:

> Allo stesso modo in cui là si considera la costruzione come fosse già compiuta, per coglierne le relazioni fondamentali ed indagarne la costruibilità, così nelle esplicitazioni dell'obbiettivo la proposizione enunciativa viene considerata come dimostrata e ne vengono tratte alcune deduzioni, di cui si esamina poi la dimostrabilità [Duncker, 1935, tr. it. p. 83].

6.3 Il repertorio di strategie (Le euristiche)

In altre parole l'esplicitazione dell'obiettivo richiama i procedimenti classici di *analisi* e *sintesi*. Il matematico greco Pappo di Alessandria, vissuto intorno al 300 d.C., nel settimo libro del suo trattato *Mathematicae Collectiones* descrive il procedimento di analisi come *un metodo consistente nel considerare come ammesso ciò che si cerca e nello sviluppare le conseguenze sino a giungere a qualcosa che viene ammesso come risultato nella sintesi*.[6]

In un certo senso l'analisi è quindi una soluzione all'indietro, o alla rovescia, nel senso che ripercorrendo all'indietro i passi che la compongono si ottiene il procedimento dimostrativo.

Polya dedica un intero paragrafo del suo testo *Come risolvere i problemi di matematica* a Pappo e ai metodi di analisi e sintesi descritti dal matematico greco, ma anche ai lavori di altri matematici del passato, quali Descartes, Bolzano, Leibnitz: si tratta infatti a suo parere di matematici che hanno dato grandi contributi all'euristica[7].

Secondo Polya l'euristica moderna "consente la comprensione del processo di risoluzione dei problemi, soprattutto per quanto concerne le *operazioni mentali tipiche* di esso" (1945, tr. it. p.135).

Tali operazioni possono essere stimolate da alcune domande chiave che il bravo solutore di problemi si pone in modo naturale e spontaneo. Del resto anche negli esempi fatti da Duncker le euristiche corrispondono a processi mentali che vengono suggeriti da opportune domande che il solutore si pone. Inoltre nel bravo solutore queste domande si susseguono con una certa regolarità, nel senso che egli le formula in genere in corrispondenza di momenti diversi del processo risolutivo.

Polya distingue 4 fasi, a suo parere tipiche della risoluzione di qualsiasi problema:
Fase 1: si deve *comprendere* il problema;
Fase 2: si devono scoprire i legami che intercedono fra le varie informazioni, fra ciò che si cerca ed i dati, per *compilare un piano* di risoluzione;
Fase 3: si procede allo *sviluppo del piano*;
Fase 4: si esamina attentamente il risultato e si procede alla sua *verifica*.

Con piccole differenze queste sono del resto le fasi riconosciute nell'ambito degli studi di psicologia. Ad esempio già Claparède (1933) osservava che il processo risolutivo di un problema prevede tre fasi: la presa di coscienza del problema, la scoperta di una soluzione, la sua verifica.

Come dicevamo, secondo Polya in corrispondenza di ogni fase il bravo solutore si pone in modo naturale alcune domande, che a loro volta stimolano le

---

[6] Dalla traduzione di Commandino pubblicata postuma nel 1588.
[7] Polya cita in particolare il trattato incompleto *Regulae ad directionem ingenii* di Descartes, il terzo volume dell'opera *Wissenschaftslehre* di Bolzano, e frammenti sparsi in vari lavori di Leibnitz.

operazioni mentali utili per la risoluzione e suggeriscono quindi delle euristiche: queste domande costituiscono lo *schema di risoluzione*, riportato all'inizio del testo *Come risolvere i problemi di matematica*[8].

Una delle euristiche che Polya fa corrispondere alla prima fase è ad esempio:
Se non si riesce a risolvere il problema proposto, si tenti di risolvere prima qualche problema connesso con questo.

Fra gli esempi proposti da Polya per illustrare tale euristica c'è il seguente problema di costruzione:
In un triangolo assegnato, inscrivere un quadrato avente due vertici sulla base e ciascuno degli altri due vertici su un lato del triangolo.

Ecco come Polya immagina l'interazione con un allievo alle prese con questo problema:

"*Qual è l'incognita?*"
"Un quadrato."
"*Quali sono i dati?*"
"Soltanto un triangolo."
"*Qual è la condizione?*"
"Che i quattro vertici del quadrato appartengano al contorno del triangolo e, precisamente, due stiano sulla base e ciascuno degli altri due giaccia su un lato del triangolo."
"*È possibile soddisfare alla condizione?*"
"Ritengo di sì, ma non ne sono sicuro."
"Sembra che tu non trovi il problema troppo facile. *Se non si riesce a risolvere il problema proposto, si tenti di risolvere prima qualche problema connesso con questo*. Si può soddisfare ad una parte della condizione?"
"Cosa si intende per una parte della condizione?"
"Ecco, la condizione riguarda tutti i vertici del quadrato; ossia quanti punti?"
"Quattro."
"Una parte della condizione dovrebbe riferirsi ad un numero di vertici minore di quattro. *Si tenga conto soltanto di una parte della condizione, trascurando l'altra.* Quale parte della condizione si presta ad essere soddisfatta più facilmente?"
"È immediato disegnare un quadrato con due vertici sul contorno del triangolo – od anche con tre vertici su di esso!"
"*Si disegni una figura!*"
Lo studente disegna la figura 1.

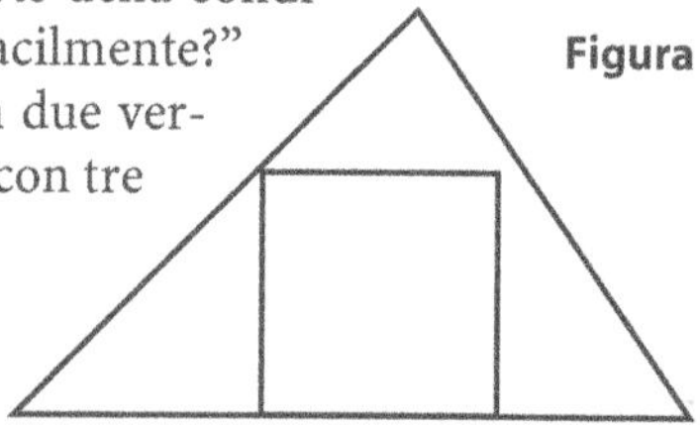

Figura 1

---

[8] In realtà Polya distingue fra problemi di *determinazione* e problemi di *dimostrazione*, osservando che alcune domande dello schema di risoluzione sono applicabili al primo tipo di problemi ma non al secondo.

6.3 Il repertorio di strategie (Le euristiche)

"Così *si è tenuto conto soltanto di una parte della condizione, trascurando l'altra. Fino a che punto risulta ora determinata l'incognita?*"
"Il quadrato richiesto non è ancora individuato: quello disegnato ha solo tre vertici appartenenti al contorno del triangolo."
"Bene! *Si disegni un'altra figura!*"
Lo studente traccia la figura 2.

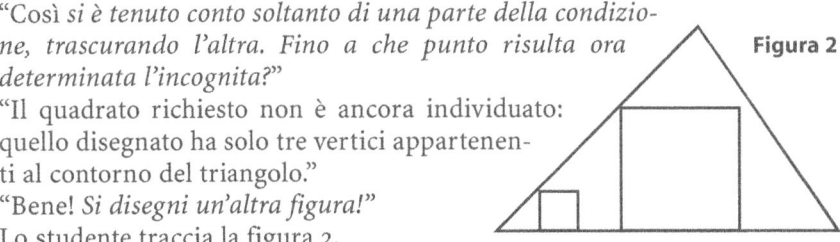

Figura 2

"Abbiamo detto che il quadrato non è determinato dalla *parte della condizione considerata. Come può variare?*"

[...]

"Tre vertici dei quadrati precedenti giacciono sul contorno del triangolo, ma il quarto vertice non è ancora dove dovrebbe stare. Il quadrato richiesto, come abbiamo già notato, non è fino a questo momento individuato; esso può variare e lo stesso accade per il suo quarto vertice. *Come può variare* questo punto?"

[...]

"Si facciano dei tentativi pratici, per vedere meglio. Si disegnino tanti quadrati, come quelli già considerati, aventi tutti e tre i vertici sul contorno del triangolo: quadrati piccoli e quadrati grandi. Quale sembra essere il luogo descritto dai quarti vertici? *Come può* quindi *variare* il quarto vertice di ciascun quadrato siffatto?"
Quest'ultima domanda dovrebbe portare lo studente molto vicino alla risoluzione. Se l'alunno ora è in grado di riconoscere che il luogo geometrico dei quarti vertici dei quadrati è una retta, il problema può considerarsi risolto [Polya, 1945, tr. it. pp. 40-42].

I lavori di Polya hanno avuto un impatto formidabile sulla ricerca sul problem solving in educazione matematica. Alla luce dei suoi studi si sviluppa la convinzione che i bravi solutori siano caratterizzati dall'avere a propria disposizione non solo un buon bagaglio di conoscenze, ma anche un buon repertorio di strategie ed euristiche: alla stessa conclusione del resto giungono gli studi in psicologia.

È naturale quindi che sia in psicologia che in educazione matematica si affronti il problema di migliorare le abilità di problem solving cercando di insegnare ai soggetti un repertorio di euristiche ed il loro uso. Nascono quindi programmi e testi con queste finalità. Nel campo dell'educazione matematica un esempio tipico di questo tipo di approccio è dato dal libro di Loren Larson *Problem-Solving through problems*, del 1983. Il primo capitolo del libro, Euristiche, propone un elenco delle euristiche considerate più efficienti nell'ambito del problem solving matematico (vedi figura 6.1 nella pagina seguente).

6 Problem solving

> **Figura 6.1:** Un repertorio di euristiche (Larson, 1983)
>
> 1. Cerca uno schema ('pattern')
> 2. Disegna una figura
> 3. Formula un problema equivalente
> 4. Modifica il problema
> 5. Scegli un'opportuna notazione
> 6. Sfrutta la simmetria
> 7. Dividi in sotto-casi
> 8. Lavora all'indietro
> 9. Ragiona per assurdo
> 10. Esplora la parità
> 11. Considera casi estremi
> 12. Generalizza

Ma in realtà i programmi finalizzati ad insegnare a risolvere problemi attraverso l'acquisizione di un repertorio di euristiche specifiche si rivelano fallimentari: i soggetti così 'addestrati' non sembrano in grado di *generalizzare* e *trasferire* le conoscenze apprese ad altre situazioni.

D'altra parte, osserva Schoenfeld (1985a), nell'ambito dell'intelligenza artificiale, dove l' importanza delle euristiche è legata alla necessità di ridurre le dimensioni dello spazio problemico, le euristiche che hanno funzionato non sono quelle specifiche, ma piuttosto quelle molto generali come l'analisi mezzi-fini e l'euristica denominata 'hill climbing'[9], suggerite da Newell e Simon (1972).

In definitiva la fiducia riposta nell'utilità dell'insegnamento di un repertorio di euristiche specifiche per insegnare a risolvere problemi non è giustificata né dalle sperimentazioni condotte sul problem solving, né dai lavori in intelligenza artificiale (anche se va sottolineato che molti problemi di matematica differiscono dai problemi tipicamente studiati in intelligenza artificiale, in quanto non è dato a priori uno spazio problemico).

---

[9] L'analisi mezzi - fini comprende: il confronto dello stato attuale con lo stato finale e l'individuazione di differenze (se non ci sono, il problema è risolto); l' individuazione e poi l'applicazione di un operatore che possa ridurre tali differenze; di nuovo il confronto fra stato attuale e stato finale, e così via, in modo ricorsivo.
La strategia hill-climbing (scalare una montagna) appoggia sull'importanza della verifica dei progressi fatti, del fatto che ci si sta avvicinando alla meta. Simon e Newell (1971) la spiegano così: "Nel salire una (non troppo ripida) montagna, una buona regola euristica consiste nell'andare sempre verso l'alto. Se un particolare punto è più in alto, raggiungerlo rappresenta probabilmente un progresso verso la cima. Il tempo richiesto per raggiungere la sommità dipenderà dall'altezza della montagna e dal suo pendìo, ma non dalla sua circonferenza nè dalla sua area - non dall'ampiezza dello spazio totale del problema" (Simon e Newell, 1971, tr. it. p.119).

6.3 Il repertorio di strategie (Le euristiche)

Analizzando i possibili motivi di questo fallimento Schoenfeld (1985a) osserva che i nomi con cui si identificano le euristiche, ad esempio *'Esamina casi particolari'*, sono solo etichette che non ne forniscono una descrizione sufficientemente dettagliata, che permetta cioè di poterle effettivamente utilizzare. Soprattutto, i lavori sull'uso delle euristiche, compreso quello di Polya, appaiono più descrittivi che prescrittivi: in altre parole descrivono il processo risolutivo una volta che è stato realizzato, ma non sono altrettanto efficaci nel suggerire a priori come realizzarlo.

Ma vediamo le critiche di Schoenfeld in un esempio concreto: quello del problema di Polya che abbiamo riportato nel paragrafo precedente, in cui veniva richiesto di costruire dentro un triangolo un quadrato con i vertici sui tre lati del triangolo.

Questo problema di costruzione, osserva Schoenfeld, può essere modificato (tramite l'applicazione di una delle euristiche trattate da Polya) nel modo seguente:

Problema P_1: *Dimostrare che esiste un quadrato inscritto nel triangolo. Se possibile, determinare la posizione di uno dei vertici superiori.*

Nel dialogo immaginato da Polya è proprio a P_1 che Polya suggerisce di applicare un'altra euristica, piuttosto generale:

1. *Se non si riesce a risolvere il problema proposto, si tenti di risolvere prima qualche problema connesso con questo.*

Più avanti Polya suggerisce un'euristica più specifica:

2. *Si tenga conto soltanto di una parte della condizione, trascurando l'altra.*

La scelta di trascurare la condizione che impone tutti e 4 i vertici del quadrato sui lati del triangolo è evidentemente solo una delle tante possibili. Ad esempio si poteva rinunciare invece alla condizione che il quadrilatero fosse un quadrato, e lavorare sui rettangoli, ottenendo il problema: *inscrivere un rettangolo nel triangolo dato* (problema P_2).

> Prima di proseguire prova ad applicare l'euristica suggerita da Polya al problema del triangolo e del quadrato in questa forma alternativa: rinunciando cioè alla condizione che la figura da inscrivere sia un quadrato, e supponendo che sia invece un rettangolo.

D'altra parte la prima euristica poteva suggerire il problema P_3 considerato da Polya nel suo colloquio: *costruire un quadrato che abbia solo 3 vertici sul triangolo*; ma anche:
- *inscrivere una figura diversa da un quadrilatero, ad esempio una circonferenza* (problema P_4);
- *partire dal quadrato e costruire un triangolo simile a quello dato soddisfacente le condizioni* (problema P_5);

– *inscrivere un quadrato in un triangolo particolare, ad esempio isoscele o equilatero* (problema P_6)[10].

Ognuna di queste scelte avrebbe avuto una notevole influenza sul processo risolutivo.

Le osservazioni di Schoenfeld non mettono in discussione la potenza delle euristiche: al contrario, è davvero impressionante vedere la fertilità dell'euristica 'trascurare una condizione' nel suggerire diverse soluzioni ad uno stesso problema[11].

Ma il punto qui è un altro, e riguarda la possibilità di insegnare a risolvere problemi attraverso l'insegnamento delle euristiche.

Cosa sarebbe successo nel dialogo immaginato da Polya se lo studente avesse scelto altri modi di applicare le euristiche suggerite? Probabilmente alcuni non sarebbero stati altrettanto proficui di quello descritto, ma questa valutazione può essere fatta solo a posteriori. Ma soprattutto, come avviene la scelta di un'euristica? E come avviene la scelta di applicare un'euristica in un modo piuttosto che in un altro? L'espressione 'connesso con questo' riferito ad un problema (*Se non si riesce a risolvere il problema proposto, si tenti di risolvere prima qualche problema connesso con questo*) quanti suggerimenti diversi può offrire? E avranno tutti la stessa efficacia sul problema di partenza?

In definitiva, osserva Schoenfeld, l'euristica suggerita da Polya ed applicata in uno dei modi possibili, porta ad affrontare un nuovo problema, che ha il ruolo di 'stepping stone', cioè di passo intermedio. La soluzione del problema originario affrontato in questi termini richiede che il soggetto risolva il problema intermedio, e che una volta risolto questo sappia risolvere il problema di partenza. Data la varietà delle euristiche applicabili, e la varietà dei modi in cui si possono applicare, i problemi 'stepping stone' che si possono individuare sono molti, ed in generale sarà molto varia sia la loro difficoltà, che la difficoltà di risolvere a partire da essi il problema di partenza. Schoenfeld (1985a) descrive questa complessità attraverso uno schema (figura 6.2).

La soluzione del problema P dipende dalla soluzione del problema P_1, che a sua volta dipende dalla soluzione del problema P_i. Non tutti i problemi P_i saranno altrettanto efficaci, ed in presenza di limiti di tempo una scelta sbagliata può rivelarsi determinante. Ad esempio, osserva Schoenfeld, né il problema P_4 né il problema P_2 portano a risolvere P_1, perché aver dimostrato l'esistenza del quadrato non è sufficiente per individuare la posizione dei vertici.

---

[10] La numerazione dei problemi P_2-P_6 utilizzata da Schoenfeld riflette la frequenza con cui tali problemi sono stati effettivamente generati da suoi studenti a partire dall'euristica data.
[11] Non a caso queste euristiche sono utilizzate anche nel contesto del problem posing, all'interno della strategia denominata "What-If-Not". Nel testo *The Art of Problem Posing* (Brown e Walter, 1983) è illustrato proprio il processo di formulazione di nuovi problemi a partire dal problema del triangolo e del quadrato, attraverso l'applicazione delle euristiche che abbiamo esaminato.

6.3 Il repertorio di strategie (Le euristiche)

Figura 6.2

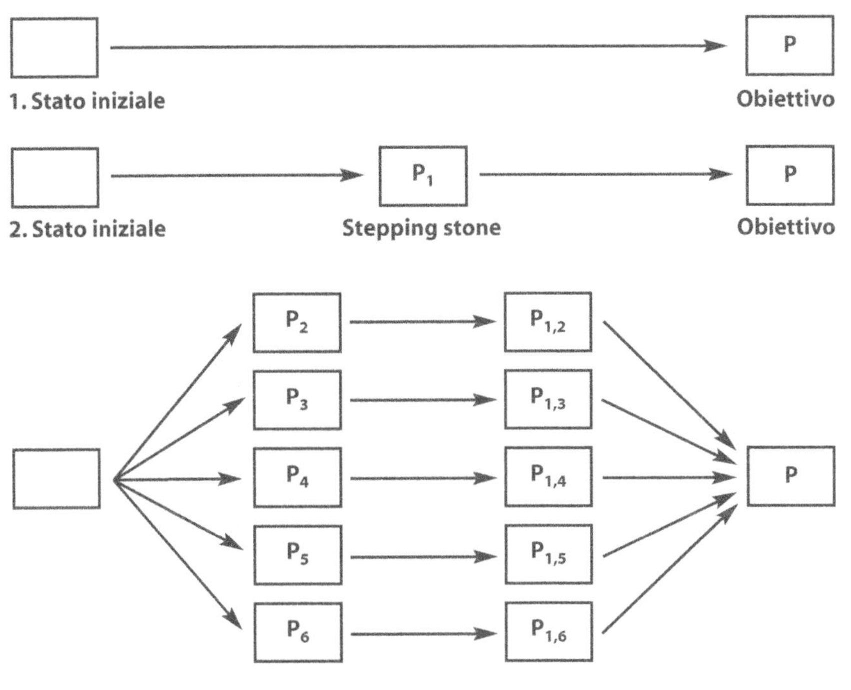

2. Stato iniziale	Altri 'stepping stones'	Versioni di P_1	Obiettivo
	Ne puoi risolvere qualcuno?	Li puoi risolvere, se hai la soluzione degli 'stepping stones' a sinistra? Quale tipo di informazione forniranno queste soluzioni?	Quali informazioni ricavabili dalle varie versioni di P_1 ti permetteranno di risolvere P?

Tutte queste osservazioni suggeriscono che il fatto di avere a disposizione un repertorio di euristiche non risolve automaticamente il problema centrale di *quali* utilizzare e *come*, una volta che ci si trovi di fronte ad un problema specifico.

D'altra parte questa difficoltà è ben nota a chiunque insegni: ad esempio come abbiamo visto spesso gli insegnanti mostrano agli allievi la strategia per risolvere i problemi cosiddetti somma / differenza, ma se in presenza di un problema l'insegnante non esplicita che si tratta di un problema di quel tipo, molti allievi non utilizzano la strategia appresa.

Questo fenomeno d'altra parte non è circoscritto all'educazione matematica. Anche nell'ambito della psicologia interventi analoghi, cioè basati esclusivamente sull'insegnamento di euristiche, danno gli stessi risultati fallimentari: nonostante il rendimento migliori quando la situazione è sotto il controllo dello sperimentatore, gli studenti falliscono ripetutamente nell'usare in modo autonomo la nuova competenza acquisita. Essi non sembrano cogliere la significatività delle abilità apprese e di conseguenza sono in grado di utilizzarle solo se lo sperimentatore dà indicazioni di farlo (Brown et al., 1983).

I risultati scoraggianti di questi studi hanno dato vita a nuovi filoni di ricerca: l'attenzione non viene più focalizzata esclusivamente sulle conoscenze possedute, sia in termini di conoscenza matematica di base che di repertorio di euristiche, ma su *come* queste vengono utilizzate.

6.4 Decisioni e processi di controllo

Lo spostamento dell'attenzione dalle risorse all'utilizzazione delle stesse porta in primo piano le *decisioni* che il soggetto prende quando risolve un problema.

Del resto abbiamo già sottolineato l'importanza dei processi decisionali nel problem solving nel capitolo precedente, osservando che proprio la necessità di prendere decisioni differenzia i problemi dalle situazioni di routine (quelle che abbiamo chiamato esercizi), in cui è possibile attivare un comportamento automatico.

Nel contesto dell'educazione matematica Schoenfeld usa il termine 'decisioni strategiche', differenziando le decisioni strategiche da quelle tattiche. Le decisioni tattiche comprendono, grosso modo, tutti gli algoritmi e la maggior parte delle euristiche (nel senso di Polya), quali: analizzare e comprendere un problema, fare un disegno, pianificare una soluzione, esplorare, verificare una soluzione. Queste decisioni secondo Schoenfeld sono locali: ad esempio, dato un problema in cui si deve calcolare l'area di una regione piana, una decisione tattica è rappresentata dalla scelta fra l'effettuare il calcolo con la trigonometria oppure con la geometria analitica. Invece le decisioni strategiche - dette anche manageriali - riguardano la gestione delle risorse durante il processo risolutivo ed influenzano quindi la direzione che prenderà una soluzione: sono di questo tipo ad esempio le decisioni relative alla gestione del tempo, come quella di chiudere un tentativo di soluzione ed aprirne un altro, o anche di passare alla fase di esplorazione ritenendo conclusa quella di comprensione. Nonostante le decisioni strategiche siano così importanti da poter rendere irrilevanti le decisioni tattiche, nell'attività matematica in classe in genere esse non sono oggetto d'attenzione.

Per sottolineare meglio l'importanza delle decisioni strategiche all'interno di un comportamento risolutivo, Schoenfeld (1983a) propone di dividerlo in parti di comportamento coerente, che chiama *episodi*.

Egli caratterizza i vari episodi in:

6.4 Decisioni e processi di controllo

1. Lettura
2. Analisi
3. Esplorazione
4. Pianificazione
5. Implementazione
6. Verifica
7. Transizione.[12]

Si riconoscono in questi episodi le quattro fasi di Polya: le differenze maggiori risiedono nella distinzione, peraltro sottile e non sempre praticabile, fra Analisi e Esplorazione (che in Polya sono comprese nella fase di Comprensione), ma soprattutto nell'introduzione dell'episodio di Transizione. Quest'ultimo si pone ad un livello diverso rispetto agli altri, in quanto consiste dei controlli e delle valutazioni - sia locali che globali- che il soggetto compie durante il processo risolutivo.

Adottando tale suddivisione i punti di decisione strategica si possono riconoscere nei passaggi fra un episodio e l'altro o nei punti in corrispondenza dei quali la direzione o la natura della soluzione cambia in modo significativo.

Il confronto fra 'bravi' e 'cattivi' solutori mette in evidenza una differenza notevole della quantità e della qualità delle decisioni strategiche.

In particolare nei cattivi solutori la gestione del tempo appare inefficace: essi dedicano poco tempo alla comprensione del testo, riservando tutto quello che resta all'esplorazione, cioè a fare diversi tentativi tattici.

I bravi solutori, invece, spendono la maggior parte del tempo a pensare piuttosto che a fare, ponendosi svariate domande del tipo "Che sto facendo?", e a decidere quindi il da farsi. Inoltre un bravo solutore considera diversi approcci, molti dei quali sbagliati, ma non li porta mai fino in fondo (come fanno i cattivi solutori) perché è "tanto inesorabile nel controllare e rifiutare idee quanto ingegnoso nel generarle" (Schoenfeld, 1987, p. 194).

Nelle figure 6.3 e 6.4 sono riportati i diagrammi realizzati da Schoenfeld a partire dall'osservazione del comportamento di due soggetti durante la risoluzione di un problema: il primo (fig. 6.3) è uno studente che ha al suo attivo un corso recente di geometria, il secondo (fig. 6.4) è un professore di matematica impegnato in un altro campo di ricerca.[13]

Il confronto fra i due diagrammi (dove i triangolini neri stanno ad indicare altrettanti controlli espliciti, ma ci possono essere naturalmente processi di controllo che non vengono esplicitati) conferma le considerazioni fatte precedente-

---

[12]Naturalmente la divisione di un protocollo in episodi comporta valutazioni soggettive: Schoenfeld è il primo a riconoscere questo limite e a sottolineare la necessità di trovare strumenti più rigorosi.
[13]In realtà i due diagrammi sono relativi a problemi diversi, e precisamente:
1. *Fra tutti i triangoli inscritti in un cerchio trovare quello di area massima.*
2. *Sia dato un triangolo T di base B. Mostra che è sempre costruibile con riga e compasso una retta parallela a B che divida T in due parti di uguale area.*

mente: il professore di matematica si rivela un solutore migliore non in quanto ha più conoscenze, ma in quanto sa gestire meglio le conoscenze che ha[14].

In definitiva nel processo di soluzione di un problema si possono riconoscere alcune decisioni cruciali, che corrispondono a processi di *controllo*: assicurarsi della perfetta comprensione del problema prima di intraprendere un piano d'azione, pianificare, mantenere il controllo di come procedono le cose durante la risoluzione (in particolare decidere cosa fare e quanto tempo riservare ai vari tentativi), distribuire bene le proprie risorse.

Figura 6.3

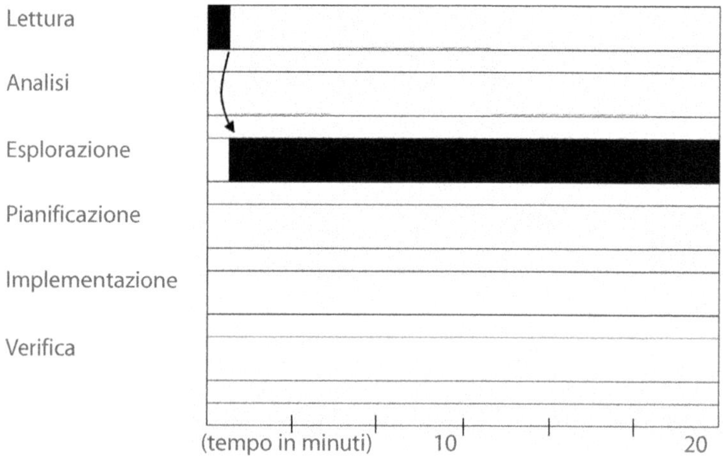

Figura 6.4

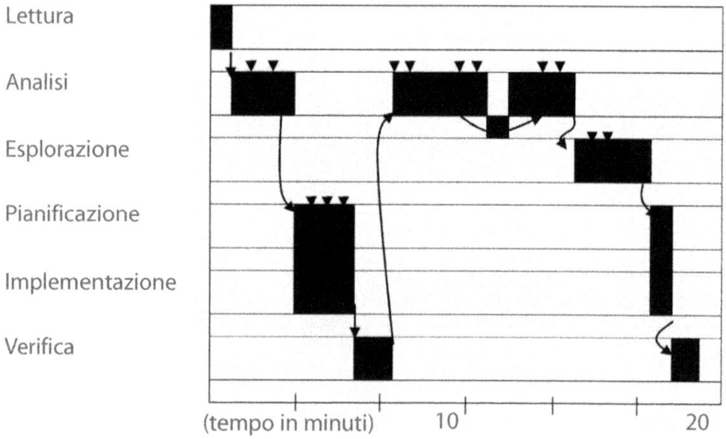

---

[14]Come tutte le schematizzazioni anche questa mette in luce alcuni aspetti ma ne lascia in ombra altri, comunque importanti. Il diagramma proposto da Schoenfeld non tiene sufficientemente conto a mio parere della *riformulazione* del problema, che costituisce in genere un progresso all'interno del processo risolutivo: nell'individuazione dei vari episodi questo progresso invece non emerge, perché non si mette in luce a *quale* problema (quello originale, o quello/i riformulato/i) gli episodi fanno riferimento (Tonelli e Zan, 1995).

I processi di controllo sono importanti nella risoluzione di qualsiasi tipo di problema che gli allievi incontrano nel contesto dell'apprendimento della matematica, e non solo dei problemi interni alla matematica. Rientrano in questa categoria decisioni quali: leggere tutti gli esercizi prima di cominciare una verifica, valutare la difficoltà o il tempo necessario per ogni domanda, scegliere di dedicarsi solo ad alcuni esercizi. Carenze a tale livello possono pregiudicare l'utilizzazione delle risorse possedute. Altri esempi sono le decisioni che un soggetto prende quando studia: decidere di ripetere a voce alta, di leggere senza fermarsi fino alla fine del testo o invece di soffermarsi, di evidenziare alcune parti, di prendere appunti, di porsi domande.

Il fatto di aver spostato l'attenzione dai problemi interni alla matematica a quelli interni al contesto dell'apprendimento della matematica ci permette di riconoscere l'importanza dei processi di controllo in situazioni che altrimenti sfuggirebbero a questa analisi. Pensiamo all'allievo che esegue esercizi di routine (cioè esercizi che *per lui* sono di routine!) e sbaglia ripetutamente i calcoli, o ricopia in modo errato alcuni numeri, o scrive talmente male da confondere lui stesso un numero con un altro. Trattandosi di esercizi di routine, le nostre riflessioni sul problem solving sembrerebbero inadeguate. Ma i ripetuti errori anche nello svolgimento di esercizi di routine possono causare ripetuti fallimenti in situazioni *percepite* come problematiche (prendere la sufficienza o addirittura un buon voto ad una verifica scritta, ad un'interrogazione): ecco che i comportamenti fallimentari descritti si possono vedere come conseguenza di carenze a livello di processi di controllo nella gestione di *tali* problemi.

L'importanza dei processi di controllo è riconosciuta anche negli studi sul problem solving in psicologia, dove il fallimento di programmi centrati sull'insegnamento di abilità specifiche avevano sottolineato l'importanza dei processi decisionali. Ma la gran parte degli studi sui processi di controllo provengono dal campo dell'Intelligenza Artificiale o dell'Information Processing, seppure con obiettivi diversi (la creazione di un modello di comportamento in ambito problem solving) e con accezioni in genere più tecniche del termine 'controllo'.

Commentando questo tipo di studi Brown et al. (1983) osservano che i modelli di elaborazione delle informazioni e di intelligenza artificiale più sofisticati prendono in considerazione gli stessi aspetti che sono risultati cruciali nel problem solving umano: mentre un soggetto tenta di risolvere un problema c'è una continua pianificazione *in azione*, che prevede l'individuazione e la correzione di errori, cioè continui processi di controllo che coinvolgono monitoraggio, valutazione e correzioni (revisioni / ritocchi). Queste funzioni appaiono carenti nei sistemi 'non intelligenti', si tratti di programmi o di esseri umani.

In definitiva si ha un'ulteriore evoluzione nella caratterizzazione del 'bravo solutore' di problemi: non è più considerato tale chi ha adeguate conoscenze nel dominio di conoscenze specifico cui il problema fa riferimento, o possiede un adeguato repertorio di euristiche (come suggerito da Polya), ma chi sa organizzare e gestire al meglio tali risorse in vista dell'obiettivo dato, mettendo in atto efficaci e continui processi di controllo e autoregolazione.

Le considerazioni fatte suggeriscono che i comportamenti fallimentari nella risoluzione di un problema (non necessariamente di matematica) possono dipendere dalla scarsa efficienza dei processi di controllo attivati, o addirittura dalla loro mancata attivazione. La domanda che ci siamo posti all'inizio di questo capitolo - da cosa dipendono i comportamenti fallimentari di un allievo? - porta allora a formulare altre domande: da cosa sono influenzati i processi di controllo? In particolare, come possiamo spiegare la mancata attivazione di tali processi? Da cosa dipende la loro scarsa efficienza?

A queste domande cercheremo di dare una risposta nei paragrafi che seguono.

6.5 Consapevolezza e controllo: la metacognizione

Un settore della vita quotidiana in cui esercitiamo continuamente processi di controllo è quello che ha a che fare con la memoria, data la necessità di ricordarci impegni e scadenze. In tale ambito sono ormai di uso comune strategie quali scrivere sull'agenda, cartacea od elettronica, sui post it, fare un nodo al fazzoletto, cambiare la posizione dell'anello, mandarsi messaggi di posta elettronica, ecc.

In realtà sono strategie molto diverse: se metto alla mano sinistra un anello che porto sempre sulla mano destra, prima o poi me ne accorgerò, e mi ricorderò che c'era qualcosa da ricordare. Non necessariamente questo sarà sufficiente per ricordare *che cosa*. Scrivere la cosa da ricordare su un foglio del resto non è sufficiente se poi non vado a cercare ed a leggere il foglio stesso. Il fatto di utilizzare una o l'altra strategia, e comunque di decidere di ricorrere almeno ad una strategia, dipende in modo significativo dalla consapevolezza che ho delle mie capacità di ricordare, oltre che naturalmente dalla disponibilità delle risorse necessarie per mettere in atto una strategia o l'altra. Così se sono a lezione, e non ho a disposizione la posta elettronica o l'agenda, mi segno su un foglio la cosa da ricordare, e poi cambio la posizione all'anello per ricordarmi che c'è qualcosa da ricordare. È chiaro che in tutto questo gioca un ruolo cruciale la mia consapevolezza di non ricordare (ma anche la voglia che ho di impiegare risorse per farlo).

Anche nell'ambito dell'attività matematica si possono trovare numerosi esempi di come l'aspetto della consapevolezza, in particolare dei propri punti forti e deboli, abbia un ruolo importante nell'attivazione dei processi di controllo.

La consapevolezza delle proprie risorse è determinante per valutare la difficoltà di un compito, in particolare per riconoscere una situazione di problema. Carenze a livello di consapevolezza spiegano allora fallimenti dovuti al fatto che il soggetto non riconosce la situazione come problematica, ed attiva quindi comportamenti automatici: questo succede quando un allievo risponde alle domande dell'insegnante immediatamente, senza riflettere; quando l'allievo comincia a svolgere un esercizio imbarcandosi subito in calcoli.

6.5 Consapevolezza e controllo: la metacognizione

Analogamente carenze a livello di consapevolezza possono portare l'allievo a riconoscere come problematica una situazione che per le risorse che possiede si configura invece come esercizio.

Naturalmente nel riconoscimento di una situazione come problematica interviene anche la conoscenza relativa al campo in questione: io riconosco come problematico per me scalare il Monte Bianco non solo perché conosco le mie risorse, ma perché le mie conoscenze in proposito mi dicono che il Monte Bianco è una montagna impegnativa, e che la sua scalata è un compito che richiede certe abilità. Analogamente può accadere che per mancanza di conoscenze relative al campo in questione io veda un problema laddove non c'è: ed è quello che capita con molti allievi, ad esempio quelli che dalla sola lettura del programma d'esame fatta all'inizio del corso deducono che l'esame di matematica è impossibile da superare.

In definitiva non siamo in grado di differenziare una situazione problematica da una di routine se non abbiamo alcuna conoscenza relativamente al campo in questione: questo suggerisce prudenza nell'attribuire a carenze nell'attivazione di processi di controllo un fallimento che magari è invece dovuto a carenze a livello di conoscenze.

Lo stesso discorso vale più in generale per la valutazione della difficoltà di un compito, abilità in cui l'aspetto della consapevolezza è fortemente implicato. Ad esempio può essere una carenza a livello di consapevolezza quella che porta l'allievo a non saper valutare la difficoltà dei vari esercizi presenti in una verifica (e quindi, anche volendo, a non poter fare una scelta strategica). Anche la valutazione del tempo necessario per svolgere un certo compito (prepararsi per un'interrogazione, svolgere un certo esercizio, o addirittura 'recuperare' su una certa parte del programma) richiede consapevolezza. La consapevolezza delle proprie risorse interviene inoltre in modo cruciale nello studio: se un allievo non conosce le proprie capacità di memorizzazione, di comprensione, ma anche di concentrazione e di attenzione, non potrà attivare davanti allo studio comportamenti strategici, in quanto le sue scelte (quanto studiare / come studiare / quando studiare) rischieranno di essere inadeguate alle risorse che ha. Pensiamo al ragazzo che ha difficoltà di concentrazione e studia con la musica ad alto volume; a quello che studia con un amico che ha tempi diversi dai suoi; a quello che pianifica di dedicare allo studio 6 ore di seguito (o di alzarsi alle 5 di mattina!) quando normalmente non riesce a stare sui libri per più di 10 minuti...

Ma anche in tutti questi casi non possiamo sottovalutare l'importanza della conoscenza del campo in questione: ad esempio un comportamento di studio inadeguato nei confronti della matematica può essere dovuto al fatto che l'allievo non conosce le caratteristiche della disciplina, e quindi la studia come studia altre materie con caratteristiche diverse. L'incapacità di decidere quale fra un gruppo di esercizi è il più facile (rispetto alle risorse che uno possiede) può essere dovuta al fatto che il soggetto non conosce le risorse che un esercizio richiede. Anche per l'abilità di autovalutarsi è difficile, se non impossibile, distinguere se un errore nell'attribuire il grado di certezza alla correttezza delle risposte date (quanto "sono sicuro") è dovuto a carenze a livello di consapevolezza o a carenze a livello di conoscenza[15].

Un altro aspetto importante nell'attività di risoluzione di problemi è la consapevolezza dei propri punti forti e deboli. Ad esempio sapere di essere trascurati nei conti, o di essere lenti, può portare ad attivare processi di controllo quali riguardare più volte i passaggi, o scegliere in una verifica gli esercizi che si ritiene richiedano meno tempo, o che diano più possibilità di riuscita. Naturalmente una caratteristica non è in assoluto un punto forte o debole: dipende dal tipo di compito. Essere alti più di 1.80 m è un punto forte se si deve tirare la palla nel canestro, ma è un punto debole se si deve fare una gara di equitazione. La stessa lentezza in matematica è un punto debole in contesto scolastico, dato che le verifiche hanno limiti di tempo, ma non lo è in assoluto nell'attività matematica. L'aspetto della consapevolezza interviene anche quando si fa una valutazione a priori della difficoltà del compito e delle possibilità di successo: tale valutazione infatti è frutto di un bilancio delicato fra la consapevolezza delle proprie risorse e le caratteristiche (o meglio: quelle che il soggetto crede essere le caratteristiche) del compito.

A parità di risorse il fatto di esserne consapevoli permette di attivare processi di controllo adeguati e di migliorare notevolmente la prestazione. Vediamo un esempio.

Supponiamo che a due soggetti, A e B, vengano elencati 10 oggetti da acquistare al supermercato. Supponiamo inoltre che A sia in grado di ricordare solo 5 nomi su 10, mentre B sia in grado di ricordarne 9.

Se A, a differenza di B, regola i propri comportamenti in base alle proprie risorse, e se conosce delle strategie efficaci, la prestazione di A potrà risultare migliore di quella di B nonostante che le risorse di partenza di B siano superiori. Ad esempio se A scrive la lista di oggetti da comperare, mentre B non attiva alcuna strategia, A tornerà con 10 oggetti, B con 9. Potremmo dire che A ha *regolato* il proprio comportamento in relazione ai suoi limiti di memoria. E fin qui siamo ancora nell'ambito delle decisioni e dei processi di controllo. È chiaro però che il comportamento di A deriva dal fatto che egli è consapevole dei propri limiti: addirittura possiamo immaginare che B non metta in atto processi di controllo perché magari è convinto di poter ricordare tutti e 10 gli oggetti.

Questa differenza a livello di prestazione non è dovuta evidentemente alle risorse disponibili, ma alla *gestione* di tali risorse: in questo aspetto di gestio-

---

[15] D'altra parte operare distinzioni sottili e rigorose dal punto di vista teorico non è compito dell'insegnante. L'insegnante è certamente interessato a ipotesi di lavoro che gli consentano di progettare interventi mirati, ma il feedback continuo che ha con gli allievi gli fornisce dei potenti strumenti di controllo che il ricercatore non ha. L'osservazione degli allievi può mettere in crisi un'ipotesi e suggerirne un'altra: ed è questo il motivo per cui diventa fondamentale creare situazioni varie e articolate in cui l'insegnante possa osservare i comportamenti dei suoi studenti.

6.5 Consapevolezza e controllo: la metacognizione

ne come dicevamo non entrano in gioco solo i processi di controllo, o meglio, i processi di controllo che entrano in gioco sono fortemente influenzati dalla conoscenza che il soggetto ha riguardo alle risorse effettivamente disponibili.

I due aspetti che abbiamo considerato, e che sinteticamente possiamo chiamare *consapevolezza* e *controllo*, costituiscono l'oggetto di interesse di quell'area di studi indicata con *metacognizione*.

L'attenzione agli aspetti metacognitivi nasce in psicologia proprio nell'ambito degli studi sulla memoria (cfr. Cornoldi, 1995; Campione, Brown e Connell, 1988): in un lavoro del 1970 Tulving e Madigan criticano le ricerche sulla memoria, osservando che la ricerca ignora un fatto fondamentale che differenzia gli esseri umani dagli altri esseri viventi, e cioè che le persone hanno conoscenze e convinzioni sui propri processi di memorizzazione. Questa osservazione viene ripresa da Flavell (1971) che comincia a porsi domande quali: cosa sanno i bambini della propria memoria, e come arrivano a costruire tale conoscenza? Questo tipo di lavoro, che richiede ai bambini di riflettere sui propri processi di memoria, enfatizza la *consapevolezza* dei propri processi di pensiero.

Come abbiamo visto nel paragrafo precedente, nello stesso periodo, ma da una prospettiva leggermente diversa, altri ricercatori (in particolare Ann Brown) si interessano al fallimento tipico degli interventi finalizzati a migliorare negli studenti le abilità di soluzione di problemi attraverso l'insegnamento esplicito di euristiche. Come abbiamo detto gli studenti non sembrano cogliere la significatività delle abilità apprese e di conseguenza sono in grado di utilizzarle solo se lo sperimentatore dà indicazioni di farlo: ed in effetti nonostante il rendimento migliori quando la situazione è sotto il controllo dello sperimentatore, gli studenti falliscono ripetutamente nell'usare la nuova competenza acquisita in modo autonomo. Questi risultati spingono quindi a lavorare sui processi di auto-regolazione o controllo e sull'uso di risorse strategiche, aspetto che riguarda essenzialmente il *controllo* della conoscenza, e che è quello particolarmente enfatizzato in educazione matematica.

Si riconoscono in definitiva (almeno) due aspetti nello studio della metacognizione, distinti ma correlati (v. Flavell, 1976; Brown et al., 1983; Schoenfeld, 1987):
– La conoscenza che l'individuo ha su se stesso come soggetto che apprende e sulle risorse che ha disponibili: è l'aspetto della *consapevolezza*, che Brown et al. (1983) definiscono "relativamente stabile, dichiarabile, spesso fallibile", e che è stato oggetto di interesse specialmente nell'ambito degli studi sulla memoria.
– L'autoregolazione, il monitoraggio e l'orchestrazione delle proprie abilità cognitive: è l'aspetto del *controllo*, particolarmente indagato come abbiamo visto nell'ambito degli studi sull'Intelligenza Artificiale (AI) e sull'Information Processing (IP).

Inoltre un aspetto trasversale che viene spesso incluso fra le abilità metacognitive è l'accuratezza nel descrivere il proprio pensiero: tale capacità, piuttosto limitata nei bambini, in genere si incrementa notevolmente con l'aumentare dell'età, pur rimanendo spesso inconscia nell'individuo.

In educazione matematica come abbiamo detto l'enfasi è soprattutto sui processi di controllo (Schoenfeld, 1987), ma gli esempi fatti sottolineano che non bisogna sottovalutare il legame fra l'attivazione dei processi di controllo e la consapevolezza.

Abbiamo quindi una prima risposta alla domanda che ci siamo posti: i processi di controllo, e più in generale i processi decisionali di un soggetto quando risolve un problema, sono influenzati dalla consapevolezza che egli ha delle risorse disponibili.

6.6 I sistemi di convinzioni

Gli aspetti metacognitivi non sono però gli unici fattori che entrano in gioco nei processi decisionali di un individuo che risolve un problema.

Già nel terzo capitolo abbiamo avuto occasione, a proposito delle risposte 'irrazionali' messe in evidenza dalle ricerche di Kahneman e Tversky, di considerare alcune possibili interpretazioni dei comportamenti dei soggetti, quali l'importanza del contesto, e la distinzione fra pensiero logico-scientifico e pensiero narrativo. L'obiettivo che qui ci siamo posti, di individuare i fattori che influenzano i processi decisionali di un soggetto che risolve un problema, ci permette anche di riprendere e approfondire le osservazioni fatte, utilizzando gli strumenti teorici del problem solving presentati nel capitolo precedente.

Immaginiamo che uno studente abbia deciso di recuperare l'insufficienza a matematica. Le risorse e le strategie che utilizzerà per recuperare dipenderanno naturalmente da cosa vuol dire per lui *andar bene in matematica*. Vuol dire imparare e memorizzare un elenco di formule, da ripetere all'insegnante? Saperle applicare agli esercizi che l'insegnante proporrà? Vuol dire saperle ricostruire e motivare? È chiaro che a seconda dei casi l'impegno dello studente seguirà direzioni diverse: lo stesso scopo di 'recuperare' a seconda delle *convinzioni* che l'allievo ha costruito a riguardo verrà perseguito facendo ricorso a risorse e strategie diverse. Potremmo anche dire che lo stesso *contesto* del 'recupero' verrà caratterizzato in modo diverso a seconda delle convinzioni che l'allievo ha su cosa vuol dire andar bene in matematica.

Il costrutto di 'convinzione' (o 'credenza') - traduzione dall'inglese *belief* - è mutuato dalla psicologia sociale (si veda ad esempio Rokeach, 1960), cosa non inusuale per l'educazione matematica, che è un po' una terra di confine fra diverse aree disciplinari. In educazione matematica l'attenzione alle convinzioni nasce negli anni '80 nell'ambito della ricerca sul problem solving, proprio per spiegare il fallimento di soggetti che sembrano possedere le risorse necessarie per riuscire. Nei primi studi in realtà i termini 'beliefs' e 'misconceptions' sono usati quasi come sinonimi, tanto che le ricerche portate a sostegno dell'importanza dei beliefs sono le stesse citate per definire i misconcetti: soprattutto quelle di McCloskey nell'ambito della fisica, e di Kahneman e

Tversky nell'ambito dei processi decisionali. Ma gradatamente l'accezione data al termine 'beliefs' si allarga superando l'ambito puramente cognitivo tipico dei misconcetti. Ad esempio la posizione di McLeod, uno dei primi ricercatori a sottolineare la necessità di una sistemazione teorica di questo e di altri costrutti, è che "i sistemi di convinzioni possono essere applicati al contenuto matematico, per esempio, o all'idea che un individuo ha delle proprie possibilità di successo nel risolvere un problema" (McLeod, 1985, p. 268).

Come già in psicologia sociale, anche in educazione matematica l'attenzione iniziale dei ricercatori è rivolta più all'elaborazione di strumenti d'osservazione che alla sistemazione teorica del costrutto, in particolare alla sua definizione. È difficile trovare definizioni esplicite di 'convinzione', e laddove ci sono, appaiono estremamente ingenue; d'altra parte questa ambiguità teorica espone molti studi sperimentali a critiche di *circolarità*: spesso non è chiaro se l'influenza delle convinzioni sul comportamento è quello che si assume o quello che si vuole verificare (Lester, 2002).

Ma queste considerazioni qui ci interessano relativamente: ci basta osservare che quello di *convinzione* è uno dei costrutti utilizzati in educazione matematica per descrivere fenomeni significativi dal punto di vista didattico, nell'ottica del modello costruttivista dell'apprendimento (v. Zan, 2000b). Ricordiamo che secondo tale modello il discente, e più in generale l'individuo, continuamente interpreta il mondo intorno a sé, mettendo in relazione i fatti osservati con le esperienze precedenti: le convinzioni sono proprio il risultato di questo continuo tentativo di dare un senso alla realtà, e nello stesso tempo determinano gli schemi con cui l'individuo si avvicina al mondo e quindi interpreta l'esperienza futura[16].

In educazione matematica quindi le convinzioni degli allievi sono viste come il risultato del loro continuo processo d'interpretazione delle esperienze con la matematica; d'altra parte determinando a loro volta gli schemi in base ai quali l'esperienza futura viene interpretata, esse agiscono da guida nella selezione delle risorse da attivare; in particolare possono inibire a priori l'utilizzazione delle risorse adeguate (Silver, 1982).

L'esempio iniziale dello studente che intende recuperare mette bene in evidenza questo ruolo di guida che le convinzioni hanno nel dirigere le azioni di un individuo. Potremmo anche dire che le convinzioni, o meglio i *sistemi di convinzioni*, costituiscono la cornice all'interno della quale un individuo seleziona e impegna le risorse cognitive, cioè prende decisioni (Schoenfeld, 1983a).

L'espressione *sistemi di convinzioni* rimanda al modello presentato da Green (1971) e adottato da molti ricercatori per sottolineare l'importanza delle interazioni fra le varie convinzioni, e per descrivere la natura di tali interazioni.

---

[16] A questo proposito Gardner (1991) parla invece di *copioni*, di *conoscenze ingenue*, di *teorie ingenue*. D'altra parte come abbiamo già osservato nel caso dei misconcetti uno stesso fenomeno può essere descritto da ricercatori diversi facendo riferimento a termini, costrutti, quadri teorici diversi.

Una singola convinzione può infatti influenzare il comportamento in modi molto diversi fra loro, a seconda del sistema di convinzioni in cui è inserita (Di Martino, 2004). Ad esempio molti hanno la convinzione che 'per riuscire in matematica bisogna essere portati', ma diverso è se chi ha questa convinzione sulla matematica ha anche la convinzione 'e io sono portato' oppure no.

Secondo il modello di Green le convinzioni si organizzano per lo più in strutture relativamente stabili, appunto i cosiddetti *sistemi di convinzioni*, caratterizzati da alcune proprietà[17]:

1. La struttura quasi –logica

Le relazioni fra convinzioni non possono essere definite logiche, in quanto alcune convinzioni possono anche essere in contraddizione con altre. Osserva a questo proposito Gardner: "I bambini portano nella propria coscienza un gran numero di copioni, stereotipi, modelli e credenze. Questi schemi concettuali, se esaminati analiticamente, possono celare molte contraddizioni interne. [...] Queste contraddizioni, però, vengono notate solo raramente, e anche quando lo sono, raramente turbano il bambino. Va aggiunto, poi, che gli adulti portano con sé analoghi complessi di enunciati e sentimenti conflittuali (per esempio, nella sfera politica), la cui natura contraddittoria raramente diventa motivo di turbamento nella vita di ogni giorno" (Gardner, 1991, tr. it. p.111).

Nonostante questo, all'interno del sistema di convinzioni di una persona alcune convinzioni seguono 'logicamente' da altre. Ad esempio se un allievo ritiene che per andar bene in matematica bisogna avere delle doti particolari, e ritiene inoltre di non possedere tali doti, dall'interazione di queste due convinzioni deriverà la convinzione 'io non posso andar bene in matematica'.

Quindi ogni persona ha nel suo sistema di convinzioni una struttura che possiamo definire 'quasi-logica', nel senso che ci sono alcune convinzioni *primarie* ed altre *derivate*. Questo ordine quasi-logico dipende dalla persona.

2. La 'centralità psicologica' (si veda anche Rokeach, 1969)

Questo aspetto ha a che fare con la 'forza' psicologica delle convinzioni, cioè il 'grado di fiducia' che le caratterizza: in questo senso si possono distinguere convinzioni *centrali* (quelle con maggior 'forza' psicologica e quindi più difficili da sradicare) e convinzioni *periferiche*.

---

[17] A tali proprietà fanno riferimento anche alcuni ricercatori per risolvere lo spinoso problema della differenza fra conoscenza e convinzioni, su cui qui non ci soffermeremo. Il problema, tuttora aperto, è affrontato in diversi modi. Secondo alcuni (Ponte, 1994) non c'è distinzione fra convinzioni e conoscenza: le convinzioni sono parte della conoscenza, addirittura tutta la nostra conoscenza poggia in definitiva su convinzioni che hanno il ruolo di proposizioni non dimostrate. Altri invece affrontano la questione indirettamente, confrontando le caratteristiche della conoscenza con quelle delle convinzioni, e facendo riferimento per questo proprio alla struttura dei sistemi di convinzioni (Törner e Pehkonen, 1996).

Le due dimensioni precedenti sono ortogonali: una convinzione può essere centrale ma non primaria, e viceversa. Ad esempio uno studente può ritenere che chi è intelligente ha senz'altro successo in matematica (convinzione *primaria*), e dal proprio fallimento dedurre quindi di non essere abbastanza intelligente (convinzione *derivata*). Quest'ultima convinzione, seppure derivata, avrà probabilmente maggiore forza psicologica di quella da cui deriva, cioè sarà più *centrale*.

In ogni caso il fatto che una convinzione sia o meno primaria / centrale dipende *non* dalla convinzione in sé, ma da come è organizzata nel sistema di convinzioni di *quel* particolare individuo.

3. La struttura 'a grappolo'
Le convinzioni sono organizzate in settori relativamente isolati, hanno cioè una struttura 'a grappolo': questo permette ad un individuo di avere convinzioni fra loro contraddittorie.

Lo studio delle convinzioni nella loro organizzazione in sistemi potrebbe forse aiutare a superare un'ambiguità spesso riscontrata in quest'area, che ha a che fare con gli strumenti di osservazione scelti: la contraddizione fra le convinzioni che un soggetto 'dichiara' (ad esempio quando risponde ad un questionario appositamente preparato) e quelle che invece 'pratica', cioè quelle che sembrano guidare i suoi processi decisionali. Questa contraddizione è stata messa in evidenza da molti ricercatori (v. in particolare Schoenfeld, 1989). Si può ipotizzare allora che le convinzioni *centrali* siano quelle che dirigono i comportamenti: per portarle alla luce occorre però privilegiare contesti naturali quali l'attività matematica in classe, piuttosto che artificiosi come la compilazione di un questionario.

Ma soprattutto lo studio delle convinzioni nella loro organizzazione in sistemi appare cruciale per affrontare un problema centrale nell'ottica del recupero: il cambiamento delle convinzioni. Per ottenere un effettivo cambiamento l'intervento dovrebbe coinvolgere le convinzioni *centrali*, e d'altra parte pare più efficace modificare una convinzione *primaria*, piuttosto che una derivata: queste osservazioni suggeriscono di individuare le convinzioni centrali, ma anche di riconoscere se sono primarie o derivate, ed in quest'ultimo caso di intervenire su quelle primarie da cui esse derivano. Il problema è che l'organizzazione delle convinzioni è personale: la stessa convinzione può essere primaria per un soggetto, derivata per un altro, centrale per uno, periferica per un altro. Questo implica che lo studio delle convinzioni deve essere individualizzato: in questo senso può essere importante conoscere la 'storia' di un allievo (ad esempio attraverso temi, diari, ecc.), perché ci può dire qualcosa su come si sono formate le sue convinzioni, in particolare su quali possono essere quelle primarie.

Ma ritorniamo ora al problema da cui siamo partiti: l'influenza dei sistemi di convinzioni sui processi decisionali.

Secondo Schoenfeld (1983a) fra le convinzioni che influenzano i processi di controllo e più in generale le decisioni prese da un soggetto che deve risolvere un problema sono particolarmente significative:
- le convinzioni sulla disciplina
- le convinzioni sull'ambiente
- le convinzioni sul compito
- le convinzioni su di sé.

Naturalmente si tratta di distinzioni puramente teoriche, dato che i vari tipi di convinzioni interagiscono profondamente, in quanto nascono comunque dal tentativo di dare un senso ad una realtà complessa come è quella dell'esperienza matematica, in cui sono coinvolti tanti elementi: la classe, l'insegnante, il curricolo, la famiglia. Il ruolo di tali elementi inoltre è amplificato nel caso della matematica, in quanto l'allievo non ha esperienze dirette con la disciplina: le sue esperienze si realizzano con un certo gruppo classe, con un certo insegnante, attraverso specifiche attività, e quindi tutti questi fattori assumono un ruolo di mediazione estremamente importante.

D'altra parte la categorizzazione proposta da Schoenfeld permette di analizzare in modo più sistematico i comportamenti e le risposte degli allievi, suggerendo anche possibili direzioni per il recupero[18]. La seguiremo quindi come traccia, ma ce ne discosteremo in alcuni aspetti perché il nostro punto di vista è un po' diverso: Schoenfeld infatti fa riferimento al problem solving *in matematica*, mentre a noi interessa il problem solving in generale, viste le riflessioni fatte nel capitolo precedente su problemi autoposti ed eteroposti. Una prima conseguenza è che il 'compito' nel nostro caso non è necessariamente interno alla matematica, ma può essere una situazione problematica che l'allievo incontra nel contesto dell'attività matematica: ottenere la sufficienza ad una verifica, recuperare un voto negativo in pagella, ...

Assumendo questo punto di vista più generale, i vincoli e le caratteristiche dell'ambiente contribuiscono a caratterizzare il compito: in questo senso le convinzioni sul compito per noi comprendono anche quelle che Schoenfeld considera convinzioni *sull'ambiente*.

Per gli stessi motivi inoltre assumono particolare importanza le convinzioni che un allievo ha su cosa vuol dire aver successo in matematica, sugli obiettivi dell'insegnamento e sulle aspettative dell'insegnante, sulle cause del successo o sulle strategie da attivare per aver successo: le cosiddette *teorie del successo*.

Andiamo quindi ad analizzare più in dettaglio:
- le convinzioni sul compito
- le teorie del successo
- le convinzioni sulla matematica
- le convinzioni su di sè.

---

[18] Anche al di fuori del problem solving ci sono diversi tentativi di caratterizzare le convinzioni e di categorizzarle: si veda ad esempio il volume *Beliefs: A Hidden Variable in Mathematics Education?*, a cura di Gilah Leder, Erkki Pehkonen e Günter Törner (2002).

6.6.1 Le convinzioni sul compito

L'esempio di apertura dello studente che ha deciso di recuperare l'insufficienza in matematica è proprio un esempio di convinzioni sul compito, dove il compito ha una connotazione più generale di quella, intesa da Schoenfeld, interna alla matematica: nell'esempio fatto il compito consiste nel recuperare in matematica.

Ma le convinzioni sul compito naturalmente possono avere un carattere anche più locale: dipende dal grado di generalità del compito stesso.

Supponiamo ad esempio che un allievo debba risolvere il seguente problema (Dreyfus, 1991):
Trova almeno una soluzione dell'equazione $4x^3 - x^4 = 30$, *oppure spiega perché non esistono soluzioni.*

Se l'allievo vede il problema come un problema di algebra (in fondo si parla di equazioni, e la prima parola del testo è "trova") e ritiene che il contesto dell'algebra sia caratterizzato da certe procedure (essenzialmente la manipolazione di espressioni algebriche), queste convinzioni lo guideranno nel processo risolutivo, ed in particolare gli impediranno di provare altre strade: ad esempio quella di dimostrare che *non* esistono soluzioni, utilizzando l'osservazione che la funzione $f(x) = 4x^3 - x^4$ ha valore massimo 27, e quindi non può assumere il valore 30.

L'importanza delle convinzioni sul compito rimanda a quello che abbiamo detto nel terzo capitolo sul legame fra contesti, scopi e razionalità. Abbiamo visto che le decisioni prese da un soggetto dipendono dal contesto in cui il soggetto si pone, e dagli scopi che caratterizzano tale contesto, tanto che certi comportamenti apparentemente irrazionali, come quelli evidenziati nel test su Linda, appaiono invece razionali e comprensibili alla luce di contesti diversi.

Ma la selezione di un contesto o di un altro è anch'essa risultato di un continuo processo di interpretazione, ed è quindi influenzata dagli schemi interpretativi del soggetto, cioè dalle sue convinzioni. Nell'esempio fatto sopra l'allievo associa all'equazione ed alla particolare formulazione del compito il contesto dell'algebra, ed è in quel contesto che si colloca mentalmente per risolvere il problema. A questo punto intervengono altre convinzioni, come quella che vede il contesto dell'algebra caratterizzato da manipolazioni algebriche più o meno automatiche. Queste convinzioni dirigeranno le decisioni del soggetto *all'interno* del contesto in cui si è messo.

In altre parole anche la caratterizzazione di un determinato contesto in termini di scopi è oggetto di interpretazione, e quindi è influenzata dalle convinzioni che il soggetto ha. Nell'esempio di apertura (dello studente che decide di recuperare l'insufficienza in matematica) il contesto del recupero viene caratterizzato in modo diverso a seconda della visione che il soggetto ha della matematica, in particolare delle convinzioni che ha riguardo all'aver successo in matematica.

In definitiva le convinzioni di un soggetto influenzano profondamente i processi decisionali sia nel dirigere la scelta del contesto in cui collocare il problema che nel caratterizzare tale contesto in termini di scopi.

Come abbiamo osservato le convinzioni sul compito possono avere un carattere più o meno locale a seconda della generalità del compito stesso. Un esempio di carattere generale è dato dalle convinzioni che hanno gli allievi sui problemi. Schoenfeld (1985b) osserva a questo proposito che molti studenti hanno sul problem solving convinzioni generali, spesso implicite, quali:
– la matematica formale ha poco o niente a che fare col pensiero reale e col problem solving;
– i problemi di matematica si possono sempre risolvere in meno di 10 minuti;
– solo i geni sono capaci di scoprire o creare in matematica.

Una delle mie prime ricerche condotte con bambini della scuola elementare, cui ho accennato nei capitoli precedenti (Zan, 1991 e 1992; Zan, 1998), si poneva esplicitamente la finalità di portare alla luce le convinzioni dei bambini sui problemi.
Ad ognuno di tre gruppi di 250 bambini frequentanti le cinque classi elementari ho posto una delle seguenti domande:
– Fai un esempio di problema.
– Che cos'è per te un problema?
– Cosa ti fa venire in mente la parola *problema*?

Le risposte dei bambini evidenziano la presenza di due modelli concettuali distinti e indipendenti di problema reale e di problema scolastico, identificato in genere con il problema di matematica: tale distinzione può contribuire a spiegare la frattura spesso riscontrata fra problemi reali e scolastici a livello di processi risolutivi, e d'altra parte può avere origine nella formulazione standard del problema scolastico di cui abbiamo parlato nel quarto capitolo[19].

Inoltre gli schemi in base ai quali i bambini riconoscono un problema matematico portano a definire diverse 'categorie' di soggetti (Poli e Zan, 1996 a, b):
– i *formalisti*, che riconoscono il problema da caratteristiche formali del testo, quali la presenza di numeri e di una domanda: *"Secondo me il problema e un insieme di parole con scritti dei numeri"* [4ª elementare];
– gli *strutturali*, secondo i quali il problema è caratterizzato dal fatto di richiedere l'uso di ragionamenti: *"Per me un problema è un esercizio per la mente"* [5ª elementare];
– gli *operativi*, per i quali il problema è caratterizzato dal fatto di richiedere l'uso di operazioni aritmetiche: *"Per me un problema è dove bisogna pensare a se dividere, moltiplicare, addizionare, togliere i seguenti numeri"* [4ª elementare];

---

[19] Più precisamente nel paragrafo 4.11 abbiamo osservato come nel problema scolastico standard la situazione descritta (il *contesto*) non sia in genere una situazione problematica. A differenza del problema reale quindi la domanda finale non scaturisce in modo 'naturale' dal contesto, ma è artificiosamente legata a tale contesto solo dal vincolo di dover usare dati numerici in esso presenti.

– i *pragmatici*, che riconoscono il problema da elementi contingenti, come il fatto di essere presentato nell'ora di matematica: *"Il problema è una cosa che si fa sul quaderno a quadretti"* [3ª elementare].

6.6.2 Le teorie del successo

Dato che nell'ottica del recupero a noi interessano anche i problemi non interni alla matematica, nell'ambito delle convinzioni sul compito sono particolarmente interessanti le cosiddette *teorie del successo*, che comprendono le convinzioni sugli obiettivi dell'insegnamento e sulle aspettative dell'insegnante, le convinzioni su cosa vuol dire aver successo in matematica e quali sono le cause del successo o le strategie da attivare per aver successo.

Vediamo alcuni esempi di convinzioni sul successo in matematica molto diffuse soprattutto fra gli allievi con difficoltà.

– Per studiare matematica basta fare esercizi, non è necessario studiare la teoria.
La teoria oggetto delle spiegazioni dell'insegnante o dei libri di testo viene interpretata come 'istruzioni per l'uso' e quindi può essere dimenticata appena si acquisisce la tecnica. In altre parole succede con la teoria matematica quello che succede con il libretto di istruzioni di un nuovo elettrodomestico: una volta che abbiamo imparato ad usarlo possiamo dimenticarci delle istruzioni, ed il libretto può essere chiuso in un cassetto; lo andremo a cercare solo nel caso di un mancato funzionamento che non sappiamo come risolvere, e solo con quel preciso obiettivo.

– Il buon senso in matematica non serve.
Capita spesso all'insegnante di matematica di rimanere sconcertato di fronte a comportamenti apparentemente 'irrazionali' di uno studente, ad esempio bloccato davanti ad un passaggio che richiederebbe *solo* un po' di buon senso. Se si comportasse così fuori dalla scuola, pensa l'insegnante, cosa gli potrebbe capitare? A volte non resistiamo alla tentazione di suggerire: "Ma usa il buon senso! Ragiona". In genere l'allievo non reagisce a questa raccomandazione, addirittura sembra ignorarla volutamente.

Possiamo cercare di indovinare i pensieri dell'allievo, i motivi della sua diffidenza: quando mai il buon senso ha avuto diritto di cittadinanza in matematica? Se di fronte ad una proprietà geometrica evidente egli osa dire che *"si vede dal disegno"*, il suo intervento viene subito censurato: *non si può* far riferimento al disegno, *bisogna* dimostrare. Se davanti ad una proprietà che si verifica per un numero elevato di casi decide di considerarla attendibile gli viene detto: *"non* in matematica"!

In realtà quello che l'insegnante intende per buon senso è l'uso di una razionalità *interna* alla matematica, che rispetta le sue regole del gioco e la sua struttura di disciplina teorica, in cui il ragionamento deduttivo è lo strumento privilegiato. Questo buon senso può essere ben lontano dal senso comune, in cui sono invece strumenti fondamentali l'intuizione e le scorciatoie suggerite dall'osservazione.

– **Per imparare la matematica ci vuole tanta memoria.**

A differenza delle precedenti questa convinzione discrimina in genere gli allievi che hanno difficoltà in matematica da quelli che non ne hanno. Gli allievi che vanno bene in matematica e cui la matematica piace la ritengono in genere una materia in cui è più importante capire che studiare, ed in cui il ruolo della memoria è meno importante che in altre discipline, quali ad esempio la storia o la geografia.

Queste due posizioni contrapposte sono riconoscibili nei seguenti stralci di temi:

"La matematica è molto impegnativa, infatti è tutto con i calcoli es. frazioni, problemi, espressioni normali e a due piani e ancora tanti esercizi. Il mio rapporto con la matematica è molto peggiorato perché bisogna ricordarci le regole e come si svolgono gli esercizi." [Silvia, 3ª media]

"Imparare le cose a memoria (a parte qualche formula) non mi é mai piaciuto e questa materia, insieme alla Fisica, mi offrono motivo di ragionamento e di discussione. Essa mi piace perché è una materia dove bisogna ragionare, e se non lo fai diventa difficile e molto faticosa, per non dire impossibile. [...] Questa é una materia dove bisogna prima capire il problema, cosa chiede e dove vuole arrivare." [Danilo, 3ª superiore]

In realtà è possibile che l'importanza attribuita alla memoria nello studio della matematica non sia una convinzione primaria, ma che derivi dalla convinzione di non essere in grado di capire: in altre parole se l'allievo è convinto di non poter capire, può pensare di doversi accontentare del più semplice memorizzare.

Se le convinzioni sul successo in genere guidano i processi di controllo, nel senso che suggeriscono in quale direzione investire risorse, può anche accadere che li inibiscano completamente.

È questo il caso della convinzione:
– **Per andar bene in matematica bisogna essere portati.**

In realtà non è questa convinzione in sé ad inibire l'investimento di risorse in matematica, ma piuttosto l'interazione con la convinzione 'Ed io non sono portato'. La prima di queste convinzioni (*Per andar bene in matematica bisogna essere portati*) trova terreno fertile nella nostra società, che considera l'insuccesso in matematica più naturale del successo[20]; la seconda ('Ed io non sono portato') viene spesso alimentata in famiglia, e rientra nelle convinzioni che l'allievo costruisce su di sè.

---

[20] Su questi aspetti rimando a Furinghetti (2002).

6.6 I sistemi di convinzioni

Questo ultimo esempio da un lato sottolinea che all'interno dei sistemi di convinzioni le convinzioni che un soggetto ha su di sé sono particolarmente significative (perché spesso psicologicamente centrali), dall'altro suggerisce che la dimensione della *controllabilità*, che abbiamo considerato nel caso delle attribuzioni di successo e fallimento, si può riferire anche alle teorie del successo[21].

D'altra parte sia le teorie del successo che le attribuzioni di successo e fallimento nascono dall'interpretazione del successo e del fallimento in matematica: la differenza sta nel fatto che le attribuzioni sono legate alla ricerca delle cause del fallimento o successo di un'esperienza personale, e quindi sono rivolte al passato e ad esperienze specifiche, ed interagiscono profondamente con le convinzioni che l'allievo ha su di sé; le teorie del successo invece sono più generali (sia perché riferite a più situazioni sia perché riferite all'esperienza non solo personale) e sono proiettate anche verso l'esperienza futura.

L'importanza delle teorie del successo nell'ottica del recupero è almeno duplice: da un lato esse dirigono il comportamento dell'allievo verso il successo (ad esempio possono spingerlo a studiare a memoria le formule, piuttosto che a cercare di comprenderle), dall'altro costituiscono gli schemi attraverso i quali l'allievo riconosce il proprio successo o fallimento.

In particolare le teorie del successo dell'allievo possono anche portarlo a non condividere un fallimento riconosciuto dall'insegnante. Ad esempio se secondo l'allievo andar bene significa dare risposte corrette, una risposta corretta ottenuta con procedimenti scorretti sarà percepita come successo, non come un fallimento.

Questo ci porta a riflettere sul fatto che anche il successo può essere connotato in modi diversi. In contesto scolastico ad esempio alcuni allievi identificano il successo in matematica con il rendimento, cioè con i voti buoni, delegando quindi il riconoscimento del successo stesso all'insegnante; altri identificano il successo con la percezione di capire.

A questi diversi modi di vedere il successo corrispondono naturalmente diverse *teorie del successo*. Se il successo è identificato con un buon rendimento, l'allievo dirigerà l'impegno nella direzione che a suo parere *l'insegnante* ritiene 'giusta': giocano quindi un ruolo cruciale in questo caso le sue convinzioni sulle aspettative dell'insegnante. Inoltre diventano indicatori di successo i comportamenti che in genere vengono premiati dall'insegnante: la velocità nel dare le risposte (anche se d'altra parte si sottolinea spesso che la matematica richiede ragionamento e riflessività), e la loro correttezza.

Così lentezza e risposte scorrette vengono percepiti come ostacoli insormontabili al successo, ed il *tempo* e gli *errori* diventano nemici:

---

[21] L'esempio porta anche ad osservare la sottile differenza fra la controllabilità del successo e la controllabilità delle *cause* del successo: se ritengo di aver successo in matematica in quanto sono 'portata', percepirò come controllabile il successo, ma come incontrollabile la causa.

> "Spesso se non sempre mi sentivo frustrato, provavo invidia per i miei compagni soprattutto tra i maschi, quando con disinvoltura riuscivano a svolgere i compiti in classe. Io li guardavo e pensavo come fosse possibile che avessero già terminato il compito, mentre io fossi solo al primo esercizio che non riuscivo neppure a concludere. Li guardavo e vedendo che ero l'ultimo o quasi a dover consegnare il compito mi agitavo e allora sì che la mente mi sembrava più vuota che mai, con lo sguardo cercavo aiuti." [Marco, 5ª superiore]

> "Il mio problema non è il non saperli svolgere, ma è la paura di sbagliare, infatti tutt'ora, anche nelle interrogazioni ho sempre paura di fare errori, di rispondere male, anche se le cose le so" [Danilo, 2ª superiore]

Questi stralci sottolineano come la percezione di fallimento sia fortemente legata ad aspetti emozionali: paura, ansia, ma anche rabbia e frustrazione.

Quando il successo è identificato col 'capire', è la percezione di non capire che viene associata al fallimento. Cambia l'indicatore ma non cambia l'intensità emozionale di questo tipo di esperienze:

> "L'unica cosa che non mi piace della matematica è che ci sono operazioni o numeri che non riesco a capire tipo: 0,3 periodico. È un numero infinito, allora come si fa a dividerlo e magari ad avere un risultato finito o ad ottenerlo da numeri finiti? Questo mi fa incavolare perché io le cose le voglio capire, arrivarci con la mia testa, ma a volte, esempio qui, non ci riesco." [Francesco, 2ª superiore]

> "A me piace molto questa materia per come riesce a diventare sempre più intrigante e complessa, ogni tanto infatti arrivo ad odiarla per non riuscirne a capirne ogni concetto." [Marta, 2ª media]

Delle convinzioni sul successo ha poco senso a mio parere dire che sono giuste o sbagliate. Mi sembra più opportuno parlare di convinzioni *vincenti* o *perdenti*: vincenti in un certo contesto, con un certo insegnante, perdenti in un altro, con un altro insegnante. La convinzione che per andar bene in matematica basta saper fare esercizi risulta spesso vincente nella scuola superiore: del resto, non è un caso se si è formata! Più in generale certe teorie del successo che in un ordine di scuola, o con un certo insegnante, sono risultate vincenti, possono essere perdenti in un altro ordine di scuola, o con un altro insegnante.

È naturale quindi che le teorie del successo evolvano con il passare del tempo e soprattutto con il cambiamento del contesto (scuola, insegnante, ...), ma a volte questo non accade, causando gravi difficoltà. In generale nel passaggio da un ordine di scuola ad un altro non cambiano solo i programmi, i contenuti: cambiano spesso le richieste degli insegnanti, e le teorie del successo riflettono, anche se non fedelmente, tali richieste. Così i problemi di raccordo possono essere legati proprio ad una mancata evoluzione delle teorie del successo al nuovo contesto in cui l'allievo si viene a trovare: tipico il caso dello studente 'bravo' in matematica alle scuole superiori che si iscrive a Matematica e non modifica la convinzione che 'per capire la matematica basta ascoltare la spiegazione dell'insegnante, non importa studiare'[22].

6.6.3 La visione della matematica

Le convinzioni sul successo riflettono la visione della matematica, spesso implicita e comunque in continua evoluzione, che l'allievo ha costruito.

Così ognuna delle convinzioni sul successo che abbiamo preso in considerazione suggerisce una particolare visione della matematica o dell'esperienza matematica: spesso tali convinzioni sono presenti nello stesso allievo e concorrono nel delineare una visione complessiva della disciplina.

La convinzione che "il buon senso in matematica non serve" rimanda ad una visione dell'attività matematica come dissociata dal senso comune, e dalla realtà: un'attività priva di senso, che rimane estranea all'allievo.

Le teorie del successo che sottolineano il ruolo della memoria suggeriscono una visione della matematica come disciplina di prodotti, piuttosto che di processi: l'unico modo per controllare i prodotti, se questi sono percepiti come diversi l'uno dall'altro (come succede quando l'allievo non controlla il processo che li rende simili), è quello di ricordarli.

La convinzione che "per andar bene in matematica basta saper fare esercizi" rimanda ad una visione della disciplina *strumentale*, secondo la categorizzazione di Skemp (1976). A tale visione strumentale, secondo la quale la matematica è un insieme di formule da memorizzare e da applicare, Skemp contrappone una visione *relazionale*, secondo la quale la matematica è caratterizzata da relazioni ed anche l'applicazione di formule prevede la comprensione del *perché* tali regole funzionano. Seppur apertamente schierato per un insegnamento che punti ad una comprensione di tipo relazionale, Skemp cerca comunque di individuare i possibili vantaggi di un approccio di tipo strumentale, concludendo che una delle più grandi differenze si gioca sui tempi: in un approccio strumentale è più facile ottenere risultati nel breve periodo, mentre un approccio relazionale è di più difficile gestione nei tempi brevi ma solitamente garantisce risultati più duraturi nel tempo, perché è minore il ruolo della memoria (portando all'estremo un approccio strumentale, ogni singolo prodotto è un differente risultato da ricordare, con uno sforzo mnemonico che è facilmente immaginabile).

Alle due diverse visioni della matematica corrispondono due modi diversi di interpretare la parola 'capire':

---

[22] Ma se spostiamo l'attenzione sui docenti il problema del raccordo può anche essere attribuito alla differenza delle *loro* teorie del successo, e soprattutto al fatto che spesso non vengono esplicitate.

> *"Ora sono in seconda e con la professoressa ho frequentato il corso di recupero e ho partecipato alle lezioni ed un po' ho capito però dopo mi dimentico il meccanismo."* [Davide, 2ª superiore]

> *"Fino alle medie la matematica mi è sempre riuscita, perché ho sempre capito i ragionamenti, perché anche alle medie si faceva più teoria ed i tempi per capire un argomento erano più lunghi di quanto non siano stati quelli di questo anno scolastico. Seguendo di più il libro di teoria io mi trovavo meglio a studiare anche per i compiti."* [Paola, 1ª superiore]

Il 'capire' del primo tema fa riferimento ad un meccanismo da ricordare, a regole da memorizzare e da applicare, potremmo dire ad obiettivi di immediata spendibilità, a tempi brevi (*"dopo mi dimentico"*). Nel secondo tema la stessa parola 'capire' è associata alle parole *ragionamenti, teoria*, richiama esplicitamente *tempi lunghi*.

Skemp osserva che anche l'insegnante, come l'allievo, può avere una visione strumentale o relazionale. Di conseguenza in classe possono presentarsi 4 combinazioni diverse:
– allievo: visione relazionale; insegnante: visione relazionale
– allievo: visione strumentale; insegnante: visione strumentale
– allievo: visione strumentale; insegnante: visione relazionale
– allievo: visione relazionale; insegnante: visione strumentale.

Le combinazioni più problematiche sono quelle in cui allievo ed insegnante hanno una visione diversa. In questo caso il successo sancito dall'insegnante è diverso dal successo riconosciuto dall'allievo. La combinazione più frequente è senza dubbio quella in cui l'allievo ha una visione strumentale e l'insegnante una visione relazionale: quando l'allievo dice *"ho capito"*, in realtà intende dire una cosa diversa da quella che intende l'insegnante. Ma può capitare anche il contrario: che l'allievo abbia una visione relazionale e l'insegnante una visione strumentale. In questo caso per l'allievo 'capire' significa comprendere i perché, le relazioni, mentre per l'insegnante significa applicare correttamente le regole apprese. Questo può contribuire a creare negli allievi meno sicuri la convinzione di non essere adeguati per la matematica (ad esempio perché ritengono di essere gli unici a non capire, visto che i compagni sembrano non avere difficoltà), e a favorire un atteggiamento negativo nei confronti della disciplina:

> *"Ora me la cavicchio, ma non perché riesco a ragionare sulle formule, ma perché le applico e basta. Sono sicura che se dovessi fare un compito con dei "perché" sulle formule, non sarei in grado nemmeno di scrivere una parola. Andando avanti per la mia strada, le equazioni di primo grado, quelle di secondo grado e i radicali nel campo del turismo non servono, ma queste cose le facciamo per imparare a ragionare giusto…?*
> *Ma se io le faccio perché so le regole ma non le capisco, a cosa mi servono?*
> *Ci sono persone che passano la loro vita a studiare la matematica, ma io mi*

6.6 I sistemi di convinzioni

chiedo come facciano. Se potessi, la matematica sarebbe una materia che smetterei di studiare, visto che la odio. Penso che questo "sentimento" dipenda dal fatto che il mio studio è stato sempre di tipo mnemonico, meccanico senza la preoccupazione di capire veramente l'esercizio che dovevo svolgere. Colpa mia o degli insegnanti?" [Giulia, 2ª superiore]

In realtà questo tema suggerisce un ulteriore elemento di complessità: l'insegnante può avere un approccio relazionale quando insegna, ma accontentarsi di un approccio strumentale quando valuta, ad esempio perché lo ritiene più facile, ed accessibile quindi ad un maggior numero di allievi.

Le convinzioni sulla matematica che abbiamo considerato - disciplina dissociata dal senso comune, di prodotti più che di processi, di regole da memorizzare e applicare più che da comprendere - si alimentano spesso a vicenda, ed è facile quindi che siano presenti nello stesso allievo. L'organizzazione di tali convinzioni in strutture coerenti e relativamente stabili rimanda ad una visione della matematica che potremmo definire *epistemologicamente distorta*, in quanto lontana da quella condivisa dagli esperti (Schoenfeld, 1985b, parla di epistemologia *non matematica*). Se da un lato l'epistemologia distorta di molti studenti con difficoltà evolve con l'esperienza scolastica, dall'altro costituisce la chiave di lettura di tale esperienza: così se un allievo ha una visione strumentale, tenderà ad interpretare le spiegazioni dell'insegnante o del libro di testo come 'istruzioni per l'uso', e la sua visione strumentale ne risulterà in definitiva rafforzata.

6.6.4 Convinzioni su di sè

Abbiamo già sottolineato in uno dei paragrafi precedenti l'importanza della consapevolezza delle proprie risorse per l'attivazione di efficaci processi di controllo. La parola 'consapevolezza' rimanda ad una visione oggettiva di tali risorse, ma in realtà l'individuo agirà sulla base delle risorse che *ritiene* di avere.

È in questo contesto che emerge l'importanza delle convinzioni che l'allievo ha su di sé in relazione alla matematica. In particolare se l'allievo ritiene di non poter controllare la disciplina rinuncerà ad attivare processi di controllo.

Un esempio suggestivo è quello portato da Brown e al. (1983) nel paragrafo intitolato *Beyond Cold Cognition* che conclude il loro lavoro sulla metacognizione. I ricercatori sottolineano che alcuni bambini fanno resistenza all'apprendimento proprio a causa della loro auto-diagnosi di incompetenza, e portano come esempio il caso di Daniele, un bambino in difficoltà di 10 anni seguito dalla Brown. Durante il loro primo incontro in laboratorio, di fronte al primo compito da svolgere, Davide chiede: *"È una cosa di memoria?"* e ancora: *"Non te l'hanno detto che io non so fare queste cose?"* – *"Non te l'hanno detto che io non ho memoria?"*. Gli autori commentano che, vista questa devastante valutazione delle proprie abilità, non sorprende che Daniele sia stato diagnosticato come passivo, addirittura resistente in situazioni che egli classifica come test per verificare proprio quella facoltà che ritiene di non possedere.

Convinzioni di questo tipo possono avere un effetto paralizzante sull'apprendimento, costituire una 'formidabile barriera affettiva' (Shaughnessy, 1985), impedendo di fatto ad un soggetto di utilizzare le conoscenze che pure possiede: perché l'allievo investa le energie e le risorse necessarie per l'attivazione di processi di controllo deve credere di avere le risorse (che ritiene) necessarie, deve credere *di potercela fare*.

La convinzione di *potercela fare* nel contesto della matematica, cioè la percezione di poter padroneggiare la disciplina, viene descritta in educazione matematica da costrutti quali la confidenza in matematica (*math confidence*) o il concetto di sé matematico (*math self-concept*), peraltro usati in modo spesso ambiguo dai ricercatori (Pajares e Miller, 1994). Viene spesso identificata anche con il *senso di auto-efficacia* (ed è l'espressione che preferisco e che quindi userò), anche se nella definizione originaria (Bandura, 1986) il senso di auto-efficacia ha un'accezione locale e non globale: è definito cioè come la convinzione di poter eseguire un compito specifico all'interno della disciplina.

È chiaro che le convinzioni su di sè in relazione alla matematica sono profondamente intrecciate da un lato con le teorie del successo e la visione della matematica (come abbiamo visto nell'esempio della convinzione 'Io non sono portato per la matematica'), dall'altro con la percezione di fallimento: gioca un ruolo cruciale in questa interazione il processo di attribuzione causale che abbiamo descritto nel capitolo precedente. Ricordiamo che il processo di attribuzione causale è quello attraverso il quale l'allievo interpreta il proprio successo o fallimento, attribuendolo a possibili cause. La teoria delle attribuzioni causali ha individuato alcune dimensioni significative per tali cause: il locus (che può essere interno o esterno), la stabilità nel tempo, la controllabilità.

Dal processo di attribuzione causale dell'allievo l'insegnante o il ricercatore possono ricavare informazioni importanti sulle sue teorie del successo, sulla visione della matematica che egli ha, e anche sulle convinzioni che ha su di sé. Particolarmente interessante per queste ultime il caso in cui l'allievo attribuisce il proprio fallimento a caratteristiche personali. Per usare la terminologia della teoria di attribuzione causale si tratta quindi di cause interne, che possono essere percepite come stabili o meno, come controllabili o meno:

> "Il fatto è che in matematica non basta l'impegno, ma ci vuole un quid che te la faccia capire, io questo quid non ce l'ho." [Michele, 2ª superiore]

Possiamo concludere questo paragrafo con una seconda risposta alle domande che ci siamo posti, e cioè: da cosa sono influenzati i processi di controllo? In particolare, come possiamo spiegare la mancata attivazione di tali processi? Da cosa dipende la loro scarsa efficienza?

Le considerazioni fatte ci suggeriscono infatti che le decisioni che un soggetto prende, in particolare i processi di controllo che attiva, avvengono all'interno della cornice costituita dalle sue convinzioni.

Fra queste convinzioni appaiono particolarmente significative le convinzioni che l'allievo ha sulla matematica (la sua epistemologia personale), le sue teorie del successo, le convinzioni che ha su di sé ed in particolare la convinzione 'di potercela fare', cioè il cosiddetto senso di auto-efficacia.

6.7 Dalla metacognizione all'affettività

Le osservazioni fatte fin qui ci dicono in definitiva che l'attivazione dei processi di controllo è tutt'altro che automatica, e richiede un investimento di energie e risorse che l'allievo potrà attivare solo sotto certe condizioni.

Una di queste condizioni, come abbiamo appena visto, è che egli sia convinto di 'potercela fare'.

Una seconda condizione è che lo *voglia* fare.

Questo secondo punto ha a che fare quindi con aspetti motivazionali.

L'importanza della componente motivazionale nell'apprendimento è unanimemente riconosciuta. Già Vygotskij (1934) scriveva in *Pensiero e linguaggio*:

> Lo stesso pensiero ha origine non da un altro pensiero, ma dalla sfera delle motivazioni della nostra coscienza, che contiene le nostre passioni e i nostri bisogni, i nostri interessi e impulsi, i nostri affetti e le nostre emozioni. Dietro il pensiero si schiude la sfera delle tendenze affettive e volitive che, sola, può dare risposta all'ultimo «perché» nell'analisi del pensiero. Se prima abbiamo paragonato il pensiero a una nuvola che rovescia giù un acquazzone di parole, dovremmo allora paragonare, se volessimo persistere in questa immagine, la sfera delle motivazioni del pensiero al vento che mette in movimento la nuvola. Una effettiva e piena comprensione del pensiero altrui ci si rende possibile soltanto quando noi scopriamo il suo reale retroscena affettivo-volitivo [Vygotskij, 1934, tr. it. p. 226].

Per lungo tempo gli aspetti motivazionali, e più in generale quelli che hanno a che fare con le emozioni, sono stati considerati distinti da quelli cognitivi.

Negli studi più recenti sulla metacognizione invece gli aspetti motivazionali sono considerati strettamente collegati alla selezione di strategie e ai processi di controllo. Viene evidenziato cioè il legame fra lo sviluppo delle capacità metacognitive e le ragioni che spingono il soggetto verso l'apprendimento (Borkowski e Muthukrishna, 1992):

> Premessa fondamentale nella più recente versione della metacognizione è che i fattori personali-motivazionali infondono energia alle abilità esecutive di autoregolazione che sono necessarie per la selezione, l'utilizzo e il monitoraggio di strategie. [...]

> Le variabili motivazionali sono ritenute l'aspetto energetico dei processi di auto-regolazione sottostanti le attività di problem-solving [Borkowski e Muthukrishna, 1992, tr.it. pp. 46-47].

Del resto abbiamo già considerato questo aspetto nel capitolo precedente, quando abbiamo analizzato la definizione di problema: abbiamo insistito molto sul fatto che perché una situazione faccia nascere un problema per un individuo è necessario che questo individuo sia motivato a raggiungere una meta, un obiettivo.

In definitiva le teorie più recenti sulla metacognizione sottolineano i legami fra aspetti motivazionali, cognitivi e metacognitivi, e propongono un modello che descrive le interazioni fra la motivazione, il senso di auto-efficacia, la selezione di strategie ed i processi di controllo.

Borkowski et al. (1992) illustrando le possibili tappe di un'istruzione mirata allo sviluppo metacognitivo, sottolineano proprio l'importanza di queste interazioni:

> Un senso di autoefficacia e il piacere di apprendere derivano da un lavoro strategico individuale ed eventualmente ritornano per alimentare la selezione di strategie e le decisioni relative al monitoraggio (cioè i processi di controllo). Questo successivo collegamento – l'associazione tra le ragioni che spingono l'alunno verso l'apprendimento e lo sviluppo dell'autoregolazione – non si riscontra nella maggior parte dei programmi di istruzione. [...] dopo gli atti cognitivi il bambino riceve (o inferisce) un feedback sui compiti portati a termine con successo. Questo feedback è essenziale per modellare gli stati di motivazione personale che a loro volta alimentano i processi di controllo necessari per la selezione della strategia [Borkowski et al., 1992, *cit.* in Borkowsky e Muthukrishna, 1992, tr. it. p. 236].

Non è un caso che proprio in questo contesto venga sottolineata l'importanza della *responsabilità dell'apprendimento* (Brown et al., 1983; Campione, Brown e Connell, 1988; Borkowsky e Muthukrishna, 1992): l'assunzione di responsabilità in relazione ad un qualsiasi progetto richiede che l'individuo condivida il progetto, e ritenga di poter esercitare un controllo sulle proprie azioni[23]. In contesto educativo (scolastico ma anche famigliare) invece spesso si usa come sinonimo di 'senso di responsabilità' l'espressione 'senso del dovere', che non fa riferimento ad aspetti motivazionali e di controllo.

Ne discende in contesto scolastico l'importanza che l'allievo abbia chiari gli obiettivi che è tenuto a raggiungere, e che alla luce di tali obiettivi possa riflettere con l'insegnante ed i compagni sulle possibili strategie per raggiungerli,

---

[23] Rinvio il lettore interessato al tema della responsabilità al testo *Psicologia sociale della responsabilità*, di Adriano Zamperini (1998).

6.7 Dalla metacognizione all'affettività

ma anche che si senta protagonista di questo progetto: solo così potrà partecipare attivamente, esercitare consapevolmente processi di controllo.

In questo senso è importante che l'allievo sia consapevole di *agire*, e non solo di *fare*, senta cioè di dirigere le proprie azioni in vista di uno scopo, e senta quindi di poterle eventualmente cambiare. Ma questa consapevolezza in molti casi non c'è, come mettono in evidenza le riposte al test già citato sulle decisioni: per la maggior parte degli allievi la scuola non è un contesto in cui si prendono decisioni, tanto meno lo è la matematica e la risoluzione di problemi.

Le risposte più sconcertanti sono quelle relative alla domanda 3 ("A scuola ti capita di prendere decisioni? Fai un esempio."). Anche gli allievi che in contesto extrascolastico si mostrano consapevoli della varietà e dell'importanza dei processi decisionali continuamente attivati nella vita di tutti i giorni, dichiarano invece che in contesto scolastico non vengono prese decisioni, oppure le banalizzano:

> "*No, non mi capita mai, perché le decisioni le prendono le professoresse a scuola, oppure le bidelle.*" [Serena, 2ª media]
> "*Sì. Quando scelgo una penna per scrivere.*" [Sara, 1ª media]

Sono pochi i soggetti consapevoli del controllo che possono esercitare sui propri comportamenti in contesto d'apprendimento:

> "*Sì mi capita anche molto spesso di prendere decisioni, magari fra due penne o decisioni più importanti del tipo non insistere tanto per essere interrogati.*" [Giulia, 1ª media]
> "*Di come comportarmi e di decidere di come fare qualcosa.*" [Danilo, 1ª media]

Anche la domanda 4 ("A casa quando devi fare i compiti, ti capita di prendere decisioni? Fai un esempio.") mette in evidenza una varietà di risposte che corrisponde a diversi livelli di consapevolezza dei processi decisionali che vengono (o che andrebbero) attivati durante il lavoro fatto a casa:

> "*No, perché tanto li devo fare.*" [Cristiano, 3ª media]
> "*Posso decidere dove farli, a che ora cominciare, a che ora smettere.*" [Simona, 3ª media]
> "*A casa mi capita di prendere decisioni quando devo scegliere quale materia studiare per prima in base alle mie conoscenze. Decido anche se penso di essere più o meno preparata su una materia e quindi quanto tempo devo dedicarle.*" [Francesca, 3ª media]

In definitiva molti allievi non sembrano agire in vista di obiettivi, o non sembrano consapevoli del controllo che possono esercitare su tali obiettivi attraverso i propri comportamenti: stare attenti / impegnarsi / riflettere, vengono percepiti quindi in questi casi come comportamenti con esiti casuali.

Questo purtroppo vale in particolare nel contesto dell'apprendimento della matematica, e, cosa ancora più sconcertante, nel contesto dell'attività di risoluzione di problemi, come emerge in particolare dalle risposte alla domande 5 ("Qual è la materia in cui ti capita più spesso di prendere decisioni? Perché?"), dove la matematica è quasi completamente assente, ed alla domanda 6 ("Quando devi risolvere un problema di matematica ti capita di prendere decisioni? Fai un esempio"), dove nel migliore dei casi la decisione viene identificata con la scelta dell'operazione giusta.

L'importanza di questi aspetti, della consapevolezza cioè dell'agire in vista di obiettivi e del controllo che è possibile esercitare su tali obiettivi attraverso i propri comportamenti, è sottolineata da Andrea Canevaro in un intenso intervento ad un Convegno su Matematica e Difficoltà (1996). Il pedagogista riflette sull'influenza positiva che ha sull'apprendimento la possibilità "di anticipare lo scenario in cui lo stesso apprendimento si collocherà'" proponendo una citazione di Bruno Bettelheim (1988):

> [...] la storia dei campi di sterminio mostra che, perfino in un ambiente così oppressivo, alcune forme di difesa offrono un certo grado di protezione: la difesa più importante è capire quello che sta accadendo in noi stessi e perché [Bettelheim, 1988, *cit.* in Canevaro, 1996, p. 5].

Canevaro continua:

> Riflettere a partire da questa citazione può servire a collocare nella giusta luce l'anticipazione dell'esperienza per favorire l'apprendimento.
> Jacques Salom [...] ha compiuto un interessante esperimento, presso il reparto di chirurgia pediatrica dell'ospedale di Marseille-Nord. In questo ospedale, quando si decide di operare un bambino, lo si fa venire otto giorni prima, domandandogli di portarsi dietro il proprio orsacchiotto o la propria bambola. Se non vuole o non può, il reparto regala a quel bambino o a quella bambina un orsacchiotto o una bambola. Il chirurgo spiega e simula realisticamente l'operazione sull'orsetto o sulla bambola. E ogni bambino riparte con quello o quella che ha subito l'operazione e che dovrà curare. Jacques Salom ritiene che sia una piccola rivoluzione: riuscire a "far perdere tempo" ad un chirurgo in spiegazioni e simulazioni realistiche su orsi di peluche o bambole di pezza! Ma anche gli amministratori hanno potuto rendersi conto che ne vale la pena. Su circa tre anni di esperienza, il tempo di ospedalizzazione è diminuito dal 25 al 35%, e per le complicazioni post-operatorie si arriva ad una diminuzione di circa il 65% [Canevaro, 1996, p. 5].

Il processo di anticipazione di cui parla Canevaro, e soprattutto l'esempio da lui scelto, sottolineano l'importanza della percezione di controllabilità di una situazione in relazione ai comportamenti che un soggetto mette in atto. Il bambino che ha visto simulare l'operazione e la cura sul proprio orsetto o sulla propria bambola è consapevole di quello che succederà quando sarà lui stesso ad essere operato e curato, e potrà quindi partecipare in modo attivo a tali esperienze. Ma la consapevolezza non sarebbe sufficiente: se l'esperienza di simulazione l'avesse spaventato, la consapevolezza di quello che l'aspetta sarebbe addirittura controproducente. Invece il bambino è anche rassicurato, e la tranquillità gli viene dalla percezione di poter esercitare *controllo* sulla situazione.

Il bambino che è stato fatto partecipe dell'operazione e della cura sul proprio orsacchiotto non si limita ad obbedire passivamente alle richieste che gli vengono fatte quando il paziente è lui stesso, e tanto meno fa resistenza: è stato coinvolto in un progetto di cui è il protagonista, di cui vede la direzione, che può quindi assecondare attivamente.

I dati positivi della sperimentazione descritta da Canevaro, letti 'alla rovescia', ci permettono di comprendere come cambia la situazione se il bambino non ha questa percezione di controllabilità, se è solo con le sue paure, e se non è messo in grado di partecipare in modo attivo alle esperienze che vivrà. Se ha la percezione: 'Quello che mi succede *non dipende da me*'.

6.8 Processi di controllo ed emozioni

Nella nostra analisi dei fattori che influenzano i processi di controllo non possiamo trascurare le emozioni (v. Zan, 2000c): chi non ha provato, come insegnante o addirittura come studente, l'effetto paralizzante della paura da esame? In situazioni di questo tipo un allievo può perdere la propria lucidità, e dare risposte molto diverse da quelle che darebbe o addirittura ha dato in situazioni più tranquille.

La *paura di sbagliare*, di cui abbiamo parlato nel primo capitolo e che qui abbiamo collegato ad una particolare visione del successo in matematica, non è l'unica paura che caratterizza l'esperienza con la matematica di molte persone, studenti ed ex studenti. C'è anche la paura di non capire, o di apparire inadeguati:

> "Quando la maestra spiega una cosa nuova io mi sento agitata e mi sudano le mani perché ho paura di non farcela a seguire quanto viene spiegato." [Denise, 5ª elementare]

> "Quando la maestra ci spiega qualcosa di nuovo, mi viene la pelle d'oca, perché ho paura di non riuscire ad eseguire gli esercizi." [Ilaria, 4ª elementare]

> "Io quando faccio i problemi ho un po' paura perché non sono bravo." [Luca, 4ª elementare]

La paura in matematica è considerata un fenomeno importante anche dal punto di vista sociale. Ad essa sono stati dedicati diversi libri: *Come vincere la paura della matematica* (Sheila Tobias, 1978), *Matematica mio terrore* (Anne

Siety, 2001), oltre a testi non tradotti in italiano quali *Do you panic about maths?* (Laurie Buxton, 1981) e *Fear of math* (Claudia Zaslavsky, 1996).

Ma la paura non è l'unica delle emozioni negative associate alla matematica.

Pellerey e Orio (1996) riassumendo gli studi più importanti in quest'area riportano come le emozioni negative associate alla matematica (rabbia, ansietà, frustrazione, infelicità, noia) prevalgano in genere su quelle positive (felicità, eccitazione, divertimento, fiducia, sollievo)[24]. Particolarmente preoccupante è il risultato di studi sistematici condotti negli Stati Uniti (Carpenter et al., 1981) in base ai quali è stato evidenziato che mentre la matematica è la materia preferita per la maggior parte degli allievi di nove anni, diventa invece l'ultima per allievi di sedici anni.

Un esempio particolarmente suggestivo dell'intensità che possono raggiungere tali emozioni è dato dal seguente tema, svolto da un allievo di terza elementare, e presentato così come è stato scritto, senza alcun tipo di correzione[25]:

> *"Per me la matematica è solo una perdita di tempo perché una volta imparati i numeri si può anche smettere, invece no, si continua e le lezioni incominciano a torturarti piano piano ed è una sensazione bruttissima quando scrivo e non capisco, e mi sembra di scendere all'inferno: il sudore scende dalla testa ai piedi, divento tutto rosso e mi sembra di esplodere.*
> *Le lezioni sono un supplizio e mi sembra che la maestra rida su di me e mi dica: Non lo sai fare! Bene! Bene!...*
> *Ed io avrei voglia di strappare il quaderno ma prevedo sempre quello che mi accadrebbe: la maestra urlerebbe: Biniiii... Che cosa è questa schifezza! Ma il peggio è che dopo la sgridata ho tutti i capelli ritti e mi vergogno davanti a tutte le altre maestre."*

[Andrea, 3ª elementare]

Il tema di Andrea colpisce per diversi motivi. La correttezza ortografica, grammaticale, sintattica, ma anche la notevole espressività ci rimandano l'immagine di un bambino con notevoli capacità di riflessione e pieno di risorse: è impossibile liquidare i problemi di Andrea con la matematica facendo ricorso a diagnosi quali 'ha poche capacità', 'non capisce'. E allora, qual è il problema di Andrea?

Ma il tema di Andrea colpisce anche per la quantità e la qualità delle emozioni scatenate dalla matematica: tutte le emozioni negative tipicamente associate alla disciplina sono presenti, dalla frustrazione alla rabbia, dalla noia all'ansia.

---

[24] L'aggettivo 'negativo' riferito alle emozioni richiede una precisazione. Non è detto infatti che le emozioni *percepite come negative* da un soggetto abbiano *effetti negativi* sull'apprendimento e viceversa: ad esempio alcuni studi evidenziano che l'assenza totale di ansia ha effetti negativi sulla prestazione.

[25] Per ovvi motivi è stato cambiato il cognome del bambino, mantenendo però le modalità espressive da lui usate.

Per questi due motivi il caso di Andrea non può considerarsi tipico: ma le esperienze emozionali da lui descritte con estrema efficacia sono esperienze vissute anche da molti allievi che hanno difficoltà in matematica.

L'insegnamento tradizionale della matematica non prevede la gestione esplicita degli aspetti emozionali. Le emozioni negative in particolare sono considerate un male inevitabile, e vengono chiamate in causa per lo più per spiegare il fallimento di interventi di recupero centrati sulle conoscenze: ecco che allora si fa riferimento genericamente a blocchi psicologici, a comportamenti irrazionali, a stati d'ansia, comunque a fattori che l'insegnante avverte come estranei al proprio controllo e alla propria professionalità. Quando l'insegnante dice: "Quel ragazzo ha un blocco, è troppo ansioso, ha problemi emotivi..." significa spesso: "Io ho fatto quello che potevo come insegnante di matematica, ma *su questo* non posso far niente: non sono uno psicologo!". È il momento della rinuncia all'intervento.

Sotto questo tipo di approccio alle difficoltà d'apprendimento si riconosce un modello implicito di 'mente' in cui processi emozionali e processi cognitivi sono completamente contrapposti: in cui in particolare la parte emozionale, in quanto 'irrazionale', viene considerata d'ostacolo al processo di conoscenza. Si tratta di un modello di mente messo definitivamente in crisi dagli studi più recenti nel campo delle neuroscienze, della psicologia, ma anche dell'epistemologia matematica.

In neurofisiologia la ricerca più recente evidenzia un rapporto estremamente profondo fra processi cognitivi ed emozionali. Particolarmente interessante, alla luce delle considerazioni che abbiamo ripetutamente fatto sul problem solving e sui processi decisionali, è la relazione individuata fra la 'capacità' di provare emozioni, e la capacità di prendere decisioni. Nel suo libro *L'errore di Cartesio* Damasio (1994) riporta i casi di diversi pazienti, accomunati dal fatto di aver subito lo stesso tipo di lesione cerebrale, e precisamente danni alle cortecce prefrontali. Egli si sofferma in particolare sulla descrizione di Elliot, un giovane paziente la cui personalità si era trasformata in modo radicale dopo un intervento di rimozione di una massa tumorale benigna al cervello, al punto che aveva perso il posto di lavoro e non era più stato in grado di mantenersene un altro. D'altra parte i numerosi esami fatti mettevano in evidenza che le sue 'facoltà mentali' erano rimaste inalterate, così come la sua capacità di muoversi e di usare il linguaggio. Cosa era successo? L'analisi di Damasio mette in evidenza che, sebbene anche le conoscenze di base di Elliot "erano sopravvissute all'intervento, ed egli era in grado di compiere bene come prima molte azioni separate [...] non si poteva far conto su Elliot perché eseguisse un'azione appropriata quando ce lo si aspettava" (Damasio, 1994, tr. it. p.74).

In definitiva Damasio giunge alla conclusione che:

> [...] causa dei suoi fallimenti era una condizione neurologica: certo, era ancora fisicamente abile e le sue facoltà mentali erano in massima parte integre; ma era menomata la sua capacità di giungere a una decisione. [...]

> L'elaborazione dei suoi processi decisionali era talmente compromessa che egli non poteva più porsi come un essere sociale efficiente. Anche di fronte ai risultati catastrofici delle sue decisioni, Elliot non imparava dai suoi errori: sembrava che fosse oltre ogni possibile redenzione, come il malfattore incallito che dichiara il proprio sincero rincrescimento, ma subito dopo torna a commettere l'ennesimo reato [*ibidem*, p.76].

Ma cosa c'entra tutto questo con le emozioni? Damasio lo scopre quasi casualmente. Aveva già notato che il paziente appariva particolarmente freddo e distaccato, quasi imperturbabile, anche nel parlare delle proprie tragiche vicende personali. Ma questo suo distacco non sembrava provenire da processi di controllo esercitati su un'agitazione interna: piuttosto, dalla mancanza di tale agitazione interna. Una conferma di questa ipotesi Damasio l'avrà successivamente, dopo un esperimento psicofisiologico condotto da un collega, nel quale questi mostrava ai soggetti "stimoli visivi capaci di suscitare emozioni: per esempio, immagini di edifici che crollavano durante un terremoto, di case distrutte da incendi, di persone ferite in incidenti sanguinosi o sul punto di annegare vittime di alluvioni. Quando interrogammo Elliot dopo una delle molte sedute di esame di tali immagini, egli dichiarò apertamente che il suo modo di sentire era cambiato, dopo il male: avvertiva come argomenti che prima avevano suscitato in lui una forte emozione ora non provocavano più alcuna reazione, né positiva né negativa" (*ibidem*, p. 85).

Emerge quindi l'ipotesi di un legame fortissimo fra una capacità che abbiamo caratterizzato come cruciale nell'attività di problem solving, attività a sua volta considerata estremamente raffinata dal punto di vista dei processi cognitivi – cioè la capacità di prendere decisioni – e d'altra parte la 'capacità' di provare emozioni.

Gli studi nel campo delle neuroscienze hanno poi confermato il legame profondo e inestricabile fra aspetti cognitivi, metacognitivi ed emozionali.

Anche in psicologia del resto questo legame è riconosciuto. Ad esempio Brown e al. (1983) concludono il loro lavoro cruciale sulla metacognizione proprio sottolineando:

> Gli aspetti emozionali non possono essere separati da quelli cognitivi, così come quelli individuali non possono essere separati da quelli sociali [Brown et al., p. 150].

L'interazione profonda fra aspetti cognitivi, metacognitivi ed emozionali è sottolineata anche dalle ricerche più recenti in educazione matematica, soprattutto nell'ambito del problem solving.

Non è in realtà la prima volta che l'educazione matematica riconosce l'importanza degli aspetti emozionali: ma tradizionalmente l'attenzione era stata limitata per lo più a studi sull'ansia (v. Hembree, 1990), nell'ottica di una separazione fra processi di pensiero ed emozioni, che vedeva le emozioni come

6.8 Processi di controllo ed emozioni

ostacolo ai processi di pensiero. L'approccio all'influenza dei fattori affettivi che caratterizza la ricerca sul problem solving a partire dagli anni '80 segna invece un cambiamento importante, sintetizzato nella prefazione del volume *Affect and mathematical problem solving*[26], che si apre con queste parole (corsivo mio):

> La ricerca sul problem solving matematico ha ricevuto considerevole attenzione negli anni recenti, non solo da parte di chi fa ricerca sull'apprendimento e sull'insegnamento della matematica, ma anche da parte di psicologi ed altri che lavorano nelle scienze cognitive. Nonostante molta di questa ricerca si sia focalizzata su fattori cognitivi, c'è stata un'ondata di interesse nel ruolo dell'affettività nel problem solving matematico. *Questo libro esplora questi fattori affettivi e le loro relazioni con i processi cognitivi coinvolti nel problem solving* [McLeod e Adams, 1989, p. v].

In educazione matematica l'approccio alle emozioni cui i ricercatori fanno riferimento è per lo più quello degli psicologi cognitivisti (si veda ad esempio Weiner, 1983; Mandler, 1984; Ortony, Clore e Collins, 1988), che riconoscono nella nascita di un'emozione una componente cognitiva essenziale: l'emozione non è direttamente scatenata da un evento, ma dalla interpretazione di tale evento[27]. Abbiamo visto che Weiner (1983) considera cruciale in tale interpretazione il processo di *attribuzione causale*, e che la teoria attribuzionale permette di comprendere l'origine cognitiva di emozioni come la pietà, la rabbia e il senso di colpa.

Se assumiamo questo punto di vista non è l'esperienza matematica in sé che direttamente può scatenare emozioni negative, ma l'interpretazione che l'allievo ne dà, interpretazione che risente quindi (come ogni interpretazione della realtà) delle sue convinzioni, dei suoi valori, dei suoi gusti e delle sue attitudini.

Questo processo di interpretazione dell'esperienza matematica può essere più o meno articolato e naturalmente evolve col passare del tempo. Le prime esperienze matematiche danno soprattutto reazioni 'semplici' a livello emozionale, e queste prime emozioni sono associate all'insegnante, al particolare argomento trattato, alle relazioni stabilite con i compagni nel contesto dell'attività matematica, cioè a quelli che possiamo chiamare *fattori mediatori*.

---

[26] La terminologia in questo campo, come del resto in altri, è ambigua e spesso fuorviante: il termine inglese 'affect' evoca il nostro 'affetto' piuttosto che 'emozione'.
[27] Questo non significa ridurre il problema delle emozioni alla loro origine cognitiva, ignorando o sottovalutando quello che la 'psicologia del profondo' ha da dire e da fare a riguardo. Ma qui il nostro oggetto di interesse è il recupero delle difficoltà da parte dell'insegnante di matematica, e ci interessa quindi considerare le cause su cui l'insegnante stesso può intervenire.

Le prime emozioni associate alla matematica provengono da un'interazione diretta con questi fattori mediatori percepiti come 'oggetti', interazione che dà luogo ad una reazione positiva / negativa; sono per lo più emozioni quali la noia, la felicità, il piacere, l'infelicità:

> "*[La matematica] mi piace perché la persona che la comunica è molto simpatica.*" [Francesca, 4ª elementare]

> "*In terza si incominciarono le moltiplicazioni e le divisioni. Queste le odio in poche parole, mentre le moltiplicazioni sono operazioni che adoro.*" [Martina, 4ª elementare]

> "*Fin dalla prima [la matematica] mi piaceva molto perché si lavorava con il multibase e si giocava alla banca.*" [Fabio, 5ª elementare]

Ma poco per volta il bambino comincia a dare un senso alle diverse esperienze, a metterle in relazione l'una con l'altra, ad anticipare, secondo gli schemi così costruiti, le esperienze future. In particolare interpreta i comportamenti dell'insegnante e dei compagni, e si costruisce delle vere e proprie teorie all'interno delle quali tali comportamenti trovano una spiegazione coerente. Costruisce così degli standard di riferimento in base ai quali riconosce il successo ed il fallimento; si forma cioè delle convinzioni sugli obiettivi delle varie attività, su cosa vuol dire andar bene o andar male in matematica, e quali ne sono le cause: quelle che abbiamo chiamato teorie del successo.

Le esperienze con la matematica non sono più percepite semplicemente come piacevoli / spiacevoli, ma vengono valutate in base agli obiettivi che il bambino si pone e alla visione della matematica che egli ha costruito. I fattori che abbiamo chiamato mediatori (l'insegnante, gli argomenti, i compagni) non sono più percepiti solo come *oggetti*, ma anche (e soprattutto) come *agenti* di esperienze.

Il processo di interpretazione della realtà che contribuisce alla costruzione di una visione della disciplina arricchisce *quindi* anche la gamma delle emozioni associate alla matematica, favorendo la comparsa di emozioni più articolate quali la paura, l'ansia, la rabbia, la frustrazione (e naturalmente, dall'altra parte, la soddisfazione):

> "*I problemi mi mettono furia, ansia, paura di sbagliarli.*" [Anna, 5ª elementare]

> "*Mi sforzo di ragionare e di capire il problema, ma poi riesco a risolverlo solo a metà. Questo mi fa molta rabbia e mi scoraggia.*" [Francesca, 1ª media]

> "*Ma quando ero accanto ad alcuni miei amici che finivano un problema in meno di un secondo, avevo sempre un nodo in gola e avevo voglia di sprofondare sottoterra.*" [Clarissa, 1ª media]

6.8 Processi di controllo ed emozioni

Se assumiamo questo punto di vista le emozioni associate alla matematica, anche quelle più 'negative', non appaiono più necessariamente degli ostacoli incontrollabili al naturale processo d'apprendimento, ma piuttosto dei segnali che danno informazioni su come l'allievo interpreta l'esperienza matematica. In questa ottica l'insegnante di matematica, *proprio in quanto insegnante di matematica*, può utilizzare tali messaggi per conoscere quale interpretazione della matematica ha costruito l'allievo e per strutturare situazioni didattiche che modifichino tale interpretazione.

Ma il rapporto fra emozioni e processi di controllo in matematica non si esaurisce nel contesto dell'apprendimento, e tanto meno in quello delle difficoltà.

Matematici come Poincaré, Hadamard e Hardy hanno sottolineato in particolare il ruolo di guida che ha l'emozione estetica nei processi di invenzione (o di scoperta). Scrive Poincaré, in un capitolo di *Scienza e Metodo* intitolato *L'invenzione matematica*:

> Ci si può stupire di vedere invocare la sensibilità a proposito di dimostrazioni matematiche che sembrerebbero interessare solo l'intelligenza. Sarebbe dimenticare la sensazione della bellezza matematica, dell'armonia dei numeri e delle forme, dell'eleganza geometrica. È una vera sensazione estetica che tutti i veri matematici conoscono. Ed è proprio questione di sensibilità [Poincaré, 1909, tr. it. p. 43].

La posizione di Poincaré è più volte ripresa ed enfatizzata da Hadamard (1945), che nel volume *La psicologia dell'invenzione in campo matematico* tenta di ricostruire e caratterizzare i processi psicologici che portano i (grandi) matematici alla scoperta o invenzione di nuovi concetti e risultati. Egli sottolinea il legame profondo fra processi cognitivi ed affettivi[28]:

> Vediamo ancora una volta come la direzione del pensiero implichi elementi affettivi [Hadamard, 1945, tr. it. p. 123].

Nell'ambito dell'educazione matematica Silver e Metzger (1989) generalizzano al contesto del problem solving le considerazioni fatte da Poincaré e Hadamard a proposito dell'invenzione in campo matematico: dall'osservazio-

---

[28] Poincaré e Hadamard, riconoscendo all'emozione estetica il ruolo di guida nei processi di scoperta in campo matematico, ne 'difendono' l'importanza sottolineandone l'efficacia. In questo senso forse la difesa più 'pura' del ruolo dell'emozione estetica nella matematica (in quanto assolutamente sganciata da valutazioni di tipo utilitaristico) è quella che Godfrey Hardy (1940) sostiene con forza nel suo *Apologia di un matematico*: "Le forme create dal matematico, come quelle create dal pittore o dal poeta, devono essere belle; le idee, come i colori o le parole, devono legarsi armoniosamente. La bellezza è il requisito fondamentale: al mondo non c'è un posto perenne per la matematica brutta" (Hardy, 1940, tr. it. p. 67).

ne dei processi risolutivi di un gruppo di matematici alle prese con una serie di problemi essi deducono che l'attività di soluzione di problemi dei matematici è caratterizzata da frequenti valutazioni estetiche, e che queste valutazioni hanno effetti decisivi sulle strategie risolutive.

Se queste testimonianze sul ruolo guida delle emozioni estetiche sono estremamente significative dal punto di vista teorico, in quanto evidenziano più in generale l'influenza delle emozioni sui processi di controllo, e quindi il legame profondo fra aspetti affettivi e cognitivi, non meno importanti sono a mio parere dal punto di vista didattico. Suggeriscono in particolare l'opportunità di insegnare ai nostri allievi ad includere categorie di tipo estetico nella elaborazione dei processi di controllo, la cui importanza abbiamo più volte sottolineato: riconoscere la simmetria, la regolarità, la semplicità può infatti aiutare a prevedere ed a controllare i risultati.

Vorrei infine ricordare su questo tema la posizione originale di Michael Polanyi (1958), scienziato e filosofo, che porta all'esasperazione il ruolo dell'emozione estetica sottolineato da Poincaré e Hadamard per quanto riguarda l'invenzione in campo matematico[29]. Egli ricorda che tra le proposizioni che possono essere derivate da un insieme accettato di assiomi, per ciascuna di quelle che rappresenta un teorema matematico significativo ce n'è un numero infinito che sono prive d'importanza. Arriva quindi a dire:

> [...] solo l'apprezzamento informale del valore matematico può distinguere ciò che è matematica da un misto di asserti e operazioni formalmente simili e completamente banali. E noi vedremo che il colore emozionale della matematica giustifica anche che venga accettata come vera. La matematica affascina il matematico soddisfacendo le sue passioni intellettive e lo spinge a coltivarla nei suoi pensieri e ad acconsentire ad essa. [...] È in forza della sua bellezza intellettiva che viene proclamata dalla propria passione come rivelatrice di una verità universale che il matematico si sente costretto ad accettare la matematica come vera, anche se è oggi privo della fede nella sua necessità logica ed è condannato ad ammettere per sempre la possibilità che tutta la fabbrica della matematica crolli rivelando una decisiva contraddizione interna [Polanyi, 1958, tr. it. pp. 324-5].

---

[29] Tutto il libro di Polanyi è dedicato al ruolo delle emozioni nella conoscenza. In particolare egli sottolinea che il processo di conoscenza è comunque *personale*, fortemente intriso delle passioni dell'individuo: "Ho mostrato che in ogni atto di conoscenza entra un contributo appassionato della persona che conosce ciò che viene conosciuto, e che questa componente non è un'imperfezione bensì un fattore vitale della conoscenza" (Polanyi, 1958, tr. it. p. 70).

6.9 Concludendo

In questo capitolo abbiamo cercato di raccogliere alcuni strumenti utili per capire da cosa dipendono i comportamenti fallimentari dei nostri allievi. Abbiamo ricondotto questo obiettivo a quello più generale di conoscere quali elementi influiscono sui processi risolutivi di un soggetto.

I risultati della ricerca sul problem solving, nell'ambito dell'educazione matematica ma anche della psicologia e dell'Intelligenza Artificiale, ci hanno portato a riconoscere il ruolo centrale delle decisioni e dei processi di controllo. La domanda "da cosa dipendono i comportamenti fallimentari di un allievo?" ha quindi generato altre domande: da cosa sono influenzati i processi di controllo? In particolare, come possiamo spiegare la mancata attivazione di tali processi? Da cosa dipende la loro scarsa efficienza?

Nel corso di questo capitolo abbiamo gradatamente costruito alcune risposte a queste domande.

I processi di controllo, e più in generale le decisioni di un soggetto quando risolve un problema, sono influenzati dalla consapevolezza che il soggetto stesso ha delle risorse disponibili.

Inoltre le decisioni che un soggetto prende, in particolare i processi di controllo che attiva, avvengono all'interno della cornice costituita dalle sue convinzioni. Fra queste convinzioni appaiono particolarmente significative le convinzioni che l'allievo ha sulla matematica (la sua epistemologia personale), le sue teorie del successo, le convinzioni che ha su di sé ed in particolare la convinzione 'di potercela fare', cioè quello che abbiamo chiamato senso di auto-efficacia.

Abbiamo infine considerato l'importanza degli aspetti motivazionali e più in generale dei cosiddetti aspetti affettivi. Questo ci ha portato a fare alcune riflessioni sul ruolo che hanno le emozioni, in particolare quelle percepite come negative, sui processi di controllo, ma anche a riconoscere il legame stretto fra aspetti emozionali e cognitivi: le emozioni negative che molti allievi associano alla matematica sono in realtà legate ad una particolare visione della disciplina, a particolari teorie del successo, attribuzioni di fallimento e convinzioni su di sè.

Così come abbiamo fatto nel quarto capitolo, dove abbiamo utilizzato gli strumenti teorici presentati nel capitolo precedente per interpretare gli errori, così nel prossimo capitolo vedremo come le 'opinioni' qui proposte ed illustrate forniscono strumenti che ci permettono di spiegare, o meglio di capire, alcune tipologie di comportamenti fallimentari in matematica, suggerendo quindi possibili direzioni per il recupero.

Attività 6.1

Rileggi ancora le scene presentate nel capitolo 1, e le tue risposte alle domande proposte nell'Attività 1.2.
Le osservazioni fatte in questo capitolo ti suggeriscono nuove interpretazioni dei comportamenti descritti?
Se sì, quali?
Cambieresti qualcosa nelle tue risposte?

Attività 6.2

Ritorna alla tua Galleria personale (Attività 1.3).
Le osservazioni fatte in questo capitolo ti suggeriscono nuove interpretazioni dei comportamenti descritti?
Se sì, quali?

7
L'interpretazione dei comportamenti fallimentari

7.1 Introduzione

Nei due capitoli precedenti abbiamo raccolto ulteriori strumenti per poter interpretare i comportamenti dei nostri allievi. Abbiamo prima sottolineato alcuni aspetti intrinseci alla complessità dell'apprendimento, e cioè la presenza di due soggetti distinti - l'allievo e l'insegnante - che ci hanno portato a distinguere fra *errori* e *comportamenti fallimentari*. Quindi abbiamo fatto riferimento ad alcuni risultati che la ricerca sul problem solving ha prodotto, per comprendere quali elementi influiscono sui processi decisionali di un soggetto che risolve un problema. Questi risultati ci permettono di costruire un repertorio di interpretazioni possibili per i comportamenti fallimentari dei nostri allievi, e ci spingono anche a ritornare sull'interpretazione degli errori con un approccio meno locale di quello che abbiamo descritto nel quarto capitolo.

Con questi strumenti a disposizione è venuto il momento di riprendere il nostro viaggio fra le scene della nostra Galleria che ancora non abbiamo analizzato: ci accompagneranno quindi in queste ultime tappe Alessio, Scenetra, Alessandra, Nicola, Martina, Azzurra.

7.2 Alessio (ovvero: la metacognizione)

Ricordiamo l'ultima scena, quella che ha per protagonista Alessio.

Al compito scritto di Istituzioni di matematica Alessio affronta subito lo 'studio di funzione'.

Dopo due ore e mezzo non l'ha ancora completato, e gli resta solo mezz'ora delle tre ore disponibili per svolgere gli altri quattro esercizi.

Quello che colpisce particolarmente in questa scena non è il fatto che mancano veri e propri errori: questo succede anche nel caso di Scenetra, ed in fondo anche per Alessandro e Nicola. E non è nemmeno il fatto che questa è l'unica scena ambientata nel contesto universitario: infatti da un lato il comportamento di Alessio si può riconoscere nel comportamento di tanti studenti di altri ordini di scuola, dall'altro molti dei comportamenti descritti nelle altre scene (come quelli di Martina, o di Marco, o di Nicola) sono in realtà frequenti anche a livello universitario.

Quello che colpisce nella scena di Alessio è invece il ruolo tutto sommato marginale della matematica nel fallimento dello studente *in una prova di matematica*: le conoscenze di Alessio sembrano infatti rimanere nello sfondo non perché non sono importanti, ma perché la pessima gestione del tempo a disposizione le rende inerti, quasi irrilevanti. Possiamo immaginare che le carenze a livello di processi di controllo messe in evidenza dal comportamento di Alessio lo porteranno al fallimento anche in altri contesti disciplinari, data la natura trasversale dei problemi evidenziati.

Naturalmente dato che i processi di controllo possono essere più specifici, 'interni' alla matematica, anche le carenze a livello di processi di controllo possono investire la matematica più direttamente di quanto succede nella scena descritta. Tali carenze si possono riconoscere ad esempio nei comportamenti di molti studenti nella stessa situazione di Alessio, cioè quella di una verifica scritta di matematica: quando devono tracciare il grafico di una funzione non coordinano le varie informazioni che raccolgono (segno, limiti, studio della derivata,....), in particolare non le utilizzano da un lato per *verificare* quelle già raccolte, dall'altro per *prevedere* quelle successive; quando calcolano un integrale non sfruttano la possibilità di verificarne la correttezza derivando la funzione trovata; quando devono trovare l'equazione di una retta nel piano soddisfacente certe condizioni non verificano poi se davvero la retta rappresentata dall'equazione ha i requisiti richiesti, e così via.

7.3 Scenetra (ovvero: le convinzioni sul successo)

Abbiamo visto nel capitolo precedente che il successo può essere caratterizzato in modi diversi da allievi diversi: in particolare può essere identificato con la percezione di capire, oppure col successo scolastico, e quindi in gran parte delegato all'insegnante.

Se il riconoscimento del successo è delegato all'insegnante, identificato cioè con il 'rendimento', l'allievo valuterà come positivi i propri comportamenti se ritiene che essi saranno giudicati positivamente dall'insegnante: dirigerà quindi l'impegno nella direzione che a suo parere *l'insegnante* ritiene 'giusta'. In questo caso giocano allora un ruolo cruciale nel dirigere l'impegno dell'allievo le sue convinzioni sulle aspettative dell'insegnante.

Riprendiamo la scena 2, che ha come protagonista Scenetra.

Scenetra è una bambina di seconda elementare. La maestra vuole riconoscere se la bambina è in grado di mettere in relazione fatti aritmetici, in particolare se sa utilizzare una somma nota per trovare una somma incognita. Alcuni suoi compagni nell'eseguire addizioni hanno dimostrato di utilizzare tale strategia addirittura in modo spontaneo.

L'insegnante scrive quindi, una sotto l'altra, le due espressioni:

$$34 + 9 = 43$$
$$34 + 11 =$$

Alla richiesta di trovare il risultato dell'ultima espressione, Scenetra riscrive in colonna i due numeri, esegue l'addizione nel modo usuale, e alla fine risponde "45".

7.3 Scenetra (ovvero: le convinzioni sul successo)

L'insegnante allora le chiede: "Ma non potevi usare il risultato dell'addizione che è scritta sopra?" Scenetra risponde di no. La stessa scena si ripete tutte le volte che l'insegnante le propone compiti simili, invitandola esplicitamente a mettere in relazione somme note e incognite.

Scenetra, insieme al suo compagno Tyrone, è protagonista di uno studio di Cobb (1985): entrambi fanno parte di un gruppo di sei alunni coinvolti in una sperimentazione.

Cobb descrive il comportamento di Tyrone davanti alla stessa richiesta: il bambino osserva immediatamente che nell'espressione da completare il secondo addendo è 9 + 2, e completa quindi l'espressione con 45, cioè 43 + 2.

Lasciamo un attimo il racconto di Cobb, e proviamo a calarci nei panni dell'insegnante. Come interpretare il comportamento di Scenetra? Come valutare le sue strategie?

Il fallimento di Scenetra nell'utilizzare le relazioni fra un'espressione e l'altra spinge a ipotizzare una sua scarsa flessibilità nelle conoscenze e nelle regole apprese, in definitiva una scarsa padronanza del concetto di addizione.

Pochi se la sentirebbero di criticare l'insegnante, se dopo tanti tentativi falliti rinunciasse ad insistere, e annotasse:

"Scenetra padroneggia l'algoritmo dell'addizione, ma *non è in grado* di mettere in relazione due espressioni".

Ma ritorniamo alla scena descritta da Cobb.

All'insegnante di Scenetra e all'assistente presente alla sessione, Marva, viene in mente che una causa del blocco della bambina possa essere il fatto che Scenetra ritiene poco corretto ottenere il risultato utilizzando una 'scorciatoia' piuttosto che l'algoritmo imparato a scuola.

L'insegnante si rivolge allora alla bambina chiedendole:

"Secondo te, come farebbe Marva?"

Dopo un attimo di esitazione, Scenetra risponde, collegando senza difficoltà somme note e incognite. Per assicurarsi che la bambina utilizzi effettivamente la relazione fra le espressioni e non esegua invece mentalmente la somma, l'insegnante scrive una prima espressione scorretta:

$$34 + 14 = 49$$

e, sotto, aggiunge l'espressione:

$$32 + 15 =$$

Chiede quindi: "Come farebbe Marva?"

    Scenetra: "...48"
    Insegnante: "Quanto hai aggiunto e tolto? Come ha fatto Marva?"
    Scenetra: "*Lei* ha tolto 2 e poi aggiunto 1".

Quest'ultima soluzione in particolare, relativamente sofisticata, dimostra che le strategie spontaneamente utilizzate da Scenetra all'inizio della sessione non erano dovute a mancanza di competenze, ma alla *convinzione* che forme abbreviate di soluzione non avevano la stessa legittimità dell'algoritmo standard, almeno in contesto scolastico.

Il comportamento della bambina, in particolare i processi risolutivi messi in atto, appaiono guidati da tale convinzione, che inibisce a priori le possibilità di utilizzare conoscenze e abilità seppure disponibili: il 'fallimento' di Scenetra nel mettere in relazione fatti aritmetici *non* è dovuto alla mancanza di risorse disponibili, ma al fatto che la bambina non fa ricorso a tali risorse. Cobb, commentando i comportamenti di Scenetra, osserva che le sue "convinzioni implicite o esplicite hanno vincolato le sue aspettative e anticipazioni riguardo il tipo di esperienze che avrebbe avuto in situazioni matematiche" (Cobb, 1985, p. 123). Sono convinzioni che Scenetra ha gradatamente costruito sulle aspettative dell'insegnante, su cosa è lecito o non lecito fare, e sono il frutto del continuo processo d'interpretazione dell'esperienza da parte dell'allieva.

7.4 Martina, Alessandro, Nicola (ovvero: l'epistemologia distorta degli studenti con difficoltà)

Come abbiamo visto nel capitolo precedente, le teorie del successo di un allievo rimandano alla visione della matematica, spesso implicita e comunque in continua evoluzione, che egli ha costruito. Spesso è proprio attraverso queste teorie che l'insegnante ed il ricercatore riescono a risalire alle sue convinzioni sulla matematica, a ricostruire la sua epistemologia personale: se tale epistemologia appare *distorta*, l'insegnante avrà informazioni preziose su come dirigere un eventuale intervento di recupero.

Ad esempio le teorie del successo che sottolineano il ruolo della memoria suggeriscono una visione della matematica come disciplina di prodotti, piuttosto che di processi: l'unico modo per controllare i prodotti, se questi sono percepiti come diversi l'uno dall'altro (come succede quando il soggetto non controlla il processo che li rende simili), è infatti quello di ricordarli.

La visione della matematica come un insieme di prodotti scollegati tra loro, in quanto svuotati dei processi sottostanti, ha delle conseguenze molto gravi anche in relazione all'errore: se il prodotto è sbagliato, lo studente percepirà come fallimentare l'intera prestazione, e viceversa sarà difficile convincerlo che il procedimento è sbagliato davanti ad un risultato corretto.

Ma soprattutto se il prodotto è riconosciuto come sbagliato, dopo la correzione verrà semplicemente *sostituito* col prodotto giusto.

È il caso (forse) di Martina, protagonista della scena 8 della nostra Galleria iniziale, che semplifica scorrettamente:

7.4 Martina, Alessandro, Nicola (ovvero: l'epistemologia distorta degli studenti con difficoltà)

$$\frac{\cancel{a}+b}{\cancel{a}+c}$$

L'insegnante le spiega l'errore, facendo vedere che il procedimento non vale con casi controllabili come

$$\frac{5+3}{5+7}$$

"Vedi? Non viene la stessa cosa... Non si può!"
Martina fa cenno di sì.

Pochi minuti dopo, davanti a $\frac{x+y}{a+y}$, semplifica: $\frac{x+\cancel{y}}{a+\cancel{y}}$.

Se l'attenzione di Martina è centrata sul prodotto, l'unica cosa che la ragazza registrerà di questa spiegazione è la raccomandazione finale: "Non si può".

Il prodotto sbagliato $\frac{\cancel{a}+b}{\cancel{a}+c}$ sarà semplicemente sostituito con quello giusto $\frac{a+b}{a+c}$; Martina si limiterà a mettere la scrittura $\frac{a+b}{a+c}$ nel 'cassetto' delle risposte giuste, e $\frac{\cancel{a}+b}{\cancel{a}+c}$ nel 'cassetto' delle risposte sbagliate. Ma quando Martina si troverà davanti alla scrittura $\frac{x+y}{a+y}$, i prodotti che ha messo nei due cassetti non le saranno di nessun aiuto, e sarà per lei come essere di fronte ad una situazione completamente nuova.

Come abbiamo detto, la visione distorta della matematica come disciplina di prodotti scollegati fra loro enfatizza il ruolo della memoria: se non ci si può appoggiare ai processi sottostanti, tutti i prodotti vanno ricordati, uno per uno. La consapevolezza di non ricordarli può allora costituire una fortissima barriera per l'investimento di risorse: in altre parole se l'allievo è consapevole, o semplicemente ritiene, di non ricordare tutti i prodotti necessari, rinuncerà al controllo dei propri processi di pensiero e risponderà a caso, oppure eviterà di rispondere.

Ma rivediamo alla luce di queste considerazioni altre due scene della nostra Galleria: quelle che hanno come protagonisti Alessandro (scena 5) e Nicola (scena 10).

Alessandro, seconda liceo pedagogico, deve trovare l'area di un rettangolo, sapendo che il perimetro è 126 cm, e l'altezza è i 3/4 della base.

Fa correttamente un disegno:

ma poi non conclude. Alla richiesta dell'insegnante risponde: *"Non mi riusciva più andare avanti"*. L'insegnante insiste: "Ma avevi fatto il disegno bene… a quel punto era facilissimo". Alessandro la guarda e risponde: *"Ma non mi riusciva"*.

Nel caso di Alessandro abbiamo a disposizione altre informazioni, oltre al disegno appena abbozzato. Il problema infatti faceva parte di un test preliminare alla programmazione di un intervento di recupero in una seconda liceo pedagogico (Zan, 1996b). Tale intervento, di cui parleremo più approfonditamente nell'ultimo capitolo, era nato dall'insuccesso di interventi tradizionali precedenti basati esclusivamente sulla ripetizione degli argomenti in cui gli studenti avevano evidenziato difficoltà ed errori. La ricerca di interpretazioni alternative del fallimento degli studenti ci aveva spinto quindi a utilizzare strumenti di diagnosi più fini.

Uno di questi strumenti consisteva in un gruppo di 4 problemi, dati con la seguente consegna:

Qui di seguito ci sono 4 problemi, che tu devi cercare di risolvere.
IMPORTANTE!!!
Cerca di scrivere tutti i tuoi pensieri, tutti i ragionamenti che fai, le impressioni e le emozioni che provi, le difficoltà che incontri.
È quello che pensi e che provi che ci interessa, non il risultato!

Alessandro aggiunge al disegno questo commento:
"A questo punto non so, cioè non mi ricordo bene la formula".

Tale commento suggerisce l'ipotesi che Alessandro veda i problemi di geometria come tutti diversi l'uno dall'altro, domande indipendenti per rispondere alle quali occorre conoscere la formula specifica: ogni tipo di problema o di domanda esige la sua formula. Se Alessandro ritiene di non conoscere la formula adeguata per il problema che ha davanti, tali convinzioni lo porteranno a rinunciare, proprio come ha fatto.

La convinzione di Alessandro non è necessariamente limitata al contesto dei problemi di geometria. Lo dimostra il comportamento di Nicola, protagonista della scena 10 della Galleria.

Nicola, terza liceo scientifico, deve risolvere la disequazione[1]:

$$-7x^2 < \sqrt{7}$$

Moltiplica ambo i membri per –1/7, ottenendo:

$$x^2 > -\frac{\sqrt{7}}{7}$$

Poi moltiplica per 7 e porta tutto al primo membro:

$$7x^2 + \sqrt{7} > 0$$

A questo punto si ferma.

Anche in questo caso però abbiamo più informazioni di quante ce ne possa dare questa descrizione: Nicola si trova a risolvere questa disequazione nell'ambito di un'intervista condotta da una studentessa di Matematica all'interno di un lavoro sulle difficoltà.

Riportiamo la parte conclusiva e più significativa di tale intervista:

I.: Perché invece di ricordarti cosa devi fare, non provi a risolverla da solo?
N.: La matematica è fatta di regole ben precise che vanno seguite, non ci si può inventare nulla. I problemi si risolvono seguendo quelle regole e io, ora, non mi ricordo come si risolvono le disequazioni.

Nicola esplicita chiaramente le convinzioni che sono alla base del suo comportamento: *"Per risolvere disequazioni bisogna applicare delle formule"*, e *"Io non conosco tali formule"*.

È proprio l'interazione fra queste due convinzioni che da un lato giustifica la rinuncia a provare, dall'altro spiega i primi tentativi di risoluzione, condotti apparentemente a caso.

7.5 Azzurra (ovvero: le convinzioni su di sè)

Il fenomeno delle risposte date a caso è un fenomeno importante nel contesto della matematica, non solo perché piuttosto frequente, ma anche e soprattutto perché è quello di fronte al quale l'insegnante si sente più disarmato. È infatti quello in cui l'approccio tradizionale all'errore, che è locale, evidenzia i suoi

---

[1] Tale disequazione, utilizzata in un test d'ingresso da Malara, Brandoli e Fiori (2000), si è rivelata molto efficace nell'evidenziare una varietà di processi risolutivi, in particolare di errori.

limiti maggiori: che senso ha cercare di modificare una risposta data a caso? Che senso può avere utilizzare tale risposta per dirigere l'intervento di recupero?

In mancanza della testimonianza diretta dell'allievo la 'diagnosi' che l'allievo ha risposto a caso è un'interpretazione dell'insegnante, e quindi un'ipotesi di lavoro per un eventuale intervento di recupero.

La scena della nostra Galleria che non abbiamo ancora analizzato, quella di Azzurra (scena 4), è particolarmente interessante da questo punto di vista:

Azzurra, terza media, deve trovare il perimetro di un rettangolo che ha i lati di 12 cm e 8 cm. La ragazza moltiplica 12 per 8. L'insegnante le dice: "Ma perché moltiplichi? Devi trovare il perimetro..."
E Azzurra:
"...Divido?"

Come abbiamo visto nel primo capitolo, sono molte le possibili interpretazioni della risposta di Azzurra (*"Divido?"*), e costituiscono diverse ipotesi di lavoro per l'intervento di recupero.

L'insegnante può ipotizzare che Azzurra abbia risposto a caso, e identificare immediatamente tale comportamento come fallimentare: in questo caso l'intervento di recupero sarà finalizzato a rimuovere non *quella* specifica risposta, ma il fatto di averla data a caso. Oppure l'insegnante può ipotizzare che il processo risolutivo si è giocato internamente alla matematica (seppure senza successo), e tentare quindi di ricostruirlo, arrivando ad ipotesi interpretative più fini: Azzurra non ha le conoscenze necessarie? Forse non ha studiato? Oppure non ha capito qualcosa? Cosa?

L'interpretazione dell'insegnante, come ipotesi di lavoro, può naturalmente richiedere ulteriori osservazioni per raccogliere opportune informazioni: fortunatamente non è su quell'unica descrizione del comportamento di Azzurra che si deve basare il suo intervento!

In realtà nel caso di Azzurra, così come per Alessandro e Nicola, disponiamo effettivamente di ulteriori informazioni; Azzurra infatti ha svolto il tema 'Io e la matematica: il mio rapporto con la matematica, dalle elementari ad oggi', e racconta così la propria esperienza:

"Alle elementari non ero una grossa cima in matematica, quindi in 3ª elementare vidi che non ero brava e chiusi così la mia testa, dicendo che questa non faceva per me."

Da questo stralcio emergono convinzioni su di sè molto negative (*"non ero brava"*), che portano ad uno scarso senso di auto-efficacia, cioè alla convinzione di non potercela fare. Tali convinzioni giustificano, nel senso che la rendono 'razionale', la rinuncia a priori a pensare.

L'ipotesi che l'allievo abbia risposto a caso è un'ipotesi di fondo, e come qualsiasi altra può pregiudicare il successo del lavoro di recupero che ne segue. Se nell'esempio di Azzurra l'insegnante tentasse di ricostruire il processo risolutivo interno alla matematica che ha portato l'allieva a rispondere *"Divido?"*, si incamminerebbe in un lavoro di recupero destinato molto probabilmente all'insuccesso. Viceversa nel caso di Alice (la protagonista della scena 7 che sbagliava a distinguere ipotesi e tesi) se l'insegnante avesse rinunciato a ricostruire il processo di pensiero sottostante quelle risposte, e le avesse interpretate come risposte date a caso, probabilmente l'intervento di recupero avrebbe fallito. Come abbiamo detto l'osservazione dei comportamenti dell'allievo è molto importante per dirigere l'interpretazione dell'insegnante, ed è importante che si permetta tempi lunghi: ad esempio la sistematicità di certe risposte, che è un elemento significativo per decidere quale direzione dare alla ricerca dei comportamenti fallimentari, ha bisogno di tempi lunghi per essere riconosciuta.

Inoltre c'è una profonda interazione fra convinzioni su di sé, teorie del successo, percezione del fallimento, in cui gioca un ruolo cruciale il processo di attribuzione causale. Ma questa interazione non è riducibile a semplici rapporti di causa / effetto: se un allievo ritiene che per andare bene in matematica ci vuole tanta memoria, e ritiene di avere poca memoria, è possibile che attribuisca il proprio fallimento alla scarsa memoria; ma è anche possibile che si convinca di avere poca memoria perché non ha successo.

7.6 L'incontrollabilità della matematica

Nonostante la diversità degli errori di Alessandra e Nicola, in particolare la diversità dei contesti in cui si sono presentati (geometria / algebra), i comportamenti ed i commenti dei due studenti presentano importanti somiglianze e suggeriscono interpretazioni simili.

In entrambi i casi si osserva una prima esplorazione, seguita dalla rinuncia a tentare di rispondere.

Nicola motiva esplicitamente questa rinuncia: *"La matematica è fatta di regole ben precise che vanno seguite, non ci si può inventare nulla. I problemi si risolvono seguendo quelle regole e io, ora, non mi ricordo come si risolvono le disequazioni"*.

Si riconoscono quindi due tipi di convinzioni che interagiscono:
- convinzioni sulla matematica e sui problemi: *per risolvere i problemi bisogna seguire delle regole precise*; tali convinzioni suggeriscono una visione rigidamente strumentale della disciplina, con un'enfasi sui prodotti piuttosto che sui processi;
- convinzioni su di sè: *"io non mi ricordo come si risolvono le disequazioni"*.

Dall'interazione fra queste convizioni - sulla matematica e su di sé - segue uno scarso senso di auto-efficacia.

Nel caso di Alessandro il commento fa riferimento esplicitamente solo al suo scarso senso di auto-efficacia ed a convinzioni su di sé (*"a questo punto non so, cioè non mi ricordo bene la formula"*), ma quel *"cioè non mi ricordo bene la formula*" richiama implicitamente una visione della matematica analoga a quella di Nicola, in cui per risolvere i problemi bisogna appunto ricordare bene le formule.

In definitiva in entrambi i casi possiamo ipotizzare che il comportamento responsabile del fallimento, e cioè la rinuncia ad andare avanti, sia l'effetto dell'interazione di due tipi di convinzioni: sulla matematica, con una visione della matematica centrata sui prodotti (formule da ricordare e da applicare), e su di sé ('io non ricordo le formule').

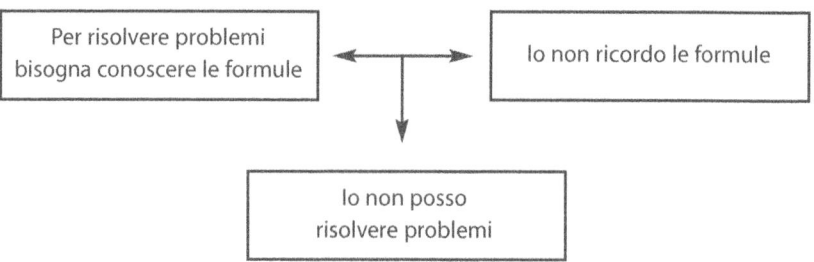

D'altra parte la rinuncia a provare porta al fallimento, e questo a sua volta rinforza la convinzione di non avere il controllo della situazione. Possiamo allora ipotizzare che con la ripetizione di tali esperienze fallimentari la percezione di incontrollabilità si estenderà dalle singole esperienze fallimentari alla matematica nella sua globalità: in tempi lunghi genererà cioè la percezione dell'incontrollabilità della disciplina stessa, e la conseguente rinuncia generalizzata a 'provare'.

La convinzione dell'incontrollabilità della matematica pare assumere nei sistemi di convinzioni degli allievi il ruolo di convinzione *centrale*, nel senso che abbiamo introdotto nello scorso capitolo: una convinzione cioè con una notevole forza psicologica, responsabile della rinuncia ad attivare processi di controllo.
Come abbiamo osservato discutendo il caso di Nicola e Alessandro, la percezione di incontrollabilità della disciplina è in genere *derivata* dall'interazione di convinzioni sulla matematica e su di sé, in cui quello che varia è il 'peso' di ognuna di queste componenti: ad un estremo abbiamo la visione della matematica come disciplina *di per sé* incontrollabile (ad esempio perché fatta da prodotti diversi l'uno dall'altro e quindi da ricordare), all'altro estremo convinzioni su di sé perdenti (*io non ce la posso fare*), che mettono in secondo piano le convinzioni sulla disciplina. Quest'ultimo caso pare essere il caso di Azzurra, ed in generale di chi si sente inadeguato per la matematica.

La visione della matematica come disciplina incontrollabile viene costruita gradatamente, ed in certi momenti l'allievo appare 'in bilico' fra le due possi-

7.6 L'incontrollabilità della matematica

bili interpretazioni del proprio fallimento. Il tema di Saverio, che abbiamo riportato nel quinto capitolo come esempio della dimensione di *globalità* nelle attribuzioni di fallimento ("sono io che non capisco *nulla*"), evidenzia molto bene anche l'oscillazione fra questi due poli ("la matematica è difficile di per sè" / "sono io che non capisco"):

> *"Per me la matematica è come una palla al piede e solo che io sono la palla e sono pressato da questa materia che per me è impegnativa. Non è che i miei dubbi sono due o tre ma se mi danno mezzo problema lo risolvo per 1/4 e anche nelle espressioni per me sono difficili. Forse sono io che non capisco nulla e forse è questa la ragione, oppure è proprio difficile la materia, non lo so cos'è quando lo scoprirò sarà sempre troppo tardi."* [Saverio, 1ª media]

Nella percezione di incontrollabilità della matematica gioca un ruolo importante la visione dell'attività matematica come completamente dissociata dal senso comune, di cui abbiamo parlato nel capitolo precedente. Tale visione è infatti spesso legata ad una scarsa chiarezza degli scopi, o ad una scarsa condivisione degli stessi. La percezione di incontrollabilità può allora esprimersi attraverso uno stato di *confusione* generalizzata, così forte che può caratterizzarsi quasi come una condizione fisica:

> *"La maestra parlava molto e ci dava parecchia lezione per casa. Adesso ci fa scrivere molte pagine di quadernone e parla parecchio.*
> *Poi ci fa portare e riportare molte cose:*
> *portare: quaderni, quadernini, ecc.*
> *Riportare: quaderni di verifica, di scuola, ecc."* [Chiara, 4ª elementare]

Anche negli studenti più grandi la percezione di incontrollabilità può manifestarsi come confusione fisica. Ricordo uno studente universitario che aveva avuto ripetuti fallimenti all'esame di matematica, e che si presentò a ricevimento dicendo: *"Ho un sacco di quaderni per Matematica, il quaderno delle lezioni, quello delle esercitazioni, quello che tengo col professore da cui vado a ripetizione, e poi tutti i quaderni di esercizi..."*.

Questa confusione, che rimanda ad una confusione di obiettivi e di strategie, impedisce l'attivazione di processi di controllo e l'assunzione della responsabilità dell'apprendimento. Come abbiamo visto nel capitolo precedente, è importante infatti che un individuo abbia chiara (magari sbagliando) la direzione in cui deve investire le sue risorse, ed i motivi per farlo.

In definitiva la visione dell'attività matematica come incontrollabile pare essere in grado di inibire i processi di controllo, e quindi essere una convinzione *centrale*. D'altra parte può essere *derivata* da convinzioni diverse, sulla matematica e su di sè, o meglio dall'interazione fra tali convinzioni, che come abbiamo detto possono assumere un peso diverso a seconda dell'allievo.

Dal punto di vista del recupero queste ipotesi hanno implicazioni importanti. La centralità della visione della matematica come disciplina incontrollabile suggerisce nella fase di osservazione ed interpretazione delle difficoltà l'opportunità di indagare su questo aspetto. A seconda delle convinzioni da cui questa percezione è derivata può però cambiare l'intervento: diretto soprattutto a scardinare la visione della matematica fatta da prodotti scollegati e dissociata dal senso comune, o invece a ricostruire il senso di auto-efficacia dell'allievo.

7.7 L'atteggiamento verso la matematica

Le considerazioni fatte fin qui sottolineano l'importanza degli aspetti affettivi per l'apprendimento della matematica, e la necessità di riuscire a tener conto dell'interazione fra aspetti cognitivi ed emozionali per poter interpretare ed eventualmente superare le difficoltà di un allievo. Uno strumento teorico utile per comprendere questa interazione e riuscire a tenerne conto, nella ricerca ma anche nella pratica didattica, è a mio parere il costrutto di *atteggiamento*.

Tale costrutto ha una lunga tradizione negli studi di educazione matematica, ma nel corso degli anni la ricerca ha registrato un'evoluzione che riflette del resto l'evoluzione della ricerca sui fattori affettivi. I primi studi tentavano di evidenziare una correlazione fra atteggiamento 'positivo' e rendimento (Neale, 1969), utilizzando questionari a scelta multipla, ma questa correlazione non è mai emersa con chiarezza, come messo in evidenza da una meta-analisi condotta su 113 studi di questo tipo (Ma e Kishor, 1997). Il fallimento di questo filone di ricerca è stato attribuito ad un approccio statistico poco attento alla definizione di ciò che andava misurato. Gli ultimi studi sull'atteggiamento affrontano quindi il problema della natura del costrutto cercando definizioni 'buone', cioè adeguate ai problemi di ricerca che si intendono affrontare, ed esplorano modalità di osservazione alternative rispetto a quelle tipiche, rappresentate da questionari (Ruffell, Mason e Allen, 1998; Daskalogianni e Simpson, 2000; Di Martino e Zan, 2001, 2002, 2003).

Il problema della definizione in questo caso non è un lusso da ricercatore: l'espressione "ha un atteggiamento negativo" è molto usata dagli insegnanti nella pratica didattica, ma in genere rappresenta la dichiarazione di resa dell'insegnante stesso, che riconosce con questa diagnosi il fallimento delle azioni didattiche fino a quel momento messe in atto (Polo e Zan, in stampa). Sostenuta da una definizione in grado di dirigere l'osservazione, questa diagnosi può invece essere il punto di partenza per un intervento di recupero mirato.

Quale può essere allora questa definizione?

L'accezione di atteggiamento verso la matematica che più frequentemente si trova in letteratura (Haladyna, Shaughnessy e Shaughnessy, 1983; McLeod, 1992) lo descrive come il grado di affetto associato alla matematica: una semplice disposizione emozionale, sintetizzata dall'espressione '*la matematica mi*

7.7 L'atteggiamento verso la matematica

piace / non mi piace'. Questa accezione è adeguata per affrontare problemi legati a scelte cosiddette di evitamento (ad esempio il fenomeno delle scarse iscrizioni a corsi di matematica nei paesi in cui la matematica non è obbligatoria nella scuola superiore), ma appare troppo semplice per descrivere la complessità del rapporto di un allievo con la matematica. Ed in effetti quando l'insegnante parla di atteggiamento negativo non intende dire semplicemente che "a quell'allievo la matematica non piace".

Senza addentrarci in questioni troppo teoriche che qui sarebbero fuori luogo[2], una possibilità che emerge dagli studi già citati (in particolare Daskalogianni e Simpson, 2000) e che mi sembra promettente sia dal punto di vista della ricerca che dal punto di vista della pratica didattica è quella di definire l'atteggiamento verso la matematica come il complesso di convinzioni ed emozioni ad essa associate[3]. Per le osservazioni fatte nei paragrafi precedenti possiamo riconoscere nelle convinzioni associate alla matematica la componente delle convinzioni *sulla matematica* (quella che abbiamo chiamato la visione della matematica), e quella delle convinzioni *su di sé*, che comprende la convinzione di potercela fare. La visione della matematica può d'altra parte essere diversa a seconda di 'quale' matematica si considera: nel caso della matematica intesa come disciplina scolastica è chiaro che hanno un ruolo importante le convinzioni sul contesto scolastico come le teorie del successo o le convinzioni sulle aspettative dell'insegnante.

Se assumiamo questa definizione, per descrivere l'atteggiamento di un allievo nei confronti della matematica dovremo non solo indicare la sua disposizione emozionale verso la disciplina (che si può sintetizzare nella dicotomia positivo / negativo), ma anche precisare a quale visione della matematica ed a quali convinzioni su di sé tale disposizione emozionale è associata.

Se assumiamo questa definizione più articolata, si pone il problema di cosa intendere per atteggiamento 'positivo' o 'negativo'. Fare riferimento alla sola componente emozionale appare riduttivo dal punto di vista didattico: ci porterebbe a definire 'positivo' l'atteggiamento di un allievo che ha una visione della matematica come di una disciplina fatta di regole da memorizzare e da applicare rigidamente, solo perché la materia gli piace.

Si presenta allora la possibilità di differenti tipologie di atteggiamenti 'negativi', a seconda della componente cui l'aggettivo 'negativo' fa riferimento. Può riferirsi alla semplice disposizione emozionale ("la matematica mi piace / non mi piace"), oppure alla visione della matematica, intendendo per 'negativa' una visione distorta, epistemologicamente scorretta, come quella descritta

---

[2] Rimando chi fosse interessato ad un inquadramento del problema a Zan (2000 d).
[3] Interessante osservare che in tale definizione manca ogni riferimento esplicito ai comportamenti (a differenza di quello che accade nelle definizioni più articolate che si trovano in letteratura): dal punto di vista teorico questo permette a mio parere di evitare i rischi di circolarità che spesso affliggono gli studi sui fattori affettivi, e che qualche ricercatore sottolinea come limite di questo campo di ricerca (si veda ad esempio Lester, 2002).

nell'esempio di prima; o ancora può riferirsi alla componente delle convinzioni su di sé, intendendo per 'negative' le convinzioni su di sé caratterizzate da uno scarso senso di auto-efficacia ("non sono capace", "non ce la posso fare", "sono negato").

Utilizzando il costrutto di atteggiamento ad esempio il complesso di convinzioni ed emozioni che abbiamo descritto nel paragrafo precedente parlando di percezione della matematica come disciplina incontrollabile si può sintetizzare in un particolare atteggiamento 'negativo', che potremmo definire *fatalismo* (Zan, 2002b).

Questo modo di concepire l'atteggiamento verso la matematica fornisce a mio parere all'insegnante ed al ricercatore uno strumento teorico per osservare, interpretare, intervenire. La diagnosi di 'atteggiamento negativo' non è più un punto d'arrivo, ma un punto di partenza per un intervento mirato, finalizzato cioè a modificare quella componente, o quelle componenti, individuate come 'negative'.

Naturalmente l'intervento di recupero dovrà e potrà tener presente il profondo intreccio fra queste componenti e le conoscenze e gli aspetti metacognitivi. Ad esempio per modificare la visione della matematica come disciplina fatta di regole da memorizzare e da applicare rigidamente, visione diffusa fra gli allievi con difficoltà, può essere utile a mio parere riprendere l'aritmetica, riflettendo sugli algoritmi imparati alle scuole elementari, e dando spazio a processi fondamentali quali congetturare e dimostrare.

7.8 La responsabilità dell'insegnamento

Come abbiamo più volte sottolineato, gli elementi che per motivi di chiarezza espositiva abbiamo presentato come distinti (conoscenze, abilità metacognitive, convinzioni, emozioni) interagiscono in realtà profondamente, e sono spesso indistinguibili. Ne segue che è difficile anche separare le responsabilità dell'insegnamento a riguardo.

Ad esempio lo sviluppo della consapevolezza e dei processi di controllo è legato ad un insegnamento il più possibile esplicito riguardo al *senso* delle attività proposte: essere istruiti sull'uso di strumenti senza sapere a cosa servono tali strumenti e perché vanno utilizzati in un modo piuttosto che in un altro non può certo educare ad un atteggiamento strategico. Ne discende che le stesse azioni didattiche che favoriscono carenze a livello di consapevolezza e di processi di controllo possono sviluppare la convinzione che 'il buon senso in matematica non serve', e favorire la visione della matematica come disciplina dissociata dal senso comune.

L'organizzazione tradizionale dell'insegnamento della matematica ha responsabilità a riguardo, in quanto tende a fornire abilità e tecniche prima che queste siano effettivamente indispensabili. Solo dopo aver dato e consolidato queste tecniche (a volte anche anni dopo…) si affrontano situazioni in cui esse sono indispensabili o più spesso semplicemente utili.

7.8 La responsabilità dell'insegnamento

Qualche esempio concreto: nella scuola superiore viene introdotto il calcolo letterale giustificando il senso di tali attività con la necessità di risolvere equazioni, che verranno però introdotte successivamente; a loro volta le equazioni vengono giustificate dalla necessità di risolvere problemi, che vengono posti però solo *dopo* che gli studenti hanno acquisito (o avrebbero dovuto acquisire) gli strumenti per risolverle. Gli algoritmi per la sottrazione e la divisione alla scuola elementare vengono introdotti spesso senza far provare prima ai bambini la difficoltà di eseguire certe sottrazioni e divisioni procedendo nel modo naturale, che è quello di 'provare' ripetutamente addizioni e moltiplicazioni rispettivamente.

In tutti questi casi il comportamento dell'insegnante è come quello di chi butta un salvagente ad una persona che sta facendo una scalata in montagna, perché sa che fra poco questi andrà al mare e ne potrebbe aver bisogno: non c'è da stupirsi se chi è impegnato a scalare, soprattutto se è in difficoltà, butta via il salvagente!

A dir la verità, come osservano Campione, Brown e Connell (1988) questo tipo di istruzione caratterizza tutte le abilità cosiddette di base: lettura, scrittura, matematica, cioè i ben noti 'leggere, scrivere, e far di conto'. Così, nel caso della lettura, l'istruzione diretta tende ad insegnare a decodificare prima che a comprendere: i bambini quindi lavorano nella prima fase su frasi isolate, su testi poco significativi, in cui la motivazione a comprendere è completamente assente. Nel caso della scrittura si privilegia l'aspetto 'meccanico' prima di quello della comunicazione.

In matematica questo approccio porta a gravi conseguenze riguardo al 'senso' che gli allievi danno alle varie attività, ed ha conseguenze negative anche a livello metacognitivo. Come osservano alcuni ricercatori (Davis, 1984; Schoenfeld, 1983b) la conoscenza e le abilità che molti studenti acquisiscono in questo modo tendono ad essere 'incapsulate' e inerti, disponibili solo quando chiaramente definito dal contesto (come succede, ad esempio, per i test di tipo standard) ma non utilizzabili in altre circostanze come strumenti per apprendere. Anche se in effetti in questo modo è possibile apprendere abilità, manca nella maggior parte degli studenti, anche in quelli 'bravi', la struttura di controllo necessaria per applicare tali abilità in modo flessibile e appropriato. In definitiva la maggior parte degli studenti ha difficoltà nella risoluzione di problemi non standard, proprio perché non è in grado di gestire in modo strategico le risorse che pure possiede.

Ma ritornando alla convinzione che 'il buon senso in matematica non serve' possiamo riconoscere altri segnali che giustificano o motivano, almeno in parte, la nascita di una visione dell'attività matematica così negativa. Ad esempio il processo di dimostrazione affrontato senza alcuna preparazione preliminare e con scarsa preoccupazione per le intuizioni spontanee degli studenti (che senso ha dimostrare cose ovvie? Che senso ha negare proprio quello che si vuole dimostrare?) alimenta questa dissociazione dal senso comune. Ma ha grosse responsabilità anche l'insegnamento della logica confinato, come è purtroppo uso, in contesti separati e artificiosi, come emerge dalla seguente testimonianza:

> *"Arrivo alle superiori con l'insufficienza a matematica ma convinto di poter sfoggiare il mio genio con i numeri. Primo argomento: la logica.*
> *Se A è vero e B è vero ma C è falso allora è tutto falso se sono due vere e una è falsa ma quella falsa è la prima allora è tutto vero; ma perché non dicono tutti la verità e ci si risparmia un capitolo di libro?"* [Claudio, 2ª superiore]

Mi sembra importante distinguere a questo proposito la percezione di *utilità* da quella di *senso*. È il senso che manca agli studenti: anche se sono disposti ad accettare attività non percepite come utili, o comunque come immediatamente spendibili (come lo studio delle poesie di Leopardi), non possono assumersi la responsabilità di un'attività di cui sfugge loro il senso.

Fra le convinzioni sulla matematica che abbiamo considerato, una delle più diffuse ed insidiose è che 'in matematica i prodotti sono più importanti dei processi'.

Anche in questo caso si possono riconoscere alcune responsabilità dell'insegnamento. L'enfasi data al ragionamento in matematica, con dichiarazioni quali "L'importante è *come* ragioni!" è spesso più di facciata che di sostanza. Al di là di tali dichiarazioni, molti comportamenti dell'insegnante e anche alcune scelte dei contenuti (o meglio dell'articolazione cronologica dei contenuti) a livello di programmi passano agli allievi messaggi impliciti molto forti che vanno in tutt'altra direzione, come evidenziano anche le testimonianze sulla *paura di sbagliare* riportate in più occasioni.

L'abitudine di far memorizzare molte formule (ad esempio nella scuola superiore le formule di addizione e sottrazione in trigonometria; a livello di scuola media le formule inverse delle aree) e più in generale la frammentazione di un fenomeno in tanti casi particolari, ognuno con il suo nome, ostacolano la possibilità di cogliere la logica sottostante, cioè il processo unificatore, e favoriscono una visione della disciplina frammentata in prodotti distinti l'uno dall'altro.

Come abbiamo visto, a questa visione si accompagnano teorie del successo che enfatizzano l'importanza della memoria:

> *"Alle medie la matematica iniziò a essere un po' più confusa specialmente per la geometria che con tutte le formule del perimetro, Area, circonferenza, diametro, ecc., imparate a memoria rendevano solo la vita più complicata. Forse ci sono troppi teoremi e troppe cose per dei ragazzi delle medie che secondo me impararle a memoria è impossibile difatti ogni volta che c'era un compito in classe tutti avevano scritto o sul banco o sulla mano le formuline del trapezio-parallelepipedo."* [Luca, 3ª superiore]

Ma anche alcune scelte didattiche degli insegnanti più attenti, i 'bravi' insegnanti, possono passare agli allievi il messaggio che i prodotti sono più importanti di processi.

Come abbiamo osservato già nel secondo capitolo, il 'bravo' insegnante spesso si preoccupa di evitare domande *troppo difficili*. Questa preoccupazio-

7.8 La responsabilità dell'insegnamento

ne si riconosce in molte situazioni: l'uso di preparare schede estremamente strutturate, di privilegiare risposte chiuse a risposte aperte, di spezzare un problema complesso in sottoproblemi, guidando così attraverso le risposte parziali alla risposta finale. Credo sia molto importante per un insegnante interrogarsi sulle radici profonde di queste scelte: cosa vuol dire domande 'troppo difficili'? Troppo difficili *per cosa*? E allora ci accorgiamo che le domande sono *troppo difficili* per garantirci (o semplicemente per farci sperare) una risposta corretta. Ma se la nostra attenzione è centrata sui processi, sono necessarie domande 'abbastanza' difficili per attivare *processi* di pensiero significativi, anche se forse tali processi non si concluderanno con *prodotti* corretti.

Come diceva Zofia Krygowska (1957), una delle 'voci' che abbiamo ascoltato nel secondo capitolo:

> Lo scopo dell'insegnamento consiste senza dubbio anche nell'alleviare agli alunni la loro pena. Tuttavia, se si vuole realmente facilitare ad essi la comprensione della verità, bisogna spesso rendere loro più difficile lo studio. L'alunno capace apprende spesso più rapidamente di quanto comprenda, indovina più in fretta di quanto ragioni. Egli non si rende conto di che cosa significhi comprendere e identifica la comprensione con il mnemonismo. L'insegnante deve assai spesso far riconoscere le difficoltà del problema agli alunni, mentre essi le sfuggono, e deve complicare agli alunni ciò che sembra semplice, mentre in realtà non lo è. Il suo compito consiste nel suscitare dei dubbi nel cervello dell'alunno, se necessario. Qualora non lo faccia egli si limiterà a una superficiale assimilazione del contenuto e aprirà la via al verbalismo nel pensiero dell'alunno [Krygowska, 1957, p. 173].

Pensiamo anche alla gestione dei compiti dati per casa. Soprattutto a livello di scuola superiore è ben noto a tutti che la maggior parte degli studenti invece di fare gli esercizi a casa li copia la mattina alla prima ora dai compagni più bravi, o comunque più disponibili. Gli insegnanti lo sanno, gli studenti sanno che gli insegnanti lo sanno. E questo atteggiamento da parte dell'insegnante passa agli studenti il messaggio che quello che conta sono i prodotti, e quindi in particolare i prodotti di Alessandro (che *sa* fare gli esercizi), piuttosto che quelli di Francesco (che *non* li sa fare). Se contassero i processi, ad ogni studente verrebbe richiesto *non* di risolvere quel problema o quell'esercizio, ma di *tentare* di risolverlo, esplicitando i propri processi di pensiero se si incontrano difficoltà: ed i processi di pensiero non si possono copiare dai più bravi, né i processi di pensiero dei più bravi sono necessariamente più significativi dei processi di pensiero di chi incontra difficoltà.

Ancora, spesso è difficile per l'insegnante durante esercitazioni in classe a gruppi o individuali rinunciare a guidare gli studenti verso la risposta corretta. Molti insegnanti non riescono a evitare di dare indicazioni, di correggere processi risolutivi, perché avvertono tali comportamenti in contraddizione con il proprio ruolo: "Ma se non gli dico come si fa, cosa ci sto a fare in classe?" Questo disagio, anche se tipico dei 'bravi' insegnanti (Zan, 2001) nasconde una preoccupazione centrata sui prodotti: la preoccupazione centrata sui processi porterebbe l'insegnante a fare domande ("Come mai avete fatto così?") piuttosto che a dare risposte ("Dovevate fare così...").

Un'altra obiezione frequente all'opportunità di non suggerire agli allievi in difficoltà il percorso risolutivo suona più o meno così: "Ma i ragazzi hanno bisogno di gratificazioni! Hanno bisogno di vedere che riescono!". Anche questa preoccupazione a mio parere nasconde in realtà la convinzione *dell'insegnante* (e *non*, almeno a priori, dell'allievo) che 'riuscire' significa arrivare ad un prodotto corretto. Se l'insegnante per primo è convinto di questo, non possiamo allora sperare che gli allievi si ritengano soddisfatti di avere *solo* pensato!

D'altra parte l'insegnante avverte spesso l'attività di soluzione di problemi come un'attività che sfugge al proprio controllo. In particolare egli ha bisogno di conoscere come si risolve un problema, prima di proporlo ai propri allievi. Questo atteggiamento ha componenti di tipo emozionale molto forti, ma nasconde anche la preoccupazione che in definitiva il prodotto finale ci *deve* essere, e deve essere corretto. Questo approccio sottovaluta l'importanza di far vedere agli allievi l'aspetto dinamico della soluzione dei problemi, cioè l'aspetto legato ai processi. Come conseguenza, l'allievo riceve dall'insegnante una descrizione del processo di risoluzione a posteriori, quindi ripulita da tutti i tentativi andati a vuoto, che non permette di cogliere l'importanza delle decisioni strategiche all'interno del processo di risoluzione: quanto tempo dedico ad un tentativo? Quando ricomincio in un'altra direzione, cosa salvo dai tentativi precedenti? Quali sono le riflessioni, le intuizioni, che mi fanno cambiare idea?

D'altra parte questo approccio ai problemi 'a posteriori' caratterizza tutto l'insegnamento della matematica e passa agli studenti la convinzione che la matematica sia un insieme di regole fisse e immutabili, in particolare sia quindi una scienza 'morta', in cui tutto è già stato detto.[4]

La visione della matematica come disciplina di prodotti più che di processi si accompagna in genere ad una visione strumentale della disciplina, secondo la quale il 'capire' viene identificato con l'applicazione corretta di formule.

Anche in questo caso a mio parere oltre alle eventuali responsabilità del singolo insegnante ci sono responsabilità a livello di scelte curriculari, che non insistono sulla sistemazione rigorosa delle prime conoscenze aritmetiche, le 'basi' su cui poggia l'intero edificio matematico. L'aritmetica viene presentata nella scuola dell'obbligo come un insieme di fatti e di procedure, privilegiando cioè un approccio strumentale ad uno relazionale. Alle scuole superiori,

---

[4] Questa convinzione emerge in modo molto forte dalla lettura di alcuni elaborati di studenti svolti in occasione della prova d'italiano assegnata all'esame di maturità del 1996 su *Matematica e poesia* (Cattabrini e Di Paola, 1997). D'altra parte riflette un modo di pensare estremamente diffuso, che si riconosce ad esempio nella caratterizzazione della matematica e dei matematici nel cinema, nella letteratura, nel giornalismo, per non parlare poi della televisione.

7.8 La responsabilità dell'insegnamento

quando lo studente sarebbe pienamente in grado di capire i processi che stanno alla base di tali fatti e procedure, l'aritmetica viene sacrificata ad argomenti considerati più 'utili' (la geometria analitica, la trigonometria, l'analisi). In particolare non si esplicitano i processi sottostanti certe procedure e certe regole, e non si sottolinea che tali processi possono essere profondamente diversi, motivando invece tutto genericamente e nello stesso modo. Non si esplicita che ci sono diversi *perché*: il *perché* $5^2 \cdot 5^4 = 5^6$ è diverso dal *perché* $5^0 = 1$ e ancora diverso dal *perché* $4 + 2 \cdot 3 = 10$, mentre $(4+2) \cdot 3 = 18$.

La scelta di sacrificare l'aritmetica a livello di scuola superiore a mio parere ha molte conseguenze negative: impedisce di sfruttare un'enorme potenzialità di incuriosire e divertire con problemi significativi gli studenti meno motivati alla matematica ma magari più fantasiosi; aumenta le difficoltà, già consistenti, dell'approccio all'algebra; ma soprattutto favorisce una visione strumentale proprio delle *basi* della matematica, che continuano ad essere viste come prodotti, quasi magici, e non come processi.

Un esempio tipico è quello della cosiddetta 'regola dei segni'. La regola (che si usa 'recitare' così: più per più = più; più per meno = meno; meno per più = meno; meno per meno = più) è patrimonio di ogni adulto che abbia frequentato le scuole medie. Ma per molti (e purtroppo fra questi ci sono anche insegnanti di matematica) è una formula quasi magica. Qualcuno l'accetta senza porsi problemi. Ma l'allievo che si chiede *"Perché?"* va incontro a frustrazioni: l'argomentazione che a scuola spesso viene presentata è del tipo 'due negazioni affermano' oppure 'se mi giro due volte è come se non mi fossi girato'. Non si tratta di argomentazioni, ma di strategie per memorizzare, come quelle per ricordare la successione delle Alpi (Ma Con Gran Pena Le ReCa Giù…): non si può quindi chiedere ad un allievo di 'comprendere' grazie a questa argomentazione[5]. E siccome il rapporto fra allievo e insegnante non è paritario, dato che l'insegnante è istituzionalmente l'esperto della disciplina, l'allievo che non

---

[5] In realtà la 'regola dei segni', così come l'uguaglianza $5^0=1$, è una *definizione*. Dopo aver introdotto i numeri relativi, e quindi aver allargato l'insieme dei numeri naturali (cioè i numeri: 1, 2, 3, …) è necessario definire l'operazione di moltiplicazione fra tali numeri. La definizione intuitiva di moltiplicazione che funziona con i numeri naturali (e che comunque si può formalizzare) non funziona più con i numeri relativi: se possiamo dire che mxn significa m+m+m+…+m.. n volte, questa espressione perde di senso se m e n sono relativi. Che significa infatti 'fare -3 volte -2-2-2…'? Con l'estensione dai naturali ai relativi si deve *ridefinire* quindi la moltiplicazione (e in generale tutte le operazioni). Il 'perché' meno per meno fa più ecc., diventa 'perché' si dà proprio quella definizione e non un'altra. I motivi sono essenzialmente due: da un lato si vuole che la nuova definizione coincida con quella vecchia quando i numeri che si moltiplicano sono i 'vecchi' numeri (cioè: se moltiplico con la nuova regola +2 per +3 voglio che il risultato sia ancora 6), dall'altro non si vogliono perdere le proprietà che la moltiplicazione aveva nei naturali (commutativa, associativa, e distributiva). Con questi vincoli, si può dimostrare che l'unica possibile definizione è quella che porta appunto alla regola dei segni. È esattamente la stessa cosa che accade quando si dice che un numero elevato alla zero 'fa' uno. Si tratta ancora di una definizione. Ancora una volta motivare il 'perché' di questa regola significherà motivare 'perché' si dà proprio quella definizione e non un'altra, e non significherà invece *dimostrare* tale regola.

capisce (e *non può* capire con questa 'spiegazione') si convince di *non essere in grado* di capire, oppure, se ha sufficiente fiducia nelle proprie capacità intellettuali, che la matematica è fatta di regole prive di senso.

In questo modo a mio parere si perdono tanti studenti che in definitiva hanno verso la matematica un atteggiamento più produttivo (perché più attento e più critico) di quelli che si adattano a qualsiasi regola del gioco purché dettata dall'insegnante:

> *"Penso che il mio rapporto con la matematica sia stato sempre 'buio e tenebroso'; non ho mai avuto la padronanza nella materia e fin dai primi tempi delle elementari mi sentivo incerto; anche se una cosa la sapevo mi sorgevano un sacco di dubbi.*
> *Ecco, io non so il 'perché' della matematica, perché quello schema, quel procedimento e non un altro; perché, come dice il mio babbo: 'Nell'aritmetica non si inventa'; io a volte invento e sbaglio; vorrei proprio sapere i motivi, le cause, perché così mi sembrano tutte regole astratte e appiccicate qui e là."*
> [Giacomo, 1ª media[6]]

L'edificio matematico poggerà allora su basi estremamente precarie:

> *"Le persone 'portate' hanno una base su cui appoggiarsi.*
> *Le persone 'negate' hanno una base che però è pericolosa può cadere da un momento all'altro."* [Pierpaolo, 1ª superiore]

Probabilmente molti ritengono che gli studenti arrivino da soli a porsi certe domande e a darsi certe risposte. Ma non è così[7]. La maggior parte degli studenti di scuola superiore non è in grado di argomentare l'algoritmo usualmente utilizzato per eseguire la moltiplicazione di fattori con più cifre.

---

[6] È interessante osservare che si tratta dello stesso tema di cui abbiamo riportato nel quarto capitolo lo stralcio sui pulcini (*"la maestra [...] verso Pasqua ci faceva fare dei problemi sulle uova con delle situazioni dove tanti pulcini morivano prima di nascere. Domandava: quanti nasceranno vivi? A me passava la voglia di saperlo"*) come esempio di approccio narrativo ad un problema: ciò nonostante il brano qui riportato fa pensare che Giacomo abbia un approccio relazionale alla matematica, seppure frustrato.

[7] O meglio, non è sempre così. In un'intervista realizzata da Claudio Citrini e pubblicata sul Bollettino dell'Unione Matematica Italiana (2001), il matematico Luigi Amerio ricorda a questo proposito: "A dire il vero, il primo richiamo verso la matematica l'avevo provato preparando l'esame di stato, che allora era durissimo. A complemento del testo di matematica, avevo preso un volumetto di algebra, di Bertrand; bellissimo. Lì avevo trovato delle risposte soddisfacenti a domande come: 'che cosa significa 2^0 e perchè 2^0 fa 1?', che mi angustiavano: non volevo accettare una definizione se mi pareva ingiustificata" (Citrini, 2001, p. 12).

7.8 La responsabilità dell'insegnamento

Alle domande:

---

a] Esegui la moltiplicazione:
$$\begin{array}{r}216\times\\ \underline{37=}\end{array}$$

b] Perché secondo te la moltiplicazione si esegue così?
Cioè: come mai facendo tutti quei passaggi viene proprio il risultato della moltiplicazione 216 x 37?

---

su 383 studenti di liceo scientifico, solo 60 (meno del 20%) rispondono con argomentazioni corrette[8].

Alcune risposte sono particolarmente interessanti:

"Molti altri modi potrebbero essere migliori di questo, ma non vedo la necessità di rovinare le tradizioni!" [Fabio, 1ª liceo scientifico]

"Perché la moltiplicazione in un certo senso è la semplificazione della somma. Infatti moltiplicare a per b significa sommare ad a lo stesso a per b volte. Probabilmente è questa la ragione." [Francesca, 2ª liceo scientifico]

"Più che altro mi dovrebbe chiarire il perché si mette il trattino sotto il secondo numero per spostarlo dal primo." [Diego, 1ª liceo scientifico]

"Ho sempre dato per scontato il procedimento (è un assioma?)" [Adalberto, 3ª liceo scientifico]

"Perché qualche studioso si è inventato questo metodo e poi l'ha insegnato a tutto il mondo." [Marco, 3ª liceo scientifico]

"Ci è stato insegnato alle elementari e nessun professore ha mai ritenuto importante spiegarci il perché." [Francesco, 2ª liceo scientifico]

Come abbiamo visto la visione della matematica come disciplina di prodotti favorisce la percezione di incontrollabilità della disciplina.

Ma la costruzione di una visione della matematica come disciplina incontrollabile è alimentata anche da altre scelte e pratiche didattiche.

---

[8] Degli altri 323, 104 argomentano in modo scorretto o incompleto; 51 non argomentano e producono risposte di vario tipo; 63 rispondono: "perché mi hanno insegnato a fare così"; 22 rispondono semplicemente "non lo so"; 83 non rispondono.

Ad esempio l'insegnante appare come unico depositario delle 'regole del gioco'. Egli può dire "Dal disegno si vede che..." o ancora "È evidente che...", ma le stesse frasi pronunciate dagli studenti vengono censurate. Ma allora certe cose si possono dire, si possono fare, oppure no? E quando? Ma soprattutto come si può riconoscere quando è lecito e quando no[9]? L'insegnante in genere non lo esplicita, e gli studenti si convincono semplicemente che certe cose le può fare *solo* l'insegnante.

Un altro elemento che contribuisce a favorire la percezione di incontrollabilità è la rigidità dei 'tempi' della scuola:

> *"La prima [media] l'ho attraversata con questa materia che andava sempre più veloce della mia comprensione."* [Massimo, 4ª superiore]

> *"[...] quando finalmente riesco a prendere confidenza con un argomento, come se lo facessero apposta, andiamo avanti col programma e rimango fregato."* [Matteo, 2ª superiore]

> *"La mia maestra era una di quelle all'antica che voleva tutto e subito."* [Simone, 4ª superiore]

L'insegnamento ha grosse responsabilità anche nella costruzione di uno scarso senso di auto-efficacia da parte degli allievi, che compare spesso in relazione ad un impegno intenso ma mal diretto. Se l'allievo non è in grado di interpretare il proprio fallimento in modo costruttivo (non ha studiato in modo adeguato? non ha colmato le lacune che aveva? non ha studiato a sufficienza prima di affrontare esercizi e problemi? non ha capito qualcosa?...) e se l'insegnante non lo accompagna ed aiuta in questo processo di interpretazione, finirà per attribuire tale fallimento a mancanza di capacità, con grosse cadute a livello di senso di auto-efficacia, oppure (cosa altrettanto negativa) a fattori esterni, quali la difficoltà del compito o la sfortuna. Anche per questo motivo il tema dell'impegno merita ad ogni livello di scuola una grande attenzione da parte dell'insegnante: una visione realistica, e contestualizzata nello specifico dell'apprendimento della matematica, può a mio parere prevenire veri e propri crolli di autostima, purtroppo estremamente frequenti all'inizio degli studi

---

[9]Questa domanda apparentemente banale apre a mio parere una serie di riflessioni sull'insegnamento della matematica: *molta* della conoscenza che vogliamo far acquisire agli studenti (ad esempio quella che permette di riconoscere quando il rigore è trascurabile) è 'tacita' (cfr. Polanyi, 1958). Il modo naturale per trasmettere questo tipo di conoscenza pare essere l'apprendistato, che tradizionalmente viene utilizzato per realizzare lo sviluppo della razionalità pratica, ma che ha anche altre potenzialità: Pellerey (1996) ritiene ad esempio che anche "un'acquisizione valida e feconda delle altre forme di razionalità esiga modelli, maestri e tirocinii, apprendistato appunto" (Pellerey, 1996, p.716).

universitari. Questo realismo dell'insegnante a mio parere può e deve essere coniugato costantemente con un atteggiamento incoraggiante: il titolo che Franta e Colasanti (1991) danno al loro bel libro *L'arte dell'incoraggiamento* esprime bene la difficoltà di questo compito.

Lo scarso senso di auto-efficacia si accompagna spesso a convinzioni su di sé debilitanti. Anche su questo l'insegnamento ha responsabilità. Convinzioni negative su di sé e sulle proprie capacità possono avere origine da un approccio relazionale frustrato: ad esempio i tentativi dell'insegnante di dimostrare regole che sono in realtà definizioni o convenzioni producono confusione e senso di inadeguatezza in un allievo che ha bisogno di capire. Ma soprattutto troppo spesso il giudizio dato sulla prestazione viene in realtà esteso alla persona: non è il compito che viene valutato con un '4', ma lo studente! Dichiarazioni quali "Sei sempre il solito!", "Figurati se non sbagliavi i conti...", ma anche, nel segreto del consiglio di classe, "Lui è uno da 4", "Lei è volenterosa ma non ci arriva..." sono rivelatrici di come è facile passare dall'osservazione dei comportamenti dell'allievo - peraltro circoscritta a situazioni estremamente limitate e organizzate dall'insegnante come sono quelle dei compiti in classe, delle interrogazioni - ad un giudizio globale sulla sua persona. Inoltre a volte l'insegnante non è disponibile a modificare il proprio giudizio su un allievo considerato inizialmente poco volenteroso o addirittura poco capace. Spesso poi i giudizi iniziali sono dati sulla base dei risultati a prove oggettive d'ingresso. A parte le osservazioni già fatte sull'attendibilità di tali prove, non si possono ignorare i risultati delle ricerche sul cosiddetto 'effetto Pigmalione' (Rosenthal e Jacobson, 1968).

La ricerca di Rosenthal e Jacobson è ambientata in una scuola elementare pubblica, la Oak School, ubicata nella parte vecchia di una grande città. La scuola, che raccoglie alunni di diversa estrazione sociale (un sesto circa degli allievi è costituito da messicani), segue la politica di dividere gli alunni in sezioni o gruppi di capacità, selezionandoli principalmente in base alla loro abilità nella lettura. Di fatto un numero elevato di alunni messicani, così come di figli di famiglie a basso reddito, si trovano nei gruppi di basso livello.

Nella primavera del 1964 viene presentato a tutti i bambini della Oak School (esclusi quelli dell'ultima classe) un test standardizzato di intelligenza: ma questa prova viene presentata a tutti gli insegnanti della scuola come uno strumento di previsione del 'momento di punta', di 'fioritura' delle capacità di acquisizione scolastica dei bambini. Viene anche comunicato agli insegnanti che il test sarà ripetuto nel gennaio del 1965 e nel maggio del 1965: non si fa invece menzione dell'ultima prova, programmata per il maggio 1966. Alla fine dell'estate 1965, quando tutti i bambini sono stati sottoposti al test preliminare e gli insegnanti stanno per incontrare le loro nuove classi, il 20% degli alunni della Oak School viene designato come suscettibile di mostrare un massimo di acquisizione scolastica: in ogni classe c'è un numero di questi allievi variabile da 1 a 9, e gli insegnanti ricevono l'elenco dei loro nomi, con la motivazione che probabilmente:

[...] avrebbe potuto interessarli sapere quali dei loro alunni avrebbero fatto un progresso eccezionale negli studi, ma li si avvertì di non discutere i risultati del test né con gli alunni né con i loro genitori. In realtà, i nomi di quel 20 per cento di alunni «speciali» erano stati semplicemente tratti a sorte. La differenza tra i bambini del gruppo sperimentale e quelli del gruppo di controllo esisteva dunque soltanto nella mente dell'insegnante [Rosenthal e Jacobson, 1968, tr. it. p. 100].

La ricerca di Rosenthal e Jacobson evidenzia un risultato sorprendente: i bambini segnalati come 'speciali' danno effettivamente prova di un maggior sviluppo intellettuale, nel senso che i risultati ottenuti alle prove successive (oggettive come la prima) sono decisamente migliori di quelli ottenuti nella prima, e che il loro miglioramento è maggiore di quello evidenziato dagli altri bambini. In altre parole le aspettative positive degli insegnanti si rivelano predittive dell'effettivo rendimento degli alunni.

In realtà in contesto scolastico sembra più frequente un effetto Pigmalione 'inverso', in cui cioè quelle che si rivelano predittive sono le aspettative *negative* degli insegnanti: l'interazione con l'allievo considerato 'basso' è caratterizzata da scarsi stimoli da parte dell'insegnante, che spesso gli risparmia domande e richieste significative, accontentandosi dell'esecuzione meccanica di qualche esercizio ripetitivo. A questo si aggiunge il fatto che la stessa risposta viene interpretata in genere in modo diverso a seconda che a darla sia stato un allievo considerato 'basso' oppure 'bravo'; addirittura spesso in classe le risposte di questi alunni sono semplicemente ignorate, e l'eventuale interazione insegnante / allievi si appoggia quasi esclusivamente sugli interventi degli altri.

D'altra parte sulle convinzioni che gli allievi costruiscono sulle proprie capacità hanno responsabilità non indifferenti anche i familiari, in particolare i genitori, che spesso *si aspettano* dai figli risultati negativi, e li accettano come immodificabili commentando con una punta di compiacimento:"È come me... Per la matematica è negato. In italiano invece...". Certi luoghi comuni poi alimentano la percezione dell'ineluttabilità del fallimento in matematica, arrivando a considerarlo un fenomeno quasi più naturale del successo.

Infine vorrei osservare che a volte la visione della matematica che uno studente costruisce nel corso della propria esperienza scolastica riflette, più che le caratteristiche della disciplina, lo *stile* dell'insegnamento ricevuto. Giudizi quali *"la matematica è troppo schematica"* oppure *"ci vuole troppa intuizione"* provengono da esperienze matematiche limitate, che hanno mostrato all'allievo solo alcuni aspetti della disciplina, in genere gli aspetti che l'insegnante riconosce come significativi. Questa osservazione rimanda alla nozione di *stile cognitivo*, che come abbiamo visto nel terzo capitolo è legata ad una concezione dell'intelligenza che varia da individuo ad individuo non per quantità ma per qualità. In questo ordine di idee diventa rilevante il rapporto fra lo stile cognitivo dell'insegnante e quello dell'allievo (si veda ad esempio Sternberg,

1998): una discrepanza fra i due stili (ad esempio insegnante verbalizzatore / studente visualizzatore) può spiegare alcune difficoltà degli studenti, ma soprattutto può spiegare la costruzione di una visione limitata della disciplina.

Gli aspetti che abbiamo considerato evidenziano il legame fra lo sviluppo delle convinzioni del singolo allievo e le attività matematiche praticate in classe, regolate da norme per lo più implicite[10]. In educazione matematica alcuni ricercatori (si veda ad esempio Yackel e Cobb, 1996; Cobb e Yackel, 1996) sottolineano la necessità di integrare l'approccio psicologico, che enfatizza l'importanza delle convinzioni del singolo individuo, con quello sociologico, che sottolinea l'importanza delle 'norme sociali' nella nascita e nel cambiamento di tali convinzioni. Ad esempio può capitare che gli allievi di una classe facciano resistenza ad una metodologia basata sulla discussione collettiva, sul lavoro collaborativo, sul problem solving, se la classe è abituata ad attività e regole completamente diverse: Cobb e Yackel parlano in questi casi della necessità di *rinegoziare le norme sociali della classe*. Accanto alle norme sociali, che non sono specifiche dell'attività matematica, i ricercatori introducono il concetto di 'norme sociomatematiche', che governano implicitamente l'interazione matematica in classe: sono quelle che ad esempio permettono di riconoscere quando una risposta in matematica va considerata soddisfacente, o quand'è che una risposta è significativamente diversa da un'altra dal punto di vista matematico. Queste norme emergono dall'analisi delle *pratiche* che caratterizzano una certa classe. In definitiva il punto di vista psicologico, centrato sull'individuo, può spiegare le differenze individuali all'interno della classe, cioè le differenze nell'interpretazione delle stesse pratiche; l'analisi di tali pratiche dal punto di vista sociale permette di capire quali sono le norme che regolano i legami fra il lavoro dell'insegnante e quello degli allievi: è chiara quindi l'importanza di integrare questi punti di vista.

7.9 Come portare alla luce le convinzioni degli allievi

Le osservazioni fatte fin qui suggeriscono anche la necessità che l'epistemologia personale divenga oggetto di attenzione da parte dell'insegnante. Invece, come osserva Silver (1985) l'insegnante in genere pone l'attenzione sul curriculum 'trasparente' dei fatti, delle procedure e dei concetti matematici, senza rendersi conto che dall'esperienza con questo curriculum trasparente lo studente costruisce un curriculum 'nascosto' di convinzioni e atteggiamenti.

È evidentemente importante monitorare continuamente questi aspetti, in modo da poter intervenire in modo tempestivo ed efficace prima che certe

---

[10] Questo insieme di norme viene spesso indicato come 'contratto didattico', anche se nella sua accezione originale (Brousseau, 1980; Brousseau e Pères, 1981) il termine fa riferimento ad una specifica situazione d'insegnamento, e quindi ad uno specifico 'sapere'.

convinzioni si radicalizzino. Questo comporta la necessità di avere a disposizione strumenti adeguati a questo tipo di osservazione.

Il metodo più usato a livello di ricerca per portare alla luce le convinzioni degli allievi è quello dei questionari. In genere si propongono al soggetto una serie di affermazioni e si richiede all'allievo *quanto* concorda con esse.

Questo metodo, anche se ha indubbi vantaggi quando il campione da esaminare è molto numeroso, ha grossi limiti intrinseci. Schoenfeld ad esempio (1989), commentando la contraddizione fra le convinzioni che un soggetto 'dichiara' (ad esempio quando risponde ad un questionario appositamente preparato) e quelle che invece 'pratica', cioè quelle che sembrano guidare i suoi processi decisionali, suggerisce che le convinzioni che gli studenti professano appartengono alla 'retorica' del problem solving e della matematica, ma che invece i loro comportamenti sembrano guidati più dalle loro precedenti esperienze che da tali convinzioni: in altre parole c'è differenza fra le convinzioni dichiarate e quelle praticate.

Questa frattura è comprensibile. La consapevolezza dell'allievo che esiste un'opinione corretta (quella espressa dall'insegnante) lo può inibire dall'esprimere opinioni personali divergenti, ma questo non significa necessariamente che tale opinione sia interiorizzata al punto tale da incidere sui comportamenti. Ci sono quindi convinzioni che, pure apparentemente presenti a livello consapevole, non costituiscono una 'visione del mondo' elaborata dall'allievo, ma piuttosto un riflesso, più o meno condiviso, della visione del mondo proposta dall'adulto: è ragionevole ipotizzare che il peso di tali convinzioni sulla scelta dei comportamenti da mettere in atto sia in definitiva meno rilevante.

Molto espressiva in questo senso la risposta di Marco (quarta elementare) alla domanda "Cosa ti fa venire in mente la parola problema?", in cui si può riconoscere un dialogo interiore fra l'insegnante 'interno', ed il bambino stesso. È un dialogo in cui le raccomandazioni dell'insegnante interiorizzate dal bambino si alternano alle sensazioni e convinzioni più personali del bambino:

> "Per me un problema è uno svolgimento di cui bisogna riflettere, pensare. Ed è anche una lezione che si svolge nel quaderno di aritmetica, la parola problema mi fa venire in mente una cosa di cui ha bisogno di tempo, è una cosa che bisogna impegnarci capirla. Il problema è una cosa un po' difficile ma se un bambino mette bene i dati può capire facilmente. Sì certo è uno svolgimento che se uno lo capisce bene, altrimenti non lo può più capire.
> Per me la parola problema è una cosa difficile che mi fa sentir male."
> [Marco, 4ª elementare]

Attività 7.1
Analizza la risposta di Marco cercando di mettere in evidenza, nel suo dialogo interno, la 'parte' dell'insegnante e quella del bambino.

7.9 Come portare alla luce le convinzioni degli allievi

Un altro limite dei questionari abitualmente usati nella ricerca è il fatto che viene chiesto l'accordo su una serie di affermazioni scelte dal ricercatore: in questo modo si indaga su convinzioni che non sono necessariamente *centrali* per chi risponde, a prescindere dalla risposta data.

Dal punto di vista didattico il problema di portare alla luce le convinzioni degli allievi si presenta molto più semplice che nella ricerca: l'osservazione non coinvolge un grande numero di soggetti, e l'insegnante davvero interessato a conoscere la visione della matematica dei propri allievi ha mille opportunità quotidiane.

Le convinzioni che si possono portare alla luce più facilmente sono le teorie del successo e le attribuzioni di successo / fallimento, che a loro volta danno indicazioni sulla visione della matematica che l'allievo sta costruendo, e sulle sue convinzioni su di sé.

Ma anche le emozioni che un allievo associa ad un'attività matematica possono costituire segnali riguardo alla sua interpretazione dell'esperienza, e quindi riguardo alle sue convinzioni, soprattutto se si chiede esplicitamente di motivare tali emozioni.

Di questo tipo era ad esempio la consegna che ha permesso ad Alessandro di comunicare convinzioni significative, ma che soprattutto ha permesso al suo insegnante di fare ipotesi sulle sue difficoltà, e di individuare quindi percorsi di recupero mirati (*"Cerca di scrivere tutti i tuoi pensieri, tutti i ragionamenti che fai, le impressioni e le emozioni che provi, le difficoltà che incontri"*).

Le informazioni importanti su Azzurra, che Azzurra stessa ci ha dato e che ci hanno permesso di fare ipotesi interpretative sulle cause dei suoi comportamenti fallimentari (in particolare sul fatto di rispondere in modo almeno apparentemente casuale) le abbiamo ricavate invece da un tema, dal titolo: 'Io e la matematica. Il mio rapporto con la matematica dalle elementari ad oggi'. Temi di questo tipo possono essere particolarmente utili per conoscere la *storia* dei nostri allievi: in ogni caso se vogliamo avere informazioni attendibili (in particolare conoscere le convinzioni effettivamente 'praticate', e non quelle che l'allievo pensa siano ritenute legittime dall'insegnante) è opportuno che sia un altro insegnante, ad esempio quello di italiano, ad assegnarli e a gestirli.

Nei temi le teorie del successo si riconoscono spesso dalla presenza di espressioni quali 'si deve', 'bisogna', 'basta':

> *"Questa materia non mi piaceva mai perché occorre tanto ragionamento e memoria. Inoltre non si può fantasticare ed esporre le proprie opinioni come nell'italiano. Nella matematica bisogna attenersi a quello che dicono gli altri e non a quello che mi dice il cuore come quando scrivo un tema."* [Francesca, 1ª media]

> *"Il fatto è che nelle altre materie basta studiare per sapere ed andare bene in quella materia, la matematica ti pone ogni volta un nuovo quesito che non sempre riesco a svolgere."* [Martina, 2ª media]

> *"Io penso che la matematica sia una materia che dà molte soddisfazioni, perché in essa non basta sapere, ma bisogna riuscire a capire ad applicare."* [Eleonora, 3ª media]

> *"Da piccola mi attirava in modo particolare perché pensavo che non bisognasse studiare tanto per capirla, come poteva essere la storia, l'italiano, pensavo che fosse tutta pratica."* [Federica, 3ª superiore]

A volte è dalle attribuzioni di successo / fallimento dell'allievo che si può risalire alle sue teorie del successo o direttamente alla sua visione della matematica:

> *"Le cose che mi riescono poco sono i problemi perché per essi non serve studiare e possono variare molto."* [Denise, 1ª media]

> *"Io la matematica non è che non la capisco è che faccio confusione, perché è così piena di regole e di teoremi che mi sembra quasi impossibile ricordarseli tutti uno per uno."* [Flavio, 2ª superiore]

Come si è potuto notare anche dai numerosi stralci riportati, l'uso del tema come strumento d'osservazione permette di superare i limiti tipici dei questionari che abbiamo sottolineato: in particolare le convinzioni che emergono sono quelle *centrali* per l'allievo stesso, e non per il ricercatore o l'insegnante.

Per lo stesso motivo anche le domande aperte possono essere utilizzate per portare alla luce le convinzioni. Ad esempio informazioni sulla visione della matematica (o di un particolare argomento) che l'allievo sta costruendo possono emergere da domande quali: "Cosa ti è piaciuto di più? Cosa di meno? Perché? Cosa ti è risultato più facile? Cosa più difficile? Perché?", da porre ad esempio alla fine di un argomento. In questi casi è probabile che le risposte agli ultimi 'perché' diano informazioni indirette sulla visione della matematica, attraverso le teorie del successo o le attribuzioni di successo / fallimento.

Oltre alle domande aperte si possono utilizzare frasi da completare. Ad esempio: "Secondo me la matematica a scuola si insegna perché...." oppure "La matematica mi piacerebbe di più (di meno) se...", "L'insegnante mi piacerebbe di più (di meno) se...".

Se l'insegnante è davvero convinto che l'interpretazione che i suoi allievi danno delle varie esperienze matematiche è altrettanto importante delle loro competenze matematiche, e soprattutto, se è davvero interessato a conoscere tale interpretazione, queste domande diventeranno un'abitudine come quella di verificare costantemente il grado di acquisizione di conoscenze e abilità su uno specifico argomento. Il lavoro di insegnante assume in questo modo l'aspetto di un percorso di ricerca affascinante, in cui non si finisce mai di apprendere.

7.10 Concludendo

Con questo capitolo abbiamo concluso l'esame delle scene della nostra Galleria iniziale, utilizzando gli strumenti teorici fin qui raccolti per interpretare i comportamenti fallimentari di Scenetra, Azzurra, Alessandro, Martina, Nicola, ed Alessio.

Le interpretazioni proposte sono semplicemente ipotesi interpretative, cioè ipotesi di lavoro su cui basare l'intervento di recupero. Come più volte sottolineato, un'ipotesi di lavoro non è né giusta né sbagliata: funziona o non funziona. E proprio il fallimento così frequente dell'intervento tradizionale di recupero che abbiamo analizzato nel primo capitolo ci ha spinto a mettere in discussione l'ipotesi di lavoro da cui nasceva, e ci ha sollecitato a cercare ipotesi di lavoro alternative.

La necessità di prendere in considerazione l'intreccio profondo fra aspetti cognitivi, metacognitivi e affettivi che emerge da tutte le considerazioni fatte ci ha portato a proporre una definizione di *atteggiamento verso la matematica* come complesso di convinzioni ed emozioni associate alla disciplina, e a considerare quindi una varietà di possibili atteggiamenti 'negativi'. In questo modo il costrutto di atteggiamento diventa uno strumento utile per osservare ed interpretare.

Come già sottolineato all'inizio di questo percorso, i processi d'osservazione ed interpretazione si intrecciano e si influenzano a vicenda. Se infatti è importante avere un repertorio di interpretazioni possibili, la possibilità di far riferimento a tale repertorio è legata alla qualità dell'osservazione: abbiamo quindi preso in considerazione strumenti d'osservazione in grado di monitorare il 'curriculum nascosto' degli allievi, in particolare la visione della matematica e di sé che essi stanno costruendo a partire dal curriculum trasparente dell'insegnante.

In questo capitolo come nei precedenti la riflessione sugli aspetti dell'apprendimento presi in considerazione ci ha portato ad interrogarci sulle loro possibili origini, e ad evidenziare così le responsabilità di alcune scelte didattiche: questa riflessione ci dà naturalmente indicazioni utili per la prevenzione ed anche per il recupero.

Non resta che tirare le fila del nostro viaggio: ed è quello che faremo nel prossimo, ed ultimo, capitolo.

8
Strategie per il recupero

8.1 Introduzione

Dopo aver a lungo riflettuto sugli aspetti dell'osservazione e dell'interpretazione, soprattutto dopo aver sottolineato la responsabilità di certe azioni didattiche nella nascita di difficoltà, viene naturale chiedersi: ...e allora, cosa si può fare? Cosa si può fare per intervenire, ma ancora prima per prevenire, e comunque per osservare? In particolare, vista l'enfasi che abbiamo dato ad aspetti metacognitivi ed affettivi e che abbiamo sintetizzato con il costrutto di atteggiamento, cosa si può fare per prevenire o scardinare un atteggiamento negativo verso la matematica?

In realtà già nel corso dei capitoli precedenti abbiamo avuto occasione di presentare strategie e materiali rivolti alla prevenzione, al recupero, all'osservazione: l'uso dell'errore come risorsa didattica (capitolo 2), il questionario sulle decisioni (capitolo 5), i temi sulla matematica e più in generale alcuni strumenti per portare alla luce il curriculum nascosto degli allievi (capitolo 7). Ma ho ritenuto comunque essenziale dedicare uno spazio specifico, anche se necessariamente limitato, alla fase di recupero ed alla prevenzione, per sostenere più concretamente l'impegno di chi voglia cimentarsi in questa direzione, testimoniando che *si può fare*: in questo capitolo conclusivo presenterò quindi alcuni esempi di interventi realizzati secondo l'approccio alle difficoltà finora descritto.

Sono stata a lungo indecisa su quale potesse essere il modo più efficace per farlo.

Una possibilità era quella di presentare le strategie ed i materiali elaborati all'interno delle varie esperienze focalizzando l'attenzione sugli *obiettivi* cui erano finalizzati e per cui erano stati costruiti, prescindendo invece dal contesto in cui erano nati. Con questa scelta avrei sottolineato la possibilità di utilizzare tali strategie e materiali anche in situazioni diverse da quelle in cui erano stati progettati, soprattutto in livelli scolari diversi, favorendo quindi almeno apparentemente la generalizzabilità delle esperienze condotte, che sono circoscritte al livello dell'università o al più della scuola superiore.

Ma ho preferito invece privilegiare una generalizzabilità a mio parere più sostanziale, che passa per la *trasparenza* del processo di recupero: presentare questi strumenti nel contesto in cui sono nati, invece che isolatamente, permette di illustrare il processo in cui si articola l'intervento di recupero, in particolare le strategie utilizzate per affrontare i problemi che si incontrano e la costruzione di strumenti ad hoc che spesso queste strategie richiedono. Questa modalità di presentazione dà a mio parere maggiori indicazioni all'insegnante anche per adattare le strategie ed i materiali così descritti, e nello stesso tempo è più rispettosa della sua autonomia e delle sue scelte didattiche.

Tutte le esperienze cui farò riferimento descrivono interventi finalizzati (anche) a modificare l'atteggiamento 'negativo' degli allievi verso la matematica, dato che è soprattutto in quei casi che l'intervento tradizionale pare fallimentare.

Ricordo che nel capitolo precedente abbiamo definito l'atteggiamento verso la matematica come il complesso di convinzioni ed emozioni ad essa associate. Abbiamo osservato che se assumiamo questa definizione, si presenta allora la possibilità di differenti tipologie di atteggiamenti 'negativi', a seconda della componente cui l'aggettivo 'negativo' fa riferimento: può riferirsi alla semplice disposizione emozionale ("la matematica mi piace / non mi piace"), oppure alla visione della matematica, intendendo per 'negativa' una visione distorta, epistemologicamente scorretta, o ancora può riferirsi alla componente delle convinzioni su di sé, intendendo per 'negative' le convinzioni su di sé caratterizzate da uno scarso senso di auto-efficacia ("non sono capace", "non ce la posso fare", "sono negato").

L'atteggiamento verso la matematica mette in gioco conoscenze, convinzioni, abilità metacognitive ed emozioni, e quindi un intervento di recupero finalizzato a modificarlo non può che lavorare contemporaneamente su questi diversi fronti, ed essere perciò fortemente calato nel contesto della disciplina. Anche per questo motivo sarebbe stato artificioso decontestualizzare le strategie ed i materiali utilizzati raggruppandoli in base ad obiettivi specifici o abilità da sviluppare.

Le esperienze cui farò riferimento sono:
– un intervento di recupero in un liceo pedagogico: di questa esperienza (descritta in Zan, 1996b) approfondirò la parte relativa agli strumenti di osservazione costruiti per la fase di diagnosi, su cui si è poi basato l'intervento di recupero;
– un intervento di recupero a livello universitario (Zan, 1996a): qui mi soffermerò soprattutto sugli aspetti, strettamente connessi, dell'interpretazione del fallimento e dell'assunzione della responsabilità dell'apprendimento;
– interventi di raccordo scuola superiore / università (i cosiddetti 'precorsi') nel periodo immediatamente precedente l'inizio dei corsi universitari (Zan, 1997a, 1997b): presenterò alcune strategie e materiali utilizzati per sviluppare la consapevolezza delle proprie conoscenze e le abilità di studio della matematica.

Non descriverò quindi nei dettagli queste esperienze, ma di ognuna di esse approfondirò solo alcuni aspetti in particolare - quelli che a mio parere sono più interessanti in quanto generalizzabili e trasferibili ad altri contesti - e presenterò solo le strategie ed i materiali legati a tali aspetti.

Al problema della generalizzabilità sarà dedicato tutto un paragrafo, all'interno del quale analizzeremo in particolare le potenzialità del problem solving

8.2 Prima del recupero (ovvero: un esempio di osservazione)

per prevenire, osservare e superare le difficoltà in matematica. Le indicazioni emerse saranno sintetizzate in una proposta didattica che sarà anche un'occasione per dedicare uno spazio specifico alla scuola di base.

Concluderemo infine con uno sguardo all'insegnamento visto come problem solving, ritornando, con una diversa consapevolezza e soprattutto con un diverso bagaglio di conoscenze, alle osservazioni fatte nei primi capitoli sulle responsabilità dell'insegnante nella scelta delle azioni didattiche.

8.2 Prima del recupero (ovvero: un esempio di osservazione)

Uno dei motivi del fallimento dell'approccio tradizionale alle difficoltà che abbiamo ipotizzato fin dal primo capitolo è il fatto che l'intervento di recupero standard in genere non si basa su processi mirati di osservazione ed interpretazione. L'osservazione si limita agli aspetti delle conoscenze e abilità, che vengono verificati attraverso compiti scritti o interrogazioni; coerentemente anche l'interpretazione, che rimane per lo più implicita, rimanda a carenze a livello di conoscenze e abilità.

Aprire il ventaglio delle interpretazioni possibili, come abbiamo fatto nei capitoli precedenti, richiede anche di ampliare il processo di osservazione, e comporta quindi l'utilizzazione di strumenti adeguati.

Descriverò questo processo di osservazione e la contestuale costruzione di strumenti da utilizzare per tale osservazione, nel caso di un intervento da me realizzato a livello di scuola superiore. Si tratta di un'esperienza che risale all'anno scolastico 1994-'95, quando un'insegnante di matematica del Liceo Pedagogico di Pisa, scoraggiata dagli scarsi risultati ottenuti negli anni precedenti con interventi tradizionali di recupero, mi ha chiesto la collaborazione per sperimentare un intervento alternativo.

Non mi interessa qui descrivere le modalità del corso, ed i risultati: accennerò quindi solo brevemente a questi aspetti, rimandando per maggiori dettagli all'articolo già citato (Zan, 1996b). Quello che invece voglio mettere in evidenza è l'aspetto della 'diagnosi'. Ed a questo proposito mi sembra importante sottolineare due cose.

La prima è che in questo caso la necessità di un processo di osservazione finalizzato all'intervento di recupero è legata al fatto che l'insegnante che progetta e realizza l'intervento *non* è l'insegnante curriculare: non ha quindi a disposizione i tempi lunghi e le occasioni su cui può contare quest'ultimo.

La seconda è che l'esigenza di una diagnosi *mirata* è in fondo già basata su un'ipotesi di lavoro. Questa esigenza nasce infatti dalla convinzione che le difficoltà scolastiche che gli studenti della scuola superiore incontrano sono raramente dovute *solo* a carenze di conoscenze: più spesso si riscontrano limiti notevoli nelle capacità di decidere *quali* conoscenze utilizzare in un certo contesto, e *come* (in altre parole difficoltà a riorganizzare e utilizzare il proprio sapere in vista di un obiettivo, capacità che caratterizza l'attività di risoluzione di problemi); atteggiamenti negativi quali mancanza di interesse, di determinazione, di motivazione, insicurezza, fatalismo (con conseguente delega all'insegnante della responsabilità dell'apprendimento); emozioni negative quali noia, paura, ansia. Questa ipotesi da un lato è suggerita dal fallimento di interventi, come quelli tradizionali, circoscritti all'ambito delle conoscenze, dall'altro va testata attraverso adeguati strumenti d'osservazione.

Ed è su quest'ultimo aspetto che mi soffermerò, descrivendo le prove utilizzate, che rappresentano un tentativo di costruire strumenti diagnostici alternativi rispetto a quelli tradizionali basati solo sulla verifica di conoscenze e di abilità.

Le prove sono di 4 tipi diversi:
1. Con la collaborazione dell'insegnante di lettere viene proposto (nelle ore di italiano) il tema: "Considerazioni e riflessioni sul mio rapporto con la matematica dalle elementari ad oggi". Questa prova, che coinvolge tutta la classe, è finalizzata a ricostruire il tipo di rapporto che l'allievo ha con la matematica, come si è evoluto nel tempo, e come è visto e vissuto dall'allievo stesso.
2. All'intera classe vengono anche assegnati un questionario su convinzioni generali sulla matematica ed un questionario finalizzato ad evidenziare misconcetti.

Inoltre ai 15 studenti che parteciperanno all'intervento di recupero vengono proposti:
3. Un questionario sugli atteggiamenti nei confronti delle proprie difficoltà in matematica (figura 8.1), finalizzato a riconoscere le attribuzioni di fallimento e di successo ma anche a capire se le difficoltà vengono percepite dall'allievo come un problema da superare.
4. Una prova costituita da quattro problemi, di cui due scolastici standard, in cui viene espressamente richiesto di tentare di rendere espliciti i propri processi di pensiero e le proprie emozioni; in particolare si chiede di sottolineare eventuali momenti di blocco, cercando di evidenziarne le cause (figura 8.2). Si tratta della prova che ha svolto anche Alessandro (scena 5), e che abbiamo discusso nel capitolo precedente. L'obiettivo di questo tipo di prova è di portare alla luce la visione della matematica che l'allievo ha costruito, o alcuni suoi aspetti.

Figura 8.1 Il questionario sull'atteggiamento nei confronti delle difficoltà

1. Ti piace la matematica? Perché?

2. Ti piace di più studiare la teoria o fare gli esercizi? Perché?

3. Hai difficoltà in matematica? Se sì, di che tipo?

4. Ti piacerebbe non avere difficoltà? Perché?

5. Pensa ai tuoi compagni/e che riescono bene in matematica. Secondo te, qual è (o quali sono) il motivo del loro successo?

8.2 Prima del recupero (ovvero: un esempio di osservazione)

6. Qui sotto c'è un elenco di possibili motivi per cui uno studente potrebbe desiderare di andar bene in matematica. Per ognuno di essi valuta se per te si tratta di un motivo molto importante / abbastanza importante / poco importante / per niente importante:

	molto	abbastanza	poco	per niente
a) I miei genitori sarebbero contenti.	☐	☐	☐	☐
b) Ci tengo ad andare bene a scuola.	☐	☐	☐	☐
c) Mi sentirei più intelligente.	☐	☐	☐	☐
d) L'insegnante sarebbe contenta.	☐	☐	☐	☐
e) Mi sentirei più sicura di me.	☐	☐	☐	☐
f) Avrei più possibilità di essere promossa.	☐	☐	☐	☐
g) Mi sentirei più padrona della materia.	☐	☐	☐	☐
h) I miei compagni mi giudicherebbero più in gamba.	☐	☐	☐	☐

- ALTRO (specificare):

7. A cosa attribuisci le tue difficoltà in matematica?

	molto	poco	per niente
a) scarsa intelligenza	☐	☐	☐
b) intelligenza di tipo diverso (da quello necessario)	☐	☐	☐
c) scarso impegno	☐	☐	☐
d) difficoltà della materia	☐	☐	☐
e) sfortuna	☐	☐	☐
f) eccessive richieste dell'insegnante	☐	☐	☐
g) metodo di studio sbagliato	☐	☐	☐
h) lacune di base	☐	☐	☐
i) studio insufficiente	☐	☐	☐
l) fattori emotivi	☐	☐	☐

- ALTRO (specificare):

8 Strategie per il recupero

> **Figura 8.2** I problemi
>
> Qui di seguito ci sono 4 problemi, che tu devi cercare di risolvere.
>
> **IMPORTANTE!!!**
>
> Cerca di scrivere tutti i tuoi pensieri, tutti i ragionamenti che fai, le impressioni e le emozioni che provi, le difficoltà che incontri.
> E' quello che pensi e che provi che ci interessa, non il risultato!
>
> PROBLEMA 1: Andando a pesca il signor Max ha pescato un grosso pesce; la sua coda pesa 4 kg, il suo tronco pesa quanto la sua testa e la sua coda insieme; la sua testa pesa quanto metà tronco più la coda.
> Quanto pesa tutto il pesce?
>
> PROBLEMA 2: Un arabo compra un tappeto pagandolo 80 dollari, e poi lo rivende a 90 dollari.
> Dopo un po' di tempo ricompra lo stesso tappeto per 100 dollari, e poi lo rivende ancora a 110 dollari.
> Quanto ha guadagnato?
>
> PROBLEMA 3: In un rettangolo il perimetro misura 112 cm, e la base è 4/3 dell'altezza. Calcola l'area del rettangolo.
>
> PROBLEMA 4: Un'automobile percorre 6 km in 4 minuti. In quanti minuti percorre 7 km?

Non discuteremo qui i questionari sulle convinzioni e sui misconcetti (tipologia 2) per due motivi diversi. Il primo è che non danno informazioni discriminanti per il gruppo di recupero, nel senso che anche gli altri allievi evidenziano convinzioni spesso distorte e misconcetti. Il secondo, ben più importante dal punto di vista metodologico, è che le informazioni più significative su questi aspetti non si ricavano a mio parere da questionari decontestualizzati, ma da domande poste nel contesto dell'attività matematica.

L'osservazione realizzata con gli strumenti descritti permette di avanzare l'ipotesi che gli studenti del gruppo del recupero abbiano un atteggiamento di *fatalismo*, che si esprime nella rinuncia a 'provare', nel dare risposte a caso, e che può avere radici in un certo tipo di convinzioni sulla matematica e su di sé. Questo naturalmente non mette in discussione l'importanza delle carenze a livello di conoscenze che gli studenti hanno e che comunque evidenziano anche in queste prove: piuttosto il legame profondo fra aspetti cognitivi, metacognitivi ed affettivi che abbiamo più volte sottolineato suggerisce di superare un approccio locale a tali carenze, quale è quello tradizionale, che nel caso specifico in questione era già stato praticato e si era rilevato fallimentare.

8.2 Prima del recupero (ovvero: un esempio di osservazione)

Ma vediamo come emerge la diagnosi di fatalismo.

Dai temi possiamo grossolanamente riconoscere 3 categorie di convinzioni, peraltro non disgiunte:

a) Convinzioni più o meno esplicite sulla difficoltà della materia, che potremmo considerare risposte inconsapevoli alla domanda 'Perchè la matematica è difficile?', anche se naturalmente è comunque fortemente presente l'interazione con la personalità dell'allievo:

"Secondo me la matematica è una delle materie più brutte perchè è complicata, con tutte le formule, le definizioni, i concetti e tutti quei numeri." [Serena]

"Quanto alle spiegazioni che avvengono in classe, cerco il più possibile di stare attenta, anche se talvolta dopo un po' che ascolto, comincio a pensare ad altro, e quando inizio nuovamente a prestare attenzione alla lezione, magari sono stati spiegati argomenti fondamentali, per la comprensione della lezione, e io mi ritrovo, così, di partenza svantaggiata." [M.Cristina]

b) Convinzioni su di sé debilitanti (in cui gioca un ruolo centrale il comportamento dell'insegnante), con una forte componente affettiva, associate in particolare ad emozioni negative. Le emozioni negative, perdendo col tempo in intensità ma aumentando in persistenza, si consolidano provocando un'associazione 'automatica' alla matematica:

"La maestra ci aveva detto molto esplicitamente che la matematica non le piaceva, e credo seriamente che abbia trasmesso su di noi le sue idee. Una volta durante un'esercitazione in classe mi ha messo un grosso zero, da quel momento penso proprio che la matematica non sia fatta per me." [Sara]

"La matematica che incubo! [...] La maestra quando non riuscivo in qualche cosa, mi mandava a posto e chiamava una persona più brava di me." [Elena]

"La professoressa delle medie aveva l'abitudine di rendere un'interrogazione, qualcosa di spaventoso in cui non si poteva sbagliare mai." [Francesca]

"Se alla fine della quinta elementare (la matematica) non mi piaceva, figuratevi voi alle medie con una professoressa soprannominata 'la tortura', il motivo del suo soprannome era semplice non dava mai la sufficienza sia nelle interrogazioni che nei compiti scritti." [Katiuscia]

"...una sola vicenda di questa materia così odiata dagli studenti mi è ancora rimasta impressa nella mente, dove tutto entra ma non la matematica. Tutto iniziò in seconda elementare, dove la mia insegnante di circa sessan-

tacinque anni stava correggendo il quesito. Io, che allora ero una bambina non avrei mai pensato che da quel giorno sarei stata nemica di quella materia così affascinante, ma quando la maestra mi consegnò il compito e vidi quel grosso due rosso che mi guardava capii che io non sarei mai andata d'accordo con quell'argomento." [Giulia]

c) Sistemi di convinzioni in cui le convinzioni sulla matematica interagiscono profondamente con le convinzioni che l'allievo ha su di sé:

"Fin dalle elementari la matematica la vedevo sottoforma di un qualcosa che solo gli intelligenti sapevano affrontare: sarà perché io non ero molto portata per quella materia, oppure non volevo esserlo." [Valeria]

"[La matematica] puoi capirla meglio se viene ben spiegata, ma se non ti piace, credo che non piacerà mai. [...] Quello che penso io della matematica, a differenza delle altre materie è che dipende dalla predisposizione di ognuno di noi." [Benedetta]

Da alcuni protocolli appare evidente che le valutazioni negative vengono percepite dagli studenti come valutazioni sulle proprie capacità più che sulle prestazioni date e hanno quindi come effetto la rinuncia a priori ad utilizzare le risorse possedute, perché l'allievo si convince di non avere risorse sufficienti.

Anche se possiamo riconoscere in tutti i temi un superamento dei problemi di rapporto con l'insegnante, questo non sempre basta a sradicare l'atteggiamento negativo nei confronti della matematica che un cattivo rapporto con insegnanti precedenti ha causato o favorito.

Il questionario sulle difficoltà mette in evidenza soprattutto due aspetti significativi. Da un lato emerge che le difficoltà, pur pienamente percepite dagli studenti, non sembrano avere al presente ripercussioni a livello di autostima: questo è del resto in accordo con il clima sereno e rilassato che si avverte all'interno della classe, e con il rapporto positivo instaurato con l'insegnante e testimoniato nei temi.

D'altra parte la totalità degli studenti attribuisce il proprio fallimento in matematica a cause quali le lacune di base o la difficoltà della materia. Il fatto che tali cause vengano avvertite come *non controllabili* dall'allievo ha come conseguenza la scarsa fiducia nel ruolo dell'impegno e favorisce quindi l'instaurarsi di un atteggiamento passivo, scarsamente responsabile, nei confronti dell'apprendimento.

Anche dalla prova di problem solving vengono indicazioni interessanti, non tanto perché emergono carenze peraltro già note o prevedibili a livello di conoscenze, ma perché l'esplicitazione richiesta dei processi risolutivi permette di portare alla luce misconcetti e convinzioni significative sulla matematica e sulle capacità possedute.

Ad esempio emerge il misconcetto che 'il perimetro di un rettangolo è più grande dell'area': *"Questo è sbagliato perché mi torna l'area più grande del perimetro"* (Katiuscia). Difficilmente un insegnante riuscirebbe a immaginare misconcetti di questo tipo, e quindi a riconoscerli con opportune domande dirette.

Ma sono le convinzioni sulla matematica che appaiono particolarmente significative, in quanto suggeriscono una visione della matematica epistemologicamente 'distorta'. Emerge in particolare una convinzione condivisa fra tutti gli studenti: per risolvere problemi non è sufficiente (e al limite nemmeno necessario) ragionare, ma bisogna aver memorizzato una serie di regole molto precise e specifiche da applicare nelle diverse situazioni[1].

"Cioè mi risolvo il guadagno applicando la regola che non mi ricordo, riguardante ricavo, spesa, guadagno." [Problema 2, Francesca]

Tale convinzione si evidenzia soprattutto nel terzo problema, che è quello che rispecchia maggiormente, per le esperienze dei ragazzi, la struttura del problema scolastico. I commenti di Alessandro, il cui comportamento è descritto nella scena 5 ed è tratto proprio da questo contesto, sono analoghi a quelli della maggior parte dei compagni:

"Prima bisogna dividere il perimetro per il numero, per i segmenti che risultano 14, e poi non riesco cioè non ricordo bene come si fa." [Sara P.]

"Non mi ricordo bene la formulina però dovrebbe essere così: devo dividere il perimetro per un lato e poi lo devo moltiplicare per 3 che è l'altezza." [Cristina]

"Non mi ricordo le varie formule." [Elisa]

"In questo momento sto pensando per cosa moltiplicare il 14." [Sara B.]

"Poi qui mi confondo e non so se devo dividere il perimetro per 3 e poi moltiplicarlo per 4." [Francesca]

La convinzione che per risolvere problemi occorre aver memorizzato una serie di regole, unita alla consapevolezza di non ricordare tali regole, costituisce un sistema di convinzioni debilitante e genera un atteggiamento di *fatalismo*, profondamente passivo.

---

[1] Solo alcuni studenti centrano l'attenzione sulla comprensione:
"Ora cerco di capire cosa vuol dire 4/3 dell'altezza. Solo che non riesco a capire cosa intende dire 4/3 dell'altezza." [Laura]
"Non riesco a capire come si trova l'altezza e la base." [Benedetta]

Si rafforza quindi l'ipotesi, suggerita dall'analisi dei temi e del questionario sulle difficoltà, che in questi casi la causa del fallimento sia, più che una cattiva gestione delle conoscenze, la decisione a priori (seppure inconsapevole) di non utilizzarle.

Il passo successivo sarà quello di programmare un intervento coerente con la diagnosi fatta: un intervento cioè mirato a superare l'atteggiamento di fatalismo evidenziato.

Non entro nel merito del percorso di recupero (rimandando chi fosse interessato all'articolo già citato), limitandomi a descrivere l'idea centrale alla base dell'intervento: quella cioè di utilizzare il problem solving come contesto per imparare a prendere decisioni, stimolando il soggetto solutore ad assumersi la responsabilità delle proprie scelte, e favorendo quindi il passaggio della responsabilità dell'apprendimento dall'insegnante all'allievo. Ma torneremo più avanti su queste potenzialità del problem solving in generale. Per quanto riguarda i risultati, mi sembra importante osservare che la verifica di cambiamento di atteggiamento richiede in genere tempi più lunghi rispetto alla verifica di cambiamenti a livello di conoscenze (Blanchard e Hersey, 1973, in Franta e Colasanti, 1991). Ed effettivamente nonostante l'esiguità del tempo dedicato all'intervento (sette ore) i cambiamenti evidenziati dalla maggior parte degli allievi a qualche mese di distanza dall'intervento sono soddisfacenti: all'inizio del nuovo anno scolastico anche il gruppo degli studenti che al termine del corso non aveva manifestato cambiamenti evidenti (ridotto di quattro a causa di tre bocciature e di un ritiro) evidenzia miglioramenti significativi[2]. Le convinzioni degli studenti sulle proprie capacità appaiono evolvere gradualmente verso un superamento del senso di scarsa auto-efficacia e dell'atteggiamento di fatalismo che ne deriva. In particolare a distanza di un anno non ci sono più all'interno della classe situazioni di difficoltà tali da richiedere importanti interventi di recupero. Mi sembra inoltre degno di rilievo il fatto che nelle poche ore dedicate ad attività circoscritte di recupero gli studenti assumono l'iniziativa di chiedere spiegazioni su argomenti specifici che ritengono di non aver capito.

8.3 Un intervento di recupero metacognitivo (ovvero: interpretare il fallimento per ri-dirigere l'impegno)

Spesso si sente dire che è impossibile modificare l'atteggiamento verso la matematica di studenti che frequentano le scuole superiori, che è troppo tardi. L'esperienza che qui descriverò mi è particolarmente cara per diversi motivi,

---

[2]Ad esempio durante un'interrogazione una studentessa replica all'insegnante che cerca di sbloccarla dandole suggerimenti: *"Non me lo dica. Lo <u>devo</u> sapere. L'ho studiato bene e devo essere in grado di arrivarci"*. Non va comunque sottovalutato, in una valutazione a medio e lungo termine, il concorrere di altri variabili, in particolare l'influenza esercitata dall'insegnante attraverso un intervento quotidiano incoraggiante.

8.3 Un intervento di recupero metacognitivo (ovvero: interpretare il fallimento per ri-dirigere l'impegno)

ma sicuramente uno dei principali è proprio il fatto che permette di sfatare questo luogo comune così pericoloso per l'insegnante: si tratta infatti di un intervento che ha avuto pieno successo, e che ha coinvolto un gruppo di studenti di Scienze Biologiche dell'Università di Pisa che avevano alle spalle una serie di fallimenti alla prova d'esame di Istituzioni di Matematica.

In quell'anno e negli anni precedenti svolgevo esercitazioni a tali corsi, e avevo avuto modo di osservare (correggendo i compiti scritti, assistendo alle prove orali, svolgendo attività di ricevimento) alcune difficoltà tipiche di molti studenti, peraltro spesso circoscritte all'esame di Matematica[3].

Ad esempio per quanto riguarda la prova scritta, il cui superamento era essenziale per l'ammissione alla prova orale, osservavo in molti compiti carenze dovute a mancanza di controllo del tempo (in particolare veniva dedicato ad un singolo esercizio una percentuale eccessiva del tempo totale disponibile; nella risoluzione dei singoli esercizi non c'era controllo sul tempo dedicato a tentativi di risoluzione); mancanza di controllo sui procedimenti e sui calcoli; rinuncia a priori ad affrontare gli esercizi relativi ad alcune aree del programma.

Per quanto riguarda la prova orale osservavo una generale inefficacia del metodo di studio, che privilegiava la memorizzazione rispetto alla comprensione e non favoriva il collegamento fra le varie conoscenze; una scarsa consapevolezza della necessità di prendere decisioni riguardo a *cosa, come, quando, quanto* studiare (ad esempio molti studenti si accorgevano poco prima dell'esame di non avere tempo sufficiente per completare il programma, e sacrificavano quindi la parte finale); una scarsa consapevolezza del proprio livello di preparazione, che veniva riconosciuto come inadeguato solo durante la prova orale.

Inoltre molti studenti affermavano di fornire in sede d'esame una prestazione non corrispondente alla propria preparazione per gli effetti di emozioni negative, quali ansia o addirittura panico. D'altra parte i colloqui avuti nell'attività di ricevimento mettevano in luce che i ripetuti fallimenti avevano prodotto atteggiamenti negativi, da un lato verso la prova d'esame da superare (fatalismo, rassegnazione), dall'altro verso la matematica (scarso interesse o addirittura rifiuto, insicurezza).

Dai commenti degli studenti emergevano anche teorie del successo perdenti (*"la conoscenza della teoria non è necessaria per la risoluzione degli esercizi"*; *"gli esercizi sono solo un problema di addestramento"*, quindi *"più esercizi si fanno più probabilità ci sono di superare l'esame"*) che rimandavano ad una visione 'distorta' della matematica.

I vari aspetti erano strettamente legati: ad esempio la frantumazione della materia in episodi indipendenti aveva conseguenze anche sul piano emotivo

---

[3] Si tratta quindi di un processo d'osservazione diluito nel tempo, quello che solo l'insegnante della classe può fare: in questo senso una situazione diversa da quella descritta nel paragrafo precedente.

in quanto, comportando uno sforzo di memoria eccessivo, generava la percezione di incontrollabilità della disciplina, e quindi un senso di profonda insicurezza o addirittura ansia.

L'osservazione di questi comportamenti mi ha suggerito quindi la seguente *interpretazione*: i ripetuti fallimenti di molti studenti non dipendono tanto dall'insufficienza delle conoscenze, quanto dalla cattiva gestione delle stesse e da atteggiamenti negativi che inibiscono l'utilizzazione ottimale delle conoscenze possedute, abbassando quindi notevolmente il rendimento che tali conoscenze permetterebbero.

Questa interpretazione ancora una volta costituisce un'*ipotesi* di lavoro: l'intervento coerente con tale interpretazione sarà teso da un lato a sviluppare la conoscenza metacognitiva degli studenti e la loro capacità di attivare strategie di controllo, dall'altro a rimuovere la visione distorta della matematica e lo scarso senso di auto-efficacia che sono alla base di atteggiamenti negativi.

Gli obiettivi del corso includono quindi il raggiungimento delle seguenti abilità:
– saper valutare le conoscenze possedute; saper esplicitare i propri dubbi e quindi essere consapevoli dell'eventuale necessità di colmare lacune;
– saper valutare a priori la difficoltà di un esercizio e il tempo necessario per risolverlo;
– saper attivare un controllo a priori delle possibilità di riuscita e del tempo necessario allo svolgimento dei singoli esercizi e della prova complessiva; un controllo in itinere sui procedimenti, sul tempo, sui calcoli; un controllo finale sui risultati ed una valutazione complessiva sulla prova svolta;
– saper attivare strategie di studio quali porsi domande, decidere quando favorire processi di memorizzazione rispetto a processi di comprensione; gestire il programma d'esame (decidere quanto tempo dedicare ai singoli argomenti, quanto tempo alla ripetizione, ecc.).

Inoltre il corso si propone:
– di mettere in discussione la visione della matematica 'distorta' che sta alla base delle modalità di preparazione (ad esempio *"per prepararsi allo scritto non è necessario conoscere la teoria"*);
– di far slittare le attribuzioni di fallimento da cause percepite come non controllabili (difficoltà della materia, dell'esame, sfortuna, lacune di base) a cause percepite come controllabili (impegno insufficiente, metodo di studio inadeguato).

Ma come realizzare questo intervento?

Mancavano esperienze simili cui far riferimento: gli interventi a livello metacognitivo esplicito descritti in letteratura coinvolgevano per lo più allievi con difficoltà d'apprendimento, seppure lievi o specifiche. Inoltre anche se i risultati di anni di studi teorici e sperimentali in questo campo suggerivano l'efficacia di un approccio di questo tipo (soprattutto con soggetti non troppo giovani), rimanevano aperte però molte questioni su quali fossero le modalità

8.3 Un intervento di recupero metacognitivo (ovvero: interpretare il fallimento per ri-dirigere l'impegno)

più opportune di intervento. L'aspetto più delicato dal punto di vista teorico sembrava essere quello dell'opportunità e possibilità di separare l'intervento metacognitivo da un intervento cognitivo (Montague, 1992) o viceversa di contestualizzarlo in un ambito di conoscenze specifiche, quale ad esempio un corso curricolare di matematica (Hutchinson, 1992; Schoenfeld, 1987; Lester, Garofalo e Kroll, 1989).

D'altra parte come abbiamo visto nel sesto capitolo la ricerca aveva anche evidenziato i limiti di un intervento basato solo su aspetti metacognitivi, relativamente alla persistenza nel tempo del miglioramento ottenuto. Era stata infatti sottolineata la necessità di considerare anche aspetti affettivi, in particolare quelli legati alla motivazione, quali il senso di autoefficacia e il piacere di apprendere, strettamente collegati alla selezione di strategie e ai processi di controllo: si era evidenziato cioè il legame fra lo sviluppo delle capacità metacognitive e le ragioni che spingono il soggetto verso l'apprendimento (Borkowski e Muthukrishna, 1992).

In definitiva era tutto da inventare. Bisognava quindi definire o ridefinire di volta in volta le strategie da utilizzare, ma anche prendere una serie di decisioni non prevedibili e quindi non pianificabili[4].

Un elemento cruciale per il funzionamento di un corso che si propone di intervenire soprattutto a livello metacognitivo e affettivo-motivazionale è *l'assunzione piena, da parte degli studenti, della responsabilità dell'apprendimento* (Ashman e Conway, 1989).

Ed è proprio su questo aspetto che qui mi voglio soffermare, descrivendo le strategie ed i materiali utilizzati per realizzare questa assunzione di responsabilità.

Ma vediamo prima quali problemi è necessario superare per riuscire a raggiungere questo obiettivo.

Come abbiamo già osservato in precedenza, lo studente che ha alle spalle ripetuti fallimenti in matematica spesso generalizza questa percezione di fallimento alla matematica nel suo complesso. Questa percezione può essere associata a quello che abbiamo chiamato uno scarso senso di auto-efficacia ed a convinzioni negative su di sé (*"non sono in grado"*, *"non sono capace"*); altre volte la causa del fallimento è scaricata all'esterno (*"l'esame è difficile"*, *"il professore è troppo severo"*). Entrambe queste attribuzioni fanno riferimento a cause percepite come non controllabili, ed inibiscono quindi l'investimento di risorse necessario per il successo: ed era proprio questa la situazione degli studenti che partecipavano al corso di recupero.

---

[4] Un aspetto che mi sembra interessante per chi si trova impegnato sui due fronti dell'insegnamento e della ricerca è che in quella situazione le dinamiche fra i miei due ruoli (di ricercatore e di insegnante) sono state varie, e si sono modificate nel tempo. Ci sono stati dei conflitti: se il mio obiettivo di ricercatore era 'vedere se funziona', quello di insegnante era 'farlo funzionare' (o addirittura che qualcosa, qualsiasi cosa, funzionasse!). Non è stato un conflitto negativo: ha prodotto sicuramente un investimento delle mie motivazioni di insegnante nel mio lavoro di ricerca.

8 Strategie per il recupero

Ma c'è un altro punto importante. Nel caso di un corso di recupero come quello descritto lo studente ha già studiato la materia (addirittura il fatto di aver già seguito il corso e di aver già sostenuto almeno una volta la prova scritta o la prova orale con esito negativo era un requisito esplicitamente richiesto per l'ammissione), anche se evidentemente non in modo adeguato. Spesso però oltre ad avere una percezione vaga e globale del fallimento passato, lo studente ha anche la percezione altrettanto vaga e globale di possedere le conoscenze di base della materia stessa: questo non gli permette di studiare la materia dall'inizio ed in modo sistematico, ed in definitiva di recuperare.

Il primo problema che si è posto è stato allora quello di aiutare gli studenti ad interpretare in modo costruttivo il proprio fallimento, suggerendo *nello stesso tempo* nuove direzioni per l'impegno, in modo da favorire il successo ed aumentare la fiducia nel docente e nella metodologia proposta[5].

Le strategie utilizzate mirano quindi a far sì che l'allievo metta in discussione le modalità con cui in passato ha affrontato la materia, modalità che il processo di osservazione ed interpretazione del docente hanno individuato come responsabili del fallimento. Per ottenere questo è necessario contestualmente proporre un metodo che funziona: in un primo momento lo studente sarà forzato a seguire tale metodo, poi semplicemente accompagnato, con l'obiettivo che arrivi alla completa autonomia[6]. Questa strategia permette lo slittamento delle attribuzioni di fallimento da un tipo di cause ad un altro (ad esempio dalla difficoltà intrinseca della materia ad uno studio inadeguato). Ma soprattutto se il nuovo metodo funziona questo successo testimonia la possibilità di esercitare un controllo su tali cause, in quanto lo studente ha modificato il proprio metodo di studio inadeguato in un metodo che nei fatti ha prodotto risultati.

Il fatto che all'inizio lo studente sia 'forzato' a seguire la proposta di lavorare in un modo diverso è cruciale perché ci sia un primo successo, e si attivi il circolo virtuoso descritto sopra.

Ma vediamo concretamente in quali azioni didattiche si sono tradotte queste indicazioni di carattere generale.

La strategia utilizzata è stata quella di partire da un argomento circoscritto, percepito come ostico dagli studenti anche perché non affrontato in genere alle scuole superiori (e per questi motivi particolarmente adatto come argomento iniziale): nel nostro caso la scelta è caduta sulla geometria dello spazio.

---

[5] In questo caso, a differenza di quello descritto nel paragrafo precedente, il problema dell'impegno non si poneva: tutti gli studenti erano fortemente motivati a superare l'esame, dato che non potevano evitarlo!

[6] Mi viene in mente la metafora dell'insegnare ad un bambino ad andare in bicicletta, che ho sentito usare dal fisico Paolo Guidoni per illustrare il processo d'apprendimento: l'adulto tiene in equilibrio il bambino sulla bicicletta, e poi sempre più frequentemente lo lascia e gli fa percepire la possibilità di farcela da solo. Nel caso del recupero però è come insegnare ad andare in bicicletta ad un bambino che ci ha provato tante volte senza mai riuscire, cadendo e facendosi male: bisogna prima di tutto convincerlo a *riprovare*.

8.3 Un intervento di recupero metacognitivo (ovvero: interpretare il fallimento per ri-dirigere l'impegno)

La metodologia seguita, che naturalmente può essere utilizzata a prescindere dall'argomento, purché sufficientemente circoscritto, si articola in tre fasi. Nella *prima* si possono individuare i seguenti momenti:
1. Il docente rende esplicite le conoscenze necessarie (ad esempio: definizione di vettore, operazioni fra i vettori e loro proprietà; equazione di un piano nello spazio; equazioni di una retta nello spazio).
2. Ogni studente deve preoccuparsi di studiare autonomamente e individualmente in modo da acquisire tali conoscenze; se incontra difficoltà, può porre domande al docente, purchè puntuali (e quindi non è accettata la domanda: *"Mi rispiega xxxx, perché non ho capito niente!"*).
3. Lo studente verifica (in classe o a casa) il possesso di tali conoscenze attraverso test di auto-valutazione appositamente preparati dal docente (un esempio è riportato in figura 8.3): in caso di esito negativo lo studente torna al punto precedente, e così via, finché l'esito del test di auto-valutazione non è pienamente positivo.

In questo modo lo studente viene forzato a studiare in modo sistematico gli argomenti di base, che in genere in un percorso di recupero tende invece a trascurare perché *"quelle cose le so già: le ho fatte un sacco di volte!"*.

Figura 8.3 Un esempio di scheda per l'autovalutazione

Se hai anche un solo errore in un esercizio[7] della casella a sinistra, riguarda l'argomento indicato nella corrispondente casella a destra.
Non procedere con i fogli successivi finché non hai completato correttamente questo!

Se hai fatto errori nell'esercizio	... riguarda l'argomento
1	distanza fra 2 punti
2; 3; 4; 5	vettori
6; 7; 8; 9; 10	prodotto scalare
11; 12; 13; 14; 15	equazione di un piano
16	distanza punto - piano
17; 18; 19; 20; 21; 22; 23; 24; 25	equazioni di una retta nello spazio

---

La *seconda fase* consiste nel presentare 'esercizi', per la soluzione dei quali è sufficiente l'applicazione diretta delle conoscenze acquisite nella prima fase. Questo momento è importante, perché lo studente ha la possibilità di constatare l'efficacia del lavoro svolto nella prima fase, e quindi di acquistare fiducia

---

[7] Per dare un'idea della tipologia di domande, il primo esercizio sul prodotto scalare si limitava a chiedere il prodotto scalare fra due vettori di cui erano date le componenti.

nella metodologia proposta e più in generale nelle indicazioni del docente. Se si proponessero immediatamente 'problemi', il fatto di possedere le conoscenze di base potrebbe non essere sufficiente e non garantire quindi il successo. Inoltre nel momento in cui il docente comunica all'allievo che un certo compito per lui *deve* essere un 'esercizio', da un lato gli manda informazioni riguardo alle conoscenze che deve possedere e quindi all'interpretazione di un eventuale fallimento; dall'altro però lo rassicura, nella sua qualità di esperto, sulle sue possibilità di riuscita.

Come già sottolineato, la dialettica fra interpretazione del fallimento, assunzione di responsabilità ed investimento di risorse è delicata, ed è importante che l'insegnante la tenga sotto controllo: l'interpretazione costruttiva del fallimento suggerisce nuove direzioni per l'impegno, ma a sua volta nasce dal successo delle nuove strategie di studio sperimentate. Questo successo favorisce un processo a catena che vede interagire l'investimento di risorse, la percezione di controllo e l'assunzione di responsabilità.

Le strategie scelte ed i materiali appositamente costruiti si ponevano quindi questo complesso di obiettivi: all'inizio erano più mirati agli aspetti dell'interpretazione del fallimento, successivamente a suggerire espliciti e consapevoli processi di controllo.

Di quest'ultimo tipo sono i materiali utilizzati nella *terza fase*, in cui vengono presentati 'problemi' per lo più tratti da testi d'esame, presentati con una griglia (vedi figura 8.4) finalizzata all'attivazione di processi di controllo, sia che si tratti di singoli esercizi, che di compiti con più domande. Inoltre alla conclusione dei vari argomenti vengono affrontate, a casa e in classe, prove in condizioni d'esame: limiti di tempo, svolgimento individuale, appunti consultabili. Questi vincoli vengono fatti oggetto di esplicita attenzione e di discussione in classe, in modo da aumentare la consapevolezza ed il controllo.

Figura 8.4 Una griglia utilizzata per le prove scritte

Prima di cominciare
Leggi gli esercizi.
Quale pensi che ti riesca meglio?
E quale peggio?
Quale pensi che richieda più tempo?
Quale meno?
In quali pensi di poter controllare i risultati, in modo da essere sicuro di averlo fatto correttamente?
Ora puoi cominciare.

INIZIO ORE: _____

TESTO

FINE ORE: _____

8.3 Un intervento di recupero metacognitivo (ovvero: interpretare il fallimento per ri-dirigere l'impegno)

> **Dopo aver finito**
> Come pensi di averlo fatto?
> Su cosa basi la tua impressione? (hai controllato i passaggi, ti sembra convincente il risultato, sai di saper fare quel tipo di esercizi, oppure....)
> Pensando ad una valutazione di x punti per ogni esercizio, quale voto pensi di poter prendere?
> Eventuali osservazioni:

L' assunzione di responsabilità comporta in genere una modifica radicale di atteggiamenti, e quindi uno sforzo notevole che può venire attivato solo se gli studenti riescono ad attribuirgli un valore positivo. Fondamentale in questo senso è allora riuscire a ottenere che gli studenti riconoscano il legame fra impegno e rendimento (Kurtz e Borkowsky, 1984, in Ashman e Conway, 1989).

Proprio per questo motivo, e precisamente per modificare innanzitutto il senso di autoefficacia e la percezione di possibilità di successo degli studenti, che per la maggior parte vedono nella prova scritta un ostacolo assolutamente insormontabile, la prima parte del corso è dedicata alla preparazione per la prova scritta, la seconda alla preparazione per la prova orale. Questa scelta è solo apparentemente in contraddizione con l'obiettivo di scardinare una visione della matematica che vede rigidamente separate teoria e pratica: in un contesto di recupero, in cui è cruciale all'inizio condividere gli obiettivi, non si ottiene a mio parere un cambiamento imponendo d'autorità l'obiettivo che in quanto esperti riteniamo 'giusto'. Per lo stesso motivo l'obiettivo esplicito del corso comunicato agli studenti era quello di aiutarli a *superare l'esame*: non sarebbe stato altrettanto condivisibile l'obiettivo di *imparare la matematica*. E' una sfida per il docente dimostrare agli studenti che proprio imparare la matematica può essere il percorso più economico e sicuro per raggiungere i *loro* obiettivi.

La seconda parte del corso quindi ha per oggetto esplicito *come* si studia la matematica (in realtà come si è visto dagli esempi fatti il modo di studiare la matematica era centrale anche nella prima parte, ma rimaneva nello sfondo in quanto funzionale alla soluzione degli esercizi).

Come nella prima parte, le strategie utilizzate mirano contemporaneamente a mettere in crisi un certo modo di studiare e a dirigere quindi verso tale causa le attribuzioni di fallimento, proponendo, addirittura in un momento iniziale *imponendo*, strategie alternative efficaci.

Vediamo un esempio di una delle prime attività.

Agli studenti viene richiesto di studiare un teorema (il teorema di Rolle)[8]. Eventuali dubbi o incertezze vanno esplicitati, come al solito puntualmente, all'inizio della lezione successiva, prima di rispondere ad un questionario che propone alcune domande sul teorema stesso.

---

[8] Gli studenti, avendo già sostenuto l'esame almeno una volta (seppure con esito negativo), avevano già studiato in precedenza tutto il programma, per cui non era necessario per l'attività sui teoremi rispettare la sequenzialità con cui erano stati insegnati.

Il questionario (v. figura 8.5) riguarda essenzialmente la struttura di un teorema, nei seguenti aspetti:
- distinzione ipotesi-tesi;
- individuazione, attraverso controesempi, della necessità delle singole ipotesi;
- individuazione dei passaggi nella dimostrazione in cui vengono utilizzate le ipotesi;
- individuazione dei passaggi in cui vengono utilizzati risultati precedenti;
- individuazione dei teoremi nei quali il presente teorema viene utilizzato.

Questa modalità viene utilizzata successivamente solo per altri due argomenti (il teorema fondamentale del calcolo integrale ed i risultati su monotonia e derivabilità di una funzione): le domande poste non hanno infatti l'obiettivo di fornire un supporto per una preparazione più approfondita dei singoli argomenti, ma quello di mettere in discussione il metodo di studio utilizzato attraverso la constatazione della sua scarsa efficacia. Inoltre tali domande sono più o meno quelle che si pone in modo naturale chi studia la matematica in modo critico ed efficiente: l'obiettivo è che col tempo l'allievo arrivi a porsele da solo.

Parallelamente all'intervento sullo studio dei teoremi viene affrontata anche la questione più generale di come pianificare un programma di studio per l'esame. Viene sottolineata l'importanza di un programma completo e dettagliato, che preveda naturalmente lo studio di ogni parte, ma anche tempi specifici per la ripetizione di alcuni argomenti, ad esempio quelli ritenuti più importanti e quelli che richiedono maggiore capacità di memorizzazione.

Viene richiesto quindi ad ogni studente di preparare il proprio programma, tenendo conto delle proprie esigenze (ad esempio del tempo disponibile), ed in generale delle proprie caratteristiche personali (parte del questionario è riportato in figura 8.6).

Figura 8.5 Un esempio di griglia utilizzata per lo studio di un teorema

Teorema di Rolle

1. Scrivi l'enunciato del teorema.
2. Quali sono le ipotesi?
3. Qual è la tesi?
4. L'ipotesi che la funzione sia continua in un intervallo chiuso è necessaria? Perché? Cosa succede se si suppone che f sia continua nell'intervallo aperto?
5. L'ipotesi che f (a) = f (b) è necessaria? Perché?
6. L'ipotesi che f sia derivabile nell'intervallo aperto è necessaria? Perché?
7. In quali punti della dimostrazione viene utilizzata l'ipotesi che f è continua in [a,b]?
8. In quali punti della dimostrazione viene utilizzata l'ipotesi che f é derivabile in (a,b) ?
9. In quali punti della dimostrazione viene utilizzata l'ipotesi che f(a) = f(b)?
10. La dimostrazione è diretta o è per assurdo?

8.3 Un intervento di recupero metacognitivo (ovvero: interpretare il fallimento per ri-dirigere l'impegno)

11. Quali teoremi si sfruttano nella dimostrazione?
12. In quali teoremi successivi viene utilizzato il teorema di Rolle?
13. Osserva le seguenti figure: cosa ti suggeriscono, in relazione al teorema di Rolle?

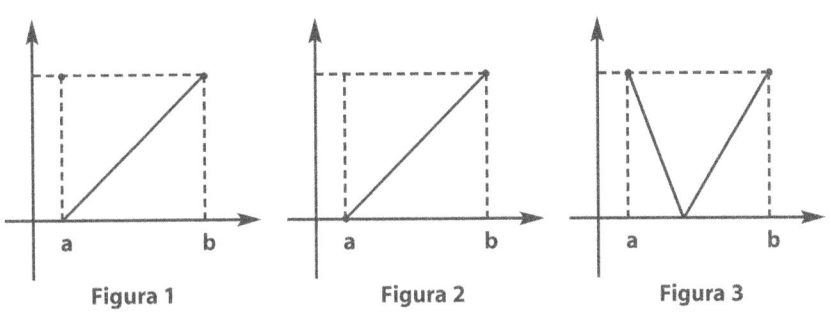

Figura 1 Figura 2 Figura 3

14. Scrivi la dimostrazione.

Figura 8.6 Dal questionario sul metodo di studio

1. Quando studi per l'esame, fai inizialmente un programma di studio per essere sicuro di poter dedicare tempo sufficiente ad ogni argomento?
In caso affermativo, che tipo di programma fai (giornaliero, settimanale, o altro...)?

[...]

4. Fai una selezione degli argomenti quando studi? Ci sono cioè degli argomenti che studi con maggiore attenzione di altri?

5. Se sì, quali sono gli argomenti cui dedichi maggiore attenzione?
☐ quelli che ritieni più importanti
☐ quelli che ti piacciono di più
☐ quelli che pensi il professore ritenga più importanti
☐ quelli che ti sembra siano più chiesti agli orali
☐ tralasci quelli che non fai in tempo a fare
☐ ALTRO (specificare):

6. Studi da solo o con qualcuno?
Se studi con qualcuno, lo fai in tutte le fasi dello studio, o solo in alcune fasi particolari (ripassare, studiare argomenti particolarmente difficili, ecc.)?

7. Trovi utile studiare con qualcuno? Perché?

8. Quando studi matematica, quali di questi comportamenti adotti (puoi scegliere più di una voce)?
☐ studi prendendo appunti su un foglio
☐ leggi a voce alta
☐ leggi, ma solo mentalmente
☐ leggi una prima volta globalmente e poi rileggi lentamente soffermandoti sui vari punti
☐ ALTRO (specificare):

> 9. Quando studi l'enunciato di un teorema:
> ☐ ti chiedi cosa succede togliendo delle ipotesi
> ☐ ti poni solo le domande che sai vengono di regola poste all'orale
> ☐ non ti poni nessuna domanda
> ☐ ALTRO (specificare):
>
> 10. Dopo aver studiato un teorema (una proprietà, una definizione...) cerchi di verificare se l'hai imparato?
>
> 11. In caso affermativo, come lo verifichi?
> ☐ lo ripeti a voce alta, scrivendo enunciato e passaggi su un foglio
> ☐ ti fai domande da solo, facendo anche la parte di chi interroga
> ☐ lo ripeti mentalmente, non a voce alta
> ☐ lo ripeti a voce alta, ma senza scrivere niente
> ☐ ALTRO (specificare dettagliatamente: se con qualcuno, e come, se dipende dalle situazioni e dal particolare teorema, ecc....)
>
> [...]
>
> 16. Quali difficoltà incontri nello studiare matematica?
>
> 17. Fai un esempio di un risultato che non riesci ad imparare, e prova a dire perché.
>
> [...]
>
> 20. Quali argomenti (teoremi, definizioni, ...) ritieni che sia indispensabile sapere per superare l'esame orale? Elencane al più una decina:
>
> [...]

Dicevo all'inizio che l'intervento ha avuto pieno successo. Al termine del corso[9] gli studenti manifestano infatti un notevole cambiamento a livello di comportamenti metacognitivi e di atteggiamenti: fanno collegamenti, studiano in modo critico, sono in grado di individuare i propri dubbi, davanti ad una prova scritta mettono in atto strategie di controllo, si mostrano più interessati alla materia, ma soprattutto si sentono più sicuri di 'potercela fare' in quanto è cambiata la percezione della controllabilità della causa dei fallimenti precedenti. Tali cambiamenti sono del resto confermati dai risultati: tutti i ventisette studenti superano la prova scritta e successivamente la prova orale, riportando anche buone votazioni finali (nove studenti vengono valutati nella fascia fra 21 e 24, e addirittura dieci ottengono una votazione superiore a 25).

La mia valutazione a posteriori di questa esperienza, supportata anche dalle risposte ad un breve questionario proposto ai corsisti a distanza di 8 mesi dall'esame, e da alcune interviste individuali, mi porta ad individuare fra gli aspetti che più hanno contribuito al successo dell'intervento i seguenti:

---

[9] Il corso si è svolto nel primo semestre dell'a.a. '93-'94, per un totale di 36 ore (2 ore settimanali all'inizio, 4 ore settimanali dopo i primi incontri); gli studenti, tutti volontari, erano 27.

– la programmazione dettagliata del percorso da proporre agli studenti, con la relativa selezione attenta del materiale, che deve consentire il raggiungimento di risultati positivi conseguentemente all'impegno;
– le caratteristiche del gruppo, costituito da studenti che hanno in comune non solo obiettivi e difficoltà, ma anche - e forse soprattutto- esperienze fallimentari passate che, mettendo in crisi la fiducia nel metodo di studio usato, li rendono disponibili ai cambiamenti.

La valorizzazione di questi aspetti permetterebbe a mio parere un opportuno ridimensionamento del ruolo del docente, e quindi una maggiore generalizzabilità dell'esperienza ad altre situazioni.

8.4 Un precorso sperimentale (ovvero: la dimensione temporale del processo d'apprendimento)

La possibilità di superare certe difficoltà testimoniata dal successo dell'intervento appena descritto porta a chiedersi come è possibile invece agire in modo da evitare che tali difficoltà nascano. La questione naturalmente investe l'intero percorso scolastico, dalle elementari alla scuola superiore, ma un contesto in cui si pone in modo particolarmente urgente e naturale è quello del raccordo scuola superiore / università: ed è su quello che proporrò alcuni spunti, tratti da esperienze realizzate in occasione di precorsi rivolti a matricole della Facoltà di Scienze dell'Università di Pisa, a studenti cioè destinati a incontrarsi (o scontrarsi) con un corso di matematica. Ancora una volta si tratta di esperienze molto specifiche, apparentemente lontane dalla quotidianità del lavoro dell'insegnante, soprattutto della scuola di base, ma ho scelto di parlarne perché ritengo che alcune delle strategie utilizzate siano generalizzabili.

La prima esperienza cui faccio riferimento è un intervento che ho sperimentato nell'a.a. 1996-'97 all'interno di un precorso destinato agli studenti di alcuni corsi di laurea della Facoltà di Scienze dell'Università di Pisa. A quei tempi i precorsi erano organizzati da associazioni studentesche che si preoccupavano di reclutare persone che tenessero le lezioni: la disponibilità di singoli docenti a collaborare all'iniziativa era vista quindi con molto entusiasmo, ed ogni docente era libero di organizzare il corso nel modo che riteneva più opportuno.

Avevo quindi deciso di sperimentare un percorso basato su una particolare interpretazione del fenomeno della 'mortalità universitaria', e cioè che il fallimento di molti studenti all'inizio dei corsi universitari dipenda dalla loro scarsa abitudine a prendere decisioni (Zan, 1997a). Al solito questa interpretazione funziona come un'ipotesi di lavoro, che suggerisce un percorso mirato a rendere gli studenti consapevoli dei propri processi decisionali, ed a prendere decisioni adeguate. E' quindi un percorso basato sulle abilità di problem solving.

8 Strategie per il recupero

Più precisamente il programma prevede:

a) Una parte 'teorica', in cui viene affrontata la questione di come imparare a prendere decisioni razionali nel contesto del primo anno di università.
I temi trattati in classe sono:
– importanza dei processi decisionali per affrontare in modo positivo l'esperienza universitaria;
– considerazioni generali sul problem solving, finalizzate ad imparare a prendere decisioni adeguate: importanza dell'analisi dell'obiettivo, dell'ambiente, e delle risorse personali;
– applicazione delle considerazioni generali precedenti ai problemi connessi con la matematica.

Gli studenti hanno a disposizione per ulteriori riflessioni più personali un fascicolo (Zan, 1997b) in cui tali temi sono trattati in modo più approfondito, e in cui la partecipazione personale viene sollecitata dalla presenza di continue domande (per dare un'idea del tipo di lavoro un paragrafo del fascicolo è parzialmente riportato in fig. 8.7).

b) Una parte 'pratica', in cui gli studenti devono allenarsi a prendere decisioni nel contesto dello studio della matematica.

Questa seconda parte prevede lo studio - teoricamente il 'ripasso' - di alcuni argomenti (insiemi e logica; numeri; teoremi e dimostrazioni) che a mio parere sono importanti non solo come conoscenze di base per l'apprendimento della matematica a livello universitario, ma anche e soprattutto per costruire ed eventualmente ripristinare un approccio corretto alla matematica. Lo studio di ogni argomento è articolato in varie fasi, ed è questo aspetto che qui approfondirò.

Fig. 8.7 Dal fascicolo "Matematica e Università: leggere le avvertenze!"

5.1 I PROBLEMI
Abbiamo visto che nel corso del primo anno è importante saper prendere decisioni. Alcune di queste decisioni (che abbiamo chiamato progetti) consistono nel definire gli obiettivi che vogliamo raggiungere.
Ad esempio, andando dal generale al particolare:
• finire il primo anno in regola con gli esami;
• superare l'esame di Matematica;
• superare la prova scritta di Matematica (o le prove scritte, se ci sono i compitini per avere l'esonero dallo scritto finale);
• ma anche risolvere un singolo problema di matematica.
Se conoscessimo esattamente le istruzioni da seguire per raggiungere questi obiettivi, si tratterebbe comunque di un impegno che richiede tempo, fatica, applicazione, ma il risultato sarebbe garantito.

> Purtroppo (o forse per fortuna) non è così. Non è possibile realizzare questi progetti semplicemente applicando una serie di regole valide per tutti. In altre parole i progetti che abbiamo elencato sopra si presentano come problemi, cioè come obiettivi che non si possono raggiungere in modo automatico, semplicemente applicando una serie di regole note (ti ricordi la differenza fra problema ed esercizio?).
> Una volta formulato con chiarezza l'obiettivo, e riconosciuto che siamo in presenza di un problema, le altre decisioni che dobbiamo essere in grado di prendere sono proprio quelle che ci permetteranno di raggiungere gli obiettivi che ci siamo posti.
> Così per superare l'esame di matematica (se tu hai preso questa decisione) dovrai prendere altre decisioni:
> - se e come frequentare;
> - se e come prendere appunti;
> - come studiare;
> - come affrontare la prova scritta.
>
> Come forse avrai notato, i problemi che abbiamo elencato sopra non sono indipendenti l'uno dall'altro: anzi, sono come "inscatolati" perchè è necessario superare la prova scritta di Matematica per superare l'esame, e d'altra parte è necessario superare l'esame di Matematica per finire il 1° anno in regola con gli esami...
> (Necessario sì, direbbero i matematici, ma non sufficiente...)
>
> [...]

Abbiamo già sottolineato a proposito di esperienze di recupero la difficoltà di convincere uno studente a studiare in modo sistematico e con attenzione argomenti che ha già affrontato almeno una volta, e che crede perciò di conoscere. Questa difficoltà si incontra anche quando si ripetono argomenti già trattati, ad esempio durante i ripassi di inizio anno, e tipicamente nei precorsi. Il rischio che si presenta è che gli studenti non dirigano la propria attenzione su quanto viene spiegato. D'altra parte questo succede anche con molti studenti che sono convinti di non essere preparati: in tal caso è la percezione globale ed indifferenziata di non capire e non sapere che impedisce un investimento mirato di risorse.

Il primo obiettivo che mi sono posta è stato quindi quello di favorire un atteggiamento attivo e critico negli studenti, a prescindere dal loro livello di preparazione iniziale. O meglio, di rendere anche il livello di preparazione iniziale un elemento importante per dirigere i comportamenti, e quindi farne oggetto di auto-valutazione.

La strategia adottata consiste nell'organizzare per ogni argomento un questionario articolato in due colonne, in ognuna della quali sono riportate le *stesse* domande: la colonna di sinistra va completata PRIMA della lezione del docente e prima di studiare, quella di sinistra DOPO aver studiato (la struttura del questionario PRIMA / DOPO è riportata in figura 8.8).

8 Strategie per il recupero

Figura 8.8 La struttura del questionario PRIMA / DOPO

INSIEMI E LOGICA

Nome e cognome: _____

PRIMA DI STUDIARE	DOPO AVER STUDIATO
DATA:_____ ORE:_____	DATA:_____ ORE:_____
Pensi di essere preparato su questo argomento? ☐ sì ☐ poco ☐ per niente ☐ non so	Pensi di essere preparato su questo argomento? ☐ sì ☐ poco ☐ per niente ☐ non so Confronta questa risposta con quella che hai dato quando hai finito il questionario PRIMA. È diversa?

0. In questa unità utilizzeremo i seguenti simboli e/o vocaboli:

VOCABOLARIO

insiemi   appartenenza   sottoinsieme   insieme vuoto   complementare   unione
intersezione   differenza   prodotto cartesiano   per ogni   esiste   implica
{1, 2, 3, 6, 9}   x∈A   A⊂B   A∪B   A∩B   CA   AxB   A/B   ∅   ∀   ∃

Riporta nel riquadro qui sotto i simboli e i vocaboli che non conosci:

PRIMA	DOPO

Riporta invece qui sotto i simboli ed i vocaboli che conosci, cercando di spiegarne il significato:

PRIMA	DOPO

[...]

8.4 Un percorso sperimentale (ovvero: la dimensione temporale del processo d'apprendimento)

3. Considera i seguenti sottoinsiemi di N (N è l'insieme dei numeri naturali, cioè interi positivi):

A: l'insieme dei numeri naturali minori di 8; B: l'insieme dei numeri dispari.
Individua i seguenti insiemi:

PRIMA	DOPO
a] $A \cup B =$ ☐ non so b] $A \cap B =$ ☐ non so c] $A/B =$ ☐ non so d] $CA =$ ☐ non so e] $C(A \cap B) =$ ☐ non so f] $CA \cap B =$ ☐ non so Sei sicuro delle risposte che hai dato? Se no, di quali risposte non sei sicuro? Perchè?	a] $A \cup B =$ ☐ non so b] $A \cap B =$ ☐ non so c] $A/B =$ ☐ non so d] $CA =$ ☐ non so e] $C(A \cap B) =$ ☐ non so f] $CA \cap B =$ ☐ non so Sei sicuro delle risposte che hai dato? Se no, di quali risposte non sei sicuro? Perchè?
[...]	[...]
PRIMA Il questionario è finito. Sono le ore: _____ Conta quante volte hai risposto "non so": _____ Conta su quante singole domande hai risposto di "non essere sicuro": _____ Adesso che hai finito, pensi di essere preparato su questo argomento? ☐ sì ☐ poco ☐ per niente ☐ non so Confronta la risposta che hai dato ora con quella che hai dato all'inizio. È diversa? Se sì, come mai? In ogni caso, segna qui di seguito eventuali dubbi, incertezze, domande, che il questionario PRIMA ti ha provocato:	DOPO Il questionario è finito. Sono le ore: _____ Conta quante volte hai risposto "non so": _____ Conta su quante singole domande hai risposto di "non essere sicuro": _____ Controlla per ogni domanda quante volte hai dato risposte diverse fra il questionario PRIMA e quello DOPO. Conta quante risposte diverse hai trovato: _____ Ti sembra di aver migliorato la tua preparazione? Rispondi ancora: pensi di essere preparato su questo argomento? ☐ sì ☐ poco ☐ per niente ☐ non so In ogni caso, segna ancora qui di seguito eventuali dubbi, incertezze, domande, che il questionario DOPO ti ha provocato:

8 Strategie per il recupero

All'interno del precorso i questionari PRIMA / DOPO venivano utilizzati così:
1. Agli studenti veniva consegnato il questionario sull'argomento e veniva richiesto di compilare il questionario PRIMA. I questionari venivano raccolti dall'insegnante, che prima della lezione si poteva fare un'idea della preparazione della classe.
2. Successivamente veniva tenuta una breve lezione sull'argomento.
3. Gli studenti dovevano studiare per proprio conto e sui propri appunti l'argomento spiegato.
4. Agli studenti veniva riconsegnato lo stesso questionario dato al punto 1, che andava compilato nella colonna DOPO: veniva richiesto quindi il confronto fra le risposte date prima e quelle date dopo.
5. C'era una breve discussione in classe di chiarimento su eventuali dubbi e domande puntuali poste dagli studenti.

In definitiva i questionari avevano lo scopo di aumentare negli studenti la consapevolezza delle loro conoscenze e abilità di partenza, e di orientarli quindi nel dirigere l'attenzione nel corso della lezione successiva. Utilizzando tali questionari anche nelle prime lezioni dei corsi universitari, in parte dedicate ad un 'ripasso' sommario di alcuni argomenti, mi è capitato spesso alla fine della lezione di sentirmi fare domande dagli studenti su alcuni aspetti che non avevo trattato.

Ma soprattutto il confronto fra la colonna PRIMA e quella DOPO permette di recuperare la *dimensione temporale* dell'errore: l'errore o la mancata risposta di PRIMA confrontati con la risposta corretta o anche semplicemente più consapevole di DOPO testimoniano infatti che c'è stato un cambiamento, e danno quindi il senso del lavoro fatto. La consapevolezza di questo progresso è fondamentale per continuare a sostenere lo sforzo necessario per l'apprendimento, soprattutto in contesto di recupero.

Per quanto riguarda i risultati, il numero degli studenti (più di 80), la mancanza di un gruppo di controllo e soprattutto di un successivo monitoraggio nel corso del primo anno (limiti purtroppo comuni ad iniziative di questo genere) non rendono possibile avere dei dati significativi sugli effetti dell'intervento. Nonostante questi limiti mi sembra interessante riportare alcuni dati ricavati dalle risposte che gli studenti hanno dato ad un questionario finale anonimo in cui veniva richiesta una valutazione del precorso. Alla domanda: "Il pre-corso ha cambiato qualcosa nel tuo approccio allo studio della matematica? Se sì, cosa?" 35 studenti su 74 rispondono "*Sì*", con motivazioni pressoché omogenee, quali: "*Devo ragionare di più, e usare meno la memoria*", "*Ci vuole più impegno e più metodo*".

L'approccio descritto – in particolare nella parte 'teorica' di educazione all'attività di risoluzione di problemi – si presta a mio parere ad essere utilizzato anche in altri contesti, ad esempio nel passaggio da un ordine di scuola ad un altro, oppure in attività di recupero di tipo trasversale.

8.5 I precorsi (ovvero: studiare la matematica)

Negli anni successivi (a partire dal settembre 2003) i precorsi per le matricole dei corsi di laurea della Facoltà di Scienze sono stati organizzati dalla stessa Facoltà. Questo ha permesso la pianificazione e la sperimentazione di un progetto più sistematico, che descriverò brevemente[10].

Il punto di partenza per la scelta del percorso è ancora una volta l'osservazione e l'interpretazione delle difficoltà tipiche incontrate da molti studenti nei corsi di matematica al primo anno. Tali difficoltà, che variano naturalmente da studente a studente ma anche da un corso di laurea all'altro e da una scuola di provenienza all'altra, sembrano per lo più riconducibili ai seguenti problemi:
a) carenze nelle conoscenze e abilità di base;
b) carenze in abilità trasversali (quali quelle logiche e linguistiche), in particolare difficoltà nel passare da un tipo di rappresentazione ad un altro, nell'argomentare, nel leggere un testo di matematica, ma anche più in generale nell'organizzare lo studio della matematica (abilità metacognitive);
c) atteggiamenti negativi nei confronti della disciplina: visione della matematica come insieme di formule da applicare nelle varie occasioni, e quindi approccio meccanico piuttosto che strategico ai problemi; convinzione di non poter riuscire in matematica, e quindi rinuncia a priori a pensare, risposte date a caso, mancata assunzione della responsabilità dei propri processi di pensiero; convinzione di 'sapere già tutto' e di non poter incontrare difficoltà, e quindi forte disagio alle prime difficoltà incontrate; in ogni caso scarso o mal diretto impiego di risorse.

Certamente il problema della mancanza di conoscenze ed abilità di base non va sottovalutato, ma questo problema diventa evidente e drammatico proprio in presenza di carenze a livello di abilità trasversali e metacognitive e di atteggiamenti negativi: chi è consapevole delle proprie risorse e sa studiare in genere è anche in grado di colmare eventuali lacune[11]. Inoltre è a livello di processi di controllo che sembra giocarsi la differenza fra chi ha difficoltà in matematica e chi non ne ha: ad esempio spesso gli studenti in difficoltà si prendono libertà laddove non dovrebbero, e viceversa non lo fanno quando dovrebbero; così nell'usare termini matematici invece di far riferimento alle definizioni con cui tali termini sono stati introdotti utilizzano senza porsi problemi

---

[10] A questo progetto hanno partecipato attivamente, collaborando anche alla produzione di materiali, Mattia de' Michieli Vitturi, Pietro Di Martino e Mirko Maracci, a quei tempi dottorandi. Inoltre molti dei materiali utilizzati provengono da esperienze analoghe condotte ad Alessandria da Pier Luigi Ferrari.
[11] Fino a pochi anni fa era la situazione tipica della maggior parte degli studenti che provenivano dal liceo classico: anche se partivano a volte con un leggero svantaggio a livello di conoscenze rispetto ai compagni che avevano frequentato il liceo scientifico, erano però in grado di recuperare questo svantaggio.

le immagini mentali che si sono costruiti (spesso in modo altrettanto acritico), mentre si rinchiudono nella ricerca di regole rigide quando devono risolvere un problema.

A partire da queste ipotesi di lavoro si pianifica un precorso che intende lavorare sui tre livelli evidenziati.

Per quanto riguarda il livello a) si individuano alcuni contenuti minimi comuni ai diversi Corsi di Laurea (numeri, algebra, geometria analitica). Anche in questo caso, come già nel precorso descritto precedentemente, la scelta cade non solo su argomenti ritenuti in genere fondamentali per l'apprendimento della matematica a livello universitario, ma anche su argomenti ritenuti cruciali per costruire ed eventualmente ripristinare un approccio corretto alla matematica: per questo motivo ad esempio viene dato particolare spazio all'aritmetica, alla riflessione sui diversi tipi di numeri e sulle operazioni e loro proprietà.

Il livello b), cioè quello delle abilità di tipo trasversale, è quello che richiede lo sforzo maggiore di pianificazione di attività e materiali: le attività proposte mettono in gioco abilità trasversali ritenute significative dal punto di vista matematico nel contesto dei contenuti individuati al punto a), o eventualmente anche di altri contenuti ritenuti significativi per il Corso di Laurea specifico (gli studenti che partecipavano ai precorsi erano suddivisi in gruppi in base al corso di laurea). Ad esempio per l'abilità di prendere appunti durante una lezione universitaria in genere si propone una breve lezione standard e riassuntiva di trigonometria.

Per quanto riguarda il livello c), cioè l'obiettivo di promuovere atteggiamenti positivi, la strategia seguita riguarda essenzialmente la metodologia scelta. Ad ogni incontro il docente propone agli studenti problemi o esercizi da affrontare individualmente o a gruppi (a seconda del caso). Dopo questa prima fase le risposte vengono confrontate attraverso una discussione in cui il docente ha la funzione di monitore esterno: funzione estremamente delicata, che richiede di sottolineare punti critici, rilanciare problemi, oltre che favorire la partecipazione di tutti. Segue quindi l'ultima fase, con una sintesi finale da parte del docente stesso, organizzata e sistematica (quindi con una traccia preparata prima, da adattare poi anche a quanto emerso dal lavoro in classe). Questa lezione conclusiva permette anche di lavorare su altre abilità trasversali importanti, quali: seguire con attenzione una lezione per un periodo di tempo cui in genere gli studenti non sono abituati, prendere appunti, riconoscere cosa non è chiaro, imparare a fare domande.

Qui mi limito a dare due esempi del materiale utilizzato per lo sviluppo delle abilità trasversali: in figura 8.9 è riportato un esempio di attività sullo studio di una definizione, mentre in figura 8.10 è riportato un esempio di attività sulle dimostrazioni. Come si vede l'esempio proposto per le definizioni formalizza il concetto di multiplo per lo più conosciuto a livello intuitivo e lo generalizza: le domande che seguono vogliono forzare lo studente a far riferimento alla definizione data anziché rispondere sulla base di rappresentazioni che egli si è costruito precedentemente e che non sono adeguate a tale definizione.

Anche nel caso di questi precorsi i limiti già evidenziati nel caso precedente non rendono possibile avere dei risultati significativi sugli effetti dell'intervento, e gli unici dati disponibili sono quelli ricavati dalle risposte che gli studenti danno ogni anno ad un questionario finale anonimo in cui viene richiesta una valutazione del precorso. Da queste risposte emerge l'apprezzamento per la metodologia seguita, soprattutto per le discussioni che seguono il lavoro individuale o collaborativo su un certo argomento. E' interessante notare che molti studenti segnalano come una novità positiva il fatto che venga richiesta ed ascoltata la loro 'voce' sugli argomenti di matematica affrontati, e soprattutto che gli errori non vengano censurati o ignorati, ma utilizzati come spunto per l'insegnamento.

Figura 8.9 Un esempio di attività sulle definizioni

Parte Prima: lavoro individuale

Leggi attentamente la seguente DEFINIZIONE, tratta da un libro di testo universitario:
> *Siano a e b due numeri interi, diciamo che a è multiplo di b se esiste un numero intero k tale che $a = b \cdot k$*

Ti sembra di aver capito la definizione?
Se non l'hai capita:
- Ci sono simboli che non conosci? Quali?
- Ci sono termini che non conosci? Quali?
- Ci sono espressioni che non capisci? Quali?

Rileggi la definizione e scrivi qui di seguito tutto quello che vorresti chiedere al professore per poter capire.
Se pensi di aver capito la definizione data:
- Dai alcuni esempi di multipli di 2, di multipli di 3, di multipli di 5
- -2 ha dei multipli? Fai eventualmente alcuni esempi
- 0 ha dei multipli? Fai eventualmente alcuni esempi
- -2 è multiplo di qualche numero? Fai eventualmente alcuni esempi
- 0 è multiplo di qualche numero? Fai eventualmente alcuni esempi
- 1 è multiplo di qualche numero? Fai eventualmente alcuni esempi

Parte Seconda: lavoro in piccoli gruppi (2 o 3 persone)

Andrea dice:
> *-6 è multiplo di 2 perché -6=2(-3)*

Barbara dice:
> *No, perché -6 è più piccolo di 2 e quindi non può essere un suo multiplo*

A chi dai ragione? Perché?
Valerio dice:
> *3 non è un multiplo di 2 perché $2 \cdot 0 = 0, 2 \cdot 1 = 2, 2 \cdot 2 = 4, 2 \cdot 3 = 6$, ecc.*

Zamira dice:
> *Ma $3 \cdot 2/3 = 2$, quindi 3 è un multiplo di 2.*

A chi dai ragione? Perché?

> **Figura 8.10** Un esempio di attività sulle dimostrazioni
>
> **Teorema:** Il numero $\sqrt{2}$ è un numero irrazionale.
> Leggi attentamente la dimostrazione che segue.
> (1) Dimostriamo per assurdo.
> (2) Se $\sqrt{2}$ fosse razionale allora esisterebbero due numeri interi m e n tali che:
>
> $$\sqrt{2} = \frac{m}{n}$$
>
> (3) e si può sempre supporre che m e n siano primi tra loro, cioè che la frazione m/n sia ridotta ai minimi termini.
> (4) Dunque $m^2 = 2n^2$.
> (5) Poiché m^2 è pari, anche m è pari e n è dispari.
> (6) D'altra parte se poniamo $m = 2k$ allora $m^2 = 4k^2$
> (7) quindi: $2n^2 = 4k^2$ cioè $n^2 = 2k^2$
> (8) da cui consegue che n^2 è pari.
> (9) Quindi anche n è pari.
> (10) Ma avevamo supposto n dispari.
> (11) Quindi siamo arrivati ad un assurdo.
>
> Rispondi ora alle seguenti domande:
> a) Cosa vuol dire dimostrare per assurdo?
> b) Ti ricordi altre dimostrazioni per assurdo?
> c) Perché (v. 3) si può supporre che m e n siano primi fra loro?
> d) Perché (v. 4) si può scrivere $m^2 = 2n^2$?
> e) Perché (v. 5) m^2 è pari?
> f) Perché (v. 5) se m^2 è pari anche m è pari?
> g) Perché (v. 5) n è dispari?
> h) Perché (v. 6) si può porre $m = 2k$?
> j) Da cosa si ricava (v. 7) che $2n^2 = 4k^2$?
> k) Perché (v. 8) allora n^2 è pari?
> l) Perché (v. 9) allora n è pari?
> m) Hai già usato nella dimostrazione il ragionamento al punto precedente?
> n) Al punto 10 si ricorda che n è dispari. In quale punto l'avevamo dedotto? Perché?
> o) In che cosa consiste l'assurdo?
> p) Perché il teorema è dimostrato?

8.6 Generalizzando (ovvero: le potenzialità del problem solving)

Per il contesto molto particolare in cui sono state realizzate, le esperienze che ho descritto possono sembrare di scarso interesse e generalizzabilità, soprattutto agli insegnanti della scuola di base. Ma a mio parere anche se gli esempi fanno riferimento all'università o alla scuola superiore se ne possono comunque trarre alcune indicazioni di carattere generale.

8.6 Generalizzando (ovvero: le potenzialità del problem solving)

Motivo comune a tutte le esperienze descritte, e che vorrei sottolineare, è il fatto che in ogni caso l'intervento è pianificato a partire dall'interpretazione dei comportamenti osservati, interpretazione che si configura quindi come ipotesi di lavoro. L'eventuale successo dell'intervento costruito a partire da tale interpretazione non è a mio parere così importante. Ciò che è davvero significativo è il processo consapevole che l'insegnante mette in atto a partire dall'osservazione e dall'interpretazione altrettanto consapevoli dei comportamenti dell'allievo. La possibilità di un fallimento va messa nel conto, ma la trasparenza resa possibile da tale consapevolezza nelle fasi di osservazione / interpretazione / intervento permetterà di limitarne le conseguenze, e soprattutto di correggere il tiro.

La consapevolezza è importante anche al livello più locale della scelta delle strategie e della conseguente costruzione dei materiali, nel senso che l'analisi puntuale delle strategie e dei materiali in relazione ai problemi evidenziati ed agli obiettivi individuati ne permette a mio parere un'utilizzazione flessibile, in altri contesti ed eventualmente anche per altri obiettivi.

Il questionario PRIMA / DOPO è esemplare in questo senso. Nato nel contesto del precorso soprattutto con finalità metacognitive (consapevolezza delle proprie risorse / attivazione di processi di controllo) ha dimostrato però di avere potenzialità sia a livello affettivo-motivazionale (nel dare il senso del lavoro fatto), sia per portare alla luce conoscenze e misconcetti in relazione ad argomenti specifici[12].

Il questionario si è dimostrato quindi anche uno strumento utile per l'insegnante per valutare l'effetto della propria azione didattica: in genere l'insegnante attraverso le verifiche osserva una situazione finale (cioè *dopo* il suo intervento) ma non ha riferimenti iniziali con cui fare un confronto; d'altra parte è proprio da tale confronto che può misurare l'efficacia dell'azione. Inoltre è comunque importante per l'insegnante conoscere la situazione iniziale della classe, per poter meglio dirigere il proprio intervento.

Naturalmente tutti questi aspetti non sono separati, ma a seconda dell'obiettivo su cui intendiamo focalizzare l'attenzione potremo costruire il questionario in modi diversi, dando più spazio a domande che coinvolgono esercizi e conoscenze di tipo dichiarativo, o invece a domande che intendono portare alla luce convinzioni e misconcetti; inserendo continui inviti alla riflessione ('sei sicuro della risposta che hai dato?') se intendiamo favorire la consapevolezza dell'allievo, o invece privilegiando la varietà e quantità di domande se vogliamo renderci conto della situazione iniziale della classe prima di affrontare un argomento.

---

[12] Con queste diverse finalità l'abbiamo usato nel contesto delle Scuole di Specializzazione per l'Insegnamento Secondario (SSIS) nel modulo tenuto da Vinicio Villani 'Dall'aritmetica all'algebra'. Un esempio di questionario PRIMA/DOPO per il biennio di scuola superiore sul tema delle equazioni è stato invece elaborato da D'Aprile et al. (2004).

8 Strategie per il recupero

Come osservano D'Aprile et al. (2004), se la scheda PRIMA/DOPO vuole sollecitare l'assunzione di responsabilità dello studente riguardo al suo apprendimento, l'adozione di questo modello indica anche una presa di coscienza da parte dell'insegnante della necessità di privilegiare l'autonomia e l'autovalutazione dello studente. Tale presa di coscienza comporta "una graduale transizione verso un'organizzazione della didattica in cui i tempi dedicati alla elaborazione e alla discussione per piccoli gruppi e al confronto nella classe sono prevalenti rispetto a quelli destinati alle lezioni 'frontali'. Bisogna onestamente riconoscere però che questo passaggio non è nè facile nè indolore" (D'Aprile et al., 2004, p. 40).

Potremmo dire che anche questo strumento (come il tema sulla matematica[13]), il cui uso nasce comunque da un'esigenza dell'insegnante di migliorare la propria azione didattica in direzione di un maggior coinvolgimento dell'allievo, può in un primo momento mettere in difficoltà l'insegnante stesso, perché evidenzia problemi che altrimenti rimarrebbero nascosti senza fornire nell'immediato strategie per risolverli. Ma è proprio questa nuova consapevolezza che gli permetterà anche di acquisire gradatamente le strategie necessarie.

Tornando alla generalizzabilità delle strategie e dei materiali descritti, un altro elemento comune alle esperienze presentate è proprio l'importanza riconosciuta alla partecipazione attiva dell'allievo, all'assunzione di responsabilità, al senso dell'attività, legato a sua volta alla percezione di controllabilità ed alla chiarezza degli obiettivi.

L'importanza attribuita a questi aspetti sta alla base del concetto di *laboratorio di matematica*, che estende all'apprendimento della matematica il modello di apprendistato la cui efficacia è riconosciuta in altri contesti, e che come abbiamo accennato nel capitolo precedente è il modo naturale per trasmettere la cosiddetta 'conoscenza tacita' (cfr. Polanyi, 1958).

Il laboratorio di matematica viene così descritto nella Premessa a MATEMATICA 2003, un importante documento alla cui stesura hanno collaborato l'Unione Matematica Italiana ed il Ministero dell'Istruzione, dell'Università e della Ricerca[14]:

---

[13] Per una riflessione sull'esperienza del tema sulla matematica in classe dal punto di vista dell'insegnante si veda Carignani (1999).
[14] *MATEMATICA 2003 - Attività didattiche e prove di verifica per un nuovo curricolo di Matematica -* è dedicato al ciclo secondario. Un'iniziativa analoga per la scuola primaria è *MATEMATICA 2001 - Materiali per un nuovo curricolo di matematica con suggerimenti per attività e prove di verifica (scuola elementare e scuola media)*. Dedicato invece alla quinta classe del ciclo secondario di secondo grado è *MATEMATICA 2004 - Attività didattiche e prove di verifica per un nuovo curriculo di matematica*. I tre documenti sono attualmente scaricabili dal sito dell'Unione Matematica Italiana (http://umi.dm.unibo.it).

8.6 Generalizzando (ovvero: le potenzialità del problem solving)

Il laboratorio di matematica [...] si presenta come una serie di indicazioni metodologiche trasversali, basate certamente sull'uso di strumenti, tecnologici e non, ma principalmente finalizzate alla costruzione di significati matematici. [...]
Il *laboratorio* di matematica non è un luogo fisico diverso dalla classe, è piuttosto un insieme strutturato di attività volte alla costruzione di *significati* degli oggetti matematici. Il laboratorio, quindi, coinvolge persone (studenti e insegnanti), strutture (aule, strumenti, organizzazione degli spazi e dei tempi), idee (progetti, piani di attività didattiche, sperimentazioni).
L'ambiente del laboratorio è in qualche modo assimilabile a quello della bottega rinascimentale, nella quale gli apprendisti imparavano facendo e vedendo fare, comunicando fra loro e con gli esperti [MATEMATICA 2003, p. 23].

Il laboratorio come 'insieme strutturato di attività' e come 'bottega rinascimentale' è lo spazio naturale per attività di problem solving: l'importanza di tale attività è un altro aspetto che emerge da tutte le esperienze descritte, e per di più appare facilmente generalizzabile.

Le finalità con cui il problem solving può essere utilizzato (ed è stato effettivamente utilizzato nelle esperienze descritte) sono diverse: come strumento di prevenzione, di diagnosi, di recupero.

Per quanto riguarda l'aspetto della prevenzione, il problem solving permette di cogliere il senso di certi strumenti matematici e di apprezzarne la potenza. Appare inoltre il contesto ideale per lo sviluppo delle capacità di autoregolazione, relative ai processi di controllo e quindi anche alla presa di decisioni strategiche. Vorrei sottolineare però una differenza a mio parere importante in questi due modi di utilizzare il problem solving: mentre il primo è fortemente legato alla programmazione dei contenuti ed esige quindi una pianificazione attenta dei problemi da utilizzare ed un'articolazione altrettanto attenta di momenti di problem solving e di momenti di sintesi, il secondo si può anche adottare in alcuni momenti isolati dell'orario curriculare, senza un'eccessiva preoccupazione per i contenuti.

Per quanto riguarda l'aspetto del recupero, il problem solving appare un contesto naturale per imparare a prendere *decisioni*, stimolando il soggetto solutore ad assumersi la responsabilità delle proprie scelte, e favorendo quindi il passaggio della responsabilità dell'apprendimento dall'insegnante all'allievo. Inoltre l'attività di soluzione di problemi può contribuire a sradicare una visione distorta dell'attività matematica, ridotta alla memorizzazione di una lista di formule ed alla loro applicazione ad esercizi tutti simili, e ad aumentare la fiducia nelle proprie capacità, laddove c'è la percezione dei progressi fatti. In definitiva, per come abbiamo definito l'atteggiamento verso la matematica, il problem solving appare uno strumento potente per sradicare un atteggiamento negativo verso la matematica.

D'altra parte le decisioni prese durante l'attività di soluzione di problemi sono influenzate dalle convinzioni che un soggetto ha, sulla matematica ma anche sulle proprie capacità: attraverso il problem solving è quindi possibile portare alla luce eventuali convinzioni scorrette o comunque debilitanti che l'allievo ha sulla matematica e su di sé come solutore di problemi, favorendo da parte dell'insegnante il processo di interpretazione necessario per pianificare un intervento di recupero mirato.

L'efficacia del problem solving in relazione alle fasi di prevenzione, diagnosi, recupero sono legate alle sue potenzialità in relazione allo sviluppo ma anche all'accertamento delle abilità metacognitive, delle convinzioni, delle emozioni, ed in definitiva degli atteggiamenti.

Per quanto riguarda le *abilità metacognitive*, il problem solving è unanimemente riconosciuto come il contesto naturale per svilupparle e riconoscerle.

Le proposte che provengono da vari ricercatori impegnati in tal campo insistono inoltre su altri punti comuni:
- l'importanza del lavoro collaborativo fra gli allievi;
- il ruolo dell'insegnante, che deve fare domande piuttosto che dare risposte, e attraverso queste domande stimolare processi di pensiero significativi, piuttosto che guidare semplicemente verso la soluzione corretta.

Non è facile per l'insegnante assumere questo ruolo, ma l'esperienza come sempre rende possibile un cambiamento graduale.

Ad esempio Garofalo, Kroll e Lester (1987) descrivono un progetto finalizzato allo sviluppo delle capacità metacognitive in studenti di 12-13 anni. L'attività di problem solving descritta avviene collettivamente o individualmente, e l'insegnante:
- dirige le discussioni con l'intera classe su un problema da risolvere;
- osserva, fa domande, guida gli studenti mentre risolvono problemi;
- guida la discussione con l'intera classe nei tentativi di soluzione;
- aiuta gli studenti a costruire un repertorio di euristiche e strategie di controllo.

In definitiva l'insegnante assume di volta in volta diversi ruoli: monitore esterno, facilitatore dello sviluppo metacognitivo degli studenti, modello di comportamenti metacognitivi.

Tali metodologie si ritrovano nelle tecniche suggerite da Schoenfeld (1987) per lo sviluppo delle capacità metacognitive, anche se egli le utilizza in corsi di problem solving con studenti di scuola superiore 'bravi' in matematica. In particolare questi corsi prevedono che l'attività di problem solving in classe sia realizzata collettivamente, con l'insegnante come moderatore, o a piccoli gruppi. Compito dell'insegnante in ogni caso non è guidare gli studenti alla soluzione corretta, ma aiutarli a far rendere al massimo quello che essi stessi generano, e a riflettere sui propri processi. Nella discussione in classe sui problemi la presenza dell'insegnante è quella di un moderatore che "forza la classe a focalizzare l'attenzione su decisioni di controllo". Nell'attività a piccoli gruppi l'insegnante assume lo stesso ruolo, ponendo domande, all'interno dei gruppi, quali:
- "Cosa state facendo esattamente?"
- "Perché lo state facendo?"
- "Come vi può aiutare?"

8.6 Generalizzando (ovvero: le potenzialità del problem solving)

Campione, Brown e Connell (1988) invece riportano un'attività specifica per il recupero: il loro progetto estende alla matematica un'esperienza di apprendimento cooperativo realizzata nel contesto della lettura.

L'attività riguarda i primi problemi verbali in contesto algebrico. Vengono scelti nel gruppo del 'recupero' gli studenti che mostrano una certa abilità nell'eseguire correttamente algoritmi, ma che non sembrano aver compreso i concetti che stanno dietro questi algoritmi. Ad esempio, sono studenti che danno la risposta giusta ma non sono in grado di 'difendersi' se vengono loro proposte risposte alternative.

Come nell'esperienza realizzata per la lettura, gli studenti lavorano in piccoli gruppi insieme ad un istruttore. Gli studenti e l'insegnante a turno assumono il ruolo di leader del gruppo e di 'aiutanti' del leader: queste 'guide d'apprendimento' guidano il gruppo nel lavoro su tre lavagne destinate a aiutare gli studenti a procedere sistematicamente. La traccia lasciata in questo modo costituisce anche una registrazione esterna del processo risolutivo del gruppo, che può essere quindi monitorato, valutato, e fatto oggetto di riflessione a posteriori.

Le tre lavagne sono:
(1) la lavagna del Pianificare, dove il gruppo scrive i fatti rilevanti del problema verbale;
(2) la lavagna del Rappresentare, dove il gruppo disegna diagrammi che illustrano il problema;
(3) la lavagna del Fare, dove il gruppo traduce il disegno in equazioni appropriate e calcola la risposta.

Gli studenti discutono il proprio approccio e si aiutano l'uno con l'altro a riflettere sulla traccia del loro lavoro collettivo (v. fig. 8.11).

Anche ricercatori italiani hanno utilizzato il problem solving per lo sviluppo di abilità metacognitive. Ad esempio il gruppo di Modena coordinato da Nicolina Malara (Malara, 1993) ha portato avanti un progetto finalizzato a migliorare l'abilità di risoluzione di problemi, con un'enfasi esplicita alle abilità metacognitive coinvolte. Gli allievi lavorano individualmente su problemi di tipo logico, volutamente distanti da situazioni problematiche aperte in campi di esperienza tipici del mondo reale. Questa scelta è piuttosto originale ed interessante sotto diversi punti di vista; in particolare "offre il vantaggio che a volte è l'insegnante che viene sfidato dagli stessi allievi e ciò gli consente di *mostrare in diretta* come egli si pone di fronte ad un problema nuovo e attraverso quali percorsi, a volte anche infruttuosi, giunge alla soluzione" (Malara, 1993, p. 932). Si sottolinea cioè il ruolo dell'insegnante come *modello* di comportamenti metacognitivi.

L'articolo è utile anche perché offre numerosi esempi di problemi di questo tipo (e la difficoltà di trovare 'bei' problemi è spesso un freno per realizzare attività di problem solving in classe).

8 Strategie per il recupero

Fig. 8.11 Le tre lavagne

Testo del problema: «*Harry ha mangiato un hamburger ed ha bevuto un bicchiere di latte per un totale di 495 calorie. Il latte conteneva metà delle calorie del sandwich. Quante calorie conteneva il latte, e quante il sandwich?*».

Lavagna del Pianificare	Lavagna del Rappresentare	Lavagna del Fare
Un hamburger e un bicchiere di latte insieme hanno 495 calorie. Il latte contiene metà delle delle calorie dell'hamburger. H= calorie dell'hamburger L= calorie del latte	(diagramma con 495, H, L)	$H + L = 495$

Lavagna del Pianificare	Lavagna del Rappresentare	Lavagna del Fare
Un hamburger e un bicchiere di latte insieme hanno 495 calorie. Il latte contiene metà delle delle calorie dell'hamburger. H= calorie dell'hamburger L= calorie del latte	(diagrammi con 495, H, L, L, L)	$H + L = 495$ $L + L + L = 495$ $495 : 3 = 195$

Sull'importanza dei processi di controllo nel problem solving sono particolarmente interessanti i lavori di Elisa Gallo (si veda ad esempio Gallo, 1994; Gallo, Amoretti e Testa, 1992). Secondo Gallo è proprio la presenza / assenza di processi di controllo che caratterizza un compito come problema o invece come esercizio: con questa premessa anche i comportamenti attivati da un allievo in esercizi standard di tipo algebrico possono essere letti alla luce delle teorie del problem solving.

La studiosa analizza i legami possibili fra il modello mentale messo in atto dall'allievo e le sue azioni, introducendo il concetto di controllo *ascendente* (dall'azione al modello) e *discendente* (dal modello all'azione). Tenendo conto del grado di strutturazione del modello mentale (formato / non formato) e del suo grado di applicabilità al problema (adeguato / non adeguato), è possibile identificare 4 situazioni (Ackermann-Valladao et al., 1983):
1) Il modello evocato è ben formato ed adeguato.

8.6 Generalizzando (ovvero: le potenzialità del problem solving)

2) Il modello si è formato in situazioni precedenti per cui era pertinente, ma non è adeguato in quella presente, e quindi non porta alla risoluzione del problema.
3) Il modello è adeguato ma in formazione, lacunoso.
4) Il modello non è nè formato, nè adeguato.

Secondo Gallo il controllo appare cruciale nei casi 2 e 3: è proprio grazie all'azione di controllo che il soggetto produce, o non produce, un modello ad hoc per il problema da risolvere. Il controllo agisce in forma discendente nel momento della scelta delle risorse e del loro uso per il raggiungimento dell'obiettivo, ed in forma ascendente nello stadio in cui le risorse sono adattate al contesto del problema da risolvere. Nel caso 2 il controllo di tipo *discendente*, dalle rappresentazioni del soggetto alla sua attività, ha lo scopo di fornire informazioni *ascendenti* che possano portare modificazioni a livello rappresentativo. Nel caso 3 la costruzione del modello si realizza attraverso un atteggiamento di esplorazione, ai fini di integrare gli elementi necessari alla risoluzione del problema: prevale dunque un controllo *ascendente*, che ha lo scopo di proseguire la formazione del modello, il quale, successivamente, esercita un controllo *discendente* sulle azioni.

In questo approccio appaiono particolarmente significativi i passaggi da un modello all'altro e le reinterpretazioni globali del problema seguite da una nuova fase di risoluzione: la risoluzione di un problema appare quindi costituita da una successione di *cicli interpretativi*, in cui ogni ciclo corrisponde ad una temporanea rappresentazione del problema.

Fra i tanti lavori di ricercatori italiani su questi temi mi limito a citarne ancora alcuni del gruppo di Genova (Bondesan, 1994; Scali, 1994), in quanto offrono esempi significativi di azioni mirate allo sviluppo di abilità metacognitive in ambito problem solving con allievi in difficoltà delle prime classi di scuola elementare.

Nelle ricerche che abbiamo riportato il problem solving veniva realizzato secondo tre modalità diverse:
– individualmente;
– in piccoli gruppi;
– collettivamente dall'intera classe.

Un'ulteriore possibilità non prevista negli studi precedenti è il problem solving a coppie, che viene utilizzato spesso per mettere in luce i processi metacognitivi di un soggetto durante la risoluzione di un problema (Schoenfeld, 1983a). La situazione a due, infatti, 'forza' in qualche modo ognuno dei componenti a portare allo scoperto le proprie riflessioni: tale processo di esplicitazione presenta molte difficoltà per ragazzi non educati in questo senso, ma può essere facilitato con un'opportuna scelta del problema.

Ad esempio l'attività di recupero nelle scuole superiori descritta nel secondo paragrafo era basata proprio sul problem solving a coppie, in conseguenza dell'ipotesi che una possibile causa delle difficoltà degli studenti fosse da ricercarsi nell'atteggiamento di *fatalismo*: l'assunzione di responsabilità che il problem solving a coppie impone può essere determinante per modificare tale atteggiamento, e rimuovere convinzioni ed emozioni perdenti.

Come dicevamo, le potenzialità del problem solving investono anche convinzioni, emozioni ed in definitiva atteggiamenti.

Il problem solving è ad esempio il contesto naturale per portare alla luce eventuali convinzioni 'bloccanti' che un allievo ha costruito sulla matematica e su di sé: il fatto che queste convinzioni emergano durante l'attività matematica le rende più significative di quelle che possono essere dichiarate in un contesto separato dalla pratica come può essere la risposta a un questionario. D'altra parte come abbiamo già osservato il problem solving è prezioso anche per prevenire o superare una visione distorta della matematica od uno scarso senso di auto-efficacia. L'essere coinvolti in prima persona in un'attività matematica significativa favorisce da un lato l'assunzione della responsabilità dell'apprendimento e l'investimento di risorse, dall'altro una visione della matematica come disciplina di processi più che di prodotti, dinamica e viva.

Infine le potenzialità del problem solving investono anche il campo delle emozioni. I matematici conoscono bene l'alternanza di emozioni che può dare un problema, soprattutto un problema di ricerca: emozioni come la curiosità, l'eccitazione, la gioia e l'orgoglio si alternano continuamente ad altre quali la noia, la frustrazione, la rabbia. Quello che sembra caratterizzare l'esperto dal punto di vista emozionale è il modo diverso, più produttivo, di gestire le emozioni negative (McLeod, Metzger e Craviotto, 1989), in cui probabilmente gioca un ruolo cruciale il senso di auto-efficacia che in genere l'esperto possiede.

Il problem solving è quindi una palestra di educazione emozionale, in cui l'allievo può imparare a riconoscere e gestire le emozioni negative ed a sostenere l'azione intrapresa nonostante gli inevitabili momenti di difficoltà e di blocco (v. Di Martino, 2001). È quindi anche un contesto naturale da un lato per educare alla gestione di alcune tipiche emozioni negative associate alla matematica, quali ansia, rabbia, frustrazione, dall'altro per scoprire emozioni positive quali curiosità e soddisfazione.

In definitiva per come abbiamo definito l'atteggiamento verso la matematica il problem solving appare lo strumento ideale per sviluppare un atteggiamento positivo verso la matematica, e per riconoscere, prevenire e superare atteggiamenti negativi come ad esempio il fatalismo, caratterizzato da una visione distorta della disciplina o da uno scarso senso di auto-efficacia.

8.7 Una proposta per la scuola di base

Le riflessioni fatte fin qui sul problem solving sottolineano l'opportunità di dedicare spazio a questo tipo di attività nella pratica didattica: ma l'insegnante può avere qualche resistenza all'idea di avventurarsi in un'esperienza nuova e di mettere in discussione il proprio modo di insegnare senza aver ben chiaro come procedere.

Un modo per sperimentare un approccio diverso all'attività di soluzione di problemi senza che questo richieda uno stravolgimento totale dei programmi e della pratica didattica è quello di dedicare al problem solving uno spazio

8.7 Una proposta per la scuola di base

specifico, ritagliato all'interno dell'orario curriculare (un'ora alla settimana o ogni quindici giorni).

Per sottolineare la praticabilità di questa scelta, che può costituire a mio parere anche un primo passo verso un cambiamento graduale nel modo di *fare matematica* in classe, in questo paragrafo sintetizziamo in una proposta di lavoro concreta i suggerimenti emersi fin qui: la proposta riguarda la scuola di base, la più 'sacrificata' dalla selezione di esperienze descritte nei primi paragrafi.

Chi volesse dedicare uno spazio all'attività di problem solving si trova immediatamente a dover prendere alcune decisioni: la scelta dei problemi da proporre, ma anche della metodologia da utilizzare, che non riguarda solo le modalità di organizzazione del lavoro in classe, ma anche – e soprattutto - il ruolo dell'insegnante.

Abbiamo già detto infatti che per favorire le abilità di problem solving il docente deve agire come un monitore esterno, che stimola i processi risolutivi degli allievi con opportune domande, ma non dà risposte, non corregge gli errori, e soprattutto sa aspettare i tempi degli allievi senza anticipare 'come si fa'. Non è facile per un insegnante abituato a correggere immediatamente gli errori assumere questo nuovo ruolo: soprattutto non è facile accettare che un problema possa rimanere senza soluzione per ore o addirittura giorni.

Mi ricordo a questo proposito un episodio accaduto nel contesto di un'attività di formazione articolata in diversi incontri. Un'insegnante della scuola superiore voleva fortemente provare quest'esperienza, ma temeva di non essere in grado di assumere il nuovo ruolo richiesto: "Non ce la faccio! E' più forte di me: se sbagliano non mi riesce star zitta!" L'incontro successivo la vedo arrivare trionfante e le chiedo com'è andata. "Ce l'ho fatta!" - mi risponde - "Quando sentivo che non riuscivo a star zitta uscivo dall'aula!". La consapevolezza e l'attivazione di processi di controllo che si riconoscono in questo comportamento possono assumere naturalmente altre forme, forse più organizzate e rassicuranti: ad esempio può essere d'aiuto all'insegnante esplicitare le regole che governano l'attività di problem solving in classe, arrivando eventualmente a stendere una sorta di 'Regolamento' cui far riferimento nelle situazioni di difficoltà. Questo darebbe anche enfasi all'attività, e richiamerebbe fin dall'inizio l'assunzione della responsabilità degli allievi, che dovranno attivare sui propri comportamenti dei processi di controllo, senza delegarli all'insegnante.

Un'altra scelta importante relativa alla metodologia è quella che riguarda le modalità di organizzazione del lavoro in classe. Da soli o in gruppo? E se in gruppo, di quanti elementi? Gruppi omogenei o eterogenei? Sullo stesso problema o su problemi diversi? E come gestire i tempi diversi? Come evitare il rischio che qualcuno 'bruci' un problema in pochi minuti?

Riguardo l'opzione lavoro individuale / in gruppo, ritengo che il lavoro collaborativo in matematica sia importante non solo perché lo scambio comunicativo stimola la nascita di idee e quindi il pensiero creativo, ma anche perché forza all'esplicitazione delle proprie idee ed alla necessità di argomentarle, in definitiva ancora una volta all'assunzione di responsabilità. L'assunzione di ruoli, che caratterizza questa modalità operativa, favorisce lo sviluppo dell'autonomia personale, che si sostanzia nel prendere decisioni e nel valutare e controllare processi. Ciò che di solito viene positivamente sviluppato emerge sia a livello disciplinare che a livello relazionale[15].

Inoltre l'organizzazione del lavoro a gruppi dà all'insegnante preziose occasioni di osservare gli allievi mentre parlano e discutono fra loro di matematica, mentre *fanno* matematica. Il lavoro a gruppi ed il lavoro individuale non sono comunque contrapposti: su uno stesso problema è possibile prevedere momenti di riflessione individuale alternati a momenti di lavoro di gruppo.

Sulla omogeneità o meno del gruppo il mio parere è che se vogliamo che tutti i componenti siano coinvolti e si assumano la responsabilità del lavoro, è opportuno che all'interno del gruppo stesso non ci siano differenze troppo forti, o meglio, percepite come tali. A volte la scelta del gruppo eterogeneo nasconde l'esigenza dell'insegnante di poter avere comunque un prodotto concluso: l'elemento trainante del gruppo lo può garantire. Ma se invece vogliamo stimolare i processi, occorre creare le condizioni perché ogni allievo sappia di poter portare un contributo significativo, e non si senta bloccato o giustificato dalla presenza di un compagno percepito come 'più bravo'.

Detto questo, per l'organizzazione del lavoro in classe a mio parere è solo sperimentando forme diverse di organizzazione che si possono valutare i pro e i contro delle diverse opzioni, e scegliere quindi la più adeguata alle proprie esigenze: le risposte che darò di seguito vanno intese quindi solo come possibili ipotesi di lavoro iniziale, che fanno riferimento anche ad esperienze di questo tipo effettivamente realizzate.

Il problema della gestione dei tempi diversi degli allievi si intreccia con quello della scelta fra dare problemi diversi o dare invece lo stesso problema a tutti i gruppi. Un compromesso praticabile è quello di dare uno stesso problema a tutti, quello su cui poi i gruppi si confronteranno, e di prevedere però per i gruppi più veloci altri problemi: ad esempio 'pescati' da un apposito contenitore, in modo da sottolineare ulteriormente l'autonomia degli allievi in questa attività.

Il rischio che qualcuno 'bruci' il problema in pochi minuti si riduce in due modi: da un lato insistendo sempre sulla richiesta di verbalizzare i processi di pensiero seguiti per arrivare alla soluzione (e questo può essere una fatica, peraltro utile, per chi ha dato una risposta corretta basata sull'intuizione), dall'altro, e direi soprattutto, con una scelta mirata dei problemi da proporre.

Per quanto riguarda il primo aspetto, la richiesta di descrivere accuratamente i processi di pensiero seguiti trova una motivazione naturale - un *senso* – nella necessità di lasciare una traccia e di confrontarsi con i compagni durante la fase di discussione che conclude il lavoro su un problema: questo

---

[15] Per un approfondimento sulle potenzialità del lavoro collaborativo rimando a Pesci (2004).

8.7 Una proposta per la scuola di base

confronto fra i processi risolutivi dei vari gruppi è un momento importante dell'attività, così come la riflessione che segue questo confronto. Per gli allievi abituati ad eseguire piuttosto che a creare, a riprodurre piuttosto che a produrre, queste richieste possono risultare inizialmente difficili da soddisfare o addirittura da capire; ma data l'importanza delle competenze linguistiche che si affinano con la richiesta di verbalizzazione, è importante insistere anche davanti alle resistenze degli allievi, che gradatamente accetteranno come naturale questo tipo di richiesta.

Il secondo aspetto, e cioè la scelta mirata dei problemi, ci porta ad uno dei punti cruciali cui avevamo accennato all'inizio: quali problemi scegliere? Come costruire un repertorio adeguato?

Per quanto detto finora i problemi che si prestano ad un'attività di problem solving come quella descritta devono avere certe caratteristiche:
- essere sufficientemente 'difficili' da non consentire una risposta immediata;
- consentire a tutti gli allievi la possibilità di esplorare e di costruire percorsi risolutivi anche parziali (in altre parole non devono essere del tipo 'tutto o niente');
- prevedere la possibilità di diversi approcci (grafico, manipolativo, ...) e di diversi processi risolutivi.

Non è facile trovare sui libri di testo problemi di questo tipo, ed alcuni insegnanti superano questa difficoltà utilizzando quiz e giochi tratti da riviste di enigmistica o di divulgazione scientifica. Altri fanno riferimento ai problemi stimolanti proposti in occasione di gare matematiche. Ad esempio dal sito dell'Università Bocconi si può accedere alle informazioni relative ai *Campionati Internazionali di Giochi matematici* organizzati dal Centro Pristem: insieme ai testi delle gare passate si possono trovare anche quelli per l'allenamento, suddivisi in cinque categorie (CE, per gli alunni di quarta e quinta elementare; C_1, per gli studenti di prima e seconda media; C_2, per gli studenti di terza media e prima superiore; L_1, per gli studenti di seconda, terza e quarta superiore; L_2, per gli studenti di quinta superiore). Il Dipartimento di Matematica dell'Università di Milano cura invece il concorso *Kangourou della Matematica*, in collegamento con l'associazione internazionale *Kangourou sans frontières*: anche in questo caso sul sito si trovano i testi e le soluzioni delle varie edizioni dei giochi.

Naturalmente dato che questi problemi sono stati pensati per essere utilizzati in attività diverse da quella che qui proponiamo (ad esempio alcuni di essi prevedono risposte a scelta multipla), l'insegnante dovrà selezionare ed eventualmente poi adattare quelli più adeguati agli scopi che si prefigge.

Anche il documento dell'UMI già citato nel paragrafo precedente - *MATEMATICA 2001. Materiali per un nuovo curricolo di matematica con suggerimenti per attività e prove di verifica* - è ricco di situazioni problematiche significative, presentate in realtà come attività didattiche articolate più che come problemi da assegnare senza ulteriori indicazioni, ma a mio parere adattabili ad un'attività di problem solving come quella qui descritta.

8 Strategie per il recupero

Un'altra ricca fonte di problemi stimolanti è il Rally Matematico Transalpino (RMT), una gara di matematica fra classi rivolta agli alunni del secondo ciclo elementare e della scuola media. Nato nel 1992 in Svizzera, il RMT si è esteso presto ad altri Paesi (Italia, Francia, Lussemburgo, Quebec, Repubblica Ceca, Israele). Il Rally si propone, tra i suoi obiettivi, di fare matematica attraverso la risoluzione di problemi; di sviluppare le capacità di lavorare in gruppo sentendosi responsabili; di imparare a 'parlare di matematica' (Crociani, Doretti e Salomone, 2004). I problemi proposti, motivanti per gli alunni, presentano infatti situazioni per le quali non si dispone di una soluzione immediata e che conducono ad inventare una strategia, a fare tentativi, a verificare, a giustificare la soluzione. Dopo la prova, i problemi possono essere riesaminati sia individualmente sia in gruppo per la ricerca di altri possibili percorsi risolutivi o per un' analisi delle procedure emerse. Inoltre possono essere utilizzati per la presentazione, per lo sviluppo o l'approfondimento, per la verifica degli argomenti oggetto d'insegnamento. La capacità di lavorare insieme agli altri è sollecitata dall'organizzazione del lavoro che il RMT prevede: la classe si suddivide in gruppi ognuno dei quali si assume il compito di risolvere uno o più problemi. In questo modo gli alunni hanno l'occasione di imparare ad organizzarsi, dividersi il lavoro, gestire il tempo, apportare il proprio contributo, accettare quello degli altri e poter comprendere i loro punti di vista, lavorare insieme per un fine comune. Infine l'obiettivo di imparare a 'parlare di matematica' viene perseguito stimolando gli alunni a discutere sull'interpretazione del testo del problema, sulla scelta delle strategie risolutive e sulla rappresentazione più opportuna, a sostenere le proprie affermazioni, a verificare il lavoro svolto.

L'esperienza pluriennale del Rally ha consentito la costruzione di un ricco archivio di problemi, accompagnato da osservazioni sui processi risolutivi, che può essere utile anche per un'attività di lavoro in classe come quella qui proposta: una selezione di problemi è stata pubblicata in un libricino dal titolo *Problemi che passione!* (Grugnetti e Jacquet, 1998), e gli Atti dei convegni annuali dedicati al RMT (bilingue: in italiano e francese) sono molto ricchi di articoli che contengono analisi critiche dei problemi sperimentati (si veda ad esempio Grugnetti, Jaquet e Schmit, 2004). Inoltre i testi dei problemi proposti nelle varie sessioni del Rally sono pubblicati periodicamente sulla rivista *L'Educazione matematica*, dove compaiono anche articoli di analisi approfondita su problemi che si sono rivelati particolarmente interessanti.

Nel contesto dell'aritmetica ed algebra problemi significativi per la scuola di base si possono trovare all'interno delle Unità del già citato Progetto ArAl (AA.VV., 2003-2006); per l'insegnante è di considerevole aiuto il fatto che le attività proposte sono state ampiamente sperimentate, e che il testo è accompagnato da commenti (frutto dell'analisi attenta delle trascrizioni delle discussioni realizzate con gli allievi nelle classi coinvolte nella sperimentazione) che possono aiutarlo nella trasposizione delle proposte: scelte metodologiche, dinamiche di classe attivate, elementi chiave dei processi, estensioni, comportamenti potenziali degli alunni, difficoltà che si possono incontrare, e così via. D'altra parte l'obiettivo di fondo di queste Unità è quello di offrire agli insegnanti - prima che dei percorsi didattici - spazi per la riflessione sulle loro conoscenze e sul loro *modus operandi* nelle classi.

Tutti i progetti e le esperienze citate sottolineano l'importanza di un lavoro collaborativo fra insegnanti (possibilmente di scuola elementare e media insieme) nella progettazione, realizzazione e valutazione delle attività proposte. Nel caso del problem solving questa collaborazione è preziosa per l'individuazione e la selezione dei problemi da proporre, così come per il confronto che segue alla realizzazione dell'attività in classe, e può portare gli insegnanti a costruire *un'antologia di problemi* all'interno della scuola. L'inserimento di un problema in questa antologia è un processo lungo, che si articola in varie fasi. Nella prima fase ogni insegnante propone uno o più problemi (motivandone la scelta) e quindi gli insegnanti insieme ne selezionano alcuni. Nella seconda fase gli insegnanti a gruppi 'provano' un problema nelle proprie classi (non necessariamente parallele o dello stesso ciclo): ognuno di loro prevede i processi risolutivi degli allievi, descrive attentamente l'organizzazione del lavoro scelta, osserva i comportamenti degli allievi, prende nota della discussione che scaturisce dal confronto dei processi risolutivi, riflette sulle potenzialità del problema per richiamare concetti o argomenti già affrontati o per introdurne di nuovi, registra gli aspetti positivi e negativi emersi nell'attività. Nella terza fase queste osservazioni vengono poi confrontate e discusse. Eventualmente da questo confronto può nascere l'esigenza di ulteriori prove in classi diverse, magari integrando in un nuovo tipo di organizzazione del lavoro gli aspetti positivi emersi dalle differenti modalità utilizzate (numerosità dei gruppi, articolazione e gestione dei tempi, ...).

In questo modo ogni insegnante contribuisce alla costruzione di un repertorio ragionato di problemi che diventerà patrimonio condiviso degli insegnanti della scuola e che di anno in anno potrà poi essere arricchito. Anche le osservazioni che accompagnano i testi dei problemi possono essere aggiornate ogni volta e lasciare così una traccia nel tempo: una 'storia' degli allievi, degli insegnanti stessi, della scuola nel suo complesso, che può costituire per tutti un riferimento.

Per esemplificare il processo che porta all'inserimento di un problema in questa antologia, vediamo brevemente un esempio relativo ad un'attività attualmente in corso presso l'Istituto Comprensivo Gamerra di Pisa, all'interno di un laboratorio di sperimentazione del curricolo verticale di matematica che sto seguendo in qualità di 'esperto' esterno: il problema - Il giardino del signor Torquato' - è stato scelto dagli insegnanti da una raccolta di problemi tratti dal RMT.

8 Strategie per il recupero

Problema
Il giardino del signor Torquato

Questo è il giardino del signor Torquato:

Nella parte grigia egli ha piantato fiori e ha seminato a prato la parte bianca.
Il signor Torquato osserva il suo giardino e si chiede:
  "Sarà maggiore la parte con i fiori o quella con il prato?"

E voi che cosa ne pensate?
Spiegate la vostra risposta.

Gli insegnanti che partecipano al laboratorio motivano così la scelta di questo problema:
– si inserisce naturalmente nel curricolo di geometria (tutti i docenti lavorano sui concetti di area e di equiscomponibilità);
– è adatto sia per le classi della scuola secondaria che per quelle terminali della primaria e può quindi essere proposto in entrambi gli ordini di scuola per ricavarne elementi di riflessione sul curricolo;
– può essere risolto con modalità diverse e quindi può essere interessante sia per gli insegnanti che per gli alunni rilevare e discutere le varie strategie applicate;
– il supporto grafico rende più facile agli alunni la spiegazione della risoluzione e anche la lettura di essa da parte dell'insegnante.

Il problema viene assegnato nelle classi prime e seconde della scuola media ed in alcune quinte della scuola elementare. Non mi soffermo sui processi risolutivi degli allievi, per i quali rimando all'analisi di Jaquet (2004), fatta a partire dai dati raccolti nel RMT. Quello che qui mi interessa sottolineare è che la sperimentazione conferma le potenzialità ipotizzate dalle insegnanti al momento della scelta: gli approcci degli allievi sono vari (chi taglia il disegno con le forbici, chi misura, chi lavora 'solo' con la mente...) così come vari sono i processi risolutivi messi in atto (chi divide la figura in parti opportune e ragiona per simmetria, chi cerca di calcolare l'area direttamente, chi per differenza, ...). Ma oltre a queste potenzialità previste al momento della scelta, il problema ne porta alla luce anche altre non previste, alcune delle quali legate proprio alle difficoltà che si vengono ad evidenziare.
  L'approccio al problema più frequente consiste nel misurare con il righello i lati del quadrilatero 'grigio', per poi cercare di calcolarne l'area direttamente o attraverso la scomposizione in triangoli rettangoli. Nel fare questi tentativi gli allievi si scontrano con la difficoltà di ricondurre il quadrilatero a uno dei poligoni studiati o di trovare l'altezza relativa all'ipotenusa dei triangoli ret-

8.7 Una proposta per la scuola di base

tangoli, dato che i cateti non vengono riconosciuti come altezze. Non riuscendo a calcolare l'area delle due figure alcuni allievi utilizzano le misure ottenute per calcolarne il perimetro e fanno quindi un confronto dei due perimetri.

Queste difficoltà in un primo momento disorientano le insegnanti, che davano per acquisite certe conoscenze ed abilità. Oltre alla scarsa dimestichezza con i concetti di area, perimetro, equiestensione, altezza, emerge inoltre una visione strumentale dell'attività matematica - in particolare nel contesto della geometria - che pare identificata con l'applicazione di formule. Ma in positivo queste difficoltà evidenziate dagli allievi danno preziose informazioni e suggerimenti per il lavoro futuro, indicando insieme alcuni obiettivi da perseguire - lo sradicamento dei misconcetti e delle convinzioni emerse - e alcune strategie per raggiungerli: la tipologia di problema proposto può infatti contribuire a superare l'approccio strumentale alla materia, dato che la strategia di risoluzione non è affidata ad una mera questione di calcolo, ma anche e soprattutto alla padronanza di concetti fondanti, all'osservazione e alla logica.

Il commento delle insegnanti è in definitiva positivo: le riflessioni finali degli allievi sull'esperienza - pur se ancora ingenue - evidenziano che è stata 'catturata' la loro attenzione sulle proprietà delle figure, sul linguaggio, sulle relazioni, sugli errori commessi. Queste prime osservazioni vengono viste dalle insegnanti come trampolini di lancio che porteranno più o meno lontano ma che comunque promuovono negli allievi l'atteggiamento didatticamente più proficuo: quello di investire in un'indagine conoscitiva tutte le risorse della classe senza farsi prendere dall'ansia del tempo e dalla paura della valutazione dell'insegnante.

Il problema alla prova dei fatti può quindi definirsi 'esemplare', efficace per verificare la comprensione dei concetti di area, perimetro, equiestensione e può costituire un buon riferimento per affrontare questioni analoghe. Può quindi diventare patrimonio di tutti i docenti entrando a pieno titolo nell'antologia dei problemi dell'Istituto e nel curricolo verticale di geometria.

In un intero anno scolastico i problemi che si possono affrontare in questo modo non sono molti, ma la metodologia con cui sono stati affrontati fa sì che gli allievi siano in grado di ricordarne tutti gli aspetti significativi: in altre parole questi problemi vengono a costituire un'esperienza condivisa cui la classe può fare riferimento nelle esperienze d'apprendimento che verranno. Questo ruolo dei problemi può essere enfatizzato invitando gli allievi a raccoglierne i testi in un quaderno, insieme ai processi risolutivi ed alle riflessioni emerse dal confronto: un'antologia che conserva le tracce del lavoro fatto.

Come emerge da queste brevi osservazioni e come del resto è messo in evidenza anche dai ricercatori coinvolti nei Progetti ArAl e nel RMT, il confronto fra gli insegnanti sulla progettazione dell'attività di problem solving e sui processi risolutivi messi in atto dagli allievi si configura come una significativa modalità di auto-formazione, che porta gli insegnanti ad acquisire consapevolezza della propria visione della matematica e dell'apprendimento, e – attraverso il confronto con i colleghi - della molteplicità possibile di queste visioni; ma anche ad evidenziare le proprie aspettative sui processi degli allievi e quindi a metterle in discussione.

Un'ultima osservazione. La scelta che abbiamo descritto di dedicare uno spazio specifico al problem solving può essere a mio parere una strategia per avvicinare gli allievi - ed eventualmente anche l'insegnante - ad un'attività di effettiva soluzione di problemi, soprattutto con allievi che devono 'ricostruire' una visione della matematica distorta. In realtà il problem solving costituisce un atteggiamento dell'insegnante, un approccio trasversale all'apprendimento della matematica che non può essere rinchiuso in uno spazio specifico per poi essere magari rinnegato o addirittura contraddetto nella pratica didattica quotidiana. Un'attività di problem solving piena di senso può prendere spunto dalle mille occasioni che si presentano nella vita di classe, e generare problemi su cui fondare poi i significati di attività matematiche significative, come evidenzia il seguente episodio avvenuto in una seconda elementare (Stelli, 2006).

Poco prima dell'uscita dalla scuola quattro bambine - Chiara, Bianca, Silvia e Giada - litigano per stabilire la proprietà dei pinoli raccolti in giardino durante la ricreazione. La maestra 'requisisce' momentaneamente tutti i pinoli promettendo di riparlarne il giorno successivo. La mattina dopo i pinoli sono messi su un tavolo e i bambini e le bambine sono concordi nel definire l'episodio del giorno prima un *problema*: la maestra invita quindi i bambini a fare le loro proposte su *come* tale problema può essere risolto.

Ecco un brano della discussione fra i bambini:

Chiara: O li levi a tutte o ne dai uno per uno.
Bianca: In che senso? Semmai li devi dare uno per uno finché non finiscono.
Silvia: E se sono dispari? E ne avanza uno, solo uno? Allora lo tieni te?
Michele: Se ne avanza uno si può dividere.
Silvia: Come?
Michele: Si può spezzare.
Silvia: Ma non basta per tutte, è troppo piccino.
Riccardo: Si può dare a chi ne ha presi meno.
Bianca: Nessuno ne ha presi di meno se io li do uno a lei, uno a lei, uno a lei e uno a me. Se li ho dati bene sono uguali e allora quello che avanza non lo puoi dare a nessuno.
Silvia: E se ce n'è uno di meno?
Giada: Lo rilevi a tutte.
Michele: Se manca si leva il precedente.
Silvia: Se ne manca uno, a ricreazione qualcuno prenderà un pinolo in giardino e lo dà a chi manca.

A questo punto qualcuno propone di distribuire i pinoli a tutti i bambini e le bambine della classe.

Giada: Si potrebbero contare e se sono 15 [*n.d.r.: il numero degli alunni della classe*] si danno alla classe, se sono di meno, ad esempio 8, si danno 2 a me, 2 a Chiara, 2 a Silvia, 2 a Bianca.
Silvia: A vederli sono di più.

I pinoli vengono contati e risultano 63.
La maestra chiede a una delle quattro bambine:

I.: Quanti ne devi prendere per essere sicura di darne intanto uno a ciascuno?
[La bambina prende 15 pinoli e ne dà uno per uno].
I.: Ne puoi distribuire ancora ?

A turno, le altre tre bambine distribuiscono i pinoli, fino a che ne rimangono 3 e i bambini decidono di regalarli alla maestra.

Questa esperienza, così coinvolgente e perciò piena di 'senso', sarà un punto di riferimento importante per la costruzione di ulteriori apprendimenti successivi, in particolare per la costruzione del significato della divisione.

Dicevo che il problem solving dovrebbe costituire un approccio di tipo trasversale, più che uno spazio circoscritto all'interno della programmazione curricolare: ma lo può anche diventare *gradatamente*. Gradatamente infatti l'insegnante che sperimenta attività come quelle descritte scopre potenzialità inaspettate negli alunni; scopre la possibilità che gli allievi facciano matematica con piacere e investendo risorse; scopre nuove possibilità di osservazione e nuove strategie; impara in definitiva una gestione del tempo e degli errori diversa da quella che caratterizza la prassi scolastica standard, e *gradatamente* la fa propria e la generalizza.
    Anche le testimonianze dei progetti che riconoscono ai problemi un ruolo centrale, come il Rally o il Progetto ArAl, sono molto chiare in questo senso: attraverso questa esperienza l'insegnante lentamente *cambia*, e soprattutto prende gusto al cambiamento.

8.8 L'insegnamento come problem solving

La proposta descritta nel paragrafo precedente ha messo in evidenza la quantità e qualità di decisioni che l'insegnante si trova a dover prendere quando progetta e realizza un'attività di problem solving. Ma l'importanza dei processi decisionali si estende a qualsiasi azione didattica che l'insegnante mette in atto, e deriva dall'intrinseca complessità del processo d'insegnamento, a sua volta legata alla complessità del processo d'apprendimento, alla quantità di variabili in gioco, al fatto che in una classe ci sono tanti allievi, e ancora ai vincoli costituiti dai programmi ufficiali, all'interazione con i colleghi, con le famiglie. L'insegnante si trova a dover prendere continuamente decisioni: dalla pianificazione iniziale delle attività alle modifiche dei piani iniziali in base all'interazione con la classe, alla gestione dei casi difficili quali i comportamenti provocatori di alcuni allievi, agli interventi per rimuovere situazioni di difficoltà. Inoltre tutto questo va coniugato, a volte con estrema fatica, con le decisioni dei colleghi, in particolare del consiglio di classe, e con le aspettative o addirittura le pressioni delle famiglie.

L'insegnante in definitiva è un solutore di problemi, un *agente decisionale*, piuttosto che un esecutore di algoritmi stabiliti da altri (Zan, 2000e).

Attività 8.1
Ripensa all'ultima settimana che hai fatto lezione in classe.
Ti sei trovato di fronte a *problemi*?
Hai dovuto prendere *decisioni*?
Descrivi...

Ma se l'insegnamento si configura come situazione di problema piuttosto che di routine, e se quindi l'insegnante si trova a dover prendere continuamente decisioni, possiamo ripetere le riflessioni fatte sul problem solving nel contesto dell'apprendimento dell'allievo: le decisioni prese dall'insegnante saranno influenzate dalle sue *conoscenze*, ma anche dalle sue *abilità metacognitive*, dalle sue *convinzioni*, e dalle sue *emozioni*.

Questo approccio porta in modo naturale a porsi una serie di domande, cruciali in ottica di formazione (Zan, 2003): qual è il repertorio di conoscenze che un insegnante di matematica deve avere per poter prendere decisioni 'adeguate'? Quali convinzioni ed emozioni sono da considerarsi vincenti, e quali perdenti?

Il problema di definire quali conoscenze sono necessarie all'insegnante di matematica è molto dibattuto a livello internazionale (cfr. Fennema e Franke, 1992). Un punto condiviso è che l'insegnante deve avere conoscenze di matematica, e che questa conoscenza non può essere limitata al curriculum effettivamente insegnato ma deve essere più vasta e più profonda, in modo da permettere scelte adeguate in relazione agli argomenti da trattare e alle attività da svolgere[16].

Un altro punto condiviso dai ricercatori è che le conoscenze dell'insegnante di matematica non si possono esaurire nella matematica: l'insegnante deve conoscere anche i programmi, possibilmente non solo quelli del proprio ordine di scuola, e deve avere conoscenze specifiche che gli permettano di presen-

---

[16] In fase di formazione questo sottolinea anche l'opportunità di ripensare criticamente le conoscenze acquisite nel percorso di studi. Suggerisco a questo proposito due recenti testi di Vinicio Villani: *Cominciamo da Zero* (2003) sull'aritmetica e l'algebra, e *Cominciamo dal punto* (2006) sulla geometria.

8.8 L'insegnamento come problem solving

tare i concetti matematici in modo che gli allievi li possano recepire. A questo proposito viene riconosciuta l'importanza di una conoscenza 'pedagogica', che comprende ad esempio le conoscenze riguardo a *come gli allievi apprendono la matematica* (ed in particolare la conoscenza di misconcetti tipici di cui abbiamo parlato nel quarto capitolo): conoscenze queste che rientrano nel campo, relativamente recente, della ricerca in didattica della matematica piuttosto che in quello più 'consolidato' della psicologia dell'apprendimento[17].

Oltre all'importanza delle conoscenze in diversi ambiti, i ricercatori enfatizzano il ruolo della *consapevolezza* da parte dell'insegnante dei propri processi di pensiero (Jaworski, 1994; Mason, 1998), sottolineando che la conoscenza matematica diventa insufficiente se dissociata da tale consapevolezza.

La rilevanza di questo aspetto tipicamente metacognitivo, insieme a quello di saper regolare i propri comportamenti in base a questa consapevolezza, è legata anche al fatto che le abilità metacognitive permettono di minimizzare l'effetto di errori, più che evitare di commetterli. In definitiva l'insegnante metacognitivo, così come l'allievo metacognitivo, sarà un buon solutore di problemi non in quanto non farà errori, ma in quanto saprà minimizzarne gli effetti.

Attività 8.2
Sei consapevole di alcuni tuoi punti deboli / forti nell'insegnamento?
Quali?
Regoli il tuo comportamento di conseguenza?
Come?

Ma è soprattutto sulle *convinzioni* che si è concentrata l'attenzione della ricerca più recente sull'insegnamento: il ruolo delle convinzioni dell'insegnante sulle sue scelte didattiche è infatti ormai unanimemente riconosciuto (cfr. Thompson, 1992; Hoyles, 1992; Krainer, Goffree e Berger, 1999; Leder, Pehkonen e Törner, 2002).

L'attenzione a questo aspetto nasce anche dalla difficoltà più volte osservata di generalizzare sperimentazioni, o di introdurre nelle scuole curricula innovativi: anche se apparentemente gli insegnanti si dichiarano disponibili al progetto e ne condividono lo spirito, la carica innovativa del curriculum si vanifica senza un lavoro preliminare e mirato di formazione. Lo studio di questi problemi (v. Arsac, Balacheff e Monte, 1992) ha messo in evidenza che il tentativo di riprodurre situazioni che hanno funzionato a livello sperimentale fallisce spesso a causa di decisioni impreviste e inadeguate dell'insegnante,

---

[17] Per un'esauriente panoramica su questo campo giovane ma già estremamente variegato si veda ad esempio il testo di Bruno D'Amore *Elementi di Didattica della Matematica* (1999).

causate a loro volta da convinzioni in genere implicite. Ad esempio abbiamo osservato che nel proporre alla classe un'attività di problem solving alcuni insegnanti fanno fatica ad assumere il ruolo di monitore esterno: secondo il loro modo di vedere l'insegnamento della matematica infatti comportamenti quali evitare di dare suggerimenti o evitare di correggere risposte scorrette sono incompatibili con il ruolo di insegnante.

La maggior parte degli studi in questo campo focalizza l'attenzione sulle convinzioni che un insegnante ha sulla matematica - potremmo dire la sua epistemologia personale - e sulle convinzioni che un insegnante ha sull'insegnamento e sull' apprendimento della disciplina.

Come si può immaginare queste convinzioni comprendono in realtà una varietà incredibile di categorie. Qui mi limiterò ad accennare ad alcune tipologie di convinzioni particolarmente significative per le difficoltà in matematica.

Abbiamo sottolineato fin dal primo capitolo che il processo di osservazione dei comportamenti degli allievi, così come il processo di interpretazione spesso implicito che ad esso segue, è fortemente influenzato dalle convinzioni che un insegnante ha costruito nel corso della propria esperienza: come sempre, tali convinzioni interagiscono e si strutturano in vere e proprie teorie. In particolare nel dirigere la propria attenzione a certi comportamenti piuttosto che ad altri l'insegnante è guidato dalle proprie teorie riguardo il successo e il fallimento in matematica, ma anche dalla propria 'teoria implicita della personalità' (cfr. Franta e Colasanti, 1991), che lo porta ad inferire da certi comportamenti quelle caratteristiche degli allievi che ritiene rilevanti.

Un'indagine interessante sulle teorie del successo degli insegnanti di matematica è stata condotta da Irene Baldini e Serena Santini (1997) attraverso un questionario, e da me ripresa per ulteriori analisi (Zan, 1999). Rimando agli articoli citati per i dettagli: qui prenderò in considerazione solo le risposte che i 30 insegnanti di scuola superiore coinvolti nell'indagine hanno dato alle tre domande più significative fra le numerose che costituivano il questionario, riportate in figura 8.12.

Figura 8.12 Le tre domande sulle teorie del successo degli insegnanti.

1. Quali sono le 'doti' per riuscire in matematica al tuo livello di scuola?

	Importante	Poco importante	Per niente importante
Attenzione	☐	☐	☐
Impegno	☐	☐	☐
Predisposizione innata	☐	☐	☐
Precisione	☐	☐	☐
Ambiente di provenienza	☐	☐	☐

Capacità di concentrazione	☐	☐	☐
Intuizione	☐	☐	☐
Memoria	☐	☐	☐
Preparazione di base	☐	☐	☐
Interesse	☐	☐	☐
Metodo di studio	☐	☐	☐
Intelligenza	☐	☐	☐

ALTRO (specificare):

2. Se tra queste 'doti' ne dovessi scegliere tre assolutamente essenziali, quali indicheresti?
3. Fra le caratteristiche elencate nella tabella 1, quali secondo te si possono modificare al tuo livello di scuola?

Attività 8.3
Tu come avresti risposto?
Proponi le domande ad alcuni colleghi.
Confrontate quindi le vostre risposte.

Dai risultati emerge che le doti considerate essenziali sono: l'impegno (15 risposte), il metodo di studio (15 risposte), l'interesse (12), l'intelligenza (11), l'avere delle buone basi (11), l'intuizione (8), la capacità di concentrazione (6), l'attenzione (5), la predisposizione innata (4).

Dal punto di vista del recupero sono particolarmente interessanti le valutazioni sulla *modificabilità* delle doti ritenute essenziali (dato che emerge incrociando le risposte alle domande 2 e 3): l'impegno è ritenuto modificabile, mentre l'intelligenza è considerata non modificabile da 10 insegnanti sugli 11 che la ritengono essenziale[18]. Più in generale 20 insegnanti su 30 ritengono che almeno una caratteristica essenziale per il successo sia non modificabile.

---

[18]Sull'*intelligenza* è interessante osservare che molti insegnanti sottolineano con commenti espliciti l'ambiguità del termine ("non si sa cos'è","non vuol dire niente") e nonostante questo indicano l'intelligenza stessa come dote essenziale per il successo, per lo più *non modificabile*. La percezione dell'intelligenza come modificabile / non modificabile rimanda alle cosiddette *teorie dell'intelligenza*: Dweck e Licht (1980) distinguono fra una teoria *statica*, secondo la quale l'intelligenza è una entità innata e non modificabile, ed una teoria *dinamica* o *incrementale*, che prevede la possibilità di cambiamenti e incrementi nel tempo. Quello che è interessante dal punto di vista didattico è che alcuni studi evidenziano il legame fra il tipo di comportamento adottato da un allievo di fronte al compito e le teorie dell'intelligenza che possiede (Dweck e Leggett, 1988): gli allievi che si pongono obiettivi di apprendimento hanno per lo più una teoria incrementale, mentre gli allievi con obiettivo di prestazione hanno in genere una teoria statica.

Alcune risposte appaiono particolarmente inquietanti: ad esempio un insegnante riconosce come tre doti essenziali per il successo in matematica la predisposizione innata, l'intelligenza e l'intuizione, e le considera tutte non modificabili! Viene da chiedersi quali energie potrà mai investire questo insegnante in un lavoro di recupero, se ritiene che gli studenti da recuperare manchino di una di queste doti.

Ma anche quando una caratteristica ritenuta essenziale è considerata dall'insegnante modificabile, questo non significa che l'insegnante la percepisca come *controllabile*. Tipico esempio è l'impegno: molti insegnanti ritengono che dipenda solo dall'allievo (a differenza dell'*interesse*). Anche questo elemento a mio parere è importante: nel momento in cui l'insegnante è tenuto a prendere decisioni per modificare il fallimento di un allievo, il fatto di ritenere incontrollabile tale fallimento lo porterà ad un atteggiamento fatalistico, alla rinuncia all'intervento o a comportamenti casuali, esattamente come succede allo studente che percepisce incontrollabile il proprio successo in matematica (Zan, 2002b).

Le teorie del successo degli insegnanti fanno da guida alla loro osservazione degli studenti: l'insegnante tenderà a fare riferimento soprattutto a quei comportamenti che ritiene indicatori delle dimensioni che considera significative. Così se l'impegno, l'interesse, l'intuizione sono considerati rilevanti ai fini del successo, l'insegnante farà attenzione soprattutto a quei comportamenti dell'allievo che a suo parere permettono di inferire la presenza o meno di tali fattori.

L'osservazione degli allievi in base alle dimensioni considerate significative porta in modo naturale a classificare gli allievi in diverse categorie.

Alcune ricerche (Hofer, 1981, citato in Franta e Colasanti, 1991) mettono in evidenza che queste categorie sono poche e ricorrenti:
– gli allievi bravi e brillanti: intelligenti, disciplinati, attivi;
– gli allievi bravi e riservati: impegnati, modesti, calmi, sensibili;
– gli allievi mediocri: chiusi, insicuri, disciplinati ma con scarse doti intellettuali;
– gli allievi della fascia bassa ma intelligenti: indisciplinati, con intense attività sociali, con sufficienti doti intellettuali ma che non si impegnano;
– gli allievi della fascia bassa con scarse doti intellettuali: scarsamente ambiziosi, con poche attività sociali.

Attività 8.4
Avevi mai riflettuto su questo aspetto?
Riflettendoci, ti sembra di aver fatto riferimento a volte alle categorie proposte?
Oppure utilizzi altre categorie?

8.8 L'insegnamento come problem solving

È chiara in questa complessità di processi la rilevanza delle convinzioni degli insegnanti, non solo sulle cause del successo, cioè sulle dimensioni che egli considera rilevanti, ma anche su quali sono i comportamenti degli allievi associati a tali dimensioni, e quindi da osservare. Anche se mancano studi specifici per la matematica e per la situazione italiana (è ragionevole aspettarsi che le convinzioni degli insegnanti siano condizionate dai valori tipici della cultura cui appartengono) un aspetto importante da sottolineare è che l'insegnante nel classificare l'allievo in base a certe dimensioni e nel collocarlo in una certa categoria fa riferimento ad una propria teoria della personalità, di cui peraltro è per lo più inconsapevole. Abbiamo già osservato questo fenomeno nel primo capitolo, discutendo la scheda "Che tipo di ragazzo è Federico?".

L'interesse delle categorie individuate in base alle dimensioni ritenute significative sta nel fatto che l'insegnante tende ad attivare rispetto agli allievi di una stessa categoria gli stessi comportamenti: ad esempio tende a fare domande molto semplici e che richiedono risposte brevi ad allievi che ritiene volenterosi ma poco capaci, mentre tende a non fare domande agli allievi della fascia bassa che non si impegnano ma non disturbano, e così via.

> **Attività 8.5**
> Prova a riflettere sul tuo comportamento in classe.
> Ti rivolgi in modo diverso ai tuoi alunni?
> Secondo quali criteri?

Questo aspetto è molto importante. In questo modo infatti l'insegnante passa all'allievo messaggi impliciti molto forti: in particolare quando si accontenta di risultati bassi comunica implicitamente all'alunno in difficoltà di non credere nella possibilità di un suo miglioramento. Paradossalmente questo accade al 'bravo' insegnante, all'insegnante cioè che si pone problemi, e che in particolare non vuole mortificare i propri allievi.

Un episodio molto espressivo a questo proposito mi è stato raccontato da un'insegnante di scuola media all'interno di un'attività di aggiornamento. Questa insegnante (positiva, vitale, attenta ai propri allievi: una 'brava' insegnante...) aveva in classe un ragazzino con risultati molto bassi in tutte le materie, ma educato e (almeno apparentemente) disponibile, attento, in definitiva 'piacevole', tanto che, unica all'interno del consiglio di classe, aveva deciso di dargli la sufficienza, valutando in modo particolarmente favorevole le varie verifiche fatte; riteneva in questo modo di incoraggiare l'allievo a lavorare di più e meglio. I genitori del ragazzino (e di altri otto figli...) decidono ad un certo punto, preoccupati dei risultati scolastici insufficienti in tutte le altre materie, di "portare il bambino dallo psicologo" per evidenziare eventuali deficit, e per intervenire a riguardo. Con loro grande sorpresa il ragazzino, sottoposto ad un test d'intelligenza standard, riporta un punteggio decisamente superiore alla media! La madre torna a parlare con gli insegnanti e racconta il fatto. L'insegnante di matematica, sconcertata, decide di parlare direttamente con l'allievo: gli spiega chiaramente di averlo sempre aiutato, valutandolo con particolare generosità, perché riteneva che avesse difficoltà e lo voleva quindi incoraggiare, *"ma adesso so, anzi sappiamo tutti e due, che tu ce la puoi fare benissimo! E quindi non ti darò proprio niente di più di quello che meriti!"*. Alla prima verifica scritta il ragazzino fa un compito perfetto.

Questo episodio mette in evidenza i delicati processi decisionali messi in atto dall'insegnante (influenzati dalle sue convinzioni, ma anche dai suoi valori), ed il loro cambiamento in relazione al feedback avuto dall'esterno (le informazioni avute dalla madre). Mette anche in evidenza la complessità delle dinamiche che l'insegnante si trova a gestire in classe, confermando la natura intrinsecamente problematica dell'insegnamento.

Ma questo episodio mette in evidenza anche che *le aspettative dell'insegnante influiscono sui comportamenti degli allievi*: di questo fenomeno estremamente importante, noto come 'effetto Pigmalione', abbiamo parlato nel capitolo precedente.

I processi messi in atto dall'insegnante nell'inferire dai comportamenti osservati degli allievi le loro caratteristiche possono essere ostacolati dall'interferenza di fattori emozionali. Franta e Colasanti (1991) analizzano alcuni di questi ostacoli: i sentimenti degli insegnanti, che possono trarre origine dall'esperienza extrascolastica ma anche da quella scolastica; i meccanismi di difesa che gli insegnanti mettono in atto in certe situazioni, ad esempio quando l'insegnante vede nell'allievo caratteristiche che apprezza o rifiuta in se stesso (identificazione) o quando attribuisce all'allievo bisogni o sentimenti rimossi dalla sua infanzia o adolescenza (proiezione); il bisogno di conferma, che fa sì che gli insegnanti tendano a percepire più positivamente gli allievi che confermano la loro immagine personale (ad esempio mostrandosi riconoscenti, apprezzando esplicitamente i loro comportamenti).

> **Attività 8.6**
> Provi sentimenti di particolare simpatia o antipatia nei confronti di alcuni tuoi allievi?
> Cerca di descriverli e di analizzarne le cause.

Ma gli aspetti emozionali influiscono su tutte le decisioni che l'insegnante si trova a dover prendere nel contesto dell'insegnamento: in altre parole gli aspetti emozionali sono profondamente presenti nell'esperienza di insegnamento, così come lo sono in quella di apprendimento.

Alcune emozioni sono associate alla disciplina: gli allievi in genere riconoscono e apprezzano l'entusiasmo e l'amore del proprio insegnante per la matematica (v. Bigini e Marzario, 1997). D'altra parte le emozioni associate alla disciplina non sono necessariamente positive. Alcuni insegnanti, in particolare quelli che non hanno una preparazione specifica, non amano la matematica, o comunque non condividono le emozioni positive che caratterizzano gli esperti: questa mancanza di emozioni positive viene trasmessa agli allievi, in genere in una fascia d'età estremamente delicata per le scelte future (penso soprattutto alla scuola secondaria di primo grado). Ritengo che questo fatto sia ancora più grave del pericolo di non trasmettere le conoscenze necessarie, perché è più facile rimediare alle conoscenze che ad un atteggiamento negativo!

Ma anche se fra le emozioni associate alla matematica prevalgono, fra gli insegnanti, le emozioni positive, altrettanto non si può dire per le emozioni associate all'*insegnamento* della matematica. Un'emozione molto diffusa fra gli insegnanti ad esempio è l'*ansia* (di finire il programma, di preparare i propri allievi in modo adeguato per il futuro,…).

Alcuni insegnanti ritengono di riuscire (e di *dover* riuscire!) ad attivare processi di controllo sulle proprie emozioni così efficaci, da presentarsi agli allievi come 'professionisti' della disciplina o di un insegnamento della disciplina a prova di emozioni. Ma gli allievi spesso percepiscono le emozioni così represse più chiaramente dei messaggi espliciti sulla matematica, come dimostrano le osservazioni di Sara:

> "Poi alcune volte la maestra è un po' antipatica. Capisco che è il suo lavoro ma alcune volte è così arrabbiata che sembra un cane. Anche il fatto della maestra ci entra perché io voglio una maestra Lucia che ci insegni la matematica con naturalezza e tranquillità. La maestra Lucia arriva tutta rigida. Lei sa di essere tranquilla ma a me sembra molto stressata." [Sara, 5ª elementare]

Il tema di Sara ha suscitato una grande discussione all'interno del nostro gruppo di insegnanti: l'insegnante Lucia, *"che arriva tutta rigida"* e *"sa di essere tranquilla"* ma invece *"sembra molto stressata"* è infatti un'insegnante del gruppo, una persona particolarmente positiva e solare. La nostra prima reazione è stata di stupore, e l'insegnante ha confermato la nostra perplessità raccontando che Sara è una bambina un po' particolare, che "ha sempre da ridere su tutto". Ma approfondendo il discorso la maestra ha riconosciuto che in quella classe sente molto la pressione dei programmi, e spesso esplicita con i bambini la propria ansia, con affermazioni quali "Siamo indietro… Dobbiamo fare ancora tante cose!".

Questo conferma quanto abbiamo già osservato, e cioè che alla base di certe emozioni c'è una particolare interpretazione della realtà: le convinzioni con cui interpretiamo l'esperienza influiscono infatti anche sulle nostre reazioni emozionali[19].

---

[19] Si basa su questo assunto la terapia razionale-emotiva per il superamento dell'ansia scolastica di molti allievi (Kendall e Di Pietro, 1995). Webber e Coleman (1989) propongono lo stesso tipo di approccio per superare eventuali problemi che l'insegnante incontra nella relazione con gli allievi (o con alcuni allievi).

8 Strategie per il recupero

Ritornando alle emozioni associate al processo di insegnamento, credo che il fatto di provare nel contesto di insegnamento emozioni simili a quelle che i nostri allievi provano nel contesto d'apprendimento (quali ad esempio l'ansia, la rabbia, la frustrazione) anche se diverse rispetto alle cause scatenanti, abbia elementi positivi, in quanto favorisce la comprensione e l'empatia.

Bettelheim (1987) ha osservato acutamente che la possibilità di realizzare un'effettiva empatia con un individuo che sta provando un'emozione negativa non è garantita dal 'metterci nei suoi panni', cioè dall'immaginare di essere noi nella sua situazione. Paradossalmente in alcuni casi questo sforzo può risultare addirittura controproducente, ed a mio parere è proprio il caso dell'insegnamento della matematica. Infatti se noi insegnanti ci caliamo nei panni del nostro allievo che ad esempio è alle prese con un problema o con esercizi e prova ansia, rabbia o frustrazione, le emozioni che possiamo immaginare sono completamente diverse: in genere quelle stesse situazioni facevano nascere in noi emozioni opposte, quali divertimento, curiosità, orgoglio, e non riusciamo ad immaginarne altre. Ecco che la distanza aumenta invece di diminuire: l'empatia realizzata attraverso canali 'razionali' non funziona. Tutt'altra cosa (ed è quello che suggerisce Bettelheim) se noi ci caliamo nell'*emozione*, piuttosto che nella situazione. Assumiamo cioè che l'individuo che abbiamo davanti (nell'ipotesi naturalmente che questo individuo ci interessi) provi effettivamente l'emozione che ci dichiara: gli diamo quindi credito, accettiamo cioè la sua emozione, e cerchiamo di immaginare una situazione che in noi produca *la stessa emozione*. Ad esempio nel caso della rabbia basta rivivere l'esperienza, piuttosto frequente nella scuola, di essere costretti a perdere tempo in attività di tipo burocratico sacrificando cose ben più importanti: certo non è quella l'esperienza che nel contesto dell'apprendimento della matematica scatena la rabbia nei nostri studenti, ma l'*emozione* è la stessa.

La consapevolezza della complessità della relazione allievi-insegnante e della soggettività dei processi attivati per formarsi un'impressione dell'allievo su cui modulare i propri comportamenti non deve a mio parere bloccare l'insegnante nei suoi processi decisionali. Tale consapevolezza è invece necessaria per poter regolare i propri comportamenti di conseguenza. Altrettanto essenziale è la consapevolezza delle proprie emozioni, anche perché l'insegnante rappresenta per gli allievi un modello di comportamento: è importante quindi riuscire a mostrare agli allievi modelli di comportamento adeguati, a gestire cioè – non a reprimere - le proprie emozioni. Ma più in generale penso sia importante convincersi che la dimensione emotiva del processo di insegnamento / apprendimento può arricchire l'insegnante e il suo rapporto con gli allievi[20].

---

[20]Suggerisco a questo proposito la lettura dei due libri: *L'esperienza emotiva nel processo di insegnamento e di apprendimento*, di Salzberger-Wittenberg, Polacco e Osborne (1983), e *La disponibilità ad apprendere*, di Blandino e Granieri (1995).

Questa dimensione emotiva, che alcuni insegnanti semplicemente rifiutano come estranea al loro ruolo, è spesso fraintesa, in quanto ridotta all'esigenza di instaurare con l'allievo una relazione genericamente 'buona' dal punto di vista affettivo, il che viene in genere identificato con la mancanza di conflitti.

A mio parere invece gli aspetti affettivi sono cruciali non per gestire una relazione soddisfacente nell'immediato, ma per sostenere la realizzazione di un progetto educativo a lungo termine, perché questa realizzazione richiede fiducia, coinvolgimento, attenzione. L'interesse per l'allievo non si concretizza stabilendo con lui un generico buon rapporto, evitando il conflitto, evitando – a lui e a noi stessi – emozioni negative, ma accettando il disagio di gestire il conflitto, se necessario, accettando anche la sofferenza di vederlo vivere emozioni negative: in altre parole sostenendo, e *non* evitando, la sua fatica, confortati dalla convinzione che abbiamo davanti abbastanza tempo per vedere – o comunque per avere - i risultati di questa fatica. In particolare il sostegno da dare agli allievi in difficoltà non si può ridurre ad un supporto per 'aiutarli' a dare risposte giuste, ma si deve allargare alla determinazione di perseguire processi di pensiero significativi, e di costruire pazientemente occasioni di crescita. Credo in definitiva che sia necessario per l'insegnante riuscire a pensare su tempi lunghi e non brevi: convincersi di avere tempo a disposizione, e che in questo tempo vale la pena di investire sforzi e risorse.

Certamente non potremo essere insegnanti perfetti, e continueremo a fare errori. Ma se ci diamo tempo, i danni che ne derivano saranno limitati, come dice Bettelheim descrivendo il genitore 'passabile'. Potremo diventare cioè ... insegnanti 'passabili':

> [...] per una buona educazione dei propri figli, non bisogna cercare di essere dei genitori perfetti, né tanto meno aspettarsi che lo siano, o che lo diventino, i nostri figli. La perfezione non è alla portata del normale essere umano, e l'accanimento nel volerla raggiungere è inevitabilmente di ostacolo a quell'atteggiamento di tolleranza verso le imperfezioni altrui, comprese quelle dei figli, che, solo, rende possibili rapporti umani decenti.
> E' invece alla portata di tutti essere genitori passabili, vale a dire genitori che educano bene i figli. Occorre però che gli errori che commettiamo nell'educarli (errori il più delle volte dovuti semplicemente all'intensità del nostro coinvolgimento emotivo) siano più che compensati dalle molte occasioni in cui ci comportiamo in modo giusto con loro [Bettelheim, 1987, tr. it. p. 9].

8.9 Concludendo

In questo ultimo capitolo dedicato all'intervento di recupero abbiamo descritto alcune esperienze realizzate secondo un approccio coerente con quanto delineato nei capitoli precedenti.

In realtà più che presentare nei dettagli tali esperienze ci siamo soffermati sulla descrizione di alcune strategie e materiali che sono stati elaborati al loro interno, ma che possono essere generalizzati e trasferiti ad altri contesti: il processo di osservazione e la costruzione di strumenti adeguati che precede un intervento di recupero; il delicato processo di interpretazione del fallimento e lo slittamento da cause percepite come incontrollabili a cause percepite come controllabili, cruciale per l'assunzione della responsabilità dell'apprendimento; alcune strategie per lo studio della matematica.

Comune a tutte queste esperienze è il ruolo del problem solving, cui abbiamo dedicato uno spazio specifico ed una proposta di lavoro per la scuola di base.

Il problem solving è stato anche lo spunto per una riflessione sul processo d'insegnamento che non poteva mancare in questo capitolo conclusivo: l'insegnante, cui questo libro è rivolto, è visto come un solutore di problemi, un agente decisionale. Non gli servono quindi regole, ricette, prescrizioni da seguire, ma strumenti per prendere decisioni il più possibile adeguate, e abilità metacognitive per minimizzare gli effetti degli inevitabili errori.

Conclusioni

Con la presentazione di esperienze e materiali per il recupero siamo finalmente arrivati alla fine del nostro viaggio sulle difficoltà in matematica. Il cammino che ci ha portato fin qui è stato lungo ed impegnativo, e può essere utile ripercorrere le varie tappe in cui si è articolato: la riflessione preliminare sull'idea stessa di difficoltà con la presentazione delle scene della Galleria (capitolo 1); la critica ad un'*osservazione* che assume l'errore come indicatore 'oggettivo' di difficoltà (capitolo 2); la necessità di un'*interpretazione* dell'errore che tenga conto dei contributi che altre aree disciplinari ci possono dare (capitolo 3); la conseguente costruzione di un repertorio di interpretazioni che viene poi applicato alla pratica, in particolare ad alcune scene (capitolo 4); il passaggio cruciale da un'osservazione basata sull'individuazione di errori ad una basata sull'individuazione di comportamenti fallimentari che apre la seconda parte (capitolo 5); il riferimento ai contributi della ricerca sul problem solving per comprendere i processi decisionali degli allievi, che arricchisce il repertorio di interpretazioni possibili per i loro comportamenti (capitolo 6), anche questo poi applicato alla pratica, in particolare alle altre scene (capitolo 7); ed infine l'*intervento* (capitolo 8), che a partire dai processi d'osservazione ed interpretazione costruisce strategie per un recupero mirato.

Lo schema della pagina seguente sintetizza questo percorso, sottolineandone la divisione in due parti: la prima dedicata all'*errore*, la seconda ai *comportamenti fallimentari*. Il passaggio dagli errori ai comportamenti fallimentari nel processo d'*osservazione* è una delle idee centrali di questo libro, motivata dalle critiche mosse nel capitolo 2 alla scelta dell'errore come indicatore 'oggettivo', e sostenuta dalle riflessioni del capitolo 5 sui problemi eteroposti. Lo schema evidenzia che all'interno delle due parti il processo d'*interpretazione* - rispettivamente degli errori e dei comportamenti fallimentari - è ispirato da due domande diverse: quali sono possibili cause di errori? da cosa sono influenzati i processi decisionali? In ognuno dei due casi è il bisogno di rispondere a queste domande che porta a raccogliere contributi teorici capaci di arricchire il repertorio di possibili interpretazioni (rispettivamente l'apprendimento come attività costruttiva nel capitolo 3 ed il problem solving nel capitolo 6), repertorio che viene poi applicato alla pratica (capitoli 4 e 7).

Lo schema proposto evidenzia anche il *modello* di approccio alle difficoltà che si è gradatamente delineato attraverso il percorso che abbiamo fatto: in queste conclusioni così definitive vorrei sottolinearne alcuni aspetti importanti, emersi più volte in questo lavoro.

Primo fra tutti il ruolo del *problem solving*, di cui abbiamo sottolineato nell'ultimo capitolo le potenzialità in ottica di recupero e prevenzione, ma che è stato il protagonista indiscusso anche di alcuni dei capitoli precedenti.

Conclusioni

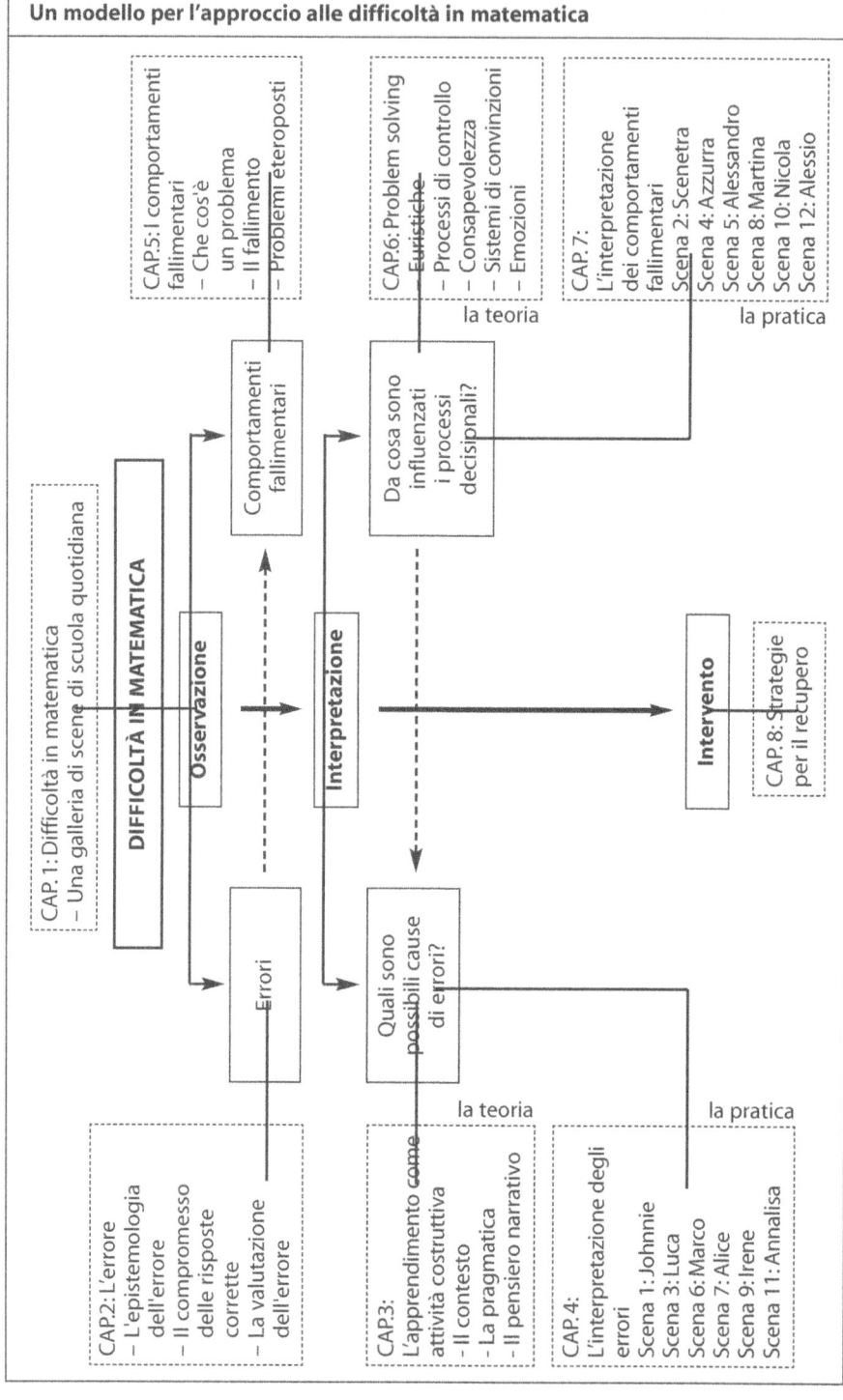

Conclusioni

È stato il problem solving a suggerirci, attraverso la definizione stessa di problema, la distinzione fra errore e fallimento che ci ha guidato nel processo di osservazione delle difficoltà. Ancora il problem solving ci ha permesso di allargare il repertorio delle possibili interpretazioni dei comportamenti degli allievi. Infine, il problem solving ci ha dato strumenti per leggere meglio i comportamenti dell'insegnante, portandoci a riconoscere il ruolo che hanno nei suoi processi decisionali le sue conoscenze, le sue abilità metacognitive, le sue convinzioni, ed anche le sue emozioni, cioè gli stessi elementi che la ricerca ha riconosciuto come cruciali nel problem solving degli allievi. In realtà l'analisi del problem solving che abbiamo condotto nei capitoli centrali di questo libro ci aveva portato a sottolineare anche l'importanza di possedere un repertorio di strategie, o di euristiche: le "strategie per il recupero" che danno il titolo all'ultimo capitolo si possono interpretare proprio come un repertorio di strategie, di euristiche, cui l'insegnante può attingere per affrontare e risolvere i problemi che incontra.

Un altro aspetto che caratterizza l'approccio alle difficoltà delineato in questo lavoro è l'importanza di uscire da un punto di vista *locale* per interpretare, ma ancora prima per osservare, i comportamenti dei nostri allievi. In particolare un'analisi di tali comportamenti che si giochi tutta all'interno della matematica rischia di essere inadeguata perché ignora la varietà degli scopi che gli allievi si possono porre e delle interpretazioni possibili che essi possono dare ad uno stesso compito. Il costrutto di *atteggiamento*, cui abbiamo più volte fatto riferimento, può essere per l'insegnante uno strumento utile per recuperare la complessità del rapporto con la matematica e per dirigere un intervento di più ampio respiro rispetto a quelli, locali, che rimangono circoscritti alle conoscenze necessarie per dare la risposta corretta. Abbiamo visto ad esempio che un intervento mirato a modificare comportamenti quali la rinuncia a rispondere o il dare risposte a caso non deve necessariamente svolgersi nel contesto in cui tali comportamenti sono stati osservati: l'ipotesi che essi siano legati ad una visione distorta della matematica (vista ad esempio come insieme di formule da memorizzare e poi applicare) dirige l'intervento verso attività e contesti in grado di mettere in crisi tale visione. Nelle esperienze qui descritte attività quali congetturare e dimostrare in aritmetica hanno evidenziato molte potenzialità in questo senso.

Infine emerge dal modello di approccio alle difficoltà proposto l'importanza dei *tempi*. I tempi dell'apprendimento degli allievi sono diversificati e lunghi, e tali sono quindi quelli dell'insegnamento. La consapevolezza della dimensione temporale del processo d'apprendimento porta a rivalutare il ruolo dell'errore, che diventa in tempi lunghi testimone di un cambiamento e di un progresso. Ancora, è in tempi lunghi che si può risolvere la contraddizione dell'insegnante (quello che più volte abbiamo chiamato il 'bravo' insegnante) fra l'esigenza di stabilire una buona relazione affettiva con l'allievo, e la necessità di ottenere da lui l'assunzione della responsabilità d'apprendimento, necessità a sua volta legata all'assunzione della responsabilità dell' insegnamento.

Conclusioni

Tutti questi elementi, ed altri ancora emersi o non emersi in questo lavoro, evidenziano la complessità del mestiere di insegnante, ed al tempo stesso ne aumentano il fascino e l'importanza.

Una buona comunicazione con gli allievi è cruciale per affrontare tale complessità e per superare i tanti momenti critici che segnano il processo d'apprendimento: dalla condivisione degli scopi fino all'individuazione degli ostacoli che ne impediscono il raggiungimento. Certo è necessario che l'insegnante sappia osservare, aspettare, anche tacere, fare ai suoi allievi domande di cui non conosce la risposta ed ascoltare le risposte, sospendere il giudizio.

Ma anche questo si può imparare.

Mi piace perciò riprendere il colloquio fra medici che con il Prologo ha aperto questa nostra impresa, ed immaginare una conclusione diversa nell'Epilogo che invece la chiude.

Epilogo

Intanto, al Blear General Hospital...
... il dottor Gillupsie si rivolge all'ultimo dottore, il dottor Thinking:

GILLUPSIE: E i suoi pazienti, Thinking, come vanno?
THINKING: Bene, dottore. In via di guarigione.
GILLUPSIE: Fantastico, Thinking. [*rivolto a tutti*] Come vedete, con i bravi pazienti la penicillina funziona!
THINKING: A dir la verità, dottore, non gli ho dato la penicillina. Si ricorda di quel paziente che aveva da anni quei dolori tremendi alle gambe?
GILLUPSIE: Ah, quello! Avevo consigliato di tagliargli le gambe, mi pare.
THINKING: Beh, invece è guarito. Pensi che tutto il suo problema derivava dalle scarpe correttive che gli avevano detto di portare!
GILLUPSIE: Incredibile, Thinking! E da quali valori delle analisi se ne è accorto?
THINKING: A dir la verità, dottore, non me ne sono accorto dalle analisi. L'ho guardato camminare...
GILLUPSIE: Lei è proprio un originale, Thinking! E l'ha dimesso?
THINKING: Beh, ora deve fare un po' di riabilitazione, ma è contento.
GILLUPSIE: La riabilitazione costa, Thinking. Era meglio se gli tagliava le gambe. Comunque, mi dica dell'altro paziente...
THINKING: Bene. Quello l'abbiamo dimesso. Si ricorda quelle crisi spaventose di allergia?
GILLUPSIE: Già. Secondo me di origine alimentare: avevo suggerito che non mangiasse.
THINKING: Invece no, non era quella la causa! Ho raccolto un bel po' di informazioni, le ho analizzate, ed ho capito cos'era.
GILLUPSIE: Incredibile, Thinking! Lei non finisce mai di stupirmi! E come ha fatto ad avere tutte queste informazioni? Quale macchinario nuovo ha usato? Ce lo dica, lo compriamo subito. E poi ci serve la tabella delle medie, della deviazione standard, quartili e tutte queste cose qui: mica improvvisiamo, noi. Conosciamo bene il valore dei numeri.
THINKING: A dir la verità, dottor Gillupsie, non ho usato un nuovo macchinario.
GILLUPSIE: Ma benedetto figliolo, non faccia il misterioso! Come ha scoperto tutte quelle cose sul suo paziente? Chi gliele ha dette?
THINKING: *Lui*, dottor Gillupsie.
Quando gliele ho chieste.

Bibliografia

AA.VV. (2003-2006). *Progetto ArAl: Unità 1-10*. Bologna: Pitagora Editrice.

Abramson L.Y., Seligman M.E.P., Teasdale J.D. (1978). Learned helplessness in humans: Critique and reformulation. *Journal of Abnormal Psychology*, 87, 49-74.

Ackermann-Valladao E., Audétat J., Giddey C., Lock N., Piguet-Chevalley D., Reith E., Saada-Robert M. (1983). Formation et Actualisation des Modèles du Sujet en Situation de Résolution de Problème. *Archives de Psychologie*, 51, 61-70.

Ankeny N.C. (1982). Using game theory, via poker to examine Reagan's fiscal '83 budget. *New York Times*, February 14.

Antiseri D. (1996). *Trattato di metodologia delle scienze sociali*. Torino: UTET.

Arsac G., Balacheff N., Mante M. (1992). Teacher's Role and Reproducibility of Didactical Situations. *Educational Studies in Mathematics*, 23, 5-29.

Ashman A., Conway R. (1989). *Cognitive strategies for special education*. London: Routledge (tr. it. *Guida alla didattica metacognitiva per le difficoltà di apprendimento*. Trento: Erickson, 1991).

Bachelard G. (1938). *La formation de l'esprit scientifique*. Paris: Vrin (tr. it. *La formazione dello spirito scientifico*. Milano: Raffaello Cortina Editore, 1995).

Baldini I., Santini S. (1997). Le teorie del successo degli insegnanti di matematica. In Aschieri I., Pertichino M., Sandri P., Vighi P. (a cura di) *Matematica e affettività. Chi ha paura della matematica?* Bologna: Pitagora Editrice, 197-200.

Baldini M. (1986). *Epistemologia e pedagogia dell'errore*. Brescia: La Scuola.

Bandura A. (1986). *Social foundations of thought and action: A social cognitive theory*. Englewood Cliffs, NJ: Prentice Hall.

Bartolini Bussi M.G. (1989). La discussione collettiva nell'apprendimento della matematica: analisi di due casi. *L'Insegnamento della Matematica e delle Scienze Integrate*, vol. 12 (5), 615-654.

Bartolini Bussi M.G., Boni M., Ferri F. (1995). *Interazione e conoscenza a scuola: la discussione matematica*. Modena: Centro Documentazione Educativa.

Baruk S. (1985). *L'âge du capitain*. Paris: Seuil.

Behr M., Erlwanger S., Nichols E. (1976). *How children view equality sentences*. PMDC Tech. Rep. No. 3. Tallahassee: Florida State University.

Bernardini C., De Mauro T. (2003). *Contare e raccontare. Dialogo sulle due culture*. Bari: Laterza.

Bessot A. (1991). La Didattica della Matematica in Francia. Una introduzione alla "Teoria delle situazioni" di Guy Brousseau. *L'Educazione Matematica*, 1, 77-90.

Bessot A. (1994). Panorama del quadro teorico della didattica della Matematica in Francia. *L'Educazione Matematica*, 1, 37-74.

Bettelheim B. (1987). *A Good Enough Parent: A book on Child-Rearing*. New York: Knopf (tr. it. *Un genitore quasi perfetto*. Milano: Feltrinelli, 1999).

Bettelheim B. (1988). *Il cuore vigile*. Milano: Adelphi (titolo originale *The informed Heart. Autonomy in a Mass Age*. Glencoe, Ill.: The Free Press, 1960).

Bigini V., Marzario M.G. (1997). L'insegnante di Matematica: com'è e come dovrebbe essere secondo gli studenti di scuola superiore. In Aschieri I., Pertichino M., Sandri P., Vighi P. (a cura di) *Matematica e affettività. Chi ha paura della matematica?* Bologna: Pitagora Editrice, 181-186.

Blanchard K.H., Hersey P. (1973). The Importance of Communication Patterns in Implementing Change Strategies. *Journal of Research and Development in Education*, 6, 66-75.

Blandino G., Granieri B. (1995). *La disponibilità ad apprendere*. Milano: Raffaello Cortina Editore.

Bloedy-Vinner H. (1996). The analgebraic mode of thinking and other errors in word problem solving. *Proceedings of the 20th Conference of the International Group for the Psychology of Mathematics Education*, Valencia, Spain, vol. 2, 105-112.

Bondesan M.G. (1994). Diagnosi e sviluppo della progettualità nel primo ciclo con bambini/e che presentano difficoltà di apprendimento: riflessioni ed esperienze. In Caredda C., Piochi B., Sandri P. (a cura di) *Handicap e svantaggio: individuare risorse ed interpretare errori per fissare obiettivi in Matematica*. Bologna: Pitagora Editrice, 91-96.

Borasi R. (1989). Definizioni incorrette di cerchio: una miniera d'oro per gli insegnanti di matematica. *L'insegnamento della Matematica e delle Scienze Integrate*, vol. 12 (6), 773-795.

Borasi R. (1996). *Reconceiving mathematics instruction: A focus on errors*. Norwood, NJ: Ablex.

Borasi R., Siegel M. (1994). Un primo passo verso la caratterizzazione di un "inquiry approach" per la didattica della matematica. *L'insegnamento della Matematica e delle Scienze Integrate*, vol. 17 (5), 467-493.

Bordiglioni S. (2003). *Un problema è un bel problema*. Torino: Einaudi.

Borkowski J.G., Day J.D., Saenz D.S., Dietmeyer D., Estrada T., Groteluschen A. (1992). Expanding the boundaries of cognitive interventions. In Wong B. (ed.) *Intervention Research with Students with Learning Disabilities*. New York: Springer, 1-21.

Borkowski J.G., Muthukrishna N. (1992). Moving metacognition into the classroom: "Working models" and effective strategy teaching. In Pressley M., Harris K.R., Guthrie J.T. (eds.) *Promoting academic competence and literacy in schools*. Orlando, FL: Academic Press, 477-501 (tr. it. Lo sviluppo della metacognizione nel bambino: un modello utile per introdurre l'insegnamento metacognitivo in classe. *Insegnare all'Handicappato*, 1994, vol. 8 (3), 229-251).

Bottazzini U. (1981). *Il calcolo sublime*. Torino: Boringhieri.

Brousseau G. (1980). L'échec et le contrat. *Recherches*, 41, 177-182.

Brousseau G. (1983). Les obstacles épistémologiques et les problèmes en mathématiques. *Recherches en didactique des mathématiques*, vol. 4 (2), 165-198.

Brousseau G. (1986). Fondements et Méthodes de la Didactique des Mathématiques. *Recherches en didactique des mathématiques*, vol. 7 (2), 33-115.

Brousseau G., Pères J. (1981). *Le cas Ga?l*. Université de Bordeaux I: Irem.

Brown A.L., Bransford J.D., Ferrara R.A., Campione J.C. (1983). Learning, remembering, and understanding. In Mussen P.H. (ed.) *Handbook of Child Psychology* (vol. 3). New York: Wiley, 515-629.

Brown J.S. (1969). Signed numbers: a "product" of misconceptions. *The Mathematics Teacher*, vol. 62 (3), 183-195.

Brown J.S., Burton R.R. (1978). Diagnostic models for procedural bugs in basic mathematical skills. *Cognitive Science*, vol. 2 (2), 155-192.

Brown S.I., Walter M. (1983). *The Art of Problem Posing*. Hillsdale, NJ: Lawrence Erlbaum Associates.

Bruner J. (1986). *Actual Minds, Possible Worlds*. Cambridge: Harvard University Press (tr. it. *La mente a più dimensioni*. Bari: Laterza, 2003).

Bruner J. (1990). *Acts of Meaning*. Cambridge: Harvard University Press (tr. it. *La ricerca del significato. Per una psicologia culturale*. Torino: Bollati Boringhieri, 1992).

Buxton L. (1981). *Do you panic about maths?* London: Heinemann.

Campione J.C., Brown A.L., Connell M.L. (1988). Metacognition: on the importance of understanding what you are doing. In Charles R., Silver E. (eds.) *The Teaching and Assessing of Mathematical Problem Solving*. Hillsdale, N.J.: Lawrence Erlbaum Associates, 93–113.

Canevaro A. (1996). Lo spazio e il tempo: esperienza e apprendimento. In Caredda C., Piochi B., Vighi P. (a cura di) *Lo spazio e il tempo: esperienza e apprendimento*. Bologna: Pitagora Editrice, 5-9.

Carignani G. (1999). Per una educazione emozionale alla Matematica: temi di ragazzi di Istituti Professionali sulla Matematica. In Aschieri I., D'Amore B., Pesci A. (a cura di) *Ruolo e funzioni della matematica a scuola. Come aiutare chi è in difficoltà?* Bologna: Pitagora Editrice, 41-44.

Carpenter T., Corbitt M.K., Kepner H. Jr., Lindquist M.M., Reys R. (1981). *Results from the Second Mathematics Assessment of the National Assessment of Educational Progress*. Reston, Va.: National Council of Teachers of Mathematics.

Carpenter T., Fennema E., Peterson P.L., Carey D. (1988). Teachers' pedagogical content knowledge of students' problem solving in elementary arithmetic. *Journal for Research in Mathematics Education*, vol. 19 (5), 385-401.

Cattabrini U., Di Paola V. (a cura di) (1997). *Matematica e poesia: un tema difficile?* Firenze: IRRSAE Toscana.

Cavallini G. (1995). *La formazione dei concetti scientifici. Senso comune, scienza, apprendimento*. Firenze: La Nuova Italia.

Charniak E. (1972). *Towards a Model of Children's Story Comprehension*. MIT Artificial Intelligence Laboratory Monographs, n. 266. Cambridge, MA: Massachusetts Institute of Technology.

Cheng P.W., Holyoak K.J. (1985). Pragmatic reasoning schemas. *Cognitive Psychology*, 17, 391-416.

Cheng P.W., Holyoak K.J. (1989). On the natural selection of reasoning theories. *Cognition*, 33, 285-313.

Bibliografia

Chevallard Y., Joshua M.A. (1982). Un exemple d'analyse de la transposition didactique: la notion de distance. *Recherches en didactique des mathématiques*, vol. 3 (1), 159-239.

CISEM (1994). *Progetto START. Progetto di sperimentazione contro la dispersione nel passaggio fra scuola media inferiore e biennio.* Torino: Mursia.

Citrini C. (2001). Intervista a Luigi Amerio. *Bollettino dell'U.M.I. La matematica nella società e nella cultura*, Serie VIII, vol. IV-A, (1), 11-32.

Claparède É. (1933). La genèse de l'hypothèse. *Archives de psychologie*, vol. 24 (93-94), 1-155 (tr. it. *La genesi dell'ipotesi*. Firenze: Giunti - Barbera, 1972).

Clement J., Lochead J., Monk G. (1981). Translation difficulties in learning mathematics. *American Mathematical Monthly*, 88, 286-290.

Cobb P. (1985). Two Children's Anticipations, Beliefs, and Motivations. *Educational Studies in Mathematics*, 16, 111-126.

Cobb P. (1986). Contexts, Goals, Beliefs, and Learning Mathematics. *For the Learning of Mathematics*, vol. 6 (2), 2-9.

Cobb P., Yackel E. (1996). Constructivist, Emergent, and Sociocultural Perspectives in the Context of Developmental Research. *Educational Psychologist*, 31, 175-190.

Contardi A., Piochi B. (a cura di) (2002). *Le difficoltà nell'apprendimento della matematica. Metodologia e pratica di insegnamento.* Trento: Erickson.

Cornoldi C. (1991). Strategie cognitive e stili di apprendimento. In Vianello R., Cornoldi C. (a cura di) *Stili di insegnamento, stili di apprendimento e handicap*. Bergamo: Juvenilia, 42-59.

Cornoldi C. (1995). *Metacognizione e apprendimento*. Bologna: Il Mulino.

Cornoldi C., De Beni R., Gruppo MT (2001). *Imparare a studiare 2*. Trento: Erickson.

Cornu B. (1981). Apprentissage de la notion de limite: modèles spontanés et modèles propres. *Proceedings of the 5th Conference of the International Group for the Psychology of Mathematics Education*, Grenoble, France, vol. 1, 322-326.

Cornu B. (1991). Limits. In Tall D. (ed.) *Advanced Mathematical Thinking*. Dordrecht: Kluwer Academic Publishers, 153-166.

Covington M.V., Beery R.G. (1976). *Self-Worth and School Learning*. New York: Holt, Rinehart and Winston.

Crociani C, Doretti L., Salomone L. (2004). Quando risolvere problemi è una "sfida" per la classe: il Rally Matematico Transalpino. *Progetto Alice*, vol. V (15), 595-612.

Damasio A.R. (1994). *Descartes' error: emotion, reason, and the human brain*. New York: GP Putnam (tr. it. *L'errore di Cartesio*. Milano: Adelphi, 1995).

D'Amore B. (1996). Un matematico al nido. *Infanzia*, 5, 32-35.

D'Amore B. (1999). *Elementi di Didattica della Matematica*. Bologna: Pitagora Editrice.

D'Amore B., Sbaragli S. (2005). Analisi semantica e didattica dell'idea di "misconcezione". *La matematica e la sua didattica*, 2, 139-163.

D'Aprile M., Squillace A., Armentano P., Cozza P., D'Alessandro R., Lazzaro C., Rossi G., Scarnati A.L., Scarpino G., Servi G., Sicilia R. (2004). Dillo con parole tue. *L'insegnamento della Matematica e delle Scienze Integrate*, vol. 27B (1), 31-51.

Daskalogianni K., Simpson A. (2000). Towards a definition of attitude: the relationship between the affective and the cognitive in pre-university students. *Proceedings of the 24th Conference of the International Group for the Psychology of Mathematics Education*, Hiroshima, Japan, vol. 2, 217-224.

Davis R. (1984). *Learning mathematics: The cognitive science approach to mathematics education*. Norwood, NJ: Ablex.

Davis R., Vinner S. (1986). The notion of limit: Some seemingly unavoidable misconception stages. *Journal of Mathematical Behavior*, vol. 5 (3), 281-303.

De la Garanderie A. (1991). *I profili pedagogici*. Firenze: La Nuova Italia.

Di Martino P. (2001). Emozioni e problem solving: un confronto fra bravi e cattivi solutori. In Livorni E.L., Meloni G., Pesci A. (a cura di) *Le difficoltà in matematica: da problema di pochi a risorsa per tutti*. Bologna: Pitagora Editrice, 89-96.

Di Martino P. (2004). *Difficoltà in matematica e sistemi di convinzioni*. Tesi di dottorato. Università degli Studi di Pisa.

Di Martino P., Zan R. (2001). Attitude towards mathematics: some theoretical issues. *Proceedings of the 25th Conference of the International Group for the Psychology of Mathematics Education*, Utrecht, Netherlands, vol. 3, 351-358.

Di Martino P., Zan R. (2002). An attempt to describe a 'negative' attitude toward mathematics. In Di Martino P. (ed.) *Proceedings of the MAVI-XI European Workshop*, Pisa, 22-29.

Di Martino P., Zan R. (2003). What does 'positive' attitude really mean? *Proceedings of the 27th Conference of the International Group for the Psychology of Mathematics Education*, Honolulu, Hawai'i, USA, vol. 4, 451-458.

Di Martino P., Zan R. (2005). Raccontare il contare: l'incontro scontro con la matematica nei resoconti degli allievi. In Gisfredi P. (a cura di) *Itinerari tra storie e cambiamento. Momenti e processi formativi*. Bologna: CLUEB, 105-124.

diSessa A. (1988). Knowledge in pieces. In Forman G., Pufall P.B. (eds.) *Constructivism in the computer age*. Hillsdale, N.J.: Lawrence Erlbaum Associates, 49-70.

Donaldson M. (1978). *Children's minds*. London: Fontana Press (tr. it. *Come ragionano i bambini*. Milano: Emme Edizioni, 1979).

Dreyfus T. (1991). Advanced mathematical thinking processes. In Tall D. (ed.) *Advanced Mathematical Thinking*. Dordrecht: Kluwer Academic Publishers, 25-41.

Duncker K. (1935). *Zur Psychologie des produktiven Denkens*. Berlin: Springer (tr. it. *La psicologia del pensiero produttivo*. Firenze: Giunti - Barbera, 1969).

Dupont P. (1982). *Appunti di storia dell'analisi infinitesimale*. Torino: Libreria Scientifica Cortina.

Dweck C.S., Leggett E.L. (1988). A social-cognitive approach to motivation and personality. *Psychological Review*, vol. 95 (2), 256-273.

Dweck C.S., Licht B.G. (1980). Learned helplessness and intellectual achievement. In Garber J., Seligman M.E.P (eds.) *Human helplessness: Theory and applications*. New York: Academic Press, 197-221.

Enriques F. (1936). *Il significato della storia del pensiero scientifico*. Bologna: Zanichelli.

Erlwanger S. (1973). Benny's conception of rules and answers in IPI mathematics. *Journal of Children's Mathematical Behavior*, vol. 1 (3), 157-283.

Fennema E., Franke M.L. (1992). Teachers' Knowledge and its Impact. In Grows D. (ed.) *Handbook of Research on Mathematics Teaching and Learning*. New York, NY: Macmillan, 147-164.

Ferrari P.L. (2003). Costruzione di competenze linguistiche appropriate per la matematica a partire dalla media inferiore. *L'insegnamento della Matematica e delle Scienze Integrate*, vol. 26A (4), 469-496.

Ferrari P.L. (2005). *Matematica e linguaggio. Quadro teorico e idee per la didattica*. Bologna: Pitagora Editrice.

Fischbein E. (1989). Tacit models and mathematical reasoning. *For the Learning of Mathematics*, vol. 9 (3), 9-14 (tr. it. Modelli taciti e ragionamento matematico. In Fischbein E., Vergnaud G. *Matematica a scuola: teoria ed esperienze*. Bologna: Pitagora Editrice, 1992, 25-38).

Flavell J.H. (1971). First discussant's comments: What is memory development the development of? *Human Development*, 14, 272-278.

Flavell J.H. (1976). Metacognitive Aspects of Problem Solving. In Resnick L.B. (ed.) *The Nature of Intelligence*. Hillsdale, NJ: Lawrence Erlbaum Associates, 231-235.

Franta H., Colasanti A.R. (1991). *L'arte dell'incoraggiamento*. Roma: La Nuova Italia Scientifica.

Furinghetti F. (2002). *Matematica come processo socioculturale*. Trento: IPRASE.

Gallo E. (1994). Algebraic manipulation as problem solving. In Malara N., Rico L. (eds.) *Proceedings of the First Italian-Spanish Research Symposium in Mathematics Education*, Modena, 131-138.

Gallo E., Amoretti C., Testa C. (1992). *Sul ruolo dei modelli nella risoluzione di problemi di geometria: controllo ascendente e discendente*. Ricerche di Didattica della Matematica, Quaderno n.7, Torino.

Gardner H. (1983). *Frames of Mind. The Theory of multiple Intelligences*. New York: Basic Books (tr. it. *Formae mentis. Saggio sulla pluralità dell'intelligenza*. Milano: Feltrinelli, 1996).

Gardner H. (1991). *The Unschooled Mind: How children think and how schools should teach*. New York: Basic Books (tr. it. *Educare al comprendere. Stereotipi infantili e apprendimento scolastico*. Milano: Feltrinelli, 1993).

Gardner H. (2000). The Testing Obsession: In the quest to improve public schools, we've made test performance more important than education. *Los Angeles Times*, December 31.

Garofalo J, Kroll D., Lester F.K. (1987). Metacognition and Mathematical Problem-Solving: preliminary research findings. *Proceedings of the 11th Conference of the International Group for the Psychology of Mathematics Education*, Montréal, Canada, vol. 2, 222-228.

Geertz C. (1983). *Local Knowledge: Further Essays in Interpretative Anthropology*. New York: Basic Books.

Gelman R., Gallistel C.R. (1978). *The Child's Understanding of Number*. Cambridge, MA: Harvard University Press.

Bibliografia

Goodman N. (1978). *Ways of worldmaking*. Indianapolis, IN: Hackett Publishing Company (tr. it. *Vedere e costruire il mondo*. Bari: Laterza, 1988).

Graeber A.O., Johnson M.L. (1991). *Insights into secondary school students' understanding of mathematics*. Final Report to the National Science Foundation (Grant # TEI-8751456).

Green T. (1971). *The activities of teaching*. New York: McGraw-Hill.

Grice H.P. (1975). Logic and Conversation. In Cole P., Morgan J.L. (eds.) *Syntax and Semantics 3: Speech Acts*. New York: Academic Press, 41-58 (tr. it. a cura di G. Moro, *Logica e conversazione*. Bologna: Il Mulino, 1993, 55-77).

Grice H.P. (1978). Further Notes on Logic and Conversation. In Cole P. (ed.) *Syntax and Semantics 9: Pragmatics*. New York: Academic Press, 113-128 (tr. it. a cura di G. Moro, *Logica e conversazione*. Bologna: Il Mulino, 1993, 77-95).

Griggs R.A., Cox J.R. (1982). The elusive thematic material effect in Wason's selection task. *British Journal of Psychology*, 73, 407-420.

Groddeck G. (1923). *Das Buch vom Es*. Wien: Psychoanalytischer Verlag (tr. it. *Il libro dell'Es. Lettere di psicoanalisi a un'amica*. Milano: Adelphi, 1994).

Grugnetti L., Jaquet F. (1998). *Problemi che passione!* Torino: Il Capitello.

Grugnetti L., Jaquet F., Schmit J.P. (eds.) (2004). *RMT e valutazione / RMT et évaluation*. Atti delle giornate di studio sul RMT, Mondorf-les-Bains (Luxembourg). Bologna: Pitagora Editrice.

Hadamard J. (1945). *The Psychology of Invention in the Mathematical Field*. Princeton, NJ: Princeton University Press (tr. it. *La psicologia dell'invenzione in campo matematico*. Milano: Raffaello Cortina Editore, 1993).

Haladyna T., Shaughnessy J., Shaughnessy M. (1983). A causal analysis of attitude toward Mathematics. *Journal for Research in Mathematics Education*, vol. 14 (1), 19-29.

Halmos P. (1980). The heart of mathematics. *American Mathematical Monthly*, 87, 519-524.

Hardy G.H. (1940). *A Mathematician's Apology*. London: Cambridge University Press (tr. it. *Apologia di un matematico*. Milano: Garzanti, 1989).

Hembree R. (1990). The nature, effects, and relief of Mathematics anxiety. *Journal for Research in Mathematics education*, vol. 21 (1), 33-46.

Hershkowitz R. (1987). The acquisition of concepts and misconceptions in basic geometry - or, when "a little learning is a dangerous thing". *Proceedings of the Second International Seminar on Misconceptions and Educational Strategies in Science and Mathematics*, Ithaca, NY, vol. 3, 238-251.

Hershkowitz R., Kieran C. (1980). Constructing meaning for the concept of equation. *Mathematics Teacher*, 73, 572-580.

Hilbert D. (1902). Mathematical problems. *Bulletin of the American Mathematical Society*, vol. 8 (10), 437-479 (ripubblicato in *Bulletin of the American Mathematical Society* (N.S.), vol. 37 (4), 2000, 407-436).

Hofer M. (1981). Schülergruppierungen im Urteil und Verhalten des Lehrers. In Hofer M. (ed.) *Informationsverarbeitung und Entscheidungsverhalten von Lehrern*. München: Urban und Schwarzenberg, 192-221.

Bibliografia

Hoyles C. (1992). Illuminations and Reflections - Teachers, Methodologies and Mathematics. *Proceedings of the 16th Conference of the International Group for the Psychology of Mathematics Education,* Durham, NH, USA, vol. 3, 263-286.

Hutchinson N. (1992). The Challenges of Componential Analysis: Cognitive and Metacognitive Instruction in Mathematical Problem Solving. *Journal of Learning Disabilities,* vol. 25 (4), 249-257.

Jaquet F. (2004). Il conflitto area-perimetro. *L'Educazione Matematica,* 2, 66-77, 3, 126-143.

Jaworski B. (1994). *Investigating Mathematics Teaching. A Constructivist Enquiry.* London: The Falmer Press.

Kahneman D., Tversky A. (1982). On the study of statistical intuitions. In Kahneman D., Slovic P., Tversky A. (eds.) *Judgement under uncertainty: Heuristics and biases.* Cambridge: Cambridge University Press, 493-508.

Kanizsa G. (1973). Il «problem - solving» nella psicologia della Gestalt. In Mosconi G., D'Urso V. (a cura di) *La soluzione di problemi.* Firenze: Giunti - Barbera, 35-87.

Kendall P., Di Pietro M. (1995). *Terapia scolastica dell'ansia. Guida per psicologi e insegnanti.* Trento: Erickson.

Kieran C. (1981). Concepts associated with the equality symbol. *Educational Studies in Mathematics,* 12, 317-326.

Kilpatrick J. (1987). Problem formulating: Where do good problems come from? In Schoenfeld A. (ed.) *Cognitive Science and Mathematics Education.* Hillsdale, NJ: Lawrence Erlbaum Associates, 123-147.

Kline M. (1980). *Mathematics: The Loss of Certainty.* New York: Oxford University Press (tr. it. *Matematica: la perdita della certezza.* Milano: Mondadori, 1985).

Köhler W. (1921). *Intelligenzprüfungen an Menschenaffen.* Berlin: Springer.

Krainer K., Goffree F., Berger P. (eds.) (1999). *European Research in Mathematics Education I.III. On Research in Mathematics Teacher Education.* Osnabrück: Forschungsinstitut für Mathematikdidaktik.

Krutetskii V.A. (1976). *The psychology of mathematical abilities in school children.* Chicago, IL: University of Chicago Press.

Krygowska A.Z. (1957). Sul pericolo del formalismo e del verbalismo nell'insegnamento dell'algebra. *Archimede,* 4-5, 165-177.

Kurtz B.E., Borkowski J.G. (1984). Children's metacognition: Exploring relations among knowledge, process, and motivational variables. *Journal of Experimental Child Psychology,* 37, 335-354.

Lakatos I. (1976). *Proofs and refutations. The logic of mathematical discovery.* Cambridge: University Press (tr. it. *Dimostrazioni e confutazioni. La logica della scoperta matematica.* Milano: Feltrinelli, 1979).

Larson L.C. (1983). *Problem-Solving through problems.* New York: Springer.

Latouche S. (2000). *La sfida di Minerva.* Torino: Bollati Boringhieri.

Leder G., Pehkonen E., Törner G. (eds.) (2002). *Beliefs: A hidden variable in mathematics education?* Dordrecht: Kluwer Academic Publishers.

Legrenzi P. (1998). *Come funziona la mente*. Bari: Laterza.

Lester F.K. (2002). Implications of Research on Students' Beliefs for Classroom Practice. In Leder G., Pehkonen E., Törner G. (eds.) *Beliefs: A hidden variable in mathematics education?* Dordrecht: Kluwer Academic Publishers, 345-353.

Lester F.K., Garofalo J., Kroll D. (1989). Self-confidence, interest, beliefs, and metacognition: key influences on problem-solving behavior. In McLeod D., Adams V.M. (eds.) *Affect and Mathematical Problem-Solving*. New York: Springer, 75-88.

Levinson S.C. (1983). *Pragmatics*. Cambridge: Cambridge University Press (tr. it. *La pragmatica*. Bologna: Il Mulino, 1993).

Linchevski L., Vinner S. (1988). The naive concept of sets in elementary teachers. *Proceedings of the 12th Conference of the International Group for the Psychology of Mathematics Education*, Vezprém, Hungary, vol. 2, 471-478.

Luria A.R. (1968). *Malen'kaja knizka o bol'soj pamjati*. Izdatel'stvo Moskovskogo Universiteta (tr. it. *Viaggio nella mente di un uomo che non dimenticava nulla*. Roma: Armando, 1979).

Luria A.R. (1975). *Protiv redukcionizma v psichologij*. Moskva (tr. it. Contro il riduzionismo in Psicologia. In A.R. Luria *Viaggio nella mente di un uomo che non dimenticava nulla*, Roma: Armando, 1979).

Ma X., Kishor N. (1997). Assessing the Relationship Between Attitude Toward Mathematics and Achievement in Mathematics: A Meta-Analysis. *Journal for Research in Mathematics Education*, vol. 28 (1), 26-47.

Macchi L. (1992). La considerazione della probabilità primaria nel ragionamento probabilistico. *Giornale Italiano di Psicologia*, vol. XIX (1), 101-120.

Malara N.A. (1993). Il problema come mezzo per promuovere il ragionamento ipotetico e la metaconoscenza. *L'Insegnamento della Matematica e delle Scienze Integrate*, vol. 16 (10), 928-954.

Malara N.A., Brandoli M.T., Fiori C. (2000). Comportamenti di studenti in ingresso all'università di fronte allo studio di equazioni. *La matematica e la sua didattica*, 2, 208-226.

Malara N.A., Navarra G. (2002a). "Brioshi" e altri strumenti di mediazione per un insegnamento dell'aritmetica nell'ottica di un avvio all'algebra come linguaggio. In Malara N.A., Marchini C., Navarra G., Tortora R. (a cura di) *Processi didattici innovativi per la matematica nella scuola dell'obbligo*. Bologna: Pitagora Editrice, 211-222.

Malara N.A., Navarra G. (2002b). Esperienze e prospettive di innovazione nella scuola dell'obbligo per un approccio precoce all'Algebra come linguaggio. *Scuola e Città*, 4, 83-95.

Malara N.A., Navarra G. (2003). *ArAl project: quadro teorico e glossario*. Bologna: Pitagora Editrice.

Mandler G. (1984). *Mind and body: Psychology of emotion and stress*. New York: Norton.

Marini F. (1990). *Successo e insuccesso nello studio. La teoria attribuzionale della motivazione scolastica*. Milano: Franco Angeli.

Mariotti M.A., Maffei L. (2006). Difficoltà in algebra: un intervento di recupero. *La matematica e la sua didattica*, 1, 81-99, 2, 223-246.

Mason J. (1998). Enabling Teachers to Be Real Teachers: Necessary Levels of Awareness and Structure of Attention. *Journal of Mathematics Teacher Education*, 1, 243-267.

McCloskey M. (1983). Intuitive physics. *Scientific American*, 248, 122-130.

McGarrigle J., Donaldson M. (1974). Conservation accidents. *Cognition*, 3, 341-350.

McLeod D.B. (1985). Affective Issues in Research on Teaching Mathematical Problem Solving. In Silver E.A. (ed.) *Teaching and Learning Mathematical Problem Solving: Multiple Research Perspectives.* Hillsdale, N.J: Lawrence Erlbaum Associates, 267-279.

McLeod D.B. (1992). Research on affect in mathematics education: a reconceptualization. In Grows D. (ed.) *Handbook of Research on Mathematics Teaching and Learning.* New York, NY: McMillan, 575-596.

McLeod D.B., Adams V.M. (eds.) (1989). *Affect and Mathematical Problem Solving. A new perspective.* New York: Springer.

McLeod D.B., Metzger W., Craviotto C. (1989). Comparing experts' and novices' affective reactions to mathematical problem solving: An exploratory study. *Proceedings of the 13th Conference of the International Group for the Psychology of Mathematics Education,* Paris, France, vol. 2, 296-303.

Montague M. (1992). The effects of cognitive and metacognitive strategy instruction on mathematical problem-solving of students with learning disabilities. *Journal of Learning Disabilities*, vol. 25 (4), 230-248.

Mosconi G., D'Urso V. (1973). L'esperienza psicologica di errore. In Mosconi G., D'Urso V. (a cura di) *La soluzione di problemi.* Firenze: Giunti - Barbera, 190-196.

Mosconi G., D'Urso V. (1974). *Il farsi e il disfarsi del problema.* Firenze: Giunti - Barbera.

Neale D. (1969). The role of attitudes in learning mathematics. *The Arithmetic Teacher,* 16, 631-640.

Newell A., Shaw C., Simon H. (1958). Chess-Playing Program and the Problem of Complexity. *IBM Journal of Research and Development,* 2, 320–335.

Newell A., Simon H. (1972). *Human problem solving.* Englewood Cliffs, N.J.: Prentice-Hall.

Nicholls J.G. (1984). Conceptions of Ability and achievement motivation. In Ames R.E., Ames C. (eds.) *Research on Motivation in Education* (vol. 1). New York: Academic Press, 39-73.

Nussbaum J., Novick S. (1982). Alternative frameworks, conceptual conflict and accomodation: Toward a principled teaching strategy. *Instructional Science,* 11, 183-200.

Ortony A., Clore G.L., Collins A. (1988). *The cognitive structure of emotions.* Cambridge: Cambridge University Press.

Pajares F., Miller M.D. (1994). Role of Self-Efficacy and Self-Concept Beliefs in mathematical Problem Solving: A Path analysis. *Journal of Educational Psychology,* vol. 86 (2), 193-203.

Peck D.M., Jencks S.M., Connell M.L. (1989). Improving instruction through brief interviews. *Arithmetic Teacher,* vol. 37 (3), 15-17.

Pellegrino C., Piochi B., Vighi P. (2005). *Il GRIMED e i convegni "Matematica e difficoltà" 1991-2004.* Bologna: Pitagora Editrice.

Pellerey M. (1993). Volli, sempre volli, fortissimamente volli. La rinascita della psicologia della volontà. *Orientamenti Pedagogici*, vol. 40 (6), 1005-1017.

Pellerey M. (1996). Modernità, postmodernità ed educazione. Prime riflessioni orientative. *Orientamenti Pedagogici*, vol. 43 (4), 701-718.

Pellerey M., Orio F. (1996). La dimensione affettiva e motivazionale nei processi di apprendimento della matematica. *ISRE*, 2, 52-73.

Perrin-Glorian M.J. (1994). Théorie des situations didactiques: naissance, développement, perspectives. In Artigue M., Gras R., Laborde C., Tavignot P. (eds.) *Vingt ans de didactique des mathématiques en France. Hommage à Guy Brousseau et Gérard Vergnaud*. Grenoble: La pensée sauvage, 97-147.

Pesci A. (2004). Insegnare e apprendere cooperando: esperienze e prospettive. *L'insegnamento della Matematica e delle Scienze Integrate*, vol. 27A-B (6), 638-670.

Piaget J., Szeminska A. (1941). *La genèse du nombre chez l'enfant*. Neuchâtel: Delachaux et Niestlé (tr. it. *La genesi del numero nel bambino*. Firenze: La Nuova Italia, 1968).

Piattelli Palmerini M. (1993). *L'illusione di sapere*. Milano: Mondadori.

Pirie S.E.B, Schwarzenberger L.E. (1988). Mathematical discussion and mathematical understanding. *Educational Studies in Mathematics*, 19, 459-470.

Poincaré H. (1909). *Science et Méthode*. Paris: Ernest Flammarion Editeur (tr. it. in *Opere epistemologiche*. Abano Terme: Piovan Editore, 1989, vol. II, 5-198).

Polanyi M. (1958). *Personal Knowledge*. Chicago: The University of Chicago Press (tr. it. *La conoscenza personale. Verso una filosofia post-critica*. Milano: Rusconi, 1990).

Poli P., Zan R. (1996a). Il ruolo delle convinzioni nella risoluzione di problemi: presentazione di un questionario elaborato per un'indagine nella scuola elementare. *La matematica e la sua didattica*, 4, 440-466.

Poli P., Zan R. (1996b). Le convinzioni dei bambini sui problemi: un confronto fra bravi e cattivi solutori. *Studi di Psicologia dell'educazione*, 1-2, 61-74.

Polo M., Zan R. (in stampa). Teachers' use of the construct 'attitude'. Preliminary research findings. *Proceedings of European Research in Mathematics Education IV*.

Polya G. (1945). *How to solve it*. Princeton: Princeton University Press (tr. it. *Come risolvere i problemi di matematica*. Milano: Feltrinelli, 1976).

Polya G. (1954). *Mathematics and plausibile reasoning*. Vol.1: *Induction and analogy in mathematics*. Vol.2: *Patterns of plausibile inference*. Princeton, NJ: Princeton University Press.

Polya G. (1962). *Mathematical Discovery*. New York: Wiley (tr. it. *La scoperta matematica*. Milano: Feltrinelli, 1971).

Polya G., Szego G. (1925). *Aufgaben und Lehrsatze aus der Analysis*. Berlin: Springer (tr. ingl. *Problems and Theorems in Analysis I*. New York: Springer, 1972).

Ponte J.P. (1994). Knowledge, beliefs, and conceptions in Mathematics teaching and learning. *Proceedings of the 5th international conference on systematic cooperation between theory and practice in Mathematics Education*, Pavia, Italy: ISDAF, 169-177.

Pontecorvo C., Ajello A.M., Zucchermaglio C. (1991). *Discutendo s'impara*. Roma: La Nuova Italia Scientifica.

Popper K. (1972). *Objective Knowledge an Evolutionary Approach*. Oxford: Clarendon Press (tr. it. *Conoscenza oggettiva. Un punto di vista evoluzionistico*. Roma: Armando, 2002).

Postman N., Weingartner C. (1969). *Teaching as a Subversive Activity*. New York: Delta (tr. it. *L'insegnamento come attività sovversiva*. Firenze: La Nuova Italia, 1973).

Rokeach M. (1960). *The Open and Closed Mind: Investigations into the Nature of Belief Systems and Personality Systems*. New York: Basic Books.

Rokeach M. (1969). *Beliefs, Attitudes, and Values. A Theory of Organization and Change*. San Francisco: Jossey-Bass Inc.

Rosenthal R., Jacobson L. (1968). *Pygmalion in the Classroom*. New York: Rinehart and Winston (tr. it. *Pigmalione in classe*. Milano: Franco Angeli, 1991).

Rosnick P. (1981). Some misconceptions concerning the concept of variable. *Mathematics Teacher*, 74, 418-420.

Roth P. (1974). *My life as a Man*. London: Cape (tr. it.: *La mia vita di uomo*. Milano: Bompiani, 1989).

Ruffell M., Mason J., Allen B. (1998). Studying attitude to mathematics. *Educational Studies in Mathematics*, 35, 1-18.

Rumain B., Connell J., Braine M.D.S. (1983). Conversational comprehension processes are responsible for reasoning fallacies in children as well as adults: if is not the biconditional. *Developmental Psychology*, 19, 471-481.

Sacks O. (1973). *Awakenings*. London: Duckworth (tr. it. *Risvegli*. Milano: Adelphi l987).

Sacks O. (1985). *The Man Who Mistook His Wife For a Hat*. London: Duckworth (tr. it. *L'uomo che scambiò sua moglie per un cappello*. Milano: Adelphi, 1986).

Salzberger-Wittenberg I., Williams Polacco G., Osborne E. (1983). *The Emotional Experience of Learning and Teaching*. London: Routledge and Kegan Paul (tr. it. *L'esperienza emotiva nel processo di insegnamento e di apprendimento*. Napoli: Liguori Editore, 1993).

Scali E. (1994). Scelte a lungo termine sul problem solving per un caso ai confini con l'handicap. In Caredda C., Piochi B., Sandri P. (a cura di) *Handicap e svantaggio: individuare risorse ed interpretare errori per fissare obiettivi in Matematica*. Bologna: Pitagora Editrice, 205-210.

Schoenfeld A.H. (1983a). Episodes and executive decisions in mathematical Problem-Solving. In Lesh R., Landau M. (eds.) *Acquisition of Mathematics Concepts and Processes*. New York, NY: Academic Press, 345-395.

Schoenfeld A.H. (1983b). Beyond the purely cognitive: Belief systems, social cognitions, and metacognitions as driving forces in intellectual performance. *Cognitive Science*, vol. 7 (4), 329–363.

Schoenfeld A.H. (1985a). *Mathematical Problem Solving*. New York: Academic Press.

Schoenfeld A.H. (1985b). Metacognitive and epistemological issues. In Silver E.A. (ed.) *Teaching and Learning Mathematical Problem Solving: Multiple research perspectives*. Hillsdale, NJ: Lawrence Erlbaum Associates, 361-379.

Schoenfeld A.H. (1987). What's All the Fuss about Metacognition? In Schoenfeld A.H. (ed.) *Cognitive Science and Mathematics Education*. Hillsdale, NJ: Lawrence Erlbaum Associates, 189-215.

Schoenfeld A.H. (1989). Explorations of students' mathematical beliefs and behavior. *Journal for Research in Mathematics Education*, vol. 20 (4), 338-355.

Schoenfeld A.H. (1992). Learning to think mathematically: Problem Solving, metacognition, and sense making in Mathematics. In Grows D.A. (ed.) *Handbook of Research on Mathematics Teaching and Learning.* New York, NY: Macmillan, 334-370.

Shaughnessy J.M. (1985). Problem-Solving Derailers: The Influence of misconceptions on Problem-Solving performance. In Silver E.A. (ed.) *Teaching and Learning Mathematical Problem Solving.* Hillsdale, N.J.: Lawrence Erlbaum Associates, 399-415.

Shulman L.S. (1986). Those who understand: Knowledge Growth in Teaching. *Educational Researcher*, vol. 15 (2), 4-14.

Sierpinska A. (1987). Humanities students and Epistemological Obstacles Related to Limits. *Educational Studies in Mathematics*, 18, 371-387.

Sierpinska A. (1994). *Understanding in mathematics.* London: The Falmer Press.

Siety A. (2001). *Mathématiques, ma chère terreur.* Paris: Calman-Lévy (tr. it. *Matematica, mio terrore.* Milano: Salani, 2003).

Silver E.A. (1982). Knowledge organization and mathematical problem solving. In Lester F., Garofalo J. (eds.) *Mathematical problem solving: Issues in research.* Philadelphia: Franklin Institute Press, 15-25.

Silver E.A. (1985). Research on Teaching Mathematical Problem Solving: Some Underrepresented Themes and Needed Directions. In Silver E.A. (ed.) *Teaching and Learning Mathematical Problem Solving: Multiple Research Perspectives.* Hillsdale, N.J: Lawrence Erlbaum Associates, 247-266.

Silver E.A., Metzger W. (1989). Aesthetic influences on expert problem solving. In McLeod D.B., Adams V.M. (eds.) *Affect and mathematical problem solving.* New York: Springer, 59- 74.

Simon H., Newell A. (1971). Human problem solving: The state of the theory in 1970. *American Psychologist*, 26, 145-159 (tr. it. in Mosconi G., D'Urso V. (a cura di) *La soluzione di problemi.* Firenze: Giunti - Barbera, 1973, 104-135).

Skemp R. (1976). Relational understanding and instrumental understanding. *Mathematics Teaching*, 77, 20-26.

Smorti A. (1994). *Il pensiero narrativo. Costruzione di storie e sviluppo della conoscenza sociale.* Firenze: Giunti.

Stanic G.M.A., Kilpatrick J. (1988). Historical perspectives on problem solving in the mathematics curriculum. In Charles R.I., Silver E.A. (eds.) *The teaching and assessing of mathematical problem solving.* Hillsdale, N.J.: Lawrence Erlbaum Associates, 1-22.

Stelli L. (2006). Il laboratorio nell'Istituto Comprensivo "G. Gamerra". In AA.VV. *Curricoli verticali: laboratori in continuità dalla scuola dell'infanzia al biennio di scuola superiore.* Pisa: Centro di Documentazione e Risorse Educative, 159-187.

Sternberg R.J. (1998). *Stili di Pensiero: differenze individuali nell'apprendimento e nella risoluzione di problemi.* Trento: Erickson.

Tall D. (1987). Constructing the concept image of a tangent. *Proceedings of the 11th Conference of the International Group for the Psychology of Mathematics Education*, Montréal, Canada, vol. 3, 69-75.

Tall D., Vinner S. (1981). Concept image and concept definition in mathematics with particular reference to limits and continuity. *Educational Studies in Mathematics*, 12, 151-169.

Thompson A.G. (1992). Teachers' Beliefs and Conceptions: a Synthesis of the Research. In Grouws D. (ed.) *Handbook of Research on Mathematics Learning and Teaching*. New York: Macmillan Publishing Company, 127-145.

Thorndike E.L. (1898). Animal intelligence: An experimental study of the associative processes in animals. *Psychological Review Monograph Supplement*, vol. 2 (Whole n. 8).

Tobias S. (1978). *Overcoming Math Anxiety*. New York: Norton (tr. it. *Come vincere la paura della matematica*. Milano: Longanesi, 1995).

Tonelli M., Zan R. (1995). Il ruolo dei comportamenti metacognitivi nella risoluzione di problemi. *L'insegnamento della Matematica e delle Scienze Integrate*, vol. 18A (1), 7-35.

Törner G., Pekhonen E. (1996). On the structure of mathematical belief systems. *International Reviews on Mathematical Education (ZDM)*, vol. 28 (4), 109-112.

Tulving E., Madigan S.A. (1970). Memory and Verbal Learning. In Mussen P.H., Rosenzweig M.R. (eds.) *Annual Review of Psychology* (vol. 21). Palo Alto, California: Annual Reviews Inc., 437-484.

Turing A.M. (1947). Lecture to the London Mathematical Society on 20 February 1947. In Carpenter B.E., Doran R.W. (eds.) (1986) *A.M. Turing's ACE report of 1946 and other papers*. Cambridge, Mass.: MIT Press (tr. it. in Turing A.M., *Intelligenza meccanica*. Torino: Bollati Boringhieri, 1994, 63-87).

Tversky A., Kahneman T. (1983). Extensional versus intuitive reasoning: The conjunction fallacy in probability judgment. *Psychological Review*, 90, 293-315.

Vergnaud G., Benhadj J., Dussouet A. (1979). *La Coordination de l'Enseignement des Mathématiques entre le cours moyen 2ᵉ année et la classe de sixième*. Paris: Institut National de Recherche Pédagogique.

Villani V. (1993). Perché la matematica è difficile? In Pertichino M., Sandri P., Zan R. (a cura di) *Insegnare la matematica ad allievi in difficoltà*. Bologna: Pitagora Editrice, 9-22.

Villani V. (2003). *Cominciamo da Zero*. Bologna: Pitagora Editrice.

Villani V. (2006). *Cominciamo dal punto*. Bologna: Pitagora Editrice.

Vinner S. (1975). The Naive Platonic approach as a teaching strategy in arithmetic. *Educational Studies in Mathematics*, 6, 339-350.

Vinner S. (1983). Concept definition, concept image and the notion of function. *International Journal of Mathematics Education and Science Technology*, vol. 14 (3), 293-305.

Vinner S. (1991). The Role of Definitions in the Teaching and Learning of Mathematics. In Tall D. (ed.) *Advanced Mathematical Thinking*. Dordrecht: Kluwer Academic Publishers, 65-81.

Vinner S., Hershkowitz R. (1980). Concept Images and some common cognitive paths in the development of some simple geometric concepts. *Proceedings of the 4th Conference of the International Group for the Psychology of Mathematics Education*, Berkeley, USA, 177-184.

Voss J.F., Blais J., Means M.L., Greene T.R., Ahwesh E. (1989). Informal Reasoning and Subject Matter Knowledge in the Solving of Economics Problems by Naive and Novice Individuals. In Resnick L.B. (ed.) *Knowing, Learning, and Instruction*. Hillsdale, N.J.: Lawrence Erlbaum Associates, 217-249.

Vygotskij L.S. (1934). *Myslenine i rec.* Moskva-Leningrad: Socezik (tr. it. *Pensiero e linguaggio*. Firenze: Giunti - Barbera, 1966).

Wagner S. (1981). Conservation of equation and function under transformations of variable. *Journal for Research in Mathematics Education*, vol.12 (2), 107-118.

Wagner S. (1983). What are these things called variables? *Mathematics Teacher*, 76, 474-479.

Wason P.C. (1966). Reasoning. In Foss B.M. (ed.) *New Horizons in Psychology I*. Harmondsworth: Penguin, 135-151.

Webber J., Coleman M. (1989). La terapia razionale-emotiva di Ellis: come prevenire i problemi nel rapporto insegnante / alunno. *Insegnare all'handicappato*, vol. 3 (3), 251-258.

Weiner B. (1974). *Achievement motivation and attribution theory*. Morristown, N.J.: General Learning Press.

Weiner B. (1983). Some Thoughts about Feelings. In Paris S.G., Olson G.M., Stevenson H.W. (eds.) *Learning and motivation in the classroom*. Hillsdale, NJ: Lawrence Erlbaum Associates, 165-178.

Wertheimer M. (1959). *Productive Thinking*. New York: Harper and Brothers Publishers (tr. it. *Il pensiero produttivo*, Firenze: Giunti - Barbera, 1965).

Williams S. (1990). The understanding of limit: Three perspectives. *Proceedings of 14th International Conference for the Psychology of Mathematics Education*, Oaxtepex, Mexico, vol.1, 101-108.

Yackel E., Cobb P. (1996). Sociomathematical norms, argumentation and autonomy in mathematics. *Journal for Research in Mathematics Education*, vol. 27 (4), 458-477.

Zamperini A. (1998). *Psicologia sociale della responsabilità. Giustizia, politica, etica e altri scenari*. Torino: UTET.

Zan R. (1991-1992). I modelli concettuali di "problema" nei bambini della scuola elementare. *L'insegnamento della Matematica e delle Scienze Integrate*, 1991, vol. 14 (7 e 9), 659-677, 807-840, 1992, vol. 15 (1), 39-53.

Zan R. (1996a). Un intervento metacognitivo di recupero a livello universitario. *La matematica e la sua didattica*, 1, 65-89.

Zan R. (1996b). Difficoltà d'apprendimento e problem solving: proposte per un'attività di recupero. *L'insegnamento della Matematica e delle Scienze Integrate*, vol. 19B (4), 311-350.

Zan R. (1997a). Mortalità universitaria, mortalità matematica, *Tracciati*, 2, http://www.graffinrete.it/tracciati/storico/tracciati2/mort.htm

Zan R. (1997b). *Matematica e Università: leggere le avvertenze!* Preprint del Dipartimento di Matematica dell'Università di Pisa 5.31.1064.

Zan R. (1998). *Problemi e convinzioni*. Bologna: Pitagora Editrice.

Zan R. (1999). Students' and teachers' theories of success in Mathematics. *Proceedings of the MAVI - VIII European Workshop*, Cyprus, 123-132.

Zan R. (2000a). Misconceptions e difficoltà in matematica. *L'insegnamento della Matematica e delle Scienze Integrate*, vol. 23A (1), 45-68.

Zan R. (2000b). Le convinzioni. *L'insegnamento della Matematica e delle Scienze Integrate*, vol. 23 (2), 161-197.

Zan R. (2000c). Emozioni e difficoltà in matematica. *L'insegnamento della Matematica e delle Scienze Integrate*, vol. 23A (3 e 4), 207-232, 327-345.

Zan R. (2000d). Atteggiamenti e difficoltà in matematica. *L'insegnamento della Matematica e delle Scienze Integrate*, vol. 23A (5), 441-465.

Zan R. (2000e). L'insegnante come solutore di problemi. *La matematica e la sua didattica*, 1, 48-71.

Zan R. (2001). I danni del 'bravo' insegnante. In Livorni L., Meloni G., Pesci A. (a cura di) *Le difficoltà in matematica: da problema di pochi a risorsa per tutti*. Bologna: Pitagora Editrice, 135-141.

Zan R. (2002a). I comportamenti dei bambini di fronte al problema scolastico standard: alcune riflessioni. *La matematica e la sua didattica*, 3, 278-305.

Zan R. (2002b). Il fatalismo nell'apprendimento/insegnamento della matematica. In D'Amore B., Sbaragli S. (a cura di) *Sulla Didattica della Matematica e sulle sue applicazioni*. Bologna: Pitagora Editrice, 89-103.

Zan R. (2003). Formazione insegnanti e ricerca in didattica. *La matematica e la sua didattica*, 4, 541-570.

Zan R. (2004). Alice: dal nino all'ornitorinco. *Progetto Alice*, vol. V (15), 671-692.

Zanato Orlandini O. (1995). *Educare all'errore, educare al cambiamento*. Brescia: La Scuola.

Zaslavsky C. (1989). *Fear of Math*. New Brunswick: Rutgers University Press.

Zukier H. (1986). The paradigmatic and narrative modes in goal-guided inference. In Sorrentino R.M., Higgins E.T. (eds.) *Handbook of motivation and cognition*. New York: Guilford Press, 465-502.

Zukier H., Pepitone A. (1984). Social roles and strategies in prediction: Some determinants of the use of base rate information. *Journal of Personality and Social Psychology*, 47, 349-360.

GPSR Compliance

The European Union's (EU) General Product Safety Regulation (GPSR) is a set of rules that requires consumer products to be safe and our obligations to ensure this.

If you have any concerns about our products, you can contact us on

ProductSafety@springernature.com

In case Publisher is established outside the EU, the EU authorized representative is:

Springer Nature Customer Service Center GmbH
Europaplatz 3
69115 Heidelberg, Germany

www.ingramcontent.com/pod-product-compliance
Ingram Content Group UK Ltd.
Pitfield, Milton Keynes, MK11 3LW, UK
UKHW021317180426
11947UKWH00015B/1279